Martin Tischer

Unternehmenskooperation und nachhaltige Entwicklung in der Region

Theorie der Unternehmung

Herausgegeben von Reinhard Pfriem

Band 12

Bislang erschienen

Martin Tischer

Unternehmenskooperation und nachhaltige Entwicklung in der Region

Metropolis-Verlag
Marburg 2001

Abbildung auf dem Umschlag: Egon Schiele: Stadtende, 1918
Bildnachweis: Neue Galerie Graz am Landesmuseum Joanneum, Graz

Die Deutsche Bibliothek — CIP-Einheitsaufnahme

Ein Titeldatensatz für diese Publikation ist bei Der Deutschen Bibliothek erhältlich.

Metropolis-Verlag für Ökonomie, Gesellschaft und Politik GmbH
Bahnhofstr. 16a, D-35037 Marburg
http://www.metropolis-verlag.de
Copyright: Metropolis-Verlag, Marburg 2001
Alle Rechte vorbehalten
Druck: Rosch-Buch, Scheßlitz

ISBN 3-89518-343-1

Vorwort des Herausgebers

Ich freue mich, die von den Kollegen Spehl und Hamm in Trier betreute Dissertationsschrift von Martin Tischer in meiner metropolis-Reihe zur Theorie der Unternehmung herausgeben zu können. Die „räumliche Dimension der Wirtschaft" (so der Begriff von Walter Lötsch, einem der wenigen positiven Außenseiter), ist in der ökonomischen Theorie der Moderne immer zu kurz gekommen. Das hat mit dem Modellplatonismus ihres main-streams zu tun, der mit heterogenen Akteuren genau so wenig umzugehen weiß wie mit wirklichen sozialen Prozessen.

In der Praxis scheint es kein Zufall zu sein, dass Regionen, ihre Akteure und ihre Netze mehr als früher an Gewicht bekommen haben. Die mit dem Begriff der Globalisierung belegte Entwicklung mag die Rolle souveräner Nationalstaaten relativieren (und hebt in Europa diese Souveränität teilweise auf), Strukturkonferenzen, regionale Entwicklungskonzepte u.ä. zeigen indes steigende Aktivitäten auf der regionalen Handlungsebene. Spätestens seit sich herumgesprochen hat, dass frühere Nachindustrialisierungskonzepte für sogenannte strukturschwache Regionen nicht nur ökologisch und sozial nicht wünschenswert sind, sondern auch ökonomisch gar nicht durchführbar, findet eine sorgfältigere Beschäftigung mit den endogenen Entwicklungspotentialen von Regionen und damit ihren besonderen Profilmerkmalen statt.

Die vorliegende Arbeit verknüpft das politische Ziel einer nachhaltigen Regionalentwicklung mit den Erfolgsbedingungen und Erfolgsmöglichkeiten von Unternehmenskooperationen. Sie liefert sowohl eine fundierte und anregende theoretische Untersuchung als auch eine empirische Studie, die einen sehr hilfreichen Überblick über entsprechende Aktivitäten liefert.

Betriebswirtschaftslehre mit dem Standort Oldenburg ginge in besonderem Maße in die Irre, würde sie sich um den regionalen Bezug unternehmenspolitischen Handelns und der dabei entstehenden Kooperationsmöglichkeiten betrügen. Startfinanziert durch die Deutsche Bundesstiftung Umwelt hat unser Lehrstuhl deshalb das Ökologische Unternehmensnetzwerk Ost-Friesland ONNO auf den Weg gebracht (s. onno-net.de), das durch seine schon erreichten praktischen Schritte einen weiteren Beleg für die Bedeutung der Arbeit von Martin Tischer liefert.

Oldenburg im April 2001   Prof. Dr. Reinhard Pfriem

Vorwort

Zum Thema Unternehmenskooperation einerseits und nachhaltige Entwicklung andererseits gibt es eine kaum übersehbare Menge an Publikationen. Es ist in den letzten Jahren dabei deutlich geworden, dass Zusammenhänge zwischen nachhaltiger Entwicklung und Unternehmenskooperation bestehen, es fehlt aber eine Systematisierung dieser Beziehungen, eine verläßliche theoretische Basis zur Erklärung der Zusammenhänge und es fehlen auch empirische Untersuchungen.

Zu diesen drei Aufgaben wird in der vorliegenden Arbeit ein Beitrag geleistet. Dies geschieht auf der regionalen Ebene. Es wird untersucht, wie Netzwerke von Produzenten funktionieren, die sich zum Ziel gesetzt haben, einen Beitrag zur nachhaltigen Entwicklung zu leisten. Dazu werden fünfzehn produktionsbezogene regionale Unternehmenskooperationen identifiziert und analysiert. Dies geschieht vor dem Hintergrund einer klaren Typisierung von Unternehmenskooperationen und auf der Grundlage von Thesen, die aus einer Analyse einschlägiger theoretischer Ansätze abgeleitet werden.

Es wird herausgearbeitet, dass personelle Faktoren, das regionale Umfeld, die Marktorientierung der beteiligten Unternehmen und Initiativ- bzw. Trägerorganisationen eine besondere Bedeutung für die untersuchten Unternehmenskooperationen haben. Die Ergebnisse sind damit von großer Bedeutung für die Frage, wo Ansatzpunkte und Hemmnisse für die Realisierung von Schritten in Richtung einer nachhaltigen Regionalentwicklung liegen.

Trier im April 2001   Prof. Dr. Harald Spehl

Inhaltsverzeichnis

TEIL C

REGIONALE UNTERNEHMENSKOOPERATION IN DER PRAXIS

KAPITEL 8

KAPITEL 9

Ein paar persönliche Worte vorweg...

Diese Arbeit ist in mehrfacher Hinsicht eine schöne Synthese von nahezu zehn Jahren in Trier. Der Anlass für mich, damals zum Hauptstudium an die Universität Trier zu wechseln, war das m.e. äußerst zeitgemäße Studienkonzept und die Tatsache, dass es in Trier eine Handvoll Wissenschaftler gab, die gerade begannen, sich mit dem Thema ‚Nachhaltige Entwicklung‘ eingehender zu beschäftigen. Deshalb freut es mich besonders, dass ich die beiden Hochschullehrer, die meine Arbeit seit dieser Zeit inhaltlich am stärksten geprägt haben, für eine Betreuung meiner Dissertation gewinnen konnte. Ich bin beiden zu großem Dank verpflichtet.

Harald Spehl, der mir immer wieder diesen kleinen Floh von der Dissertation ins Ohr setzte und mich als es dann soweit war, in seiner unnachahmlichen Art vorsichtig aber bestimmt dabei unterstützte, durch die Klippen der Wissenschaft zu navigieren.

Bernd Hamm, der sozusagen den Grundstein für meine Auseinandersetzung mit nachhaltiger Entwicklung legte. Aus diesem Grund war es eigentlich nur folgerichtig, dass er die Zweitbegutachtung übernahm. Ich danke ihm für viele wertvolle Hinweise und den Blick für die Schwächen meines Ansatzes.

Ganz besonders freut es mich, dass mit Reinhard Pfriem noch ein dritter Fachmann der Ökologischen Wirtschaftsforschung diese Arbeit positiv beurteilte. Durch eine Veröffentlichung in dieser Reihe ermöglicht er mir, damit ein breiteres Publikum anzusprechen.

Diese Arbeit ist über Jahre entstanden. Viele Menschen haben auf verschiedene Art und Weise mit ihrer Entstehung zu tun gehabt. Hier sind zunächst die Vertreter aus den untersuchten Initiativen zu nennen, für deren Beteiligung ich mich an dieser Stelle noch einmal ausdrücklich bedanken möchte. Sie mögen mir verzeihen, dass ich ihre Darstellung vor der Veröffentlichung nicht mehr auf den neuesten Stand bringen konnte. Eine Reihe von Personen haben diese Arbeit darüber hinaus mit ihrem Interesse, mit Diskussionen und fachlichem Austausch bereichert. Hier möchte ich insbesondere die Kollegen und Freunde am TAURUS- Institut nennen. Bei Marco Pütz möchte ich mich in diesem Zusammenhang ganz besonders bedanken. Er stand mir über weite Strecken dieser Zeit immer für Austausch und Unterstützung zur Verfügung.

Andere mussten meinen Zeitmangel, die Geistesabwesenheit oder die schlechte Laune ertragen. Carla und Lina, ich hoffe, Ihr könnt das irgendwann einmal nachvollziehen. Auch meine Eltern sind an dieser Stelle zu nennen. Danke, für Eure immerwährende Unterstützung, nicht nur beim Bändigen der oben genannten Rasselbande.

Diskussionspartnerin, Mitdenkerin, Redakteurin, Managerin, Nicht-nur-Seelenmasseurin war meine großartige Frau Anke. Bei wem soll ich mich bedanken, dass Du an meiner Seite bist?

Taufkirchen im April 2001

Einleitung

Beim Konzept der nachhaltigen Regionalentwicklung rücken im Gegensatz zu früheren Regionalentwicklungsansätzen, bei denen ökonomische Aspekte im Vordergrund stehen, zusätzlich ökologische und soziale Ziele von Entwicklung ins Blickfeld. Dies führt zu neuen bzw. veränderten Handlungsansätzen für eine regionale Entwicklung. Bedeutung gewinnen beispielsweise integrierte regionale Entwicklungskonzepte[1], die Regionalisierung von Stoffströmen und Wertschöpfungsketten Produktionsweisen[2]. Dies stellt auch oder die Ökologisierung von Produkten und neue Anforderungen an die Protagonisten regionaler Wirtschaftspolitik aus Politik und Verwaltung. Neben die Sorge um wirtschaftliches Wachstum, Ansiedlung und Bestandssicherung von Unternehmen, tritt in zunehmendem Maße die Frage, ob die wirtschaftliche Entwicklung auch umwelt- und sozialverträglich erfolgt. Aber auch die wichtige Rolle der Unternehmen für die Umsetzung einer nachhaltigen Entwicklung wird immer wieder betont, da sie mit ihren Produkten und ihrer Produktionsweise die (regionale) Entwicklung entscheidend mitbestimmen und somit Gefahren (durch nicht-nachhaltiges Produzieren) und Potenziale gleichermaßen bieten[3]. Dabei wird immer wieder darauf verwiesen, dass im Hinblick auf die Umsetzung einer nachhaltigen (Regional-) Entwicklung gerade im Bereich der Wirtschaft noch viele Potenziale ungenutzt, viele Probleme nicht gelöst sind[4]. Dennoch gibt es gerade auch auf regionaler Ebene eine Reihe durchaus vielversprechender Versuche, eine nachhaltige Entwicklung mit Beteiligung von Unternehmen zu realisieren. Interessant ist nun die Beobachtung – und dies ist der Ausgangspunkt dieser Arbeit –, dass in vielen Fällen, in denen sich Unternehmen an der Umset-

---

[1] Vgl. z.B. den Wettbewerb ,Regionen der Zukunft', BBR 1998.

[2] Vgl. z.B. Peters et al. 1996, Kanatschnig et al. 1999.

[3] Vgl. z.B. Fichter 1998, Leitschuh-Fecht 1998, Minsch et al. 1996.

[4] Vgl. z.B. Leitschuh-Fecht 1998, Sauerborn et al. 1998.

zung einer nachhaltigen Regionalentwicklung beteiligen, die Kooperation zwischen Unternehmen sowie zwischen Unternehmen und anderen Akteuren eine wichtige Rolle spielt.

Die Bedeutung der Kooperation von Unternehmen bestätigen auch Beiträge zur nachhaltigen Regionalentwicklung in der Literatur[5]. In den bislang vorliegenden Arbeiten, die auf die Rolle regionaler Unternehmenskooperation bei der Umsetzung einer nachhaltigen Regionalentwicklung eingehen, wird dabei der Begriff ‚Kooperation' allerdings meist sehr ungenau gebraucht. Die Aussagen werden bislang weder in die theoretische Debatte über Unternehmenskooperation eingeordnet noch durch systematische empirische Untersuchungen belegt. Es wird in der Regel

- nicht verdeutlicht, was genau mit Kooperation gemeint ist,

- nicht geprüft, ob regionale Unternehmenskooperationen tatsächlich einen Beitrag zur Umsetzung nachhaltiger Regionalentwicklung leisten,

- nicht versucht zu ermitteln, auf welcher theoretischen Basis sich der Beitrag von Kooperation zu einer nachhaltigen Regionalentwicklung erklären lässt.

Diese Arbeit soll einen Baustein zur Verringerung dieses Forschungsdefizits erbringen. Es soll herausgearbeitet werden, welche Arten von Unternehmenskooperation im Zusammenhang mit nachhaltiger Regionalentwicklung eine Rolle spielen und wie sie zu definieren bzw. voneinander abzugrenzen sind. Dabei werden produktionsbezogene und umfeldorientierte regionale Unternehmenskooperationen unterschieden. Es besteht eine Vielzahl praktischer Beispiele und Projekte für produktionsbezogene regionale Unternehmenskooperationen, die sich selbst in den Zusammenhang mit nachhaltiger Regionalentwicklung stellen oder in diesen Kontext gestellt werden. Dieser Tatsache steht eine weitaus geringere Aufmerksamkeit in der Literatur im Vergleich zur umfeldorientierten regionalen Unternehmenskooperation gegenüber. Dies ist Anlass, die Arbeit in ihrem Hauptteil auf die Analyse produktionsbezogener regionaler Unternehmenskooperationen zu fokussieren.

---

[5] Vgl. Peters et al. 1996, Minsch et al. 1996, Lucas 1998, Sauerborn et al. 1998, Kanatschnig et al. 1999.

Dabei werden die folgenden Ziele verfolgt: Es ist zu zeigen, dass es produktionsbezogene regionale Unternehmenskooperationen gibt, die tatsächlich einen Beitrag zur Umsetzung nachhaltiger Regionalentwicklung leisten. Wenn dies bestätigt werden kann, ist nach den Zusammenhängen zwischen produktionsbezogener regionaler Unternehmenskooperation und nachhaltiger Regionalentwicklung zu fragen. Ist die Tatsache, dass von den Unternehmen in diesen Fällen regional kooperiert wird, eine Ursache dafür, dass Ziele der Nachhaltigkeit erreicht werden? Welches sind die Bedingungen dafür, dass diese Kooperationen auf regionaler Ebene zustande kommen bzw. zur nachhaltigen Regionalentwicklung beitragen? Um im Hinblick auf die Klärung dieser Fragen weiterzukommen, gilt es zunächst zu eruieren, ob es in der Literatur bereits Erkenntnisse gibt, die auf einen Zusammenhang zwischen Unternehmenskooperation und nachhaltiger Regionalentwicklung schließen lassen. Diese sind dann an der Realität produktionsbezogener regionaler Unternehmenskooperationen, die zu einer nachhaltigen Regionalentwicklung beitragen, zu überprüfen und gegebenenfalls weiterzuentwickeln.

Nach der Darstellung der wesentlichen Grundlagen für die Bearbeitung dieses Themas aus der Diskussion um nachhaltige Entwicklung bzw. nachhaltige Regionalentwicklung sowie der Forschung zu Unternehmenskooperation (Teil A), werden in Teil B theoretische Bausteine für eine Untersuchung des Zusammenhangs zwischen regionaler Unternehmenskooperation und nachhaltiger Regionalentwicklung erarbeitet. Teil C und D sind der Darstellung und Auswertung der empirischen Untersuchung gewidmet.

Wie sich produktionsbezogene von umfeldorientierter regionaler Unternehmenskooperation unterscheidet und wie sich diese Unterscheidung im einzelnen begründen lässt, wird in Kapitel 3 ausgeführt. In Kapitel 4 wird ermittelt, ob es in ‚konventionellen‘ Ansätzen der Regionalökonomie, in der Diskussion um nachhaltige Regionalentwicklung oder in der Betriebswirtschaftslehre bereits Anknüpfungspunkte zur Erklärung des Zusammenhangs zwischen regionaler Unternehmenskooperation und nachhaltiger Regionalentwicklung gibt. Zuvor werden in Kapitel 1 und 2 wesentliche Grundlagen aus den Diskussionen um nachhaltige Entwicklung und nachhaltige Regionalentwicklung erarbeitet. Dabei wird der Blick insbesondere auf bestehende Handlungsansätze sowie die Rolle der Unternehmen bei der Umsetzung von nachhaltiger Regionalentwicklung gerichtet. Aufbauend auf diesen Grundlagen werden in Kapitel 5 der Untersuchungsgegenstand, die Untersuchungsfragen sowie die weiteren Schritte in der Arbeit konkretisiert[6].

In Teil B werden die theoretischen Grundlagen für die Untersuchung des Zusammenhangs zwischen produktionsbezogener regionaler Unternehmenskooperation und nachhaltiger Regionalentwicklung erarbeitet. Für die Erklärung dieses Zusammenhang existiert bislang keine akzeptierte Theorie. Deshalb wird hierbei auf die Erkenntnisse verschiedener Disziplinen und Forschungsrichtungen zurückgegriffen. In Kapitel 6 werden Hypothesen zur Wirkungsweise produktionsbezogener regionaler Unternehmenskooperation auf nachhaltige Entwicklung erarbeitet. Ein perfektes Forschungsdesign würde darauffolgend die Klärung der Bedingungen erfordern, unter denen *regionales* Wirtschaften bzw. Kooperieren zu einer nachhaltigen Entwicklung beiträgt. Die Vielfalt der Faktoren, die dabei eine Rolle spielen sowie deren zum Teil sehr schwierige Operationalisierbarkeit macht diese Frage jedoch eher zu einer Aufgabe für ein mehrjähriges Forschungsprogramm als für eine einzelne Dissertation (vgl. Kapitel 7.1). Dennoch gibt es einige Anhaltspunkte dafür, dass gerade ein Agieren bzw. Kooperieren auf regionaler Ebene, ein wichtiger Faktor für das Zustandekommen und die Ausrichtung von Unternehmenskooperationen auf eine nachhaltige Entwicklung ist. Kapitel 7 dient der Entwicklung von Hypothesen über diesen Zusammenhang. Diese werden im empirischen Teil auf Basis der Prüfung ihrer Plausibilität weiterentwickelt.

Die Teile C und D sind der Wiedergabe von Vorgehen und Ergebnissen der empirischen Untersuchung gewidmet. Dabei werden 15 produktionsbezogene regionale Unternehmenskooperationen betrachtet. Nach einer Einführung in die Aufgaben und das Vorgehen der empirischen Untersuchung in Kapitel 8, dient Kapitel 9 der Darstellung und der Bewertung der untersuchten Kooperationsinitiativen im Hinblick auf ihren Beitrag zu einer nachhaltigen Regionalentwicklung. In diesem Zusammenhang werden auch die Grundlagen der angewandten Bewertungsmethode dargestellt. In Kapitel 10 werden wesentliche Charakteristika der Unternehmenskooperationen herausgearbeitet.

---

[6] Einen Überblick über die Gesamtstruktur der Arbeit gibt Abb. 1. Für eine genauere Darstellung von Untersuchungsgegenstand, Untersuchungsfragen und einzelnen Schritten in Teil B, C und D der Arbeit vgl. die Abb. 11 und 12 in Kap. 5.

Abb.1: Aufbau der Arbeit

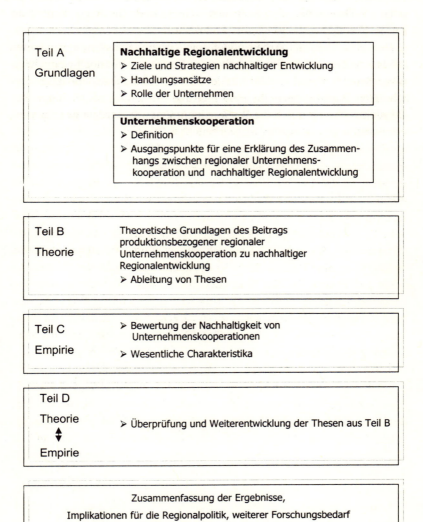

Teil A Grundlagen	**Nachhaltige Regionalentwicklung** ➢ Ziele und Strategien nachhaltiger Entwicklung ➢ Handlungsansätze ➢ Rolle der Unternehmen

Unternehmenskooperation
➢ Definition
➢ Ausgangspunkte für eine Erklärung des Zusammenhangs zwischen regionaler Unternehmenskooperation und nachhaltiger Regionalentwicklung

Teil B
Theorie

Theoretische Grundlagen des Beitrags produktionsbezogener regionaler Unternehmenskooperation zu nachhaltiger Regionalentwicklung
➢ Ableitung von Thesen

Teil C
Empirie

➢ Bewertung der Nachhaltigkeit von Unternehmenskooperationen
➢ Wesentliche Charakteristika

Teil D
Theorie
↕
Empirie

➢ Überprüfung und Weiterentwicklung der Thesen aus Teil B

Zusammenfassung der Ergebnisse,
Implikationen für die Regionalpolitik, weiterer Forschungsbedarf

Dabei stehen ihre Strukturen, Organisationsformen und Managementmethoden im Mittelpunkt. Teil D (Kapitel 11 und 12) dienen der Überprüfung und Weiterentwicklung der in Teil B gewonnenen Thesen zum

Zusammenhang zwischen produktionsbezogener regionaler Unternehmenskooperation und nachhaltiger Regionalentwicklung. Für eine
genauere Darstellung der Aufgaben, Inhalte und Zusammenhänge von
Teil B, C und D wird auf Kapitel 5 verwiesen.

Den Abschluss der Arbeit bildet eine Zusammenfassung der wesentlichen Ergebnisse. Da diese Arbeit einen Einstieg in ein noch weitgehend
unbearbeitetes Forschungsfeld bildet, werden aufbauend auf diesen Ergebnissen Implikationen für eine künftige Förderung nachhaltiger Regionalentwicklung durch die Regionalpolitik sowie Anregungen für weitere Forschungsarbeiten herausgearbeitet.

Teil A
Unternehmerisches Handeln und Kooperieren bei der Umsetzung nachhaltiger Regionalentwicklung

Kapitel 1
Nachhaltige Entwicklung

1.1 Begriff, Diskussion und Aktualität

Der kritische Zustand der natürlichen Lebensgrundlagen ist bekannt und wird heute von niemandem mehr in Zweifel gezogen. Ebenso deutlich ist, dass die Hauptverursacher der Umweltprobleme in den Industrieländern zu finden sind. Den Industrieländern wird ein Anteil von ca. 75% am Weltressourcenverbrauch zugeschrieben, bei ca. 15–25%[7] Anteil an der Weltbevölkerung[8]. Bei einem Vergleich der Umweltbelastungen durch die Deutschen mit denjenigen durch Einwohner von Entwicklungsländern kommen Bleischwitz und Schütz[9] sogar auf einen Wert von 10:1. Damit korrespondiert die Tatsache, dass sich die Menschen in den Industrieländern[10] ca. 80 – 85% des Welteinkommens teilen können,

---

[7] Je nach Abgrenzung der Industrieländer.

[8] Vgl. Hamm 1999, 38, Kruse 1992, 28.

[9] Vgl. Bleischwitz/ Schütz 1992.

[10] Also wieder je nach Abgrenzung ca. 15-25% der Weltbevölkerung.

während das ärmste Fünftel der Weltbevölkerung gerade einmal auf ca. 1,5% kommt[11].

Für die Lösung dieser Probleme steht spätestens seit der United Nations Conference on Environment and Development (UNCED) 1992 in Rio de Janeiro ein Konzept bereit, auf das sich vermeintlich eine breite Mehrheit einigen kann: die nachhaltige Entwicklung. Dabei wird nachhaltige Entwicklung[12] definiert als

> „Entwicklung, die den gegenwärtigen Bedarf zu decken vermag, ohne gleichzeitig späteren Generationen die Möglichkeit zur Deckung des ihren zu verbauen"[13].

Diese Definition gilt es zu operationalisieren, in Inhalte und Handlungen zu übersetzen. Genau an dieser Stelle bricht allerdings bereits der breite Konsens über die Notwendigkeit einer nachhaltigen Entwicklung, denn „es handelt sich um einen Konsens per Abstraktion"[14]. So verwundert es auch nicht, dass auf der UNCED mit der sogenannten Agenda 21 zwar ein umfassender Aufgabenkatalog für die 170 Unterzeichnerstaaten formuliert, dieser jedoch nicht mit präzisen Zielwerten, Zeithorizonten, Kontroll- oder gar Sanktionsmöglichkeiten versehen wurde[15]. Unterschiedliche Auffassungen gibt es nicht so sehr darüber, dass nachhaltige Entwicklung ein verändertes Denken und Handeln erfordert, sondern

---

[11] Vgl. Falk 1994, Postel 1992.

[12] Die Begriffe ‚Sustainable Development' und ‚Sustainability' lassen sich nicht eindeutig ins Deutsche übersetzen. Nachdem u.a. die Begriffe ‚dauerhaft' und ‚zukunftsfähig' benutzt wurden, scheint sich inzwischen der Begriff ‚nachhaltig' durchgesetzt zu haben.

[13] Hauff 1987, 9.

[14] Hamm 1999, 40.

[15] Vgl. Hamm 1999, 37.

vielmehr über die Art, die Tiefe und die Tragweite dieser Veränderungen. In Abschnitt 1.2 wird ein Einblick in diese Diskussion gegeben und versucht, den Ansatz der vorliegenden Arbeit zu verorten.

1.2 Konzepte, Ansätze und Ziele nachhaltiger Entwicklung

Die Konferenz in Rio de Janeiro war Anstoß für eine Reihe nachfolgender Konferenzen und Vereinbarungen zu einer nachhaltigen Entwicklung auf verschiedenen räumlichen Ebenen und in verschiedenen Handlungsbereichen[16].

Außerdem wurden und werden seit der Rio-Konferenz zahlreiche Studien zur Umsetzung des Leitbildes einer nachhaltigen Entwicklung publiziert. In diesem Zusammenhang stehen in Deutschland z.B. die vom Wuppertal Institut im Auftrag von BUND und Misereor erstellte Studie „Zukunftsfähiges Deutschland"[17] oder die vom Umweltbundesamt 1997 veröffentlichte Studie „Nachhaltiges Deutschland"[18].

Auf politischer Ebene wurde 1990 vom 12. Deutschen Bundestag die Enquête-Kommission ‚Schutz des Menschen und der Umwelt' eingerichtet. Sie legte 1994 ihren Abschlussbericht „Die Industriegesellschaft gestalten – Perspektiven für einen nachhaltigen Umgang mit Stoff- und Materialströmen" vor. Die Arbeit der Enquête-Kommission wurde in der 13. Legislaturperiode fortgesetzt und 1998 mit dem Bericht „Konzept Nachhaltigkeit – Vom Leitbild zur Umsetzung" abgeschlossen[19].

Trotz all dieser Bemühungen in Politik und Wissenschaft gibt es keine einheitliche Interpretation von Nachhaltigkeit. Vielmehr existieren viele verschiedene, teilweise sogar konkurrierende oder einander widersprechende Ansätze. Gerken und Renner systematisieren vorhandene Nach-

---

[16] Beispielsweise die Charta von Aalborg 1994 (vgl. I.C.L.E.I. 1995), die UN-Konferenz zu menschlichen Siedlungen (HABITAT II) 1996 in Istanbul (vgl. Nationaler Aktionsplan 1996) und die sogenannten Rio-Folgekonferenzen 1997 in New York und 1999 in Bonn.

[17] Vgl. BUND/ Misereor 1996.

[18] Vgl. Umweltbundesamt 1997.

[19] Vgl. Enquête-Kommission ‚Schutz des Menschen und der Umwelt' 1994 und 1998

haltigkeitskonzeptionen[20] mit dem Ziel, die wesentlichen Gesichtspunkte nachhaltiger Entwicklung zu erfassen und die Diskussion um die ‚richtige' Nachhaltigkeitskonzeption transparenter zu gestalten. Ihre Strukturierung von Nachhaltigkeitskonzeptionen ordnet die Ansätze folgenden Kriterien zu[21]:

- Ein-Säulen- vs. Mehr-Säulen-Konzeption
- starke vs. schwache Nachhaltigkeit
- Input vs. Output (Effizienz- vs. Suffizienzstrategien)
- Emissions- vs. Immissionsstrategien
- Anthropozentrik vs. Ökozentrik
- Pragmatische Umweltpolitik vs. Bewusstseinswandel
- Hoheitliche Politik vs. Dialog.

Im Rahmen der Diskussion um nachhaltige Entwicklung können anhand des Grades der Substituierbarkeit von Naturkapital (natural capital) die Konzeptionen schwacher und starker Nachhaltigkeit (weak bzw. strong sustainability) unterschieden werden[22]. Das Konzept der *schwachen Nachhaltigkeit* betont ökonomische Aspekte und geht von einer vollständigen Substituierbarkeit von Naturkapital durch Human- oder Sachkapital (human-made capital) aus. Eine nachhaltige Entwicklung soll durch

---

[20] Nach Gerken/ Renner (1996, 10ff.) spielen in der wissenschaftlichen und politischen Diskussion die Nachhaltigkeitskonzeptionen folgender Institutionen und Autoren eine wichtige Rolle: Rat von Sachverständigen für Umweltfragen (vgl. SRU 1994 und 1996), Enquête-Kommission ‚Schutz des Menschen und der Umwelt' (vgl. Enquête-Kommission ‚Schutz des Menschen und der Umwelt' 1994 und 1998), Europäische Kommission (vgl. v.a. Europäische Kommission 1992), Wuppertal Institut („Neue Wohlstandsmodelle", MIPS) (vgl. BUND/Misereor 1996, Schmidt-Bleek 1994, Konzeption der „variablen Leitplanken" von Klemmer (vgl. z.B. Klemmer 1995), Konzeption der „ökologischen Grobsteuerung" von Minsch (vgl. Minsch 1994), Konzeptionen zur Ermittlung der ökologischen Tragfähigkeit (konstantes Naturkapital (vgl. Pearce/ Turner 1990; Umweltraum (vgl. Opschoor 1992, Opschoor/van Straaten 1993). Andere Systematisierungen finden sich bei Brösse (1994, 28ff.) und Klemmer (1994, 191ff.).

[21] Vgl. Gerken/ Renner 1996, 33.

[22] Vgl. Gerken/ Renner 1996, 35; Wolf 1996, 31f. Vgl. auch Beckermann (1994) und die dadurch ausgelösten Beiträge von Daly (1995b), Jacobs (1995), Beckermann (1995) und El Sarafy (1996) in der Zeitschrift Environmental Values.

Effizienzsteigerungen und technischen Umweltschutz sowie globales Wirtschaftswachstum erreicht werden. Im Gegensatz dazu geht der Ansatz *starker Nachhaltigkeit* davon aus, dass Naturkapital gar nicht oder nur unvollständig durch menschengeschaffenes Kapital substituiert werden kann und eine komplementäre Beziehung zwischen Natur- und Human- bzw. Sachkapital besteht. Ohne Ergänzung durch das Naturkapital verliert menschengeschaffenes Kapital an Wert: „Welchen Nutzen haben Fischerboote ohne Fische, Sägemühlen ohne Wälder?"[23] Starke Nachhaltigkeit wendet sich damit von einer wachstumsorientierten Form des Wirtschaftens ab, erweitert den Wohlstandsbegriff um Umweltqualität, soziale Gerechtigkeit und Partizipation und fordert einen ökologischen Strukturwandel.

Die beiden genannten Konzepte sind wiederum eng verbunden mit zwei wichtigen Ansatzpunkten für eine Umsetzung der nachhaltigen Entwicklung. Beim Ansatz der Effizienzrevolution sollen durch technischen Fortschritt und veränderte Organisation der Stoff- und Energiedurchsatz bei der Produktion von Gütern und Dienstleistungen minimiert und so der Output vom materiellen Faktoreinsatz entkoppelt werden[24]. Strategien in diesem Sinne sind die Verringerung von Stoffströmen, die Dematerialisierung von Produkten, verstärkte Reparatur von Gebrauchsgütern usw.[25] Wären derartige Strategien unendlich fortführbar, könnte der Stoffdurchsatz der Ökonomie unendlich minimiert werden und ein unendliches Wachstum des menschlichen Produktionssystems wäre denkbar. Wesentlich wahrscheinlicher als diese Möglichkeit erscheint jedoch, dass auch bei einer noch so großen Reduktion des Inputs, gleichzeitig aber weiterem Anstieg des Outputs, die materiellen Einsparungen irgendwann wieder überkompensiert werden[26].

Lassen sich jedoch Stoffentnahmen und Emissionen nicht allein durch eine Steigerung der Effizienz reduzieren, erlangt das Prinzip der Suffizienz Bedeutung[27]. Demnach ist neben effizienten Produktionsweisen eine Verringerung des Konsums materieller Güter unerlässlich.

---

[23] Daly 1995a, 148.

[24] Vgl. Schmidheiny 1992, 62, Weizsäcker et al. 1995.

[25] Vgl. z.B. Stahel 1997a und b.

[26] Vgl. Jänicke 1994

[27] Vgl. z.B. Sachs 1993, 14ff. BUND/ Misereor 1996, 206ff.

An diesem Punkt tritt die Dreidimensionalität eines umfassenden
Konzeptes nachhaltiger Entwicklung deutlich zu Tage. Denn kann der
Verteilungsspielraum (von Arbeit, Einkommen und Ressourcen) aufgrund ökologischer Restriktionen nicht mehr vergrößert werden (Prinzip
der Effizienzrevolution), kann die Lösung von Verteilungsproblemen
nicht mehr durch wirtschaftliches Wachstum umgangen werden. Die
ökologischen, ökonomischen und sozialen Dimensionen[28] von Entwicklung erringen auf diese Weise gleichwertige Bedeutung, im Gegensatz
zur hervorragenden Bedeutung der Allokation bei der Effizienz-
steigerung.

*Abb. 2: Zusammenwirken der Systeme im Rahmen nachhaltiger
Entwicklung*

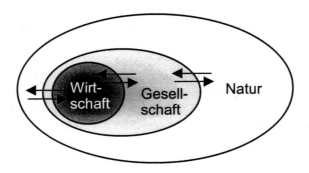

Quelle: BUSCH-LÜTY 1994, 118

Ein *umfassender Nachhaltigkeitsbegriff* versteht ökonomische, soziale
und ökologische Aspekte als gleich wichtig und ist Ausdruck der Erkenntnis, dass es zwischen den Teilsystemen Umwelt und Gesellschaft
und deren Subsystemen Wirtschaft und Soziales vielfältige und komplexe systemare Beziehungen gibt[29].

Die Suche nach Lösungen ökologischer, ökonomischer und sozialer
Probleme hat demgemäß die Verflechtungen von Umwelt und Gesell-

---

[28] Bei Daly: scale, allocation und distribution; vgl. Daly 1992.
[29] Vgl. Wallner 1998, 84ff.; vgl. Abb. 2.

schaft zu berücksichtigen. Quantitatives Wachstum als Ziel wirtschaftlicher und gesellschaftlicher Entwicklung ist durch einen Entwicklungs-
begriff zu ersetzen, der ökologische, ökonomische und soziale Ziele
gleichwertig nebeneinander stellt und aufeinander bezieht. Wie aus
Abb. 3 hervorgeht, ist bei der Umsetzung einer nachhaltigen Entwicklung
das Spannungsfeld zwischen einer stabilen wirtschaftlichen Entwicklung,
einer gerechten Verteilung der Lebenschancen sowie dem Schutz der
Ökosphäre zu beachten.

Abb. 3: Spannungsfeld einer nachhaltigen Entwicklung

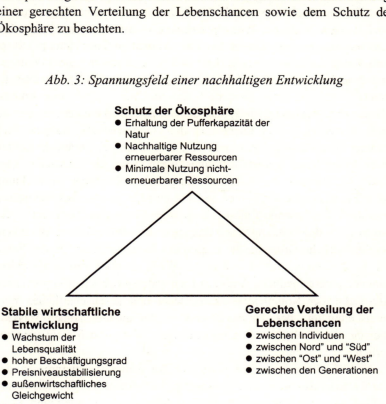

Schutz der Ökosphäre
● Erhaltung der Pufferkapazität der
  Natur
● Nachhaltige Nutzung
  erneuerbarer Ressourcen
● Minimale Nutzung nicht-
  erneuerbarer Ressourcen

**Stabile wirtschaftliche
Entwicklung**
● Wachstum der
  Lebensqualität
● hoher Beschäftigungsgrad
● Preisniveaustabilisierung
● außenwirtschaftliches
  Gleichgewicht

**Gerechte Verteilung der
Lebenschancen**
● zwischen Individuen
● zwischen Nord" und "Süd"
● zwischen "Ost" und "West"
● zwischen den Generationen

Quelle: WEISSNER 1998, 22

Während es bei der Effizienzrevolution um technische Lösungen für Produkte und Produktionsweisen, also um eine ökologische Modernisierung
des bestehenden wachstumsorientierten Wirtschaftssystems geht, folgt
aus der wachstumsskeptischen Einstellung die Notwendigkeit einer tief-

greifenden Umgestaltung von Wirtschaft und Gesellschaft[30]. Hier sind wesentlich weitreichendere Schritte mit zum Teil ebenso weitreichenden und zum Teil nur schwer abschätzbaren Folgen notwendig: Das existierende Verteilungssystem für Einkommen und Arbeit in den Industrieländern ist derart stark auf wirtschaftliches Wachstum ausgerichtet, dass es bei einer Reduzierung des materiellen Konsums „zu weiteren Einbrüchen in der Beschäftigung mit den daraus entstehenden Folgen für die Sozialsysteme und die Staatsfinanzierung" kommen könnte[31]. Im Zusammenhang mit der Diskussion um nachhaltige Entwicklung gibt es eine Vielzahl solcher – begründeter und unbegründeter – Befürchtungen und Prognosen über Zielkonflikte. Anzuführen sind beispielsweise der immerschwelende Streit über die Frage, ob Umweltschutz nun Arbeitsplätze vernichtet oder schafft, oder die Aussage, dass die derzeitige minimale Besteuerung von Energie in der Bundesrepublik hauptsächlich Rentner und Familien trifft und somit zu sozialen Ungerechtigkeiten führt. In der Regel werden spätestens, wenn es um die Umsetzung konkreter Maßnahmen im Zusammenhang mit nachhaltiger Entwicklung geht, Einzelaspekte betrachtet und entschieden sowie Einzelinteressen artikuliert. Umfassende Einschätzungen der Wirkungen bestimmter Aktionen (z.B. der Wirkung einer Energiesteuer auf bestimmte Branchen, gesellschaftliche Gruppen, die natürlichen Ressourcen und in der Folge auf die Gesamtwohlfahrt) sind selten. Wenn sie doch versucht werden, kommen unterschiedliche Ansätze oft zu widersprüchlichen Ergebnissen. Angesichts der Komplexität ökologischer und gesellschaftlicher Wirkungsketten und des damit verbundenen oft unzureichenden Wissens über die entsprechenden Zusammenhänge[32] ist dies auch nicht verwunderlich.

Diese Überlegungen verweisen auf ein zentrales Dilemma in der Nachhaltigkeitsdebatte: Die Anwendung effizienter Produktionsweisen ist als Konzept relativ einfach und vom Prinzip her für jedermann nachvollziehbar. Gleichzeitig gibt es gute Argumente, dass diese Art der ökologischen Modernisierung im Hinblick auf eine nachhaltige Entwicklung zu kurz greift. Die Umsetzung tiefergehender Umgestaltungskonzepte scheitert nicht nur, wie vielfach unterstellt, am Beharrungsvermögen ‚der

[30] Vgl. Hamm 1996, 438ff., Peters et al. 1996, 23.
[31] Hamm 1999, 38.
[32] Vgl. z.B. Hinterberger et al. 1996, 144, Rees 1990.

Mächtigen'[33], sondern auch daran, dass sie in der Regel abstrakt und schwer nachvollziehbar sowie in ihren Wirkungen schwer einschätzbar sind und die einzelnen gangbaren Schritte[34] vom Bestehenden zum Gewünschten kaum dargestellt werden. Nicht umsonst decken Studien von Wissenschaftlern und Beratern – also von Menschen, die sich tagtäglich mit Fragen und Problemen einer nachhaltigen Entwicklung auseinandersetzen – in der Regel nur Teilbereiche und Teilfragen ab. Dokumentierende, systematisierende, analysierende, auswertende, erklärende sowie beratende Literatur findet sich beispielsweise für die lokale, regionale, nationale und internationale Ebene[35]. Andere Bemühungen konzentrieren sich auf einzelne Handlungsbereiche[36], spezielle Akteure[37] oder einzelne Handlungsansätze[38].

Vor dem Hintergrund des Ziels einer Gesellschaft und Wirtschaftsweise, die ökologisch tragfähig und sozial gerecht ist, können derartige Bemühungen als zu partiell, zu wenig weitgreifend, ja sogar als kontraproduktiv angesehen werden, weil sie an den bestehenden Strukturen ansetzen und somit Gefahr laufen diese zu konservieren[39]. Auch diese Arbeit beschäftigt sich mit Partialaspekten der nachhaltigen Entwicklung (regionale Handlungsebene, Rolle der Unternehmen), setzt an den bestehenden gesellschaftlichen und wirtschaftlichen Strukturen an und kann damit bewusst kein umfassendes Bild einer neuen nachhaltigen Gesellschaft präsentieren.

Für ein solches Vorgehen sprechen mehrere Gründe. Arbeiten, die das bestehende Gesellschafts- und Wirtschaftssystem in den westlichen Industrieländern einer Fundamentalkritik unterziehen und seiner Ausge-

---

[33] Vgl. z.B. Eblinghaus/ Stickler 1996, Hamm 1996, 467.

[34] Gemeint sind Schritte, die ohne die Gefahr größerer struktureller Brüche oder gar die Anwendung von Gewalt möglich sind.

[35] Vgl. z.B. I.C.L.E.I. 1995, ökom 1998, Rösler 1996, Kuhn/Zimmermann 1996 für die lokale, Peters et al. 1996, Kanatschnig et al. 1999, Roch 1999 für die regionale, und BUND/ Misereor 1996 für die nationale und internationale Ebene.

[36] Vgl. z.B. Sauerborn et al. 1998 für die Forst- und Holzwirtschaft, Schade/ Weimer-Jehle 1998 für den Energiebereich.

[37] Vgl. z.B. Ax 1997, Rumpf 1997 für das Handwerk, Fichter/ Clausen 1998 und UnternehmensGrün 1997 für Unternehmen.

[38] Vgl. z.B. Bleischwitz 1998 zur Erhöhung der Ressourcenproduktivität, LfU 1995 zu ökoeffizienten Produktionsweisen und neuen Produktnutzungskonzepten.

[39] Vgl. z.B. Eblinghaus/ Stickler 1996.

staltung die wesentliche Rolle bei der Erklärung bestehender ökologischer Probleme und sozialer Ungerechtigkeiten zuschreiben[40], liefern in der Regel – mag ihre Kritik auch vollkommen zutreffend sein – kaum klare Ansatzpunkte für konkrete Schritte zu einer Umgestaltung. Dies erscheint auch nicht verwunderlich. Denn eine fundamentale Kritik am Bestehenden muss erstens Vorschläge zu einer äußerst weitreichenden und komplexen Umgestaltung nach sich ziehen sowie zweitens immun gegen den Vorwurf sein, die Alternative führe zu anderen, eventuell sogar größeren ökologischen, sozialen aber auch ökonomischen Problemen als das bestehende System. Solche umfassenden Entwürfe für eine nachhaltige Gesellschaft werden vor dem Hintergrund der bereits oben angesprochenen Komplexität gesellschaftlicher und ökologischer Zusammenhänge und Wirkungsketten immer umstritten bleiben. Dies erscheint als ein wesentlicher Grund, dass Vorschläge in fundamentalkritischen Arbeiten letztendlich meist schlagwortartig[41] formuliert werden, Überlegungen zu konkreten Schritten vom Bestehenden zum Gewünschten aber ausbleiben[42]. Dies verweist dann doch wieder auf eine Strategie der kleinen Schritte[43], auf den Versuch, sich im trial and error Verfahren einer nachhaltigen Gesellschaft zu nähern, auch wenn man dabei Gefahr läuft, in der Summe zu wenig wirkungsvolle Veränderungen vorzunehmen[44].

Ein weiteres Argument spricht dafür, von den bestehenden gesellschaftlichen und wirtschaftlichen Strukturen auszugehen und in kleinen Schritten Veränderungen anzustreben. Will man eine Mehrheit der Menschen für eine tiefgreifende Umgestaltung der Gesellschaft und des Wirtschaftssystems gewinnen, ist es zwar möglich, mit ihnen die Unzulänglichkeiten der gesellschaftlichen Strukturen zu diskutieren, ihnen zu verdeutlichen, wie sehr sie in ihrem täglichen Leben beispielsweise von der Macht transnationaler Konzerne und dem verzerrten Bild der Realität in

---

[40] Vgl. Eblinghaus/ Stickler 1996, Hamm 1996, Spehr 1994.

[41] Wie z.B. „Abwicklung des Nordens", „Ausstieg aus der weltweiten Wettkampfdynamik" (Eblinghaus/ Stickler 1996, 185).

[42] Sieht man einmal von wenig konstruktiven Strategie „Sand im Getriebe" sein zu wollen ab (vgl. Eblinghaus/ Stickler 1996, 186).

[43] Zu diesem Schluss kommt auch Hamm (1996, 471) sowie Hamm/ Neumann (1996, 355ff) auf Basis seiner Fundamentalkritik.

[44] Diese Gefahr besteht jedoch auch bei wenigen großen Schritten, wenn man das falsche tut.

den Massenmedien dominiert und beeinflusst werden. Vielleicht werden sie diese Einschätzungen sogar teilen. Gerade in den Industrieländern werden jedoch Vorschläge, die etwa von einer ‚radikalen Veränderung der Konsumgewohnheiten' oder einem ‚Aufbrechen bestehender Machtstrukturen' etc. sprechen, bei der Mehrheit der Menschen eher Befürchtungen erzeugen und zu Ablehnung führen, als sie von einer Machbarkeit und Wünschbarkeit nachhaltiger Entwicklung zu überzeugen.

Aufbauend auf dieser Sichtweise ist es Aufgabe sozialwissenschaftlicher Arbeiten, einen Beitrag dazu zu leisten, die Lücke zwischen dem Wissen um die globalen Probleme und dem konkreten Handeln einzelner Akteure vor Ort zu überbrücken[45]. Es muss darum gehen, zu analysieren, welches Interesse die jeweiligen Akteure haben, die derzeitige Situation beizubehalten, welche Bedingungen sie gegebenenfalls dazu zwingen, welche berechtigten oder unberechtigten Ängste vor Veränderungen bestehen und welche Schritte ausgehend von der bestehenden Situation in Richtung einer nachhaltigen Entwicklung gangbar sind. Daraus resultiert kein Globalmodell für eine nachhaltige Gesellschaft, sondern – wie auch in der vorliegenden Arbeit – die Untersuchung von Chancen und Hemmnissen, die für eine bestimmte Akteursgruppe (Unternehmen) auf einer bestimmten Handlungsebene (Region) auf dem Weg zu einer nachhaltigen Entwicklung bestehen.

Untersuchungsgegenstand der vorliegenden Arbeit sind Unternehmen, die bereits erste Schritte in Richtung einer nachhaltigen Entwicklung gehen oder gehen wollen. Dabei wird jedoch kein Bild eines ‚idealen nachhaltigen Unternehmens' gezeichnet, sondern nach Faktoren gefragt, die es Unternehmen bei gegebenen Rahmenbedingungen erlauben, diese Schritte zu gehen.

---

[45] Vgl. auch Peters et al. 1996, 30.

Kapitel 2
Nachhaltige Regionalentwicklung

Im Vordergrund dieses Kapitels stehen die Potenziale und Ansatzpunkte dafür, auf einer regionalen Ebene Beiträge zu einer nachhaltigen Entwicklung zu leisten (Kapitel 2.2). Im Hinblick auf das Thema der Arbeit wird dabei die Rolle von Unternehmen hervorgehoben (Kapitel 2.3). Dass der Umsetzung einer nachhaltigen Regionalentwicklung derzeit enge Grenzen gesetzt sind, wird in Kapitel 2.1 thematisiert. Gleichzeitig wird aber auch begründet, warum diese nicht im Mittelpunkt dieser Arbeit stehen.

2.1 Region und nachhaltige Entwicklung

2.1.1 Möglichkeiten und Grenzen nachhaltiger Regionalentwicklung

Die Region ist neben den anderen räumlichen Ebenen (Kommune, Land, Bund, EU, ‚internationale Staatengemeinschaft') eine mögliche räumliche Handlungsebene für die Umsetzung einer nachhaltigen Entwicklung. Wichtig ist, dass einzelne Aspekte nachhaltiger Entwicklung systematisch den relevanten Handlungsebenen zugeordnet werden[46]. So ist es beispielsweise sinnvoll, die Bekämpfung globaler Umweltprobleme wie den Treibhauseffekt oder das Ozonloch auf globaler Ebene zu verhandeln. Einzelne Maßnahmen sind auf nationaler, regionaler oder kommunaler Ebene möglich. Bei der Verkehrsmittelwahl oder der Abfalltrennung kann jeder einzelne durch umweltbewusstes Verhalten individuell einen Beitrag zur nachhaltigen Entwicklung leisten.

Der regionalen Ebene wird vielfach sogar eine besonders große Eignung für die Umsetzung einer nachhaltigen Entwicklung unterstellt. Dies hängt zum einen mit der verbreiteten Erkenntnis zusammen, dass ein

---

[46] Vgl. Spehl 1998, 22f.

umfassender Entwicklungsansatz, der die ökologische, ökonomische und soziale Dimension integriert, der den Einzelnen auch Änderungen des Lebensstils abverlangt, nicht ‚von oben' verordnet werden kann, sondern durch den Ausgleich verschiedenster gesellschaftlicher Interessen konzipiert werden muss[47]. Nachhaltigkeit sei „eher als Leitbild zu verstehen, dessen Ziele in einem dynamischen Prozess jeweils bei konkreten Aufgabenstellungen umgesetzt werden, wobei laufend durch Überprüfung und Reflexion Verbesserungen vorgenommen werden. Die Umsetzung einer nachhaltigen Entwicklung gestaltet sich in diesem Sinne im wesentlichen als kollektiver Such- und Lernprozess einer Gesellschaft"[48]. Die regionale Ebene bietet in diesem Zusammenhang zum einen den Vorteil, dass die komplexen und dynamischen Zusammenhänge zwischen den ökologischen, ökonomischen und sozialen Dimensionen auf kleinräumiger Ebene noch einigermaßen überschau- und erfassbar sind und dadurch überhaupt erst die kognitiven Voraussetzungen für einen derartigen Interessensausgleich gegeben sind. Zum anderen wird argumentiert, dass auf regionaler Ebene aufgrund der unmittelbaren Betroffenheit der in den Interessensausgleich einzubeziehenden Akteure überhaupt erst die Bereitschaft entsteht, sich an derartigen Prozessen zu beteiligen[49].

Ein zweiter Argumentationsstrang für ein Ansetzen auf regionaler Ebene bei der Umsetzung einer nachhaltigen Entwicklung geht von den dafür bestehenden Potenzialen für Veränderungen auf dieser räumlichen Ebene aus. So führt beispielsweise Adam[50] aus, dass es einerseits Handlungsfelder (wie z.B. die Wasserwirtschaft oder die Abfallentsorgung) gibt, die durch allein kommunales Handeln nicht mehr sinnvoll bearbeitet werden können. Andererseits gibt es Bereiche (wie die Ernährungswirtschaft), die heute in zu starkem Maße überregional organisiert sind und stärker regionalisiert werden könnten. Einen anderen Zugang zu den Potenzialen für Veränderungen im Sinne einer nachhaltigen Entwicklung auf regionaler Ebene wählt Lucas[51]. Er rekurriert auf Aktivitäten, die auf kommunaler bzw. regionaler Politikebene steuerbar sind und nennt dabei

---

[47] Vgl. z.B. Adam 1997

[48] Kanatschnig et al. 1999, 62; vgl. ähnlich auch Busch-Lüty 1995, Lucas 1998.

[49] Vgl. z.B. Peters et al. 1996, 61, Adam 1997. Vgl. dazu ausführlicher Kapitel 7.

[50] Vgl. Adam 1997

[51] Vgl. Lucas 1997. Er fokussiert allerdings allein auf wirtschaftliche Aktivitäten.

private Dienstleistungen, die mit persönlicher Beratung einhergehen, städtische Dienstleistungen, einen Großteil des Einzelhandels, einen Großteil des Handwerks sowie einen Teil der innovationsorientierten Industrieunternehmen, die auf Dienstleistungen räumlich naher Einrichtungen angewiesen sind.

Die Spielräume für Regionen, die Art ihrer Entwicklung selbst zu bestimmen sind allerdings begrenzt[52]. Dafür sensibilisieren Ansätze wie die eigenständige Regionalentwicklung[53], die Lokale Ökonomie[54], der aus Nordamerika kommende Ansatz des bioregionalism[55], aber auch Beiträge einer Vielzahl von Autoren aus den Entwicklungsländern[56]. All diese Ansätze kommen in ihren Analysen der Einbindung von Regionen in die weltwirtschaftlichen Zusammenhänge zu dem Ergebnis, dass die in nahezu allen Regionen vorfindbare Ausrichtung der regionalen Wirtschaft und Wirtschaftspolitik auf überregionale Märkte zu einer Einschränkung der Spielräume für eine Gestaltung der ökologischen und sozialen Bedingungen in der Region führt. Durch die Entscheidung, für Exportmärkte zu produzieren, tragen Wirtschaftssubjekte in einer Region zur Schaffung einer gewissen Wirtschaftsstruktur bei, die in der Regel nicht kurzfristig verändert werden kann. „Trade can lead to dependency relationships which effectively remove the freedom not to trade"[57]. Dieses Problem betrifft sowohl einen Teil der in der jeweiligen Region ansässigen Unternehmen als auch die regionale Wirtschaftspolitik.

Es gibt unzählige Beispiele, in denen große (multinationale) Unternehmen, deren Chefetagen sich in den Zentren befinden, periphere Regionen als Quelle für billige Arbeitskräfte und natürliche Ressourcen oder, heute immer häufiger, als Abfalldepot verwenden[58]. Sie nutzen Ressourcen und Senken, übernehmen aber nur selten die Verantwortung für die Folgen[59]. Ändern sich die Marktbedingungen oder sind die Res-

---

[52] Vgl. dazu ausführlicher Tischer 1995, 15ff.

[53] Vgl. z.B. Hahne 1991, Mose 1993, Kleine-Limberg/ Trescher 1993.

[54] Vgl. Blaffert et al. 1994.

[55] Vgl. Nozick 1992, Plant/ Plant 1992, The Ecologist 1993.

[56] Vgl. z.B. Hildyard 1993, Shiva 1993.

[57] Ekins 1991, 66.

[58] Vgl. z.B. Coote 1994, 154, The Ecologist 1993, 47, Altvater 1987, 278ff., Massarrat 1994, 3.

[59] Vgl. Daly 1994, 44.

sourcen ausgebeutet, werden die Region und ihre Bewohner wieder ihrem Schicksal überlassen. Die Entscheidungsträger sind von diesen Vorgängen so gut wie nie persönlich betroffen.

Nahezu alle kommunalen, regionalen und nationalen Regierungen der Welt unterstützen ‚ihre' Wirtschaft in der Bemühung, sich an der Nachfrage auf den Weltmärkten auszurichten[60]. Regionen werden so zu ‚Standorten', für deren Attraktivität auch Politik und Verwaltung Verantwortung tragen. Dabei geht es zum einen darum, die ansässigen Unternehmen bei ihrer ständigen Marktanpassung möglichst gut zu unterstützen, zum anderen aber auch um die Akquisition neuer Unternehmen für den Standort. Jänicke[61] spricht in diesem Zusammenhang sogar von einem „Subventionswettlauf", an dessen Ende der Sieg derjenigen Region steht, die ihren Unternehmen am meisten Kosten abnehmen kann. Ist eine derartige Außenorientierung erst einmal in der Struktur der Region festgeschrieben, werden alle gesellschaftlichen Kräfte benötigt, um im ständigen von außen angetriebenen Modernisierungswettlauf mitzuhalten. „Der Weltmarkt wird mehr und mehr zum Orientierungsmaßstab; die ‚Konkurrenzfähigkeit' [...] auf dem Weltmarkt entscheidet über Arbeitsplatzsicherung, Rationalisierung, Umweltschutzauflagen usw. Die aktive Steuerungsfähigkeit regionaler Entwicklung schwindet immer mehr aus den Händen der nationalen (und regionalen)[62] Regierungen"[63].

Es ist klar, dass es sowohl innerhalb der Regionen sowie in den Zentren Kräfte gibt, die von dieser Situation profitieren und ein Interesse an der Erhaltung dieser Abhängigkeiten haben. Auch die regionale Wirtschaftsförderung ist in der Regel zu einem großen Teil auf die Einbindung in die weltwirtschaftliche Arbeitsteilung ausgerichtet[64]. Andererseits scheint es trotz dieser widrigen Rahmenbedingungen auf regionaler Ebene auch Spielräume für Schritte in Richtung einer nachhaltigen Entwicklung zu geben. Wie sonst ist es zu erklären, dass sich in einer wachsenden Anzahl von Regionen Initiativen bilden, die Beiträge zu einer nachhaltigen Entwicklung leisten wollen und leisten?[65]

---

[60] Vgl. Müller/Hennicke 1994, 72, Ullrich 1990, 82.

[61] Vgl. Jänicke 1986, 131.

[62] Anm. M.T.

[63] Kleine-Limberg/Trescher 1993, 5.

[64] Vgl. z.B. Peters et al. 1996, 99ff.

[65] Vgl. dazu die Kapitel 2.3 und 9.

In Anlehnung an das am Schluss von Kapitel 1 Gesagte gibt es zwei Möglichkeiten für einen Sozialwissenschaftler mit der beschriebenen Situation umzugehen. Er kann versuchen, der fundamentalen Kritik am bestehenden System ebenso grundlegende Vorschläge für Veränderungen folgen zu lassen. Mit der Abkoppelung von Regionen von überregionalen Märkten, dem Schutz regionaler ökologischer und sozialer Standards durch Protektionismus, weltweit vereinbarten Öko- und Sozialstandards gibt es für den hier vorliegenden Zusammenhang eine Reihe von Vorschlägen[66]. Zu einer Umsetzung dieser Ideen ist es bislang nicht gekommen, sei es nun, weil sie kontrovers diskutiert werden, weil ihre Wirkungen auf Grund der komplexen gesellschaftlichen und ökologischen Zusammenhänge nur schwer abschätzbar sind oder weil sie den Interessen ‚der Mächtigen' nicht entsprechen. Die zweite Möglichkeit besteht darin, von bereits bestehenden Ansätzen der Umsetzung einer nachhaltigen Regionalentwicklung auszugehen und danach zu fragen, wie es ihnen gelingt, bestehende Spielräume zu nutzen oder gegebenenfalls zu erweitern. Dadurch können ausgehend von den bestehenden Verhältnissen Schlüsse für kleine aber gangbare Schritte hin zu einer Umsetzung nachhaltiger Entwicklung gezogen werden. Dieser zweite Weg wird in dieser Arbeit beschritten, in dem bestehende regionale Unternehmenskooperationen, die einen Beitrag zur nachhaltigen Regionalentwicklung leisten wollen, analysiert werden.

2.1.2 Zum Regionsbegriff

In diesem Zusammenhang drängt sich die Frage auf, was überhaupt mit ‚Region' gemeint ist. Diese Frage wird in Diskussionen über nachhaltige Regionalentwicklung ebenso oft gestellt, wie gar nicht oder nicht genau beantwortet. Konsens scheint allein darüber zu herrschen, dass es sich bei Regionen um Räume handelt, die kleiner sind als Bundesländer (im föderativen Staatsaufbau) und umfassender als Kommunen[67]. Auch in dieser Arbeit kann keine ausführliche Abhandlung über den Regionsbegriff in der Diskussion um nachhaltige Regionalentwicklung geleistet werden. Zu beobachten ist sowohl in der Praxis als auch in der Literatur

---

[66] Vgl. dazu ausführlich Tischer 1995 und die dort zitierte Literatur.
[67] Vgl. z.B. Weissner 1998, 37.

ein pragmatischer Umgang mit der Regionsabgrenzung. Peters et al.[68] stellen beispielsweise fest, dass „Regionen nur bezogen auf die jeweilige Fragestellung genauer abgrenzbar sind." Dies lässt sich auch anhand des Überblicks über verschiedene Regionskonzepte von Blotevogel (vgl. Abb. 4) bestätigen. Während beispielsweise bei der Erarbeitung eines nachhaltigen regionalen Entwicklungskonzeptes politisch-administrative Regionen eine Rolle spielen werden, dürfte bei einem Konzept zur regionalen Abfallentsorgung eher der funktionale Regionsbegriff von Bedeutung sein.

Bei der Diskussion um den Regionsbegriff geht es vor allem um die ‚richtige' Abgrenzung von Region, um den optimalen Raumzuschnitt zur Erreichung bestimmter Ziele. In dieser Arbeit soll diese Frage nicht im Mittelpunkt stehen[69]. Regionale Unternehmenskooperation ist hier eher als Kontrast zu globalen Wirtschaftsverflechtungen und Stoffströmen zu verstehen. In den hier untersuchten Kooperationen wird vergleichsweise kleinräumig zusammengearbeitet. Ob die Unternehmenskooperationen die optimale Raumgröße für ihre jeweilige Tätigkeit gewählt haben, wird allerdings nicht betrachtet. Es geht vielmehr um die Tendenz zu mehr Kleinräumigkeit. Deshalb wird hier pragmatisch Region als ein Raum definiert, der größer ist als eine Kommune und kleiner als ein Bundesland oder eine Nation.

Wenn im weiteren Verlauf der Arbeit also von regionalen Unternehmenskooperationen die Rede sein wird, sind Verflechtungen gemeint, die sich über Räume erstrecken, auf die diese Kriterien zutreffen.

---

[68] Peters et al. 1996, 37.
[69] Vgl. dazu auch Kapitel 7.

Abb. 4: Entwurf einer Typologie von Regionskonzepten

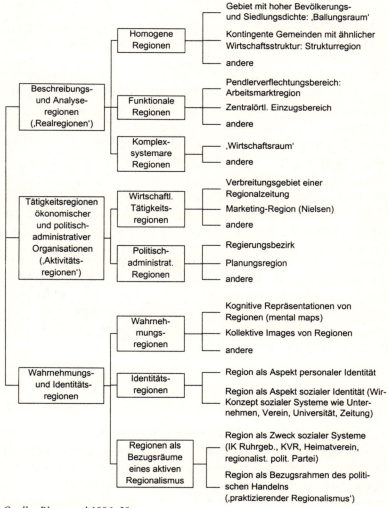

Quelle: Blotevogel 1996, 58

2.2 Handlungsansätze für eine nachhaltige Regionalentwicklung

Die Umsetzung nachhaltiger Regionalentwicklung erfordert ein verändertes Denken und Handeln regionaler Akteure. Inzwischen gibt es eine Vielzahl von Vorschlägen und Konzepten, praktischen Beispielen und theoretischen Überlegungen, wie diese Umsetzung angegangen werden kann. Um diese Ansätze zu strukturieren, können die Beiträge zwei Diskussionssträngen zugeordnet werden.

Der erste Diskussionsstrang im Rahmen der Debatte um nachhaltige Regionalentwicklung dreht sich um die Frage nach dem regionalen Entwicklungsleitbild und dessen Verankerung in der Bevölkerung bzw. bei den regionalen Handlungsträgern. Dem liegt die Erkenntnis zugrunde, dass die Durchsetzung eines Entwicklungsverständnisses, das so umfassende Veränderungen in vielen Bereichen des menschlichen Lebens erfordert, eines gesellschaftlichen Grundkonsenses oder zumindest einer regen gesellschaftlichen Diskussion bedarf. Dafür sind entsprechende Strukturen zu schaffen. Ansätze, die sich auf diesen Diskussionsstrang beziehen, sollen hier als *entwicklungsbezogene Ansätze* bezeichnet werden.

Zum anderen gibt es eine Vielzahl von Beiträgen aus Wissenschaft und Praxis[70], die an bestehenden regionalen Potenzialen für eine nachhaltige Regionalentwicklung ansetzen und von da aus Optionen für mehr Nachhaltigkeit in verschiedenen Wirtschafts- und Lebensbereichen erarbeiten. In diesem Zusammenhang soll hier von *handlungsfeldbezogenen Ansätzen* gesprochen werden.

2.2.1 Entwicklungsbezogene Ansätze nachhaltiger Regionalentwicklung

Der Ausgangspunkt dieses Diskussionsstranges sind raumordnerische oder strukturpolitische Planungsaktivitäten in der Region. Regionale Raumordnungspläne oder regionale Entwicklungskonzepte haben die Aufgabe einen Orientierungsrahmen für die Regionalentwicklung und Regionalpolitik zu schaffen. Waren derartige Konzepte zunächst von der Politik und der öffentlichen Verwaltung erarbeitete, oft auch fach- bzw.

---

[70] Vgl. z.B. Peters et al. 1996, Lucas 1996.

ressortspezifische Rahmensetzungen[71], setzt sich in neuerer Zeit zunehmend die Ansicht durch, dass jegliche Art regionaler Entwicklungskonzepte oder -pläne nur dann eine tragfähige Entwicklungsgrundlage bilden, wenn sie von wesentlichen regionalen Interessen getragen werden und nach Möglichkeit fachpolitisch integriert erarbeitet werden[72]. In diesem Zusammenhang entstanden sogenannte informelle Instrumente der Regionalentwicklung[73], mit deren Hilfe regionale Entwicklungskonzepte in moderierten, interaktiven Beteiligungsprozessen erarbeitet werden. Auf diese Art erarbeitete Entwicklungskonzepte bringen entscheidende Vorteile mit sich: Sie sind nicht nur Voraussetzung für eine zielgerichtete und kontrollierbare Politik. Die Identifikation der beteiligten Akteure[74] mit einem überzeugenden Leitbild kann auch zu einem neuen Schwung an Entwicklungs- und Umsetzungsenergie führen. „Formelle Instrumente, vor allem also die Regionalpläne sind notwendig, können aber nur den Rahmen bilden und sind in der Regel passiv und reaktiv. Die Aktivierung der regionalen Potenziale ist nur über die Akteure, genauer gesagt, die Menschen einer Region möglich"[75]. In Zeiten defizitärer öffentlicher Haushalte sind motivierte regionale Akteure, die auch jenseits staatlichen Handelns für das regionale Gemeinwohl aktiv werden, ein nicht zu unterschätzender Aspekt. Außerdem führt ein Leitbild, mit dem sich weite gesellschaftliche Kreise identifizieren, auch zur Konfliktreduktion, weil nicht jedes einzelne Projekt oder Vorhaben zur regionalen Entwicklung von neuem grundsätzlich diskutiert werden muss.

Auf diesen Erkenntnissen bauen entwicklungsbezogene Ansätze der nachhaltigen Regionalentwicklung auf. So bemerkt etwa Busch-Lüty[76], dass nachhaltige Entwicklung „ihrem Wesen nach nur als gesellschaftlich diskursives Leitbild bestimmbar ist [...] als jeweils vor Ort in bestmöglicher Lebensnähe partizipativ und selbstorganisierend gestalteter Prozess

[71] Oft auch noch erarbeitet auf einer räumlich übergeordneten Ebene.

[72] Vgl. z.B. Fürst 1994, Heinze/ Voelzkow 1997, Selle 1994.

[73] Vgl. z.B. Priebs 1997, Fürst 1994, Selle 1994. Diese werden oft auch mit dem Begriff intermediäre Organisationsformen bezeichnet. Genannt werden in diesem Zusammenhang meist Instrumente wie Regionalkonferenzen, Strukturkonferenzen, runde Tische und andere Moderations- und Mediationsansätze.

[74] In der Regel werden hier als Akteure genannt: Vertreter von Verbänden und Gewerkschaften, Bürgerinitiativen, Nicht-Regierungsorganisationen, Kirchen etc.

[75] Priebs 1997, 28.

[76] Busch-Lüty 1995, 124.

der Konsens- und Entscheidungsfindung." Die gleichzeitige Beachtung ökologischer, ökonomischer und sozialer Aspekte und Interessen – so das Argument – lässt eigentlich gar keine andere Wahl mehr, als regionale Entwicklungskonzepte interaktiv und diskursiv anzugehen.

In zunehmendem Maße wird in Regionen versucht, Ziele der Nachhaltigkeit in regionale Entwicklungskonzepte zu integrieren. So z.B. innerhalb der Initiative ‚Nachhaltige Regionalentwicklung in der Modellregion Odermündung‘[77], wo ein breites Bündnis aus Vertretern der öffentlichen Verwaltung, von Wirtschaftsverbänden sowie anderer Interessensgruppen ein Konzept nachhaltiger Regionalentwicklung erarbeitet hat und nun umsetzt. Von einem ähnlichen Vorhaben berichtet Karrasch[78] für die Landkreise Torgau-Oschatz und Döbeln. In allerjüngster Zeit haben derartige Bemühungen unter dem Stichwort ‚Regionale Agenda 21‘[79] neuen Aufschwung bekommen[80]. So werden beispielsweise in den bayerischen Landkreisen Kronach und Fürstenfeldbruck derartige Aktionsprogramme auf Kreisebene erarbeitet. Elf weitere bayerische Kreise bilden mit ihnen ein Netzwerk zum Erfahrungsaustausch und planen die Erstellung von Agenden in nächster Zeit[81]. Auch innerhalb des Wettbewerbs ‚Regionen der Zukunft‘ des Bundesamtes für Bauwesen und Raumordnung waren erste Entwürfe einer regionalen Agenda 21 Teilnahmevoraussetzung für die Regionen[82]. Dies wurde jedoch nicht von allen Regionen nach der Aufnahme in den Wettbewerb weiterverfolgt[83].

---

[77] Vgl. Brückmann et al. 1998.

[78] Vgl. Karrasch 1996.

[79] Die Agenda 21 ist das Aktionsprogramm, das auf der Konferenz für Umwelt und Entwicklung 1992 in Rio de Janeiro von der internationalen Staatengemeinschaft für das 21. Jahrhundert verabschiedet wurde. Es beinhaltet für verschiedene Aktionsfelder und Akteursgruppen Aufforderungen, sich an der Umsetzung einer nachhaltigen Entwicklung zu beteiligen. Aus der Aufforderung an die Kommunen in Kapitel 28, eigene Agenden 21 zu erstellen, wird in jüngerer Zeit ein ähnlicher Anspruch an Regionen abgeleitet und teilweise auch bereits umgesetzt.

[80] Vgl. Kanatschnig et al. 1999.

[81] Vgl. Bayerisches Staatsministerium für Landesentwicklung und Umweltfragen 1998.

[82] Vgl. Adam 1998, 10.

[83] Vgl. z.B. Modellregion Märkischer Kreis 1999.

In einer Auswertung von 33 bundesdeutschen Regionalplänen bzw. Raumordnungsplänen im Hinblick auf die Berücksichtigung von Zielen und Grundsätzen einer nachhaltigen Entwicklung kommt Hübler[84] allerdings zu dem Ergebnis, dass es zwar bereits einige positive Ansätze, vor allem jedoch Defizite gibt: „Zentrale Aspekte des Konzepts der Nachhaltigkeit wie die Langfristorientierung der Planung (Dauerhaftigkeitsaspekt), globale Aspekte, Konsistenz, Transparenz und Reduktion von Stoff- und Ressourcenströmen werden fast völlig ausgeblendet." Im Anschluss an ein derartiges Ergebnis stellt sich die Frage, wie erreicht werden kann, dass nachhaltige Entwicklung verstärkt Eingang in regionale Entwicklungskonzepte findet. Dabei spielen folgende Punkte eine wichtige Rolle:

- **Teilnehmerkonstellation:** Auch wenn man hinsichtlich der Notwendigkeit, regionale Entwicklungskonzepte in partizipativen Prozessen zu erstellen, schon fast von einem Konsens sprechen kann, wird im Hinblick auf nachhaltige Entwicklung die oft einseitig verwaltungs- und (wirtschafts-)verbandslastige Zusammensetzung der Teilnehmerschaft kritisiert[85]. Eine ausgewogene Beteiligungsstruktur, die neben der Teilnahme von Verwaltung, Politik und den starken Verbänden z.B. auch die Interessen von sozial Schwachen und zukünftigen Generationen widerspiegelt, ist eine wichtige Voraussetzung, dass wesentliche Aspekte einer nachhaltigen Entwicklung in die Diskussion um ein regionales Entwicklungskonzept eingehen.

- **Analytische Instrumente**: Voraussetzung für die Erstellung regionaler Entwicklungskonzepte ist eine Situationsanalyse, die auf der Basis regionaler Stärken und Schwächen die Optionen für die weitere Entwicklung der Region herausstellt[86]. Soll das Konzept als Basis für eine nachhaltige Entwicklung dienen, sind bei der Analyse andere Variablen zu betrachten, als bei einer beispielsweise hauptsächlich ökonomischen Ausrichtung. Die Institute TAURUS (Trier), STENUM (Graz), MIO (Athen) sowie IEEP (Brüssel) haben inner-

---

[84] Vgl. Hübler 1999, 12.

[85] Vgl. z.B. Peters et al. 1996, 109; Heinze/ Voelzkow 1997, 259.

[86] Dies wird allerdings nicht immer beherzigt: Oft beruht die Festlegung regionaler Entwicklungsprioritäten mehr auf einem regionalen Aushandlungsprozess (was durchaus auch notwendig ist), jedoch weniger auf einer fundierten Situationsanalyse (vgl. z.B. Heinze/ Voelzkow 1997, 260).

halb des Projektes ‚Sustainable Development of Cities and Regions'
ein solches Regionalanalyseinstrument für die Erarbeitung eines
‚Sustainability Plans' konzipiert. Außerdem haben sie Möglichkeiten
zu dessen Verankerung in einen partizipativen regionalen Prozess
verdeutlicht[87]. Ziel ist es dabei, die vielversprechendsten Handlungsfelder und Sektoren für die Umsetzung einer nachhaltigen Regionalentwicklung – die sich von Region zu Region unterscheiden – zu
ermitteln. Ansatzpunkte sind dabei sowohl Handlungsfelder mit besonders hohen Potenzialen (z.b. auf Grund bereits bestehender regionaler Nachhaltigkeitsbemühungen) als auch solche mit besonders
großen Problemen für eine nachhaltige Regionalentwicklung (z.b.
Sektoren, die besonders starke Umweltbeeinträchtigungen hervorrufen). Bei diesem Ansatz wird die enge Verbindung zwischen entwicklungsbezogenen und handlungsfeldorientierten Ansätzen deutlich. Die Trennung ist hier aus rein analytischen Gründen vorgenommen worden. In der Praxis münden Entwicklungskonzepte in der
Regel in Aktionen in einzelnen Handlungsfeldern. Aus regionalpolitischer Sicht sollte dem Agieren in einzelnen Handlungsfeldern ein
gut vorbereitetes Entwicklungskonzept zugrunde liegen. So können
knappe Ressourcen in die drängendsten bzw. vielversprechendsten
Handlungsfelder kanalisiert werden.

• **Sicherung der ‚Nachhaltigkeitsqualität'**: Wichtig ist in diesem Zusammenhang ferner, dass der Beitrag regionaler Entwicklungskonzepte zu einer nachhaltigen Regionalentwicklung überprüft bzw.
  schon bei der Aufstellung sichergestellt wird, dass Kriterien einer
  nachhaltigen Regionalentwicklung berücksichtigt werden. Das im
  EU-Forschungsprojekt ‚Instruments for a Sustainable Regional Development' entwickelte Instrument des ‚Sustainable Quality Management'[88] könnte dazu einen Beitrag leisten und wird derzeit in der
  französischen Region Midi-Pyrénées erprobt.

Wo Regionen als Ganzes auf den Weg zu einer nachhaltigen Regionalentwicklung gebracht werden sollen, sind die hier dargestellten entwicklungsbezogenen Ansätze die geeigneten Ausgangspunkte. Es gibt jedoch
auch eine Fülle von Ansätzen in Literatur und Praxis, die sich auf ein-

---

[87] Vgl. Vonkeman 2000.
[88] Vgl. Schleicher-Tappeser et al. 1998. Vgl. dazu auch Kapitel 9.1.

zelne Handlungsfelder beschränken. Diese sind Thema des nächsten Kapitels.

2.2.2 Handlungsfeldbezogene Ansätze nachhaltiger Regionalentwicklung

Regionale Projekte und Initiativen, die sich selbst in den Kontext nachhaltiger Regionalentwicklung einordnen oder von anderen dort eingeordnet werden, sind inzwischen keine Seltenheit mehr[89].Viele Autoren, die sich mit derartigen Projekten und Initiativen einer nachhaltigen Regionalentwicklung beschäftigen, strukturieren diese nach Handlungsfeldern[90]. Andere Arbeiten beschäftigen sich mit den Möglichkeiten und Grenzen der Umsetzung einer nachhaltigen Regionalentwicklung in einzelnen Handlungsfeldern[91]. Die Frage, welche Handlungsfelder Möglichkeiten für die Umsetzung einer nachhaltigen Entwicklung auf regionaler Ebene bieten, wird oft gestellt. Bei einer Durchsicht der entsprechenden Literatur scheinen sich die folgenden Bereiche, die sowohl in praktischen Beispielen als auch in konzeptionellen Beiträgen vorzufinden sind, herauszukristallisieren[92]:

- Land- und Ernährungswirtschaft,
- Regenerative Ressourcen,
- Forst- und Holzwirtschaft,
- Bauen und Wohnen,
- Tourismus,
- Siedlungsentwicklung,
- Flächenmanagement,

[89] Vgl. z.B. Meyer-Engelke et al. 1998, DVL 1998, Dicks et al. 1997.
[90] Vgl. Meyer-Engelke et al. 1998, Dicks et al. 1997.
[91] Vgl. z.B. Peters et al. 1996 für die Holz- und Ernährungswirtschaft, Hofer/ Stalder 1998 für die Ernährungswirtschaft, Sauerborn et al. 1998 für die Forst- und Holzwirtschaft, Meyer-Engelke et al. 1998 für die Landwirtschaft, den Tourismus, Siedlungs- und Verkehrsentwicklung, Abfall, Abwasser und Energiewirtschaft, Horsch/ Ring 1999 für Wasserbewirtschaftung und Landnutzung.
[92] Vgl. Klee/ Kirchmann 1998, Meyer-Engelke et al. 1998, Dicks et al. 1997, Peitzger 1998, Adam 1997, Hey/ Schleicher-Tappeser 1998.

- Verkehr,

- Abfall und Recycling,

- Wasser und Abwasser,

- Energiewirtschaft.

Die Auswahl dieser Handlungsfelder beruht in der Regel auf bestehenden oder vermuteten regionalen Potenzialen für die Umsetzung einer nachhaltigen Entwicklung oder auf der bestehenden bzw. vermuteten Steuerungsfähigkeit dieser Handlungsbereiche auf regionaler Ebene[93]. Allerdings dürfte klar sein, dass auch Handlungsfelder oder Sektoren, deren regionale Steuerungsfähigkeit begrenzt ist – etwa auf Grund starker internationaler Wirtschaftsverflechtungen –, einen erheblichen Einfluss auf die Nachhaltigkeit der regionalen Entwicklung haben. Bislang sind jedoch nur wenige Versuche bekannt geworden, die Möglichkeiten und Grenzen regionaler Steuerungsfähigkeit in derartigen zur Zeit stark überregional beeinflussten Handlungsfeldern genauer zu fassen. Als ein Versuch, dieser Frage tiefer auf den Grund zu gehen, könnte das innerhalb der „Förderinitiative für nachhaltiges Wirtschaften" des Bundesministeriums für Bildung und Forschung geförderte Projekt von von Gleich „Effizienzgewinnung durch Kooperation bei der Optimierung von Stoffströmen in der Region Hamburg" gewertet werden, das sich mit der Metallbranche einen stark international ausgerichteten Wirtschaftszweig zum Untersuchungsgegenstand gemacht hat[94].

Ferner ist zu beobachten, dass sowohl in der Praxis wie auch in der Literatur Projekte und Studien überwiegen, die sich auf ländliche Räume beziehen. Ausnahmen sind hier die eher raumplanerischen Bereiche, wie Siedlungsentwicklung, Flächenmanagement oder Verkehr. Viele der Ansätze sind hier jedoch eher der nachhaltigen Kommunalentwicklung zuzuordnen, als der regionalen Ebene.

Gleichzeitig ist in den genannten Wirtschaftssektoren im Vergleich zu industriebezogenen Ansätzen ein starkes Übergewicht von Ansätzen zu verzeichnen, die sich mit KMU beschäftigen. Eine Ausnahme stellen industrial ecology Ansätze dar, die sich mit den stoffbezogenen Zusammenhängen und Synergiemöglichkeiten verschiedener in einer Re-

---

[93] Vgl. Adam 1997, Lucas 1996.
[94] Vgl. GSF 1999, 31ff.

gion[95] ansässiger Industriebetriebe auseinandersetzen[96]. Auch hierzu sind aus der erwähnten Förderinitiative des BMBF weitere Erkenntnisse zu erwarten[97].

Für eine ausführlichere Darstellung der Diskussionen in den einzelnen Handlungsfeldern muss an dieser Stelle auf die oben angegebene Literatur verwiesen werden. Zusammenfassend können allerdings drei wesentliche Handlungsansätze für die Umsetzung nachhaltiger Regionalentwicklung herausgearbeitet werden, die in allen genannten Handlungsfeldern zu diskutiert werden:

Die Regionalisierung von Stoff- und Wertschöpfungskreisläufen

Die gegenwärtig praktizierte internationale Verflechtung von Stoffströmen und Wirtschaftsbeziehungen bringt eine Reihe negativer Folgen mit sich[98]. So generiert beispielsweise die Tatsache, dass etwa Butter aus Schleswig-Holstein in bayerischen Supermärkten zu finden ist und umgekehrt unnötige Transportaufwände und damit ökologische Folgewirkungen. Als sozial, aber auch ökologisch bedenklich werden Getreideimporte aus den Ländern mit Nahrungsmittelknappheit zum Viehmästen in Industrieländer oder Abfallexporte in Staaten mit geringen Umweltschutzmaßnahmen gesehen. Stoffliche und wirtschaftliche Beziehungen werden in zunehmendem Maße undurchschaubar. Ursachen, Folgen und Verantwortung werden dadurch räumlich voneinander entkoppelt.

In diesem Zusammenhang werden innerhalb der Diskussion um nachhaltige Regionalentwicklung in bestimmten Handlungsbereichen weniger verflochtene, transparente, dezentralere und regionalisierte Formen der Produktion und der Bedürfnisbefriedigung gefordert. Ein wesentliches Ziel ist dabei die Regionalisierung von Produktionsprozessen entlang von

---

[95] Oft sogar in einem einzigen Gewerbegebiet.

[96] Vgl. Schnabel 1997, Strebel 1995 und Wallner 1998.

[97] Die Projekte „Cooperation für umweltschonenden Ressourcenaustausch: regionale Unternehmensvernetzung zur Schließung von Energie- und Stoffkreisläufen" und „Entwicklung eines regionalen Energiemanagement-Konzeptes und Anwendung auf die Technologie-Region Karlsruhe" weisen eine große Nähe zum Ansatz der industrial ecology auf.

[98] Vgl. z.B. Peters et al. 1996, Schmidt-Bleek 1994.

Produktlinien, im Idealfall also von der Rohstoffherstellung über die verschiedenen Stufen der Verarbeitung bis zum Produkt und weiter über die Vermarktung, den Gebrauch bis zur Wiederverwertung. Im Zuge einer solchen Regionalisierung kann nicht nur die Umweltsituation verbessert werden, sondern durch die verstärkte Verarbeitung in der Region auch die Wertschöpfung erhöht und die Beschäftigungssituation verbessert werden.

Die Ökologisierung des Handelns bzw. Wirtschaftens

Ein weiterer wichtiger Handlungsansatz ist die verstärkte Berücksichtigung ökologischer Kriterien für das Handeln und Produzieren. Strategien wie Energieeinsparung, Ressourceneinsparung, Ersatz nichtregenerativer durch regenerative Ressourcen, Reduzierung von Emissionen und Abfällen, Aufbau von Stoffkreisläufen können in irgendeiner Form in fast jedem der oben genannten Handlungsfelder verfolgt werden. Es gibt inzwischen eine Fülle von Beiträgen innerhalb der Nachhaltigkeitsdebatte, die auf Optionen für ein verstärktes ökologisches Handeln in verschiedenen Handlungsbereichen eingehen[99]. In einigen Fällen wird dabei auch explizit auf die Regionalentwicklung Bezug genommen[100].

Die Verbindung von Arbeit und Umwelt

In letzter Zeit ist die Bedeutung des Themas ‚Gefährdung der natürlichen Lebensgrundlagen' in der gesellschaftlichen Diskussion wieder deutlich hinter das Problem der hohen Arbeitslosigkeit zurückgefallen. Ansätze, die sich mit Verbesserungen Umweltsituation beschäftigen, sind deshalb in zunehmendem Maße unter Rechtfertigungsdruck hinsichtlich ihrer Wirkungen auf den Arbeitsmarkt geraten. Von den Handlungsansätzen für eine nachhaltige Regionalentwicklung nimmt vor allem auch die Regionalisierung von Stoff- und Wertschöpfungskreisläufen für sich in Anspruch, auch im Hinblick auf den Arbeitsmarkt positive Effekte zu zeitigen. Wird die Wertschöpfung in der Region erhöht, hat dies auch die Schaffung oder Sicherung von Arbeitsplätzen zur Folge. Darüberhinaus

---

[99] Vgl. z.B. Knaus/ Renn 1998; Ax 1997; LfU 1995, Becker et al. 1996, Baumgartner/ Röhrer 1998, Dreher 1998, Schaefer et al. 1995, Hofmeister 1998)
[100] Vgl. Meyer-Engelke et al. 1998, Becker et al. 1996, Müller 1995.

spielt die Integration von Arbeitslosen in Handlungsansätzen einer nachhaltigen Regionalentwicklung eine zunehmend wichtige Rolle. Eine wichtige Strategie ist dabei die Kombination von Qualifikations- und Beschäftigungsinitiativen mit Aufgaben des Umweltschutzes. Gängig sind hier zum Beispiel Initiativen im Bereich des Recycling, der Aufbereitung gebrauchter Geräte, bei der Flächensanierung oder in der Landschaftspflege[101].

Die Zahl von Praxisprojekten in den einzelnen Handlungsfeldern nimmt zwar ständig zu. Dennoch muss bislang insgesamt immer noch von vereinzelten Projekten gesprochen werden, die versuchen, einen Beitrag zur nachhaltigen Regionalentwicklung zu leisten. Dies untermauert auch der offensichtliche Bedarf an Zusammenstellungen von sogenannten best practices einer nachhaltigen Regionalentwicklung. Es gibt mittlerweile einige derartige Kataloge und Datenbanken guter Beispiele, die in der Regel mit der Notwendigkeit des Erfahrungsaustausches untereinander, aber eben auch dem Bedarf an guten Ideen, innovativen Vorbildern und Machbarkeitsnachweisen begründet werden[102].

Studien und wissenschaftliche Arbeiten zu den einzelnen Handlungsfeldern beschäftigen sich meist mit den Möglichkeiten und Grenzen der Realisierung der Handlungsansätze für eine nachhaltige Regionalentwicklung unter gegebenen gesetzlichen und wirtschaftlichen Rahmenbedingungen. Dabei überwiegt meist die Einschätzung, dass in den meisten Handlungsfeldern die bestehenden Spielräume für die Umsetzung von mehr Nachhaltigkeit nicht ausgeschöpft sind[103]. Oft wird jedoch auch der Veränderungsbedarf bei den Rahmenbedingungen rechtlicher oder regional- bzw. strukturpolitischer Art analysiert[104]. Während die

---

[101] Vgl. z.B. Dicks et al. 1997.

[102] Vgl. Meyer-Engelke et al. 1998, Dicks et al. 1997, DVL 1998, Klee-Kirchmann 1998, Brückmann et al. 1998, Sibum et al. 1996, Loibl et al. 1996, sowie die Datenbanken des Wettbewerbs Regionen der Zukunft im Internet www.zukunftsregionen.de und des Deutschen Verbands für Landschaftspflege www.reginet.de.

[103] Vgl. z.B. Sauerborn et al. 1998, Meyer-Engelke et al. 1998.

[104] Vgl. Meyer-Engelke et al. 1998 für rechtliche und Peters et al. 1996, 99ff. sowie Sauerborn/ Tischer 1999 für regionalpolitische Rahmenbedingungen. Dabei müssen hier wiederum diejenigen Rahmenbedingungen, die auf regionaler Ebene zu beeinflussen sind unterschieden werden müssen von denen, die nur auf übergeordneter Ebene veränderbar sind (vgl. Hey/ Schleicher-Tappeser 1998).

Wirkungen und Veränderungsmöglichkeiten rechtlicher Rahmenbedingungen im Hinblick auf eine nachhaltige Entwicklung jeweils
handlungsfeldspezifisch zu analysieren sind, können zu den Anforderungen an die Regionalpolitik durchaus allgemeine Aussagen gemacht werden. Dies ist Thema des nächsten Abschnittes.

2.2.3 Folgerungen für die Regionalpolitik

Vor dem Hintergrund einer nachhaltigen Regionalentwicklung ergeben
sich auch neue Anforderungen an die Regionalpolitik. In den vorher-
gehenden Abschnitten dieses Kapitels wurden die Handlungsansätze zur
Umsetzung einer nachhaltigen Regionalentwicklung in entwicklungs-
und handlungsfeldbezogene Ansätze differenziert. Auch im Hinblick auf
die Anforderungen an die Regionalpolitik wird diese Unterteilung fort-
geführt, da sich ihre Aufgaben dabei jeweils unterscheiden.

Im Hinblick auf die Unterstützung entwicklungsbezogener Ansätze
einer nachhaltigen Regionalentwicklung besteht die Aufgabe der Regionalpolitik vor allem darin, bei der Aufstellung von Regionalentwicklungskonzepten und -plänen die Voraussetzungen für eine stärkere Berücksichtigung der Kriterien der nachhaltigen Regionalentwicklung zu
schaffen. Mit der Sicherstellung einer ausgewogenen Teilnehmerstruktur
bei der partizipativen Aufstellung von Entwicklungskonzepten, einer
Situationsanalyse, die auf ökonomische, ökologische und soziale Aspekte
eingeht sowie einer Sicherung der ‚Nachhaltigkeitsqualität' von
regionalen Entwicklungskonzepten durch entsprechende Instrumente
wurden bereits weiter oben drei wesentliche Ansatzpunkte dafür benannt.
Als zusätzliche Anforderung an die Regionalpolitik wird in diesem Zusammenhang die Notwendigkeit angeführt, Möglichkeiten für eine tatsächliche Umsetzung der interaktiv erarbeiteten Entwicklungskonzepte
zu schaffen. Wichtig ist dies vor allem für die Motivation der beteiligten
Akteure. Stellen diese fest, dass ihre Bemühungen tatsächlich ernst genommen werden, ist eine wichtige Voraussetzung für einen kontinuier-
lichen Prozess geschaffen. Dies kann geschehen, in dem die Regionalpolitik Regionen mit derartigen Entwicklungskonzepten etwa bei der

Vergabe von Fördermitteln bevorzugt behandelt[105] oder indem Regionen gar ein gewisses Fördermittelbudget zur eigenen Disposition auf der Grundlage dieser Konzepte zur Verfügung gestellt wird[106].

Im Hinblick auf einzelne Handlungsfelder kann die Regionalpolitik etwa innerhalb der strukturpolitischen Förderung die Umsetzung nachhaltiger Entwicklung stärker unterstützen. Dies kann entweder geschehen, indem ein Beitrag zur Nachhaltigkeit zum Ausschlusskriterium für die Förderfähigkeit von Projekten im Rahmen eines Förderprogrammes gemacht wird oder nachhaltigkeitsorientierte Projekte zumindest bevorzugt behandelt werden. Ein zweiter Weg ist es, einzelne Handlungsfelder oder -ansätze, die einen besonders hohen Beitrag zur nachhaltigen Regionalentwicklung leisten können, in expliziten Maßnahmen oder Programmen zu fördern.

Traditionelle Ansätze von Regionalpolitik und strukturpolitischer Förderung fokussieren in erster Linie auf die wirtschaftliche Entwicklung von Regionen und auf das Bestehen im internationalen Wettbewerb der Standorte. Im Vordergrund der Aktivitäten steht die Förderung wirtschaftlichen Wachstums. Im Hinblick auf die Bestimmungsgrößen für ökonomisches Wachstum werden in der Literatur unterschiedliche Schwerpunkte gesetzt[107]. Hinsichtlich der Bedeutung des regionalen Angebots bzw. Produktionspotenzials und der Nachfrage nach regionalen Produkten[108] als wesentliche Determinanten für regionales Wachstum besteht in der Regionalökonomie Einigkeit (vgl. Abb. 5). Dabei setzt sich die Nachfrage aus der regionalen und überregionalen Investitionsgüter- und Konsumgüternachfrage zusammen. Das regionale Produktionspotenzial bestimmt sich durch die Quantität und Qualität der regionalen Produktionsfaktoren Arbeit, Kapital und Boden[109]. Unterschiedlich ist in der Literatur bzw. in einzelnen auf diesem Modell basierenden regional-

---

[105] Vgl. Heinze/ Voelzkow 1996, 264. Regionalpolitische Fördermittel werden in der Bundesrepublik in der Regel durch die Landesregierungen vergeben. Der Bund und die EU bestimmen allerdings bei der Festlegung der Förderprogramme (Ziele, Mittelvolumen u.a.) mit.

[106] Dieses wird auch als Globalbudget bezeichnet. Vgl. z.B. Peters et al. 1996, 109.

[107] Vgl. z.B. Siebert 1967, Spehl 1984, Lowey 1998.

[108] Der angebotsorientierte Ansatz wird bei Eckey 1978 als „neoklassisches", der nachfragebezogene Ansatz als „keynesianisches" Modell bezeichnet.

[109] In differenzierten Betrachtungen auch erweitert um Faktoren, wie Klima, Landschaftsrelief u.a. und als regionaler Lagefaktor bezeichnet; vgl. Spehl 1984.

politischen Ansätzen die Gewichtung dieser Faktoren selbst und ihrer Bestimmungsgrößen. Auf Produktionspotenzial und Nachfrage wirken nämlich wiederum eine Reihe weiterer Faktoren. Dabei werden Determinanten, wie der technische Fortschritt, die Raumstruktur, die Sektoralstruktur, die Infrastruktur, das politische und soziale System[110], aber auch die Kontrollstruktur (regionsinterne oder regionsexterne Kontrolle der Betriebe), die Funktionalstruktur (Art der betrieblichen Funktionen,

Abb. 5: Determinanten regionalwirtschaftlichen Wachstums

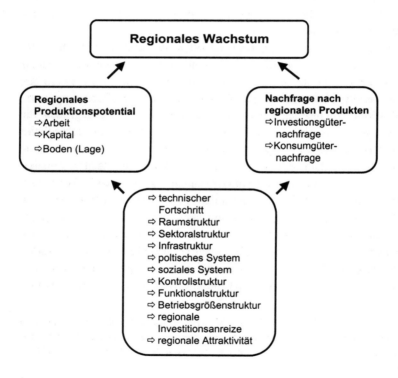

Quelle: Eigene Darstellung auf Basis von LOWEY 1998, SPEHL 1984, SIEBERT 1967

[110] Vgl. Schätzl 1993, 96.

die in regionalen Betrieben ausgeübt werden), die Betriebsgrößen-
struktur, regionale Investitionsanreize sowie die regionale Attraktivität
genannt[111]. Wichtige Theorien zur Erklärung regionalen Wirtschaftswachstums (z.b. Exportbasistheorie, Wachstumspoltheorie) gehen von
einzelnen Aspekten dieses Modells aus. Vor allem aber kann man im
Grunde jeder hier aufgeführten Determinante existierende Ansätze für
regionale Strukturpolitik zuordnen. So bezieht sich beispielsweise die
Innovations- und Technologieförderung auf die Determinante technischer
Fortschritt, Qualifikationsmaßnahmen setzen an der Qualität des Faktors
Arbeit an, Investitionszuschüsse an der Quantität regionalen Kapitals, die
Exportförderung (wie die Unterstützung von Teilnahmen an internatio-
nalen Messen) an der überregionalen Nachfrage etc.[112].

Vor dem Hintergrund einer nachhaltigen Regionalentwicklung ist
diese einseitige Ausrichtung auf wirtschaftliches Wachstum zu hinterfragen. Dies heisst nicht, dass Ansätze wie die Innovations- oder die
Investitionsförderung abzulehnen sind, sondern dass sie im Hinblick auf
den erweiterten Zielkatalog (neben ökonomischen auch ökologische und
soziale Ziele) im Grunde neu zu interpretieren sind.

So könnten beispielsweise innerhalb der Investitionsförderung Projekte nur noch dann gefördert oder bevorzugt behandelt werden[113], wenn
sie neben einer ökonomischen Tragfähigkeit auch die Berücksichtigung
ökologischer und sozialer Kriterien nachweisen können. Die zweite
Möglichkeit besteht in der Definition von Fördermaßnahmen zur Unterstützung von Investitionen, die bestimmte Handlungsansätze oder Strategien (z.B. Verwendung regenerativer Ressourcen) einer nachhaltigen
Regionalentwicklung berücksichtigen oder Handlungsfelder mit hohen
Potenzialen für die Umsetzung derselben ansprechen. Parallele Herangehensweisen sind auch für andere Ansatzpunkte der regionalen Strukturförderung denkbar, so z.B. bei der Technologieförderung (generelle Be-
vorzugung nachhaltigkeitsgerechter Technologien oder gezielte Förderung von z.B. sogenannten Umwelttechnologien) oder der Förderung
wirtschaftsnaher Infrastruktur (Förderung von Infrastruktureinrichtungen

---

[111] Vgl. Spehl 1984, 79.

[112] Für eine umfassende Darstellung der Ansatzpunkte regionalpolitischer Konzepte
vgl. Eser 1996, 160ff.

[113] Eine bevorzugte Behandlung könnte etwa in der Gewährung höherer Fördersätze
oder in der bevorzugten Auswahl bestehen.

nur noch nach eingehender Nachhaltigkeitsprüfung oder gezielte Förderung von z.b. Gründer- und Technologiezentren mit ausgeprägtem Nachhaltigkeitsprofil[114]).

Die Möglichkeiten, Anforderungen einer nachhaltigen Regionalentwicklung stärker in die Konzeption von regionalpolitischen Förderprogrammen einzubeziehen, werden derzeit von einigen europäischen Regionen anhand von Förderprogrammen innerhalb der Europäischen Strukturfonds erprobt[115]. Die DG XVI der Europäischen Kommission hat dazu innerhalb des Netzwerkes „Promotion of Sustainable Development under Structural Funds Programmes" einen Erfahrungsaustausch angeregt. Derzeit wird in erster Linie an Instrumentarien zur Programmaufstellung und zur Projektauswahl unter Berücksichtigung der Anforderungen nachhaltiger Regionalentwicklung gearbeitet. Obwohl weitgehende Übereinstimmung darüber herrscht, dass die Umsetzung einer nachhaltigen Regionalentwicklung in zukünftigen Förderprogrammen eine hohe Priorität genießen sollte[116], herrscht aber auch eine gewisse Sorge im Hinblick auf eine Überforderung der potenziellen Fördernehmer. Vielfach schreckt man davor zurück, die ohnehin bereits hohen Anforderungen hinsichtlich der ökonomischen Tragfähigkeit und des Beitrags zu regionalwirtschaftlichen Zielen (z.B. Erhöhung der Wettbewerbsfähigkeit, Schaffung und Sicherung von Arbeitsplätzen) an Projekte noch zu erhöhen[117]. Die Verantwortung für die Umsetzbarkeit einer auf nachhaltige Entwicklung ausgerichteten Regionalpolitik liegt folglich nicht allein bei den Verantwortlichen für die Konzeption von

---

[114] Dies kann zum Beispiel die rein bauliche Seite solcher Einrichtungen betreffen (Berücksichtigung des Standes der Kenntnis im Bereich ökologisches Bauen), aber auch die Ausrichtung der Beratungsdienstleistungen in einem solchen Zentrum.

[115] Von deutscher Seite sind daran EU-Programmverantwortliche aus Nordrhein-Westfalen, Berlin, Mecklenburg-Vorpommern (Ostvorpommern) und Sachsen-Anhalt (Anhalt-Bitterfeld, Wittenberg) beteiligt.

[116] Dies sieht im übrigen auch die Europäische Union so, die in ihrer Verordnung zur Gestaltung der Strukturfonds 2000 – 06, als Ziele u.a. eine „harmonische, ausgewogene und nachhaltige Entwicklung des Wirtschaftslebens" und „ein hohes Maß an Umweltschutz und Verbesserung der Umweltqualität" formuliert (Verordnung (EG) Nr. 1260/1999 des Rates der EU).

[117] So der vorsichtige Tenor der Beratungen bei einem der Treffen des Netzwerkes im Juni 1999 in Berlin sowie einiger persönlicher Gespräche des Autors mit Verantwortlichen aus der Europäischen Kommission und aus den Regionen.

Förderprogrammen. Auch potenzielle Fördernehmer müssen versuchen, die ihnen zur Verfügung stehenden Spielräume für Beiträge zur Umsetzung einer nachhaltigen Regionalentwicklung zu nutzen oder noch zu erweitern. Wichtigste potenzielle Fördernehmer strukturpolitischer Programme sind neben öffentlichen Verwaltungen (vor allem auf kommunaler Ebene) vor allem Unternehmen.

Zwei Gründe veranlassen somit am Ende dieses Kapitels den Blick auf die Rolle und die Handlungsmöglichkeiten von Unternehmen bei der Umsetzung einer nachhaltigen Regionalentwicklung zu richten.

Zum einen sind Unternehmen sowohl bei entwicklungsbezogenen als auch bei handlungsfeldorientierten Ansätzen wichtige Akteure. In Regionalen Entwicklungsprozessen haben sie in bei der Aufstellung von Regionalentwicklungskonzepten ihre – die Position der regionalen Wirtschaft – zu vertreten. Im Zusammenhang mit den handlungsfeldorientierten Ansätzen kommt ihnen in vielen der genannten Handlungsbereiche (Land- und Ernährungswirtschaft, Regenerative Ressourcen, Forst- und Holzwirtschaft, Bauen und Wohnen, Tourismus, Energiewirtschaft) die tragende Rolle bei der Verfolgung von Ansätzen einer nachhaltigen Regionalentwicklung zu, in den anderen oben genannten Handlungsfeldern zumindest auch eine wichtige.

Zum anderen wurde argumentiert, dass insbesondere im Hinblick auf handlungsfeldbezogene Ansätze die Verantwortung für eine Forcierung der Umsetzung einer nachhaltigen Regionalentwicklung nicht allein bei der Regionalpolitik liegt, sondern dass auch die Unternehmen versuchen sollten, ihre Spielräume dafür zu nutzen und gegebenenfalls zu erweitern.

2.3 Unternehmen und nachhaltige Regionalentwicklung

Unternehmen spielen also bei der Umsetzung einer nachhaltigen Regionalentwicklung eine herausragende Rolle. Dabei haben sie als wichtiger Problemverursacher (z.B. durch ökologisch bedenkliche Produktionsweisen), aber auch wichtiger potenzieller Problemlöser eine durchaus ambivalente Position[118]. Die Rolle der Unternehmen ergibt sich nach

---

[118] Vgl. Fichter 1998, 3.

Schmid[119] sowohl aus einem „moralischen Imperativ" als auch aus „bestehenden ökonomischen Zwängen im Wettbewerbsgeschehen." Eine Vielfalt von Veröffentlichungen beschäftigt sich mit Möglichkeiten und Grenzen von Unternehmen, zur Umsetzung von nachhaltiger Entwicklung beizutragen[120]. Es gibt eine große Zahl an Vorschlägen für entsprechende unternehmerische Handlungsoptionen (Kapitel 2.3.1). Durch die Einbettung von Unternehmen in ihr marktliches, politisches und gesellschaftliches Umfeld wird die Möglichkeit und Fähigkeit der Unternehmen, diese Optionen auch tatsächlich zu nutzen, determiniert. Andererseits bestehen aber auch Möglichkeiten für Unternehmen ihr Umfeld mitzugestalten (Kapitel 2.3.2).

2.3.1 Handlungsoptionen für Unternehmen im Rahmen der nachhaltigen Regionalentwicklung

Unternehmen haben sowohl bei entwicklungs- als auch handlungsfeldbezogenen Ansätzen einer nachhaltigen Regionalentwicklung wichtige Aufgaben.

Ihre Rolle in regionalen Entwicklungsprozessen oder bei der Aufstellung regionaler Entwicklungskonzepte ist die Vertretung unternehmerischer Interessen. Dass dies nicht mit der Vertretung allein ökonomischer Interessen gleichzusetzen ist, sondern auch ökologische und soziale Ziele umfassen kann, wird im Laufe der nächsten Kapitel noch verdeutlicht.

Im Bereich der handlungsfeldbezogenen Ansätze kommt Unternehmen dagegen im Zusammenhang mit ihrer wichtigsten gesellschaftlichen Rolle als Produzenten von Gütern und Dienstleistungen Bedeutung zu. Um einen Beitrag zur Erfüllung der Kriterien einer nachhaltigen Regionalentwicklung zu leisten, haben Unternehmen potenziell eine Fülle von Handlungsoptionen zur Verfügung. In der Literatur wird die Betrachtung oft entweder gar nicht explizit auf nachhaltige Entwicklung bezogen, sondern gleich unter der Bezeichnung umweltorientiertes Ma-

---

[119] Vgl. Schmid 1997, 22

[120] Vgl. z.B. Fichter/ Clausen 1998, Pfriem 1995, Schmid 1997, 1999, Dyllick et al. 1997, Stahel 1997a und b.

nagement, Unternehmensführung o.ä. belassen[121]. Der Begriff der nachhaltigen Entwicklung wird zwar angewandt, die Betrachtung aber auf die ökologische und die ökonomische Dimension von Nachhaltigkeit eingeengt[122]. Nur in wenigen Fällen wird im Zusammenhang mit der Rolle von Unternehmen bei der Umsetzung einer nachhaltigen Entwicklung auch auf die soziale Dimension Bezug genommen[123].

Insbesondere im Hinblick auf die ökologische Dimension wird jedoch eine Vielfalt von möglichen Einzelmaßnahmen vorgeschlagen und diskutiert. Dabei gibt es verschiedene Strukturierungsansätze. Während z.b. Schmid[124] eine Gliederung nach verschiedenen Betrachtungsperspektiven (Stoff- und energieflussorientierte, schadstoffbezogene, ökosystemare, umweltethische Perspektive) vornimmt, schlagen Clausen/ Mathes[125] für die ökologische Dimension eine Strukturierung nach den Leitlinien „Vermeidung von Vergiftung, Erhaltung des natürlichen Gleichgewichts, Ressourcenschutz, die Mitwelt achten" vor. Ihr Beitrag ist gleichzeitig einer der wenigen, die in ihrer Betrachtung und Aufzählung möglicher unternehmerischer Aktivitäten zu einer nachhaltigen Entwicklung tatsächlich in die ökologische, ökonomische und soziale Dimension differenzieren. Der von den Autoren selbst als nicht vollständig bezeichnete Maßnahmenkatalog wird in Tabelle 1 wiedergegeben, um einen Eindruck von der Fülle möglicher Aktivitäten für Unternehmen im Zusammenhang mit der Umsetzung einer nachhaltigen Entwicklung zu vermitteln:

Wenn es speziell um nachhaltige *Regional*entwicklung geht, werden die Handlungsoptionen für Unternehmen in der Regel noch durch den Aspekt der Regionalisierung von Stoff- und Wertschöpfungskreisläufen ergänzt. Kanatschnig et al.[126] benennen als zentrale Handlungsfelder für Unternehmen im Rahmen einer nachhaltigen Regionalentwicklung:

• Energie- und rohstoffeffiziente Produktionsverfahren,

• Entwicklung zukunftsverträglicher Produkte und Dienstleistungen,

---

[121] Vgl. z.B. Stahel 1997a und b, Sterr 1997.

[122] Vgl. z.B. Schmid 1997, 1999, Renn 1997, Friebel 1997.

[123] Vgl. Fichter 1998, Clausen/ Mathes 1998.

[124] Vgl. Schmid 1999, 290.

[125] Vgl. Clausen/ Mathes 1998.

[126] Vgl. Kanatschnig et al. 1999, 82.

Tab. 1: Unternehmerische Handlungsoptionen bei der Umsetzung einer nachhaltigen Entwicklung

Ökologische Dimension:

- Ermittlung und Bewertung human- und ökotoxischer Stoffe im Unternehmen
- Vermeidung und Verminderung human- und ökotoxischer Stoffe als Rohstoffe in der Produktion und als Produkte
- Vermeidung und Verminderung human- und ökotoxischer Emissionen
- Technologieentscheidungen zugunsten fehlerfreundlicher Technologien mit niedriger Eingriffstiefe
- Vorsorgende Reduzierung von Stoffströmen
- Verminderung der CO_2 Emissionen
- Schutz wertvoller Ökosysteme
- Rekultivierung von Naturräumen
- Förderung von Dienstleistungskonzepten und geteilter Nutzung von Produkten
- Materialsparende und recyclingfähige Konstruktion von Produkten
- Erhöhung der Öko-Effizienz des Wasser- und Energieverbrauchs, Abfallvermeidung und Recycling in der Produktion
- Beschaffung von tierischen Rohstoffen aus artgerechter Tierhaltung
- Vermeidung, Verkürzung und Artgerechtheit von Tiertransporten
- Förderung der Biodiversität durch Förderung seltener Arten und Sorten, z.B. durch geeignete Produktentwicklung und Beschaffung von pflanzlichen und tierischen Rohstoffen

Ökonomische Dimension:

- Bevorzugte Entwicklung und Produktion von Gütern zur Befriedigung lebensnotwendiger Bedürfnisse
- Prüfung jeder Investition auf die Möglichkeit, bei gleichen Kosten mehr Arbeitsplätze zu schaffen bzw. zu erhalten
- Einführung von Teilzeitmodellen (auch in Führungspositionen)
- Ermittlung derjenigen Rohstoffe, die aus Ländern der dritten Welt bezogen werden
- Beschaffung von Rohstoffen aus der dritten Welt im fairen Handel oder aus kooperativen Projekten
- Unterstützung der Länder der dritten Welt auf deren Wunsch durch Know-How Transfer
- Aufbau konkreter Partnerschaften in die dritte Welt
- Finanzierung von Geschäften mit der dritten Welt, so dass sich die Schuldenkrise nicht verschärft

---

Soziale Dimension:

- Integration der Einhaltung von Menschenrechten ins „Compliance Audit" aller Standorte
- Berücksichtigung der Einhaltung der Menschenrechte bei der Lieferantenbewertung
- Gleichberechtigung von Frauen und Männern, Religionen, Nationalitäten und Rassen (z.b. bei der Besetzung von Führungspositionen)
- Beschäftigung von Behinderten und Berücksichtigung von Behinderten als Kunden
- Berücksichtigung der Ansprüche und Möglichkeiten älterer Menschen bei ihrer Integration in den Arbeitsprozess
- Verringerung der Gefahr von Arbeitsunfällen
- Ausschließliche Nutzung fehlerfreundlicher Produktionstechnologien
- Volldeklaration von Inhaltsstoffen

Quelle: nach CLAUSEN/ MATHES *1998*

- Regionale Ausrichtung des Wirtschaftens, Schließung regionaler Wertschöpfungsketten,

- Schaffung bzw. dauerhafte Sicherung regionaler Arbeitsplätze mit unterschiedlichen Qualifikationsanforderungen.

Damit Unternehmen aktiv und bewusst Beiträge zur Umsetzung einer nachhaltigen Entwicklung leisten können, bedarf es also einer Erweiterung des rein ökonomischen Blickwinkels auf die Produktion von Gütern um soziale und ökologische Aspekte. Eine solche Betrachtung muss auch die dem jeweiligen Unternehmen vor- und nachgelagerten Produktionsschritte bzw. den Ver- oder Gebrauch der entsprechenden Güter ‚von der Wiege bis zur Bahre' berücksichtigen. Ein mögliches Instrument dazu ist beispielsweise die Produktlinienanalyse, mit der für jeden Abschnitt des Lebenszyklus eines Produktes dessen ökologische bzw. soziale Wirkungen betrachtet werden können[127]. Aus der Perspektive des einzelnen

---

[127] Innerhalb des Instrumentes Produktlinienanalyse, das sozusagen den Rahmen für die Nachhaltigkeitsanalyse einer Produktlinie zur Verfügung stellt, können wiederum verschiedene Methoden zur Betrachtung und Bewertung ökologischer und sozialer Sachverhalte eingesetzt werden, wie z.B. die Ökobilanzierung, Stoffstromberechnungen oder qualitative Analysen und Erhebungen. Vgl. dazu z.B. Peters et al. 1996, Griesshammer 1992.

Unternehmens können die Analyse und die Handlungsoptionen strukturiert werden nach dem Input, der eigentlichen Produktion (Throughput)
und dem Output des Unternehmens (vgl. Abb. 6).

*Abb. 6: Systematisierung der Analyse und der Handlungsoptionen aus
der Sicht von Unternehmen*

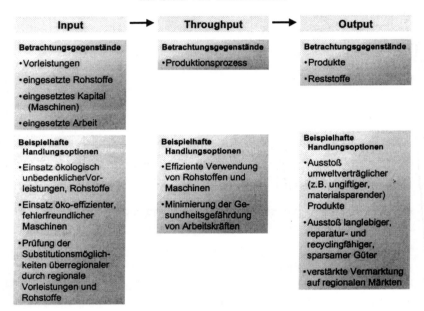

Viele der hier beispielhaft angeführten und weitere Handlungsoptionen,
in erster Linie diejenigen der ökologischen Dimension, sind inzwischen
in der Literatur vertieft behandelt worden[128]. Im Bezug auf viele dieser
Handlungsoptionen ist der Stand der (theoretischen) Kenntnis bereits
vergleichsweise weit entwickelt. Auch in der Praxis lassen sich immer
wieder modellhafte Anwendungsfälle einzelner Handlungsoptionen finden. Die Kunst besteht aber gerade in der gleichzeitigen Berücksich-

---

[128] Vgl. z.B. Stahel 1997a und b, Hellenbrandt/Rubik 1994 zu umweltverträglichen
Produktkonzepten, Klostermann/ Tukker 1998 zu verschiedenen Aspekten der
Erhöhung der Ökoeffizienz von Produkten, Ankele 1998 und Fischer 1997 zum
Stoffstrommanagement.

tigung aller drei Dimensionen, also beispielsweise in der Schaffung von Arbeitsplätzen ohne etwa die Artenvielfalt zu gefährden und die interregionale Gerechtigkeit zu verletzen. Das Verhältnis ökonomischer, ökologischer und sozialer Ziele ist sehr oft konfliktär. Dies erweist sich auch an der immer noch vergleichsweise geringen Verbreitung erfolgreicher handlungsfeldorientierter Beispiele für die Umsetzung einer nachhaltigen Regionalentwicklung mit Unternehmensbeteiligung. Dies wirft die Frage nach den Grenzen unternehmerischer Fähigkeit auf, Ziele einer nachhaltigen Regionalentwicklung zu verfolgen und beeinflussen.

2.3.2 Unternehmerische Spielräume für Beiträge zur nachhaltigen Regionalentwicklung

Die Spielräume für Unternehmen, Handlungsoptionen zur Umsetzung einer nachhaltigen Regionalentwicklung wahrzunehmen, werden zu einem erheblichen Teil durch die gesellschaftlichen, wirtschaftlichen und rechtlichen Rahmenbedingungen determiniert. Zwei Ansätze zur Charakterisierung des Verhältnisses zwischen der Unternehmung und ihrem Umfeld werden in jüngerer Zeit diskutiert. Die Theorie der externen Lenkungssysteme[129] und das Konzept des Anspruchsgruppenmanagement[130]. Beide Ansätze gehen von einem erweiterten Verständnis der gesellschaftlichen Rolle und des relevanten Umfeldes für die Unternehmung aus. Die Sichtweise der klassischen ökonomischen Theorie, dass Unternehmen ihrer gesellschaftlichen Rolle als Produzenten von Gütern bereits durch die Verfolgung eines betriebswirtschaftlichen Optimums genüge tun und damit, koordiniert durch ‚die unsichtbare Hand' des Marktes, zum gesamtwirtschaftlichen Optimum beitragen, wird in Frage gestellt. Unternehmen legitimieren sich also nicht mehr allein dadurch, dass sie auf einzelwirtschaftlich effiziente Art und Weise Güter produzieren, die auf Märkten nachgefragt werden[131]. Vielmehr rücken auch weitere Wirkungen des unternehmerischen Handelns auf ihr Umfeld (z.B. externe Effekte) sowie Wirkungen des Umfelds auf die Unternehmung in den Blick. Die Theorie der Lenkungssysteme focussiert

---

[129] Vgl. Dyllick 1989, Fichter 1998.

[130] Vgl. z.B. Ulrich/ Fluri 1986.

[131] Vgl. Fichter 1998, 4.

dabei in funktionaler Sichtweise auf die ‚Arenen' in denen sich Unternehmen bewegen, das Anspruchsgruppenkonzept auf die Akteure, mit denen Unternehmen in Berührung kommen.

Der sogenannte Stakeholder- oder Anspruchsgruppenansatz entstand in Ergänzung bzw. Abgrenzung zum Ansatz des shareholder-value. Während letzterer allein die (kurzfristigen) Ansprüche der Anteilseigner der jeweiligen Unternehmung auf Maximierung der Erträge im Blick hat, kommt beim Stakeholder-Ansatz vor allem auch die Langfristentwicklung des Unternehmens und mithin die Einbettung in sein gesellschaftliches Umfeld ins Blickfeld[132]. Als stakeholder werden dabei Gruppen oder Individuen bezeichnet, die die Zielerreichung einer Organisation beeinflussen können oder von dieser betroffen sind[133]. Die Stakeholder-Konzepte haben sich im Laufe der Zeit weiterentwickelt. Standen zunächst interne Anspruchsgruppen, in erster Linie die Erwerbsarbeiter, im Vordergrund des Interesses, sind in jüngerer Zeit auch externe Anspruchsgruppen, wie Lieferanten, Kunden aber auch Anwohner, Behörden oder Interessensgruppen in das Blickfeld gekommen. In Verbindung mit einer nachhaltigen Entwicklung sind insbesondere Gruppen wie Umweltverbände, Menschenrechtsgruppen, von Umweltbeeinträchtigungen direkt betroffene Anrainer von Unternehmen aber beispielsweise auch Wettbewerber oder Zulieferbetriebe usw. von Bedeutung. Die Anspruchsgruppen determinieren (vergrößern oder verkleinern) den Spielraum von Unternehmen, nachhaltig zu handeln. Bei einem geeigneten Management ist dieses Verhältnis jedoch auch von den Unternehmen mit gestaltbar[134].

Die Theorie externer Lenkungssysteme differenziert mit den Lenkungssystemen Markt, Politik und Öffentlichkeit drei verschiedene Einfluss-Sphären, denen sich Unternehmen in ihrem Handeln ausgesetzt sehen. Diese Lenkungssysteme sind durch unterschiedliche Charakteristika und Steuerungsmechanismen gekennzeichnet (vgl. Tab. 2) Sie determinieren die unternehmerischen Spielräume auch im Hinblick auf die Umsetzung einer nachhaltigen Regionalentwicklung. So kann z.B. im Lenkungssystem Markt das Verbraucherverhalten für oder gegen umweltfreundliche Produkte eine nachhaltige Regionalentwicklung fördern

---

[132] Vgl. Thommen 1996, 21.

[133] Vgl. Freeman 1983.

[134] Vgl. dazu genauer Kap. 4.4.

oder hemmen. Ressourcensparende Produkte können leichter hergestellt werden, wenn es auf dem Markt entsprechende Vorprodukte gibt, etc.

Tab. 2 : Charakteristika und Lenkungsmechanismen externer Lenkungssysteme

Externe Lenkungssysteme			
	Markt	**Politik**	**Öffentlichkeit**
Charakteristika	Tauschsystem: für Güter und Leistungen, individuelle Nutzenmaximierung als legitime Handlungsgrundlage	Autoritätssystem: demokratisch legitimiert, mit hierarchischer Hoheitsgewalt ausgestattet	Kommunikationsarena: prinzipiell frei zugänglich, Themen und Meinungen werden gegen Aufmerksamkeit und Zustimmung getauscht
Lenkungsmechanismus	- Preis - Nachfrage - Wettbewerb	- Gesetzliche Regelungen - Vollzugskontrolle - Rechtssprechung	- Publizität - Überprüfung gesellschaftlicher Anforderungen - Öffentliche Meinung
Einflussnahme von Unternehmen auf Lenkungssysteme durch...	Preis, Qualität, Marktkommunikation, Verträge, Kooperationen mit anderen Unternehmen usw.	Lobbyarbeit, Verbandsarbeit, politische und juristische Stellungnahmen usw.	Öffentlichkeitsarbeit, Pressegespräche, Dialoge mit Meinungsführern, Unternehmenswerbung usw.

Quelle: FICHTER 1998, 13

Auch die Politik kann durch entsprechende Rechtssetzung oder Förderpolitik nachhaltiges Produzieren fördern oder erschweren. Das Lenkungssystem Öffentlichkeit wirkt beispielsweise durch eine positive oder negative Belegung nachhaltiger Entwicklung in den Medien auf den Spielraum von Unternehmen. Doch es gibt auch Möglichkeiten für die

Unternehmen, Einfluss auf die Lenkungssysteme zu nehmen. Durch eine geschickte Nutzung von Marktnischen oder den Aufbau ökologischer Wettbewerbsfelder können Unternehmen Marktbedingungen verändern. Unternehmerische Lobbyarbeit kann die Schaffung geeigneter Rahmenbedingungen für die Umsetzung nachhaltiger Entwicklung im Lenkungssystem Politik beschleunigen oder verzögern. Zu den Einflussmöglichkeiten von Unternehmen im Bereich Öffentlichkeit zählen Pressearbeit und die Teilnahme an öffentlichen Diskursen.

Lenkungssysteme und Anspruchsgruppen können also den Spielraum von Unternehmen im Hinblick auf die Umsetzung einer nachhaltigen Regionalentwicklung einengen oder vergrößern. Entscheidend ist, dass Unternehmen eine aktive Rolle bei der Mitgestaltung der sie umgebenden Strukturen übernehmen können. Unternehmerisches Handeln lässt sich somit in diesem Zusammenhang differenzieren in einen reaktiven und einen proaktiven Ansatz. Reaktive Unternehmen werden mit veränderten Rahmenbedingungen etwa durch rechtliche Veränderungen (z.B. Abfall- oder Abwassergesetze) oder Marktentwicklungen konfrontiert. Diese Rahmenbedingungen legen den Spielraum für ökologisches Handeln von Unternehmen in negativer wie in positiver Weise fest. Sie zwingen einerseits zu einem gewissen Grad umweltbewussten Handelns, sie können aber auch dessen ökonomische Rationalität beschränken. Diese Beschränkung ist aus ökologischer Sicht unbefriedigend und führt zu der Frage, wie die Spielräume erweitert werden können (proaktive Sichtweise).

Schneidewind[135] spricht in diesem Zusammenhang von der „Unternehmung als strukturpolitischer Akteur." Diese Rolle von Unternehmen im Prozess der Umsetzung einer nachhaltigen Entwicklung wird in einem weiteren Modell von einer zusätzlichen Seite betrachtet und damit deutlicher gemacht.

Nach dem von Pfriem und Freimann[136] entwickelten Konzept des ökologischen Schnittmengenmanagement (vgl. Abb. 7) „gibt es für Unternehmungen eine Menge an betriebswirtschaftlich (formal-) rationalen Handlungen sowie eine Menge an ökologisch rationalen Handlungen. Diese beiden Mengen sind weder deckungsgleich noch völlig über-

---

[135] Vgl. Schneidewind 1998.
[136] Vgl. Pfriem 1989 und Freimann 1990.

schneidungsfrei. Sie weisen vielmehr eine Schnittmenge auf"[137]. Diese Schnittmenge gilt es für Unternehmen zu nutzen, um einerseits ökologische Ziele zu verwirklichen und andererseits den ökonomischen Fortbestand des Unternehmens nicht zu gefährden.

Abb. 7: Schnittmengenmodell des unternehmerischen Umweltmanagement

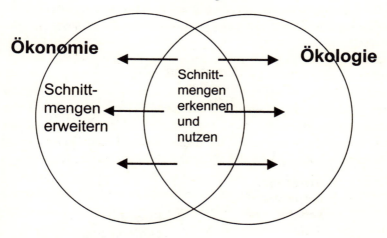

Quelle: Schneidewind 1998, 50

Dieses Modell wurde von Fichter noch um die soziale Dimension erweitert (vgl. Abb. 8).

Die Schnittmenge ist allerdings in beiden Spielarten des Modells nur sehr vage bestimmbar. Sie ist in mancher Hinsicht von unternehmensinternen Determinanten abhängig (Kostenstruktur, Produktivität), aber auch maßgeblich von unternehmensexternen Faktoren. Letztere stellen die Verbindung zu den beiden eben vorgestellten Ansätzen (Theorie externer Lenkungssysteme und Konzept des Anspruchsgruppenmanagement) dar. Auch wenn erhebliche Probleme bei der Operationalisierung der jeweiligen Mengen (und folglich der Schnittmenge) bestehen, scheint Einigkeit darüber zu bestehen, dass ein alleiniges Agieren in den

---

[137] Schneidewind 1998, 49.

derzeit bestehenden Schnittmengen nicht ausreicht, um eine nachhaltige Entwicklung zu erreichen. Vielmehr geht es darum, die Schnittmenge zu erweitern. Dabei können auch Unternehmen eine wichtige Position übernehmen, indem sie die Strukturen, die die Schnittmenge bestimmen, mitgestalten[138]. Dies wiederum führt zurück auf die eben bereits angesprochene Rolle des Unternehmens als strukturpolitischer Akteur.

Abb. 8: Schnittmengenmodell des Verhältnisses zwischen betriebswirtschaftlicher, ökologischer und sozialer Zielerreichung

Quelle: nach Fichter 1998, 14

Einen Versuch, die entscheidenden Ansatzpunkte für eine Vergrößerung der Schnittmenge – allerdings zunächst im zweidimensionalen Modell zu identifizieren, unternimmt Schneidewind[139]. Er arbeitet wesentliche Barrieren für die Ökologisierung von Massenmärkten heraus. und klassifiziert sie nach verschiedenen Ebenen (vgl. Abb. 9). Während die unternehmensbezogenen Barrieren betriebsintern durch Verhaltensänderungen einzelner Unternehmen überwunden werden können, erfordert die Über-

[138] Vgl. Schneidewind 1998, 51; Pfriem 1995, 31.
[139] Vgl. Schneidewind 1998, 271 ff.

windung markt-, politik- und gesellschaftsbezogener Barrieren (die von Schneidewind auch als strukturelle Barrieren bezeichnet werden), eine Einflussnahme auf unternehmensexterne Faktoren, also nach obiger Darstellung eine ‚unternehmerische Strukturpolitik‘. Aufbauend auf Schneidewinds Systematisierung der Barrieren auf dem Weg zur Ökologisierung von Massenmärkten wird im folgenden versucht, den Denkansatz auf Barrieren für die Umsetzung einer nachhaltigen Regionalentwicklung anzuwenden. Was verhindert also, dass Unternehmen bewusst zu einer regionalen Entwicklung beitragen, die ökologischen und sozialen Kriterien der Nachhaltigkeit ebenso gerecht wird wie ökonomischen?

Abb. 9: Barrieren für die Ökologisierung von Massenmärkten – Ebenenbetrachtung

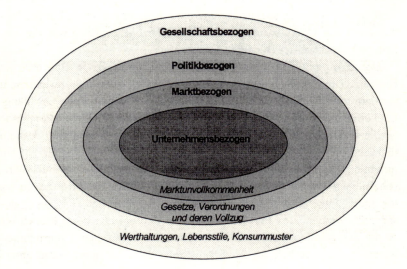

Quelle: SCHNEIDEWIND 1998, 272.

Unternehmensbezogene Barrieren für die Umsetzung einer nachhaltigen Regionalentwicklung

Unternehmerisches Verhalten verhindert oder befördert auch ohne strukturpolitische Blickrichtung eine nachhaltige Entwicklung. Gerade auf regionaler Ebene können bestimmte unternehmerische Entscheidungen großen Einfluss auf die jeweilige Entwicklung haben. Barrieren für eine nachhaltige Entwicklung können etwa mangelnde Risiko- oder Innovationsbereitschaft von Unternehmensführungen, anders gelagerte Interessen bis hin zur völligen Ignoranz sozialer und ökologischer Mindestanforderungen sein.

Unternehmensbezogene Barrieren können durch Aktionen des einzelnen Unternehmens überwunden werden und erfordern somit kein explizit struktur- bzw. regionalpolitisches Handeln. Andererseits können unternehmensinterne Entscheidungen je nach Größe des Unternehmens direkten und spürbaren Einfluss auf die Wirtschaftsstruktur, den Umweltzustand oder das soziale Gefüge einer Region zeitigen. Darüber hinaus kann die Überwindung unternehmensbezogener Barrieren die Beseitigung struktureller Barrieren vorbereiten[140].

Der Übergang von unternehmens- zu marktbezogenen Barrieren ist fließend. Die Unterscheidung kann vor allem an der Frage festgemacht werden, ob die Barrieren aufgrund von unternehmensinternen Unzulänglichkeiten oder von Marktunvollkommenheiten entstehen. Mangelnde Größe und Schlagkraft eines Unternehmens ist, wenn man sich deshalb nicht auf den angestrebten Märkten etablieren kann, zunächst einmal ein unternehmensinternes Problem. Andererseits kann aus einer volkswirtschaftlichen Perspektive ab einem gewissen Konzentrationsgrad im jeweiligen Markt auch von einer Marktunvollkommenheit (Oligopol) gesprochen werden. Das Problem, dass viele ökologische Innovationen oft an der mangelnden Größe und Schlagkraft der betroffenen Unternehmen scheitern, liegt deshalb an der Schnittstelle zwischen markt- und unternehmensbezogenen Barrieren. Viele Märkte sind durch starke Unternehmenskonzentrationen mit entsprechenden Größenvorteilen gekennzeichnet. Einzelnen kleinen und innovativen Unternehmen fehlt dagegen oft die Fähigkeit, angemessen auf solchen Märkten aufzutreten (etwa mit einer großangelegten Vermarktungskampagne). Für Produzenten von

---

[140] Vgl. Schneidewind 1998, 273.

Vorleistungen oder Weiterverarbeiter ist es oft wenig lohnend auf Grund der Nachfrage eines solchen Unternehmens einen Teil der Produktion zu ökologisieren[141]. Andererseits ist die Produktion eigener Vorprodukte bzw. eine eigene Weiterverarbeitung meist auch nicht lohnend. Eine mögliche Lösung ist die Neugründung geeigneter Vor- oder Weiterverarbeitungsbetriebe durch mehrere Unternehmen oder das Auftreten als Gruppe, um für den Vor- oder Weiterverarbeiter interessante Mengen liefern zu können.

Marktbezogene Barrieren

Das Handeln einzelner Unternehmen hat nur noch einen begrenzten Einfluss, wenn Marktunvollkommenheiten die Ursache einer mangelnden Umsetzung von nachhaltiger Entwicklung sind. Zwei grundlegende Probleme spielen hier eine Rolle: Das Informationsproblem und das Problem des Versagens des Preismechanismus als Koordinator optimaler Allokation in bestimmten Fällen.

Schneidewind spricht von einem Informationsdilemma, „das darin besteht, dass die ökologische (und soziale[142]) Qualität eines Produktes für Kunden nur schwer nachzuvollziehen ist (Transparenzproblem) und daher der Glaubwürdigkeit des Anbieters eine hohe Bedeutung zukommt (Glaubwürdigkeitsproblem)."[143] Um diese Probleme zu verringern, gilt es die Kosten der Informationsbeschaffung und -verarbeitung der an entsprechenden Transaktionen Beteiligten zu reduzieren. Dies kann z.B. durch die Etablierung anerkannter ökologischer und sozialer Label, transparente Kontrollmechanismen oder den Aufbau neuer Handelswege geschehen. Hierbei können die beteiligten Unternehmen eine tragende Rolle spielen.

Das Informations- und Transaktionskostenproblem lässt sich noch etwas weiter entwickeln. Für den einzelnen Unternehmer erhöht sich mit der mangelnden Transparenz des Marktes, seiner beschränkten Möglichkeit der Aufnahme und Verarbeitung von Informationen und dem mögli-

---

[141] Mit diesem Problem sind beispielsweise oft ökologische Milchbauern konfrontiert, wenn sie bei regionalen Molkereibetrieben ihre Milch weiterverarbeiten lassen möchten.

[142] Ergänzung M.T.

[143] Schneidewind 1998, 274.

chen Opportunismus seiner Handelspartner letztendlich das Risiko jeder (beispielsweise auch ökologischer oder sozialer) Innovation. Nicht nur, dass es unklar ist, wie viele Kunden sein Produkt nachfragen werden. Griesshammer et al.[144] machen zusätzlich darauf aufmerksam, dass auch die (regelmäßige) Versorgung mit den benötigten Vorprodukten (z.B. von besonderer ökologischer Qualität oder unter den Bedingungen der sozialen Kriterien von Nachhaltigkeit hergestellt) gesichert sein muss. Dieser Aspekt geht über das reine Informationsproblem hinaus. Innovationen jenseits eingespielter Märkte sind somit mit hohem Risiko behaftet. Die Gefahr einer Fehlinvestition wirkt als Barriere. Sie kann beispielsweise durch den Aufbau neuer ‚Märkte' oder Börsen oder produktbezogener Kooperationen entlang der Wertschöpfungskette reduziert werden. Unternehmen können auch dabei eine aktive Rolle übernehmen.

Das Problem, dass ‚die Preise nicht die ökologische Wahrheit sagen', ist unumstritten eine Barriere für eine den Nachhaltigkeitskriterien entsprechende Produktion und die Verbreitung entsprechender Produkte[145]. Auch wenn Informationen über ökologische oder soziale Produktqualitäten vorliegen oder andere marktstrukturelle Probleme ausgeräumt werden können, sind die Preise für umwelt- aber auch sozialverträgliche[146] Produkte oft höher als für konventionelle. Dies ist zurückzuführen auf die Unfähigkeit des Preismechanismus, Nebenwirkungen des Produzierens, wie z.B. den Ausstoß von Schadstoffen in Umweltmedien (die sogenannten externen Effekte), ohne weiteres in die Preise der entsprechenden Produkte zu inkorporieren[147]. Durch dieses Marktversagen entsteht eine Marktstruktur, die in der Regel umweltschädigendes Verhalten begünstigt. Da von der Umweltökonomie in den meisten Fällen dem Staat die Aufgabe zugewiesen wird, dieses Versagen des Marktes etwa durch Ökosteuern oder Umweltzertifikate zu korrigieren, führt dieser Argumentationsstrang unmittelbar zu den politikbezogenen Barrieren.

---

[144] Griesshammer et al. 1995.

[145] Vgl. z.B. Weizsäcker et al. 1995.

[146] So z.B. Teppiche ohne Kinderarbeit

[147] Vgl. zur zugrundeliegenden Theorie der Umweltökonomie Kapitel 6.4.

Politikbezogene Barrieren

Obwohl eine Vielfalt umweltpolitischer Regelungen bereits Realität geworden sind[148], ist es in vielen Bereichen immer noch die Regel, dass umweltfreundlichere Produkte gegenüber umweltschädigenden Varianten im Nachteil sind. Trotz einer Vielzahl an wissenschaftlichen und konzeptionellen Vorarbeiten[149] haben bislang nahezu alle Staaten der Welt vor einer umfassenden, strukturpolitisch relevanten und die ökologischen Kosten auch nur annähernd widerspiegelnden Bepreisung von Umweltgütern Halt gemacht. Eine wirkliche Internalisierung von Umweltkosten dürfte auch auf regionale Wirtschaftsstrukturen eine starke Wirkung haben, wenn etwa Transportkosten entscheidend verteuert und damit Produkte auf regionalen Märkten vergleichsweise preisgünstiger angeboten werden könnten.

Neben der Einforderung einer Internalisierung externer Effekte durch staatliche Umweltpolitik (Lobbyarbeit) oder entsprechender Verbraucheraufklärung können Unternehmen auch in diesem Zusammenhang eine aktive strukturgestaltende Rolle übernehmen, in dem sie sich beispielsweise branchenweit auf bestimmte ökologische oder soziale Produktionsstandards einigen. Wenn es eine entsprechende Nachfrage gibt, sind solche Einigungen durchaus auch für Teile von Branchen[150] oder für einzelne Teilräume denkbar und möglich.

Gesellschaftsbezogene Barrieren

Schneidewind[151] bezeichnet als gesellschaftsbezogene Barrieren für eine Ökologisierung von Massenmärkten insbesondere die heutigen Lebensstile und das herrschende Wohlstandsmodell, auf die als wirtschaftliche Determinante vor allem das Verbraucherverhalten zurückzuführen ist. Da er auch davon ausgeht, dass eine flächendeckende Internalisierungspolitik durch den Staat mit der entsprechenden Wirkung auf die Produktionsstruktur auf absehbare Zeit nicht verwirklicht werden wird, wird in

---

[148] So z.B. Katalysatorzwang für Automobile, Regelungen im Bereich Abfall, Abwasser etc.

[149] Vgl. z.B. Krebs/ Reiche 1998.

[150] Beispielsweise ökologische Anbauverbände.

[151] Vgl. Schneidewind 1998, 278.

seiner Sicht die Einflussnahme auf das Verbraucherverhalten durch Unternehmen zu einem wichtigen Bestandteil unternehmerischen Einflusses auf die Marktstrukturen. Dies kann durch die Schaffung von geeigneten Lernkontexten für Verbraucher und Versuche mit neuen, ökologischen Angeboten geschehen. Gerade, wenn es um das Wohlstandsmodell, also um Fragen allgemeiner wirtschaftlicher und gesellschaftlicher Entwicklung geht, ist im Hinblick auf die regionale Handlungsebene zusätzlich die aktive Teilnahme von Unternehmen an der Aufstellung von regionalen Entwicklungskonzepten als Möglichkeit zu nennen, Entwicklungsleitlinien für die Zukunft mitzubestimmen und sie gegebenenfalls im Sinne einer nachhaltigen Regionalentwicklung zu beeinflussen.

2.3.3 Fazit

Als Ergebnis dieses Kapitels lässt sich festhalten, dass es eine Reihe von Handlungsoptionen für Unternehmen gibt, mit denen sie einen Beitrag zur Umsetzung nachhaltiger Regionalentwicklung leisten können. Verhindert wird eine breite Anwendung dieser Handlungsoptionen allerdings durch unternehmensinterne Unzulänglichkeiten, vor allem aber durch unternehmensexterne, strukturelle Barrieren, die den Lenkungssystemen Markt, Politik und Öffentlichkeit („Gesellschaft") zugeordnet werden können.

Viele der in den letzten Abschnitten bereits angedeuteten Möglichkeiten zur Überwindung der strukturellen Barrieren deuten auf eine Form der Zusammenarbeit zwischen Unternehmen sowie Unternehmen und anderen Akteuren und Institutionen hin, die über kurzfristige Marktbeziehungen hinausgeht (z.B. Aufbau neuer ‚Märkte' oder Börsen, Aufbau produktbezogener Kooperationen entlang der Wertschöpfungskette, Etablierung anerkannter ökologischer und sozialer Label, transparente Kontrollmechanismen, Teilnahme an regionalen Entwicklungsprozessen). In der Regel wird in diesem Zusammenhang von Unternehmenskooperation gesprochen. Unternehmenskooperation scheint also neben unternehmensinternen Veränderungen und Modifikationen der politischen Rahmenbedingungen ein wichtiger Ansatzpunkt für die Überwindung der dargestellten strukturellen Barrieren zu sein. Dies deckt sich auch mit der folgenden Beobachtung: In vielen Fällen, in denen sich Unternehmen in der Praxis an der Umsetzung einer nachhaltigen Regionalentwicklung beteiligen, spielt die regionale Kooperation zwischen Unternehmen sowie Unternehmen und anderen Akteuren eine wichtige Rolle[152].

Auf dieser Grundlage wird sich die Arbeit im weiteren intensiv mit dem Beitrag von regionaler Unternehmenskooperation zu einer Umsetzung von nachhaltiger Regionalentwicklung beschäftigen. Es stellen sich zunächst drei Aufgaben:

Erstens gilt es, die Begriffe der Unternehmenskooperation bzw. der regionalen Unternehmenskooperation genauer einzugrenzen und zu definieren (vgl. Kapitel 3).

Zweitens ist zu überprüfen, ob es tatsächlich regionale Unternehmenskooperationen gibt, die Beiträge zur Umsetzung einer nachhaltigen Regionalentwicklung leisten. Es sind also regionale Unternehmenskooperationen, die sich dies zum Ziel gemacht haben, zu identifizieren und vor dem Hintergrund von Kriterien einer nachhaltigen Regionalentwicklung zu beurteilen. Dazu ist an dieser Stelle im Vorgriff auf den empirischen Teil[153] der Arbeit zu bemerken, dass im Rahmen dieser Arbeit ein solcher Nachhaltigkeitstest bei 15 regionalen Unternehmenskooperationen mit positivem Ergebnis durchgeführt werden konnte. Auch wenn dieser Schritt im logischen Ablauf der Arbeit an diese Stelle gehörte, hat sich der Autor dafür entschieden, hier zunächst nur das Ergebnis des Arbeitsschrittes darzustellen. Für Methode, Projektdarstellung und Einzelheiten des Ergebnisses wird auf Teil C verwiesen, um die empirischen Arbeiten in ihrer Gesamtheit darstellen zu können.

Drittens ist aufbauend auf dieses erste empirische Ergebnis der Arbeit zu überprüfen, ob es in der Literatur bereits Erkenntnisse gibt, die auf einen Beitrag von regionaler Unternehmenskooperation zu einer nachhaltigen Regionalentwicklung schließen lassen bzw. auf welchen Erkenntnissen dazu gegebenenfalls aufgebaut werden könnte. Hierzu wird in Kapitel 4 der Stand der Diskussion zu den Themen regionale Kooperation, regionale Unternehmenskooperation bzw. Unternehmenskooperation und nachhaltige Entwicklung in der Literatur zur nachhaltigen Regionalentwicklung, zur Regionalökonomie und in der betriebswirtschaftlichen Kooperationsforschung analysiert und dargestellt. Dies dient auch der weiteren Eingrenzung des Forschungsgegenstandes. Die Arbeit

---

[152] Vgl. z.B. Lucas 1996, Klee/ Kirchmann 1998, Weissner 1998
[153] Vgl. Kapitel 9.

wird sich in ihrer theoretischen und empirischen Analyse der Teile B, C
und D auf die Unternehmenskooperation innerhalb von handlungsfeldbezogenen Ansätzen einer nachhaltigen Regionalentwicklung konzentrieren.

Kapitel 3
Unternehmenskooperation – Begriffe und Definitionen

Wer über Unternehmenskooperation schreibt, muss in wesentlich stärkerem Maße als bei manch anderem Thema erst einmal deutlich machen, wovon er überhaupt spricht. Dies resultiert aus einer nicht nur im täglichen Gebrauch fast beliebigen Verwendung des Begriffes Kooperation. Im umgangssprachlichen Gebrauch bezeichnet Kooperation ganz einfach die Zusammenarbeit zwischen beliebigen Akteuren. Aber auch in der wissenschaftlichen Literatur lässt die Genauigkeit bei der Begriffsverwendung oftmals zu wünschen übrig. Der Leser aktueller Literatur zum Thema Kooperation sieht sich einer Vielfalt von Begriffen, wie Netzwerk, Akteursnetz, Allianz, runder Tisch, Partizipation gegenüber, die irgendwie alle etwas mit Kooperation zu tun haben. So sind Arbeiten zu finden, die diese Begriffe eher beliebig verwenden[154]. Andere Autoren dagegen versuchen genau zu differenzieren[155]. Dennoch scheint sich noch keine einheitliche Begriffsverwendung durchgesetzt zu haben. Genosko bemerkt beispielsweise hinsichtlich der Verwendung des Begriffes Netzwerk: „Synonyme für ‚Netzwerke‘ in Publikationen sind ‚strategische Allianzen‘, ‚Joint ventures‘, ‚runde Tische‘ und dergleichen. Frei nach der Eröffnungsformel des Wiener Opernballes scheint in der einschlägigen Literatur ‚alles Netzwerk‘ zu sein"[156].

Aufgabe der zwei nun folgenden Kapitel muss es deshalb sein, zunächst die Verwendung des Begriffes ‚Unternehmenskooperation‘ bzw. regionale Unternehmenskooperation klarzustellen (Kapitel 3). Daran anschließend erfolgt eine Durchsicht aktueller Literatur unter der Fragestellung, ob und – wenn ja – wo es bereits Anknüpfungspunkte für eine

---

[154] Vgl. z.B. Klee/ Kirchmann 1998.

[155] Vgl. z.B. Genosko 1996.

[156] Genosko 1996, 3. Vgl. dazu auch Baumgarten 1998, 17.

Erklärung des Zusammenhangs zwischen regionaler Unternehmenskooperation und nachhaltiger Regionalentwicklung gibt (Kapitel 4).
Erste Annäherungen an den Gehalt des Begriffes Kooperation scheinen in erster Linie über Abgrenzungen von anderen Begriffen möglich zu
sein. In eher soziologisch oder politologisch motivierten Arbeiten wird
Kooperation im Zusammenhang mit Begriffen wie Konkurrenz oder
Konfrontation bis hin zu kriegerischen Auseinandersetzungen als grund-
sätzliches Verhaltenskonzept definiert[157]. So zum Beispiel auch im
Kontext internationaler Umweltpolitik, wo die Notwendigkeit eines kooperativen Verhaltens auf Grund weltweiter ökologischer Wechsel-
wirkungen und knapper werdender natürlicher Ressourcen immer deutlicher wird[158]. Im Bereich der Stadt- oder Raumplanung wird ein kooperatives Agieren dagegen planerischem top-down Handeln – also Planung
durch Festlegungen von Verwaltungen oder Experten ohne Einbeziehung
der betroffenen Bürger – gegenübergestellt[159].

In der Literatur zu Unternehmenskooperation fällt eine Zweiteilung
auf. Sie ist vor allem auch deshalb interessant und für die Einordnung
dieser Arbeit in die Diskussion zentral, weil sie zu der in den vorher-
gehenden Kapiteln vollzogenen Zweiteilung in entwicklungsbezogene
und handlungsfeldbezogene Ansätze einer nachhaltigen Regionalentwicklung quasi parallel läuft. Zu unterscheiden ist ein unmittelbar
produktionsbezogener[160] *Kooperationsansatz* (Kapitel 3.1), der direkt an
der originären Aufgabe von Unternehmen – der Herstellung von Gütern
und Dienstleistungen – und der Verbesserung der dazu notwendigen
Konditionen (Kosten, Marktbedingungen etc.) ansetzt. Unternehmenskooperation wird in diesem Zusammenhang neben dem Markt und der
Hierarchie verstanden als einer von drei Koordinationsmechanismen für
wirtschaftliche Transaktionen. Davon zu unterscheiden ist ein eher *umfeldorientierter Ansatz*, bei dem Unternehmen ihrer Einbindung in eine
gesellschaftliche und politische Umwelt gerecht werden und als gesellschaftspolitische Akteure agieren. Hier ist Kooperation nicht im Sinne
einer möglichen Koordinationsform für wirtschaftliche Austausch-

---

[157] Vgl. z.B. Axelrod 1987, Kohn 1989.

[158] Vgl. z.B. von Prittwitz 1994, Mayer-Tasch 1994.

[159] Vgl. z.B. Minsch et al. 1998, Sinnig 1995, Selle 1994.

[160] Dabei wird Produktion hier nicht wie in der Betriebswirtschaft in Abgrenzung zu
anderen Unternehmensfunktionen wie Beschaffung, F&E usw. verstanden.

prozesse zu verstehen, sondern im Sinne eines dialog- und konsensorientierten Handelns der Akteure beispielsweise im Gegensatz zu Konfrontation und Konflikten.

Im folgenden werden die beiden Ansätze ausführlicher charakterisiert.
Auf eine Darstellung ihrer Beziehung zu Fragen der nachhaltigen Entwicklung wird zunächst verzichtet. Dazu wird auf Kapitel 4 verwiesen.

3.1 Produktionsbezogene Unternehmenskooperation

In großen Teilen der wirtschaftswissenschaftlichen Literatur hat sich die
Interpretation von Kooperation als eine von drei idealtypischen Koordinationsformen für wirtschaftliche Austauschprozesse durchgesetzt[161].
Prinzipiell geht es dabei um die Interaktion von Wirtschaftssubjekten
aller Art. In den meisten Arbeiten jedoch liegt der Fokus auf Kooperationen von Unternehmen.

Markt, Kooperation und Hierarchie sind nach dieser Sichtweise auf
einem Kontinuum von eher lockeren, im Extremfall anonymen und kurzfristigen Verbindungen bis hin zu festeren, langfristigen Verträgen angeordnet (vgl. Abb. 10). Auf Märkten koordinieren Preise den Leistungsaustausch, bei kooperativen Beziehungen wird dies durch Verhandlungen
bzw. Argumente geleistet, in Hierarchien durch Weisungen. Ein langfri-
stiger Arbeitsvertrag beispielsweise ist in dieser Sichtweise eine hierarchische Beziehung.

Innerhalb des produktionsbezogenen Spektrums von Unternehmenskooperation gibt es wiederum eine Fülle von unterschiedlichen Formen,
von denen in der Abbildung nur einige beispielhaft benannt sind. Auch
diese lassen sich auf dem Kontinuum anordnen und machen gleichzeitig
deutlich, dass auch die Übergänge von Markt zu Kooperation bzw. von
Kooperation zu Hierarchie nicht trennscharf zu ziehen sind. Dies zeigt
auch die folgende Zuordnung von idealtypischen Eigenschaften zu den
einzelnen Koordinationsformen:

---

[161] Vgl. z.B. Haury 1989, 2; Dörsam/ Icks 1997; Lowey 1998.

Abb. 10: Kooperation als Koordinationsform zwischen Markt und Hierarchie

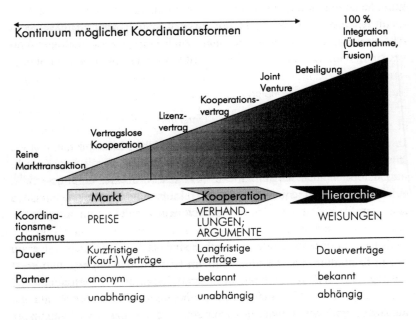

Quelle: eigene Darstellung in Anlehnung an Dörsam/Icks 1997, 5 und Lowey 1998, 9.

Die Koordination der Akteure am *Markt* erfolgt über den Preis. Die Akteure sind anonym, unabhängig voneinander und verfolgen eigene Ziele. Durch den Tausch von Produkten und Leistungen entstehen Bindungen zwischen den Marktakteuren, die aber grundsätzlich sehr flexibel sind. Sind Produkte oder Leistungen preislich nicht mehr konkurrenzfähig, sinkt die Nachfrage. Werden daraufhin nicht neue Produkte und Leistungen entwickelt oder der Preis der bestehenden reduziert, verschwinden sie vom Markt[162].

Die Koordination *hierarchischer Beziehungen* erfolgt über Anweisungen und findet meistens innerhalb von Organisation statt. Alle Beteiligten gehören zu derselben Organisation und für alle gelten die gleichen

---

[162] Vgl. Minsch et al. 1996, 134.

Regeln. Dabei wird unterstellt, dass die Beziehungen wenig flexibel sind und es nur wenig Anreize zur Veränderung und Innovation gibt[163].

Für die Kooperation werden die folgenden Charakteristika genannt, die zusammengenommen als Bestandteile der hier verwendeten Definition von produktionsbezogener Unternehmenskooperation gelten können:

- *stillschweigende oder freiwillige vertragliche Vereinbarungen*
  Der Intensitätsgrad von Kooperationen kann sehr unterschiedlich sein und vom einfachen Informations- und Erfahrungsaustausch bis hin zur Gründung von Gemeinschaftsunternehmen reichen. Sowohl stillschweigende als auch vertragliche bzw. informelle und formelle Vereinbarungen werden deshalb zu Kooperationen gezählt[164]. Stillschweigende Vereinbarungen führen immer zu Kooperationen ohne eigene Organisation, während Kooperationen auf Basis vertraglicher Vereinbarungen auch zu neuen Organisationen führen können. Entscheidend ist jedoch, dass die Entscheidung für eine Kooperation von den Beteiligten bewusst gefällt wird[165].

- *Langfristige, aber leicht auflösbare Verbindung*
  Es ist klar, dass es sich bei einer Kooperation um mehr als einen einmaligen Tauschakt, vielmehr um eine Beziehung handelt, die für einen gewissen Zeitraum Gültigkeit hat[166]. Andererseits ist wichtig, dass Kooperationen nicht auf Dauer angelegt sind[167].

- *Partielle Zusammenarbeit*
  Kooperation bezieht sich nur auf Teilbereiche der Aktivitäten eines Unternehmens. Sie beschränkt sich entweder auf einzelne Unternehmensfunktionen (z.B. Einkauf, Forschung und Entwicklung) oder einzelne Objekte (z.B. Produkte)[168].

- *Wahrung der Selbständigkeit der Partner*
  Selbständigkeit der Partner wird von verschiedenen Autoren als ein wesentliches Kriterium für das Vorhandensein einer Unternehmens-

---

[163] Vgl. Minsch et al. 1996, 135.
[164] Vgl. Aulinger 1996, Volery 1996.
[165] Vgl. Schneidewind 1998, 289.
[166] Vgl. Volery 1996.
[167] Vgl. Müller-Stewens 1995.
[168] Vgl. Volery 1996, Müller/ Goldberger 1986.

kooperation angesehen. Uneinigkeit besteht allerdings darüber, worauf sich diese Selbständigkeit bezieht. Für Volery und Müller-Stewens[169] reicht rechtliche Selbständigkeit als Merkmal einer Unternehmenskooperation aus. Götzelmann und Müller[170] dagegen sind der Auffassung, dass rechtliche und wirtschaftliche Selbständigkeit Voraussetzung für das Vorliegen einer Unternehmenskooperation sind. Eine Entscheidung dieser Frage wäre letztendlich eine Antwort auf die Frage nach der Grenzziehung zwischen Kooperation und Hierarchie, von der oben bereits gesagt wurde, dass sie nicht trennscharf ist. In der hier vorliegenden Untersuchung werden nur Unternehmenszusammenschlüsse betrachtet, bei denen die einzelnen Unternehmen rechtlich und wirtschaftlich selbständig bleiben.

Ein großer Teil der betriebswirtschaftlichen Kooperationsliteratur beschäftigt sich unter dem Titel *strategische Kooperation'* mit produktionsbezogenen Unternehmenskooperationen[171]. Unternehmenskooperation hat sich in Theorie und Praxis als mögliche Unternehmensstrategie in Reaktion auf Entwicklungen wie die zunehmende Internationalisierung und Globalisierung der Märkte oder die Dynamisierung des Wettbewerbs durchgesetzt. Erwartet werden dabei vor allem Zeit-, Kosten-, Knowhow- und Kompetenzvorteile[172]. Selbstverständlich gibt es auch hier eine Vielfalt von Definitionen und Abgrenzungen, die auszuführen an dieser Stelle zu weit führen würde. So besteht beispielsweise Uneinigkeit darüber, ob unter strategischen Kooperationen allein horizontale oder auch vertikale Kooperationen zu verstehen sind[173]. Aulinger bemerkt, dass der Begriff der strategischen Allianz – der meist synonym zu strategischer Kooperation – verwendet wird, in der Literatur manchmal als Überbegriff für Unternehmenskooperationen verwendet wird[174]. Andernorts diene er der Kennzeichnung einer ganz bestimmten Form der Unternehmenskooperation. Zum Teil werde er sogar zu dieser in Gegensatz gestellt. Bronder definiert strategische Kooperationen als „Verflechtung von Wertschöpfungsaktivitäten zwischen mindestens zwei Unternehmen

---

[169] Vgl. Volery 1996, 218, Müller-Stewens 1995.

[170] Vgl. Götzelmann 1992, 90 und Müller 1987.

[171] Vgl. z.B. Richter 1995, Fontanari 1996.

[172] Vgl. Bronder 1993b.

[173] Vgl. Genosko 1996; Harrison 1988.

[174] Vgl. Aulinger 1996, 63.

zu einer Art Ressourcen- und Kompetenzgeflecht, das zur Erhaltung oder zur Erzielung strategischer Stärken dient."[175] Im hier vorliegenden Zusammenhang ist entscheidend, dass es sich bei strategischen Kooperationen um produktionsbezogene Kooperationen im Sinne einer zu Markt und Hierarchie alternativen Koordination für wirtschaftliche Transaktionen handelt.

In der betriebswirtschaftlichen Literatur überwiegen zu diesem Thema Leitfäden zu Aufbau und Gestaltung derartiger Kooperationen[176] oder Abhandlungen über Erfolgsfaktoren und Fallstricke von strategischen Unternehmenskooperationen[177]. Während sich ein Großteil der entsprechenden Literatur auf große und multinationale Unternehmen bezieht, werden von einigen Autoren auch KMU oder Handwerksbetriebe thematisiert[178].

3.2 Umfeldorientierte Unternehmenskooperation

Umfeldorientierten Ansätzen liegt ein anderes Kooperationsverständnis zugrunde. Ausgangspunkt ist der bereits in Kapitel 2.3.2 angesprochene Stakeholder-Ansatz. Unternehmen sehen sich einer Vielzahl von Ansprüchen verschiedener Individuen und Gruppen ausgesetzt. In der betriebswirtschaftlichen Literatur wird dazu weithin die Auffassung vertreten, dass Unternehmen sozusagen aus Selbsterhaltungsinteresse die Ansprüche dieser Gruppen ernst nehmen sollten.

---

[175] Bronder 1993a, 6.

[176] Vgl. z.B. Staudt et al. 1992, Bronder/Pritzl 1992.

[177] Vgl. z.B. Bronder 1993b, Volery 1996, Richter 1995.

[178] Vgl. Müller/ Goldberger 1986; König et al. 1994.

Aufgabe sei es, mögliche Ansprüche frühzeitig zu erkennen, ihre Wirkung auf den Unternehmenserfolg einzuschätzen und gegebenenfalls zu reagieren[179]. Im anglo-amerikanischen Raum wird hier auch vom ‚public affairs management' gesprochen[180]. Neben einer eher paternalistischen Vorgehensweise der eigenständigen und einseitigen Reaktion durch das Unternehmen ist eine mögliche Strategie, im Dialog (in Kooperation) mit den jeweils Betroffenen eine Lösung für etwaige Konflikte herbeizuführen[181]. Dabei hat sich herausgestellt, dass dies trotz der oft höheren Kommunikationskosten bei der Aushandlung auf Grund der für alle Seiten zufriedenstellenderen Ergebnisse im Endeffekt oft die ökonomisch effizientere Lösung ist.

Die Rolle der Unternehmen in diesen stakeholder-Dialogen wird in der Literatur unterschiedlich gesehen: Bei einigen Konzepten wird nicht aktiv, aus Einsicht in ein mögliches gesellschaftliches Problem ‚Stakeholder-Politik' betrieben, sondern auf Druck reagiert, etwa durch Androhung eines öffentlichen Skandals[182] In anderen, wirtschaftsethisch motivierten Arbeiten[183] wird eine aktive Teilnahme von Unternehmen an wichtigen sie betreffenden, gesellschaftspolitischen Dialogen gefordert.

Der Unterschied zu den produktionsorientierten Ansätzen wird hier augenscheinlich. Mit umfeldorientierter Unternehmenskooperation ist kein Koordinationsmechanismus für wirtschaftliche Transaktionen gemeint. Vielmehr spannt sich der Bogen dieser Form von Kooperation von einem dialogorientierten Handeln gegenüber unternehmensexternen Anspruchsgruppen (z.B. Branchenvereinbarungen, Vereinbarungen mit staatlichen Stellen über den Normenvollzug) bis hin zur Partizipation an gesellschaftspolitischen Diskussionen (z.B. Steuerkonzepten o.ä.).

Brockhaus hat mit seiner Differenzierung in Unternehmenskooperationen mit marktlichem, politischem und öffentlichem Zielbezug im Prinzip eine sehr ähnliche Systematisierung von Unternehmenskooperationen gewählt[184]. Kooperationen, die hier als produktionsbezogen bezeichnet werden, nennt er Kooperationen mit marktlichem Zielbezug. In

[179] Vgl. dazu Thommen 1996, 28 und die dort zitierte Literatur.
[180] Vgl. Carroll 1989.
[181] Vgl. Thommen 1996, 49, Götzelmann 1992.
[182] Vgl. z.B. Götzelmann 1992.
[183] Vgl. z.B. Ulrich 1998, Ulrich/ Fluri 1986.
[184] Vgl. Brockhaus 1996, 45ff.

der vorliegenden Arbeit wird der Begriff ‚*produktionsbezogen*' bevorzugt, weil Kooperation in diesem Zusammenhang ja gerade der marktlichen Steuerung von Transaktionen gegenübergestellt wird und dies nicht durch die Begriffsverwendung verwässert werden soll. Die von Brockhaus noch weiter differenzierten Kooperationen mit politischem und öffentlichem Zielbezug werden in dieser Arbeit zusammengefasst als *umfeldorientierte* Unternehmenskooperationen bezeichnet, da die Unterscheidung in Politik und Öffentlichkeit im Hinblick auf den Zielbezug als nicht zwingend empfunden wird. Eine klare Unterscheidung im Hinblick auf das, was mit der Kooperation erreicht werden soll bzw. was Gegenstand der Kooperation ist (wirtschaftliche Transaktionen versus Teilnahme am gesellschaftlichen Interessensausgleich), ist nur für die Unterteilung in produktionsbezogene, und umfeldorientierte Unternehmenskooperationen möglich.

Tab. 3: Wesentliche Unterschiede von produktionsbezogenen und umfeldorientierten Unternehmenskooperationen

	Produktionsbezogene Unternehmenskooperation	**Umfeldorientierte Unternehmenskooperation**
Zielbezug	• Wirtschaftliche Transaktionen	• Reagieren auf Anspruchsgruppen • Beilegung von Konflikten • Beeinflussung der gesellschaftspolitischen Diskussion
Beteiligte	**Primär:** andere Unternehmen aber auch andere Akteure	**Primär:** Akteure aus Politik und ‚Öffentlichkeit' (Medien, NGOs, Bürgerinitiativen usw.) aber auch andere Unternehmen
Alternative Steuerungsmechanismen, Verhaltensformen	• Markt • Hierarchie	• Keine oder einseitige (nicht dialogische) Reaktion auf Anspruchsgruppen • Konflikt

Mit Brockhaus geteilt wird allerdings die Auffassung, dass es bei der Unterscheidung in produktionsbezogene und umfeldorientierte Unternehmenskooperationen mehr um die Handlungskontexte oder den Zielbezug und nicht so sehr um die teilnehmenden Akteure geht. Auch wenn bei produktionsorientierten Kooperationen tendenziell eher andere Unternehmen als Kooperationspartner angesprochen sind – und es ohne diese wohl nicht geht – können, wie im empirischen Teil noch zu zeigen sein wird, z.B. auch politische Akteure oder NGOs eine wichtige Rolle spielen. Genauso sind bei umfeldorientierten Kooperationen reine Unternehmenskooperationen denkbar (z.B. ökologische Unternehmensverbände[185]), wenn auch nicht allzu häufig. In der Tabelle 3 sind die wesentlichen Unterschiede der beiden dargestellten Arten von Unternehmenskooperation noch einmal zusammengefasst.

3.3 Regionale Unternehmenskooperation

Für Unternehmenskooperation kommen sämtliche räumlichen Ebenen in Frage. Das öffentliche Interesse richtet sich derzeit beispielsweise stark auf Kooperationen von Unternehmen auf internationaler Ebene. In dieser Arbeit werden Unternehmenskooperation auf regionaler Ebene betrachtet. Die Eigenschaft ‚regional' bestimmt sich dabei aufgrund von Herkunft und Standort der beteiligten Akteure. Wie in Kapitel 2.1 bereits dargestellt, wird dabei von Verflechtungen ausgegangen, die sich auf Räume erstrecken, die größer als einzelne Kommunen und kleiner als Bundesländer sind. Sowohl produktionsbezogene als auch umfeldorientierte Kooperationen können sich auf die regionale Handlungsebene beschränken.

---

[185] Diese organisieren ja keine wirtschaftlichen Transaktionen, sondern machen Lobbyarbeit oder mischen sich in gesellschaftliche Diskurse ein.

Kapitel 4

Unternehmenskooperation und nachhaltige Entwicklung in der Region – Darstellung relevanter Diskussionen

Aufgabe dieses Abschnitts ist es, wichtige Diskussionslinien darzustellen, die zu einer Klärung des Verhältnisses zwischen regionaler Unternehmenskooperation und nachhaltiger Regionalentwicklung beitragen können. Gleichzeitig wird damit die Basis für die Begründung der weiteren Eingrenzung dieser Arbeit auf die Unternehmenskooperation in handlungsfeldbezogenen Ansätzen einer nachhaltigen Regionalentwicklung geschaffen. Dazu wird versucht, die wissenschaftliche Debatte rund um die Themenfelder ‚Unternehmenskooperation‘, ‚regionale Unternehmenskooperation‘, ‚Unternehmenskooperation und Regionalentwicklung‘, ‚Unternehmenskooperation und nachhaltige Entwicklung‘ darzustellen und zu systematisieren. Zunächst wird die ‚konventionelle‘[186] Literatur zu Regionalökonomie und Regionalentwicklung mit ihren Bezügen zu regionaler Kooperation und regionaler Unternehmenskooperation betrachtet (Kapitel 4.1). In einem zweiten Schritt wird untersucht, inwieweit innerhalb der Diskussion um nachhaltige Regionalentwicklung bereits Erkenntnisse zum Verhältnis von regionaler Unternehmenskooperation und nachhaltiger Regionalentwicklung erarbeitet wurden (Kapitel 4.2). Aufgrund der Forschungen der neueren Betriebswirtschaftslehre zur Rolle des Unternehmens innerhalb des Schnittmengenmanagements bzw. als strukturpolitischer Akteur erscheint außerdem ein tieferer Einblick in diese Ansätze im Hinblick auf Unternehmenskooperation als weiterführend (Kapitel 4.4). Das Kapitel 4.3 ist ein Exkurs zum Thema ‚Regionale

---

[186] Der Begriff ‚konventionell‘ wird hier in Abgrenzung zur nachhaltigen Regionalentwicklung für Regionalentwicklungsansätze verwendet, die hauptsächlich die ökonomische Entwicklung der Region im Blick haben.

Netzwerke'. Dieser erscheint notwendig, da regionale Netzwerke ein wichtiger Betrachtungsgegenstand der modernen Regionalökonomie sind und oft unmittelbar mit Kooperation in Verbindung gebracht werden. Deshalb gilt es das Verhältnis des hier verwandten Verständnisses von regionaler Kooperation zu diesen Ansätzen zu klären.

4.1 Regionale Kooperation in ‚konventionellen' Ansätzen der Regionalökonomie und Regionalentwicklung

Kooperation zwischen regionalen Akteuren im Zusammenhang mit regionaler Entwicklung bzw. Regionalpolitik ist seit den achtziger Jahren in zunehmendem Maße ein Thema. Die Suche nach neuen Wegen in der Regionalpolitik, insbesondere der regionalen Struktur- und Wirtschaftspolitik und damit auch der Bedeutungsgewinn von kooperativen Ansätzen resultierte aus steigenden Anforderungen an die Regionalpolitik im Zuge von Entwicklungen, wie[187]

- einem reduzierten Wirtschaftswachstum bei gleichzeitigem Anstieg der Arbeitslosigkeit,

- einem verstärkten Standortwettbewerb zwischen den Regionen,

- knapper werdenden öffentlichen Mitteln,

- und nicht zuletzt auch verstärkten ökologischen Problemen.

Kooperationsansätze entwickelten sich in unterschiedlichen Zusammenhängen und im Hinblick auf unterschiedliche regionale Akteure:

Die *interkommunale Kooperation* spricht kommunale Verwaltungseinheiten einer Region an[188]. Während sie im Bereich der infrastrukturellen Versorgung bereits eine vergleichsweise lange Tradition hat, ist sie im gewerblichen Bereich, wie bei der Abstimmung von Ansiedelungen großflächiger Handelsbetriebe, der Zusammenarbeit in der Wirtschaftsförderung sowie der Ausweisung von Gewerbeflächen ein eher junges Phänomen[189]. Potenziale einer interkommunalen Kooperation für die Entwicklung von Regionen werden vor allem in einer Verbesserung der

---

[187] Vgl. Hartmann 1994, 35; Peters et al. 1996, 38.
[188] Vgl. z.B. Franz 1997, Müller 1997, BBR 1999.
[189] Vgl. Hatzfeld/ Kahnert 1993.

regionalen Informationsbasis, im Austausch von Know-How, in der Ressourcenbündelung, aber auch im Aufbau einer regionalen Identität und eines regionalen Gemeinschaftsinteresses gesehen[190]. In einem „Modellvorhaben ,Städtenetze'" des BBR unter Beteiligung von zwölf regionalen interkommunalen Kooperationen wird dem Instrument der interkommunalen Kooperation eine große Zukunftsperspektive für die Bearbeitung regionaler Aufgaben, wie Stadt- und Regionalmarketing, Technologieförderung oder Verkehrsmanagement zugestanden.

Public-Private-Partnership (PPP), also die Zusammenarbeit zwischen öffentlichen und privaten Akteuren ist ein weiteres Instrument, das in letzter Zeit in der Regionalpolitik zunehmend Beachtung findet[191]. Vor dem Hintergrund eines verschärften Standortwettbewerbs und der zunehmenden Komplexität regionaler und überregionaler Entwicklungen zielt PPP vor allem auf einen näheren Kontakt und eine verbesserte Abstimmung zwischen regionalen öffentlichen und privaten Akteuren (insbesondere Unternehmen) ab. Verwaltungen werden von Genehmigungsbehörden zu Partnern und Dienstleistern der Unternehmen im interregionalen Standortwettbewerb. Andererseits beteiligen sich Unternehmen (z.B. finanziell) auch an Gemeinschaftsaufgaben, wie regionalen Wirtschaftsförderungs- Technologieförderungs- oder Entwicklungsgesellschaften[192]. Vorteile werden in einer größeren Akzeptanz, Vollzugsfähigkeit und einer erhöhten Transparenz administrativen Handelns, in erhöhter Flexibilität, Kreativität und der Erhöhung finanzieller Spielräume für regionalpolitisches Handeln sowie im Initiieren von regionalen Lernprozessen gesehen. Skeptisch werden dagegen die fehlende demokratische Legitimation und der erhöhte Zeitaufwand für Entscheidungen gesehen[193].

Eine zunehmend wichtige Rolle spielt regionale Kooperation zudem im Zusammenhang mit der Aufstellung und Umsetzung *regionaler Entwicklungs- und Raumordnungskonzepte*[194]. Dabei geht es um den Einbezug eines breiten Spektrums von Interessen bei der Erarbeitung und Umsetzung von Leitbildern und Konzepten für die künftige Entwicklung

---

[190] Vgl. BBR 1999, 94.

[191] Vgl. Hartmann 1994, Roggencamp 1999, Birnstiel 1994.

[192] Vgl. Hartmann 1994.

[193] Vgl. Hartmann 1994.

[194] Vgl. dazu auch die Ausführungen in Kapitel 2.2.

von Regionen. Kooperation wird in diesem Zusammenhang als Partizipation und Akteursbeteiligung verstanden. Wissenschaftliche Beiträge wie praktische Beispiele kommen sowohl aus dem Bereich der Raumplanung[195] als auch aus der Forschung über regionale Struktur- und Wirtschaftspolitik[196]. Auslöser für die kooperativen Konzepte waren zum einen die Erkenntnis der Komplexität der zu lösenden regionalen Probleme, zum Teil unbefriedigende Planungsergebnisse, die oft zu jahrelangen Streitigkeiten führten sowie der Wunsch nach einer verstärkten Regionalisierung der Entscheidungskompetenzen für die regionale Entwicklung und die Regionalpolitik. Während in der Raumplanungsdiskussion sehr stark die Unzufriedenheit mit den Ergebnissen herkömmlicher top-down Planungsinstrumente im Vordergrund steht und unter dem Titel einer ,neuen Planungskultur'[197] entsprechend alternative beteiligungsorientierte Instrumente konzipiert und diskutiert werden[198], konzentriert sich die Debatte in der Regionalökonomie auf Fragen der Verlagerung von Kompetenzen auf die regionale Ebene. Dabei spielen vor allem Regionalkonferenzen oder ähnliche Organisationsformen eine wichtige Rolle. Diese sind aus einem breiten Spektrum regionaler Akteure und Interessen zusammengesetzt und haben in der Regel die Aufgabe, ein konsensfähiges regionales Entwicklungskonzept zu erarbeiten[199]. Als Vorreiter gilt das Land Nordrhein-Westfalen, wo seit 1990 in der Zukunftsinitiative Nordrhein-Westfalen in 15 Regionen Regionalkonferenzen durchgeführt und regionale Entwicklungskonzepte erarbeitet wurden[200]. In neueren regionalökonomischen Ansätzen, wie der eigenständigen Regionalentwicklung, der endogenen Entwicklung[201] aber auch der nachhaltigen Regionalentwicklung[202] spielen diese Instrumente insbesondere

---

[195] Vgl. Sinnig 1995, Selle 1994, Knieling 1994. Das praktische Paradebeispiel dürfte die IBA Emscher Park sein (vgl. z.B. Kilper 1993, Ganser 1991, Ganser/ Siebel/ Sieverts 1993).

[196] Vgl. Fürst 1994, Heinze/ Voelzkow 1997.

[197] Vgl. z.B. Selle 1994.

[198] Vgl. z.B. Bischoff et al. 1995.

[199] Vgl. Fürst 1994, Scheurer 1997, Albrecht 1997.

[200] Vgl. Heinze/ Voelzkow 1997.

[201] Vgl. z.B. Henckel/ Knieling 1994 zur eigenständigen und Hahne 1984 zur endogenen Entwicklung.

[202] Siehe dazu genauer weiter unten in Kapitel 4.2.

zur Bündelung regionaler Potenziale und zum Ausgleich unterschiedlicher Interessen aus den Bereichen Ökonomie, Ökologie und Soziales gleichfalls eine wichtige Rolle. Die Diskussion zu Regionalkonferenzen bezieht sich vor allem auf die Beteiligungsstruktur (Verwaltungs- und Wirtschaftslastigkeit der beteiligten Akteure), den Bindungsgrad der Beziehungen, die Legitimation innerhalb des bestehenden demokratischen Systems sowie die Umsetzungsrelevanz der Ergebnisse von Regionalkonferenzen[203].

Unternehmen und ihre Verbände sind wichtige Teilnehmer derartiger Prozesse[204]. Aus ihrer Sicht handelt es sich hierbei um umfeldorientierte Kooperationen, an denen sie teilnehmen, um ihre Interessen im gesellschaftlichen Dialog über die Zukunft der betreffenden Region zu vertreten. Dennoch wird in der Praxis oft eine eher zögerliche und selektive Teilnahme von Unternehmen an regionalen Entwicklungsdiskussionen beobachtet. Zeck benennt dafür folgende Gründe:

• Für Unternehmen ist die Teilnahme an regionalen Entwicklungsprozessen mit sehr konkreten (Zeit-) Aufwänden verbunden. Der Nutzen bleibt oftmals diffus und ist, wenn überhaupt, erst langfristig feststellbar.

• Die Umsetzung der Ergebnisse solcher Prozesse ist oft von politisch legitimierten Institutionen abhängig. Dadurch wird der Nutzen der Kooperationsteilnahme zusätzlich unsicher.

Zur Rolle der Kooperation in regionalen Entwicklungsprozessen wurde und wird auch in der ‚konventionellen' Regionalökonomie und in der Raumplanung viel gearbeitet. Möglichkeiten und Grenzen derartiger Kooperationen sind vergleichsweise deutlich ausgearbeitet und werden weiter erforscht[205]. Verschiedene Kooperationsinstrumente sind bereits entwickelt und stehen zur Verfügung[206].

Im Vergleich zu den drei eben dargestellten Bereichen regionaler Kooperation spielt *produktionsbezogene regionale Unternehmenskoopera-*

---

[203] Vgl. Peters et al. 1996, 109, Fürst 1984, 1998, Heinze/ Voelzkow 1997.

[204] Vgl. Zeck 1998, 44.

[205] So z.B. in einem aktuellem Forschungsprojekt von Fürst, Danielzyk und Knieling zum Thema Kooperative Handlungsformen in der Regionalplanung. Für ältere Arbeiten vgl. Fürst 1984, Heinze/ Voelzkow 1997, Ziegler 1994.

[206] Vgl. Bischoff et al. 1995, Sinnig 1995.

tion in der regionalökonomischen Literatur eine sehr untergeordnete Rolle. Beachtlich ist allerdings die Spannweite der Befunde über Effekte und Förderfähigkeit dieser Art von Kooperation, die hier kurz anhand zweier aktueller Studien dokumentiert werden soll. In einer Arbeit zu „wirtschaftsnahen Kooperationen zur Erschließung von Innovationspotenzialen in den Regionen Lüneburg und Südniedersachsen" kommen Bruch-Krumbein et al.[207] zu dem Schluss, dass zwischenbetriebliche regionale Kooperation gute Voraussetzungen für Innovation schafft. In vielen Fällen würden jedoch Potenziale derartiger Kooperationen aufgrund fehlender Informationen über potenzielle Partner und mögliche Ausgestaltungen von Kooperation noch unzureichend ausgeschöpft. Vorgeschlagen wird deshalb ein sogenannter „Kooperationsbroker" als Initiator, Moderator, Begleiter und Manager des oft langwierigen Kooperationsprozesses. Im Gegensatz zu diesem weitgehend positiven Ergebnis hinsichtlich der Potenziale von regionaler Unternehmenskooperation, auch vor dem Hintergrund einer vorwiegend ökonomischen Zielsetzung von Regionalentwicklung, kommt Lowey in einer Studie zu „Organisation und regionalen Wirkungen von Unternehmenskooperationen"[208] am Beispiel der Maschinenbaubranche in Unter- und Mittelfranken zu eher ernüchternden Ergebnissen hinsichtlich einer zwischenbetrieblichen regionalen Kooperation. Sie konstatiert, dass „vor allem internationale Kooperationen positive Impulse für die regionale Entwicklung" zeitgen, „international kooperierende Unternehmen innovativer, ihre Kooperartionen eher Know-How intensiv sind". Eine ausschließliche Konzentration auf die Region bei der Unternehmenskooperation stehe eher „im Zusammenhang mit einer Wettbewerbsschwäche der Unternehmen". „Wegen der geringen Know-How-Intensität und Innovation regionaler Kooperationen erscheint eine ausschließliche Konzentration auf die regionale Ebene als stark sicherheitsorientiertes und defensives, wenig expansives Handeln"[209]. Sie empfiehlt folglich eher die Förderung internationaler Kooperationen, äußert sich aber gleichzeitig hinsichtlich einer Steuerungsfähigkeit bzw. Unterstützungsmöglichkeiten kooperativen Handelns von Unternehmen äußerst skeptisch[210].

---

[207] Bruch-Krumbein et al. 1995.

[208] Lowey 1998

[209] Lowey 1998, 217

[210] Vgl. Lowey 1998, 234.

Regionale Kooperation – auch unter Beteiligung von Unternehmen –
spielt also in der Regionalökonomie gerade in jüngerer Zeit eine zunehmend wichtige Rolle. In immerhin drei der vier hier vorgestellten Dis-
kussionsfelder tauchen Unternehmen als (potenzielle) Partner auf. Während die interkommunale Kooperation, Public-Private-Partnerships und
neue kooperative Planungs- und Entwicklungsprozesse auch aus traditioneller regionalökonomischer Sicht überwiegend positiv eingeschätzt
werden, sind die Meinungen hinsichtlich der regionalökonomischen
Wirkungen produktionsbezogener regionaler Unternehmenskooperation
geteilt. Dies wirft die Frage auf, ob das Einbeziehen ökologischer und
sozialer Ziele im Sinne einer nachhaltigen Regionalentwicklung zu einer
besseren bzw. eindeutigeren Einschätzung der Wirkungen regionaler
produktionsbezogener Kooperation führt.

4.2 Regionale Kooperation in der Diskussion um nachhaltige Regionalentwicklung

Auch in der Diskussion um nachhaltige Regionalentwicklung taucht regionale Kooperation in mehreren Zusammenhängen auf. Kanatschnig
et al. unterscheiden die Bereiche interkommunale Kooperation, betriebliche Kooperation und Regionale Agenda 21[211]. Während Unternehmen
bei der interkommunalen Kooperation eine untergeordnete Rolle spielen,
korrespondieren die Darstellungen zur betrieblichen Kooperation und zur
Regionalen Agenda aus der Sicht von Unternehmen mit der oben ge-
troffenen Unterscheidung in produktionsbezogene und umfeldorientierte
Unternehmenskooperation[212]. Produktionsbezogene Unternehmenskooperationen kommen dabei wiederum im Zusammenhang mit handlungsfeldbezogenen Ansätzen einer nachhaltigen Regionalentwicklung zum
Tragen, umfeldorientierte Unternehmenskooperationen beziehen sich auf
entwicklungsbezogene Ansätze einer nachhaltigen Regionalentwicklung.

Interkommunale Kooperation wird immer öfter in den Zusammenhang
mit nachhaltiger Regionalentwicklung gestellt[213]. Die Argumentation
knüpft dabei an das im vorigen Abschnitt Dargestellte an. Die Bündelung

---

[211] Vgl. Kanatschnig et al. 1999.

[212] Vgl. Zeck 1998, 40, Weissner 1998, 155.

[213] Vgl. BBR 1999, TAURUS 1997, Kanatschnig et al. 1999.

von Ressourcen und die Nutzung von Synergien zwischen Kommunen ist vielfach auch im Hinblick auf eine nachhaltige Regionalentwicklung sinnvoll, etwa wenn eine gemeinsame Nutzung von Flächen zur Reduktion der Flächeninanspruchnahme oder zur Bewahrung naturnaher Flächen führt. Besondere Bedeutung kommt in diesem Zusammenhang auch der Gestaltung des Stadt-Umland Verhältnisses zu, wenn es beispielsweise um ÖPNV-Konzepte oder Erholungsgebiete geht. Die Diskussion um interkommunale Kooperation soll an dieser Stelle mit Blick auf die untergeordnete Bedeutung der Unternehmen jedoch nicht weiter vertieft werden.

Auch die Argumentation im Hinblick auf regionale *Kooperation* bei der Erstellung *regionaler Entwicklungskonzepte bzw. -pläne* unter Berücksichtigung der Erfordernisse einer nachhaltigen Entwicklung schließt unmittelbar an diejenige aus der ‚konventionellen' Regionalentwicklung an[214]. Zum einen stellen Autoren, die sich schon seit längerem mit kooperativen regionalen Entwicklungsprozessen befassen, ihre Arbeiten zunehmend auch in den Zusammenhang einer nachhaltigen Regionalentwicklung[215]. Zum anderen bauen jüngere Autoren in Arbeiten zur nachhaltigen Regionalentwicklung auf Erkenntnissen der ‚konventionellen' Regionalökonomie auf[216]. Aus Sicht einer nachhaltigen Regionalentwicklung werden viele der bereits in Kapitel 4.1 genannten Argumente für einen kooperativen regionalen Entwicklungsprozess noch verstärkt bzw. weitere hinzugefügt:

•   Der Querschnittscharakter nachhaltiger Regionalentwicklung erfordert zum einen Kooperation zwischen verschiedenen Verwaltungsressorts, zum anderen zwischen verschiedenen gesellschaftlichen Interessen. Die Kleinräumigkeit der regionalen Ebene ermöglicht dabei das Einbeziehen einer größeren Anzahl verschiedener Interessen sowie die Identifikation mit den Ergebnissen solcher Beteiligungsprozesse[217].

•   Nachhaltige Entwicklung ist kein irgendwie zu erreichendes Endstadium, sondern ein dauerhafter gesellschaftlicher Prozess. Als wesentlich wird das kollektive Lernen auf der Basis eines ständigen Hinter-

---

[214] Vgl. dazu auch bereits Kapitel. 2.2.

[215] Vgl. Fürst 1984 und 1998.

[216] Vgl. z.B. Peitzger 1998, 45ff., Wiechmann 1999.

[217] Vgl. Zeck 1998, 51, Fürst 1998, 18, Kanatschnig et al. 1999, 63.

fragens des Entwicklungspfades gesehen. Ein solcher offener Prozess ist auf Dauer nur durchführbar, wenn er sich auf eine breite gesellschaftliche Akzeptanz stützen kann[218].

- Schließlich kann durch Einbeziehen eines breiten Spektrums an Interessen und Ideen die notwendige Kreativität für einen solchen regionalen Umgestaltungsprozess freigesetzt werden.

Dass es beispielsweise im Rahmen der Bemühungen um sogenannte Regionale Agenden auch bereits eine Reihe praktischer Versuche gibt, derartige entwicklungsbezogene Kooperationen umzusetzen, wurde in Kapitel 2.2.1 bereits erwähnt. Unterschiede zu konventionellen Ansätzen bestehen dabei weniger bei den eingesetzten Instrumenten[219] als vielmehr bei den beteiligten regionalen Akteuren und den bearbeiteten Inhalten. Die Spannweite unterschiedlicher Herangehensweisen ist, wie Schreck und Weber zeigen, nicht zu unterschätzen[220]. Sie differenzieren bei einer vergleichenden Analyse der im BBR-Wettbewerb ‚Regionen der Zukunft' durchgeführten regionalen Agenda-Prozesse in die beiden Pole einer bürgerorientierten kooperativen Erarbeitung einer Regionalen Agenda und einer verwaltungsdominierten Vorgehensweise.

Im Hinblick auf die Teilnahme von Unternehmen verstärkt sich vor dem Hintergrund einer nachhaltigen Entwicklung das im vorigen Abschnitt genannte Problem des Auseinanderdriftens von Kosten und unmittelbarem Nutzen der Kooperation noch, da in der Regel mit einem noch weiteren Zeithorizont (zukünftige Generationen) an die Diskussion herangegangen wird, als bei ‚konventionellen' Ansätzen[221].

Insgesamt scheinen viele Erkenntnisse aus der Diskussion zu regionalen kooperativen Entwicklungsprozessen in der ‚konventionellen' Regionalökonomie und in der Raumplanung auch für die Nachhaltigkeitsdiskussion verwertbar. Inwieweit allerdings unternehmerische Spielräume für ein nachhaltiges Produzieren durch eine Teilnahme an derartigen re-

---

[218] Vgl. Fürst 1998, 18, Kanatschnig et al. 1999, 63.

[219] Auch hier kommen in der Regel Regionalkonferenzen, Strukturkonferenzen, runde Tische und andere Moderations- und Mediationsansätze zur Anwendung.

[220] Vgl. Schreck/ Weber 1999.

[221] Vgl. Fürst 1998, 18.

gionalen Prozessen erhöht werden[222], wurde bislang noch nicht explizit untersucht.

Analysiert man die Literatur zum Thema Kooperation und nachhaltige Regionalentwicklung, wird sehr schnell klar, dass es neben der interkommunalen Kooperation und den kooperativen regionalen Entwicklungsprozessen noch eine dritte Form regionaler Kooperation bzw. regionaler Unternehmenskooperation gibt, die deutlich von den erstgenannten abzugrenzen ist[223]. Zeck unterscheidet „projekt- und regionsbezogene Kooperation"[224], wobei letztere auf regionale kooperative Entwicklungsprozesse bezogen ist und erstere auf konkrete Maßnahmen in bestimmten Handlungsfeldern abzielt. Im hier eingeführten Sinne wäre also aus Sicht von Unternehmen von *produktionsbezogenen Kooperationen* zu sprechen. In vielen Projektsammlungen tauchen solche produktionsbezogenen regionalen Unternehmenskooperationen mit Zielen einer nachhaltigen Regionalentwicklung auf[225]. Es fällt auf, dass eine Vielzahl von Unternehmen auf regionaler Ebene längerfristige, argumentativ abgestimmte, also nicht allein preis-koordinierte geschäftliche Verbindungen mit anderen Unternehmen eingehen und sich dabei in den Kontext einer nachhaltigen Regionalentwicklung stellen oder gestellt werden. Häufige Erscheinungsformen sind dabei die Abstimmung von Qualitätskriterien von Unternehmen entlang einer Wertschöpfungskette, gemeinsame Investitionen oder gemeinsame regionale Vermarktungszusammenschlüsse. Trotz einer Vielzahl an praktischen Beispielen fällt die Beschäftigung mit dieser Form regionaler Unternehmenskooperation in der Literatur im Vergleich zu den umfeldorientierten Kooperationen im Rahmen regionaler Entwicklungsprozesse spärlich aus. Zwar wird in fast jeder Arbeit zu nachhaltiger Regionalentwicklung die große Bedeutung von Unternehmenskooperation behauptet, meist verbleiben die Bemerkungen aber auf einem sehr allgemeinen Niveau im Sinne von ‚Vernetzung ist wichtig für Innovation und für die regionale Standort-

---

[222] Im Sinne der Überwindung der schneidewindschen gesellschaftsbezogenen Barrieren (vgl. Kapitel 2.3.2)

[223] Vgl. Peitzger 1998, Klee/ Kirchmann 1998, Zeck 1998, Weissner 1998, Kanatschnig 1999.

[224] Zeck 1998, 40.

[225] Vgl. Klee/ Kirchmann 1998, 61ff., DVL 1998.

qualität'[226]. Produktionsorientierte regionale Unternehmenskooperationen mit Zielen einer nachhaltigen Regionalentwicklung sind in jüngerer Zeit auch bereits Gegenstand empirischer Untersuchungen gewesen. In den dem Autor bekannten Fällen wurden sie jedoch in der Auswertung nicht von anderen Formen regionaler Kooperation differenziert[227]. Aussagen zum Beitrag dieser Form von Unternehmenskooperation zur Umsetzung einer nachhaltigen Regionalentwicklung gehen dabei in der Regel in einer Vielfalt allgemeiner Ergebnisse zu Anforderungen und Erfahrungen kooperativer Ansätze im Rahmen nachhaltiger Regionalentwicklung unter. So identifiziert z.B. Weissner in einer Studie über vier verschiedene kooperative Nachhaltigkeitsansätze als Motive für die Teilnahme von Unternehmen an nachhaltigkeitsorientierten Kooperationen[228]:

- „Einzelinteresse im Sinne der Erschließung neuer Geschäftsfelder,

- Problemdruck, Suche nach Lösungen,

- Anreize (Fördergelder, Forschung, Information, Marketing),

- Prestige, informiert sein, Einfluss haben, persönliche Bindungen,

- ideelle Motivation."

Eine Aussage, ob und warum regionale Kooperation bzw. Unternehmenskooperation einen Beitrag zur Überwindung der bestehenden Barrieren für die breitere Umsetzung von nachhaltiger Regionalentwicklung leisten kann, wird damit allerdings noch nicht möglich.

Am weitesten fortgeschritten sind in diesem Zusammenhang die Arbeiten, die eine verstärkte Regionalisierung von Wertschöpfungsketten bzw. Stoffströmen in den Blick nehmen[229]. Als wichtige Argumente für eine verstärkte regionale Zusammenarbeit im Hinblick auf eine nachhaltige Regionalentwicklung werden hier die Erhöhung der regionalen Wertschöpfung, die Sicherung und Schaffung regionaler Arbeitsplätze, die Verringerung von Gütertransporten sowie die erhöhte Transparenz und somit einfachere Gestaltbarkeit stofflicher und energetischer Ströme benannt. In diesem Zusammenhang wird in der Regel auch herausge-

---

[226] Vgl. z.B. Kanatschnig et al. 1999.

[227] Vgl. Klee/ Kirchmann 1998, Peitzger 1998, Weissner 1998.

[228] Weissner 1998, 158.

[229] Vgl. Peters et al. 1996, Sauerborn et al. 1998, Lucas 1996, 1998.

stellt, dass eine solche stärkere regionale Verknüpfung wirtschaftlicher Aktivitäten nur in Ausnahmefällen durch reine Marktprozesse erreicht wird. Der Vorschlag, zur Stärkung regionaler Wertschöpfungsketten und Stoffströme vermehrt auch auf die Kordinationsform der Unternehmenskooperation zu setzen, beruht dabei meist noch auf Plausibilitätsüberlegungen. Betrachtet man zusätzlich die in Kapitel 2.2.2 dargestellten wichtigsten Handlungsansätze für eine nachhaltige Regionalentwicklung innerhalb der handlungsfeldbezogenen Diskussion, stellt die Regionalisierung von Stoff- und Wertschöpfungskreisläufen neben der Ökologisierung des Wirtschaftens und der Verbindung von Arbeit und Umwelt nur eine Möglichkeit der Umsetzung einer nachhaltigen Regionalentwicklung dar. Auch die Handlungsoptionen für Unternehmen im Rahmen einer nachhaltigen Regionalentwicklung wurden in Kapitel 2.3.1 wesentlich vielfältiger dargestellt. Die Ausrichtung der praktischen Beispiele, in denen mit Unternehmenskooperation gearbeitet wird, ist ebenfalls vielfältiger. Somit erscheint der Versuch lohnenswert, das Auftreten von Unternehmenskooperation in einem breiten Spektrum handlungsfeldbezogener Ansätze ausgehend von den bestehenden Barrieren für die Umsetzung einer nachhaltigen Regionalentwicklung genauer zu untersuchen.

Betrachtet man die Beiträge zum Thema regionale Unternehmenskooperation innerhalb der Debatte um nachhaltige Regionalentwicklung zusammenfassend, ist zu konstatieren, dass es weder im Hinblick auf die umfeldorientierte noch auf die produktionsbezogene regionale Unternehmenskooperation bislang theoretisch fundierte Ansätze zur Analyse des Zusammenhangs zwischen Unternehmenskooperation und nachhaltiger Regionalentwicklung gibt. Dies führt unmittelbar zurück zu den in Kapitel 2.3.2 dargestellten betriebswirtschaftlichen Ansätzen, die sich mit den Möglichkeiten und Grenzen von Unternehmen, ökologisch bzw. nachhaltig zu handeln, auseinandersetzen. Zu fragen ist an dieser Stelle, ob Erkenntnisse aus dieser Diskussion für die Erklärung des Zusammenhangs zwischen regionaler Unternehmenskooperation und nachhaltiger Regionalentwicklung nutzbar gemacht werden können.

Bevor jedoch dieser Gedankengang weiterverfolgt wird, soll mit dem Begriff ‚regionales Netzwerk' ein weiterer wichtiger Gegenstand der aktuellen regionalökonomischen Diskussion eingeführt werden, der nicht selten unmittelbar mit Kooperation in Verbindung gebracht wird. Dies geschieht in Form eines Exkurses, da diese Darstellung zwar einerseits den Argumentationsfluss dieser Arbeit unterbricht, andererseits jedoch an dieser Stelle klarzustellen ist, in welchem Verhältnis die Debatte um regionale Netzwerke zu der hier geführten Diskussion über regionale Unternehmenskooperation steht.

4.3 Exkurs: Regionale Netzwerke

In der Regionalökonomie spielen regionale Netzwerke in den letzten Jahren eine zunehmend wichtige Rolle. Der Vollständigkeit und Abgrenzung halber soll deshalb an dieser Stelle kurz auf einige Aspekte rund um diesen Begriff eingegangen werden. Die Vielfalt an Auslegungen und Verwendungen des Begriffes Netzwerk ist überwältigend[230]. Zum Teil ist eine analoge Verwendung mit den hier eingeführten Definitionen von Kooperation anzutreffen[231], zum Teil geschieht eine bewusste Abgrenzung bzw. Differenzierung[232]. Dieser Position wird hier gefolgt. Dennoch besteht eine enge Verbindung zwischen der Koordinationsform Kooperation und Netzwerken. Die Bezüge sollen in diesem Abschnitt klargemacht werden.

Mit Netzwerken beschäftigen sich Wirtschafts-, Sozial- und Politikwissenschaften[233]. Formal bestehen Netzwerke aus Knotenpunkten und deren Verbindungen zueinander[234]. Empirisch unterscheiden sich Netzwerke hinsichtlich der Art der Akteure und der Beziehungen, so dass verschiedene Typen von Netzwerken identifiziert werden können (z.B. Unternehmensnetzwerke). An Netzwerken sind definitionsgemäß mehr als zwei Akteure beteiligt. Über die Art ihrer Beziehungen gibt es in der Literatur eine Vielfalt von Aussagen. Einige Autoren gehen von vornherein von kooperativen Beziehungen von Akteuren innerhalb von Netzwerken aus[235]. Die Sichtweise, der hier gefolgt wird, begreift Netzwerke als eine Vielzahl von Einzelbeziehungen, seien sie nun Koopera-

---

[230] Vgl. z.B. Genosko 1996.

[231] Vgl. z.B. Lowey 1998, Klee/ Kirchmann 1998.

[232] Vgl. z.B. Minsch et al. 1996, 134, Genosko 1996, Dörsam/ Icks 1997.

[233] Vgl. Cuny/ Stauder 1994, Genosko 1996, Grabher 1993, Janssen/ Schubert 1995, Minsch et al. 1996, Sydow 1992.

[234] Vgl. Lowey 1998, 6.

[235] Vgl. Lowey 1998, Hansen et al. 1995.

tionen, Marktaustauschbeziehungen, oder anderer Art, die in ihrer Gesamtheit wiederum ein soziales Gebilde ergeben[236]. So sagt z.B. die Definition von Knoke und Kulinski – „a network is generally defined as a specific type of relation linking a defined set of persons, objects or events"[237] – überhaupt noch nichts über die Art der Beziehungen aus. In ökonomischen Ansätzen, die mit Netzwerkansätzen arbeiten, ist die Aussage, dass ein Unternehmen nicht in einem atomistischen Markt agiert, sondern in ein Umfeld vielfältiger Beziehungen und Beziehungstypen eingebettet ist, Ausgangspunkt der Analysen. „An industrial network consists of companies linked together by the fact that they either produce or use complementary or competitive products. Consequently the network always contains an element of both co-operation and conflict"[238].

Richtet man nun den Blick wieder auf die regionale Ebene und versucht die Unterschiede von regionaler Kooperation und regionalen Netzwerken zuzuspitzen, sind folgende Punkte zu nennen. Bei regionalen Netzwerken bestehen in der Regel keine vertraglichen, formellen Abmachungen, Kooperationen sind mit oder ohne formelle Verträge möglich. Für Unternehmen, die Teil eines regionalen Netzwerkes sind, geht es nicht um die Abwicklung wirtschaftlicher Transaktionen (wie bei der produktionsbezogenen Kooperation) oder um die zielgerichtete Teilnahme an einem gesellschaftlichen Dialog o.ä. (umfeldorientierte Kooperation), sondern um eine zunächst einmal nicht ergebnisorientierte ‚Einbettung' in regionale soziale Beziehungsstrukturen[239]. Netzwerke sind somit Phänomene, die existieren und auch registrierbare Wirkungen z.B. auf die regionale Entwicklung zeitigen, aber oftmals von den beteiligten Akteuren gar nicht bewusst wahrgenommen oder gepflegt werden. Tabelle 4 stellt die aus der Sicht des Autors wesentlichen Unterschiede von regionaler Unternehmenskooperation und regionalen Netzwerken zusammen.

Da eine Reihe der dargestellten Unterschiede Tendenzaussagen sind, dürfte es zwischen regionalen Unternehmenskooperationen und regionalen Netzwerken sicherlich auch eine gewisse Grauzone oder Vermischungen geben. So ist es beispielsweise naheliegend, dass sich die be-

---

[236] Vgl. Aulinger 1998, 94, Minsch et al. 1996, Fürst/ Schubert 1998.

[237] Knoke/ Kulinski 1982, 12.

[238] Håkansson 1989, 16.

[239] Vgl. Fürst/ Schubert 1998, Granovetter 1985.

teiligten regionalen Akteure im Rahmen eines regionalen Entwicklungskonzeptes entweder aus bereits bestehenden Netzwerken rekrutieren oder
nach Abschluss der Arbeiten zum Konzept ein oder mehrere regionale
Netzwerke entstanden oder gestärkt worden sind. Nicht umsonst wird in
der Literatur immer wieder vom identitätsstiftenden Charakter kooperativer regionaler Entwicklungsprozesse gesprochen[240].

Tab. 4: Wesentliche Unterschiede zwischen regionaler Unternehmens-
kooperation und regionalen Netzwerken

Regionale Netzwerke	regionale Unternehmenskooperation
Offener, i. d. R. keine formelle Abmachung	Enger, oft vertragliche Regelung
Auf alle Fälle mehr als zwei, i. d. R. eine Vielzahl von Akteuren	Auch zwei Akteure möglich, tendenziell weniger Akteure als bei Netzwerken
Koordinationsform nicht festgelegt	Kooperation als Koordinationsform
Langfristige Beziehungen ohne Ergebnisorientierung	Langfristige Beziehungen mit Ergebnisorientierung, entweder in Form von Gütertransaktionen (produktionsbezogene Unternehmens-kooperation) oder regionalen Entwicklungskonzepten o.ä. (umfeldorientierte Kooperation)

Regionale Netzwerke bzw. regionale Unternehmensnetzwerke werden in
der Regionalökonomie hauptsächlich in Verbindung mit dem Ansatz der
industrial districts und dem Ansatz der innovativen Milieus diskutiert, die
inzwischen jedoch oft sehr eng miteinander in Verbindung gesetzt werden[241]. Auch in der Diskussion um nachhaltige Regionalentwicklung
spielen regionale Netzwerke zunehmend eine Rolle[242].

---

[240] Vgl. z.B. Busch-Lüty 1995, Priebs 1997.

[241] Dazu verleitet schon allein die Parallelität der für beide Ansätze angeführten
Beispiele in der Literatur: Sehr oft werden genannt: Silicon Valley, Baden
Württemberg, italienische Regionen wie z.B. Emilia Romagna (vgl. (vgl. z.B.
Cuny/ Stauder 1993, Hahne/ Stackelberg 1994, Lowey 1998, 96ff., Dörsam/ Icks
1997, Thierstein 1996, 199, Pyke et al. 1990).

[242] Vgl. Minsch et al. 1996, Klee/ Kirchmann 1998, Hey/ Schleicher-Tappeser
1998, 51ff.

Im Rahmen der Analyse industrieller Beziehungsgeflechte sowie der seit den 1980er Jahren geführten Debatte um Postfordismus[243] und den allgemeinen Wandel von der Massenproduktion zur flexiblen Spezialisierung spielen die sogenannten Industriedistrikte (industrial districts) eine zentrale Rolle. Anders als ältere Konzepte, die ihre Analyse von Agglomerationsvorteilen allein auf marktgesteuerte Beziehungen beschränkten, steht hier die Einbettung in ein regionales Netzwerk mit einer Vielfalt von Einzelverflechtungen im Brennpunkt. Industriedistrikte rückten in den Mittelpunkt des Interesses, als die Untersuchung der positiven Entwicklung in den Regionen Nordost- und Mittelitaliens, die von einer starken Konzentration von Klein- und Mittelbetrieben mit hoher Flexibilität und Innovationskraft geprägt waren, mit der herkömmlichen Standorttheorie an Grenzen stieß[244]. Die Stärke dieser Regionen wurde in erster Linie damit erklärt, dass durch die enge Vernetzung einer Vielzahl regionaler KMUs gewissermaßen die Vorteile von Kleinunternehmen (hohe Anpassungsfähigkeit an veränderte Marktbedingungen und Flexibilität) mit denen großer Konzerne (hoher Grad an Arbeitsteilung, gemeinsame (Unternehmens-)Kultur, konzentriertes Know-How) kombiniert werden können.

Industriedistrikte sind durch folgende Merkmale gekennzeichnet[245]:

• flexible Kleinserienproduktion,

• Arbeitsteilung,

• spezifisches, zwischenbetriebliches Beziehungsgeflecht (Mischung aus Wettbewerb und Kooperation,

• räumliche Konzentration von Betrieben,

---

[243] Der Begriff bezeichnet grob gesagt die Verschiebung vom tayloristischen Großunternehmen zur kleineren Produktionseinheit und damit auch neue räumliche Konfiguration von Produktion.

[244] Piore/ Sabel (1984) eröffneten die Debatte mit ihrem Buch "The second industrial divide", in dem sie die These vertreten, dass das Ende der Massenproduktion erreicht ist und in die Epoche der flexiblen Spezialisierung übergeht. Auf die regionale Ebene übertragen bedeutet das, dass Regionen wirtschaftlichen Erfolg haben, in denen eine kleinteilige und miteinander vernetzte Wirtschaftsstruktur anzutreffen ist (vgl. auch Krumbein et al. 1994, 157f, Colletis/ Pecqeur 1994, 6ff; Telljohann 1994, 45f).

[245] Vgl. Krumbein et al. 1994, 158f.; Telljohann 1994, 46.

• kulturelles Milieu.

In der aktuellen Debatte geht es zum einen um die Erklärung wirtschaftlicher Prosperität in Regionen wie dem mittleren Italien, aber auch einzelnen Regionen in den USA oder Baden-Württemberg. Zum anderen geht es konzeptionell um die Frage, inwiefern derartige Prozesse kopierbar bzw. künstlich herstellbar sind und wie somit die Idee der Industriedistrikte von der regionalen Wirtschaftsförderung instrumentalisiert werden kann.

Der Ansatz der innovativen Milieus ist aus zwei ‚Ecken' der regionalökonomischen Diskussion gleichermaßen befruchtet worden. Einerseits steht er in Zusammenhang mit der zunehmenden Kritik an den stark außen- und exportorientierten Regionalentwicklungsstrategien und dem Aufkommen endogener bzw. eigenständiger Ansätze[246]. Zum anderen ist er aber auch Ausdruck eines neuen Verständnisses von Standort. Region wird in dieser Sichtweise im Zusammenhang mit dem internationalen Wettbewerb der Regionen nicht mehr einfach als „Gefäß"[247] für Ressourcen, wie Rohstoffe, Energie und Arbeitskräfte gesehen sondern als komplexes Geflecht von Ressourcen, aber auch persönlichen und institutionellen Beziehungen, einer bestimmten Kultur bis hin zu Stimmungen, die allesamt das Milieu, den Nährboden für Innovation ausmachen. Das innovative Unternehmen wird damit als Output seiner lokalen/regionalen Umgebung (Milieu) aufgefasst[248]. Diese konstituiert sich zu wesentlichen Teilen aus den regionalen Akteuren, deren Verflechtungen und ihrem Umgang miteinander. Nicht Einzelfaktoren sondern Synergieeffekte, das Zusammenwirken von Faktoren und Potenzialen sind für regionale Innovationsprozesse verantwortlich. „Trotz der Bedeutung von räumlicher Nähe und geographischer Konzentration ist der Milieu-Ansatz kein geographischer, sondern ein kultureller. Als Basis eines Milieus wird ein gemeinsames Grundverständnis in bezug auf sozio-ökonomische Probleme und Lösungsmuster gesehen, erst die Kohärenz zwischen Produktionssystem, Kultur und Hauptakteuren lässt es entstehen"[249]. Inno-

---

[246] Vgl. Hahne/ Stackelberg 1994, Hey/ Schleicher-Tappeser 1998, 53.

[247] Thierstein 1996, 199.

[248] Vgl. Maier/ Tödtling 1992, 97.

[249] Maier/ Tödtling 1992, 98f.

vative Milieus können somit als eine Art regionaler Netzwerke verstanden werden[250].

In jüngster Zeit werden vor allem denjenigen Regionen gute Entwicklungschancen und erhöhte Wettbewerbsfähigkeit eingeräumt, die sowohl über funktionsfähige regionale Netzwerke und Milieus verfügen als auch über vielfältige und intakte Beziehungen nach außen[251]. Fraglich bleibt aber auch hier, inwiefern es möglich ist, ein innovatives Milieu in einer Region gezielt aufzubauen oder zu fördern.

Neuerdings finden die Ansätze regionaler Netzwerke auch Eingang in die Diskussion um nachhaltige Regionalentwicklung[252]. Am tiefgehendsten ist dabei die Arbeit von Minsch et al. In ihrer auf ökologische Innovationen fokussierenden Studie identifizieren sie sieben „Potenziale, durch die regionale Akteurnetze den ökologischen Innovationsprozess beschleunigen können"[253]:

- gemeinsame ökologische Problemwahrnehmung der Akteure,

- unsicherheitsreduzierende Vertrauensbeziehungen,

- das Vorhandensein einer für den ökologischen Innovationsprozess benötigten spezifischen Ressourcenausstattung,

- das Vorhandensein eines ökologischen Wettbewerbsdrucks innerhalb des Netzwerkes,

- die Möglichkeit der Kostenreduktion durch die Nutzung von Synergien,

- die Möglichkeit, sich ein ökologisches Image in der Region zu schaffen,

- die Möglichkeit, gemeinsame regionale Umweltstandards zu schaffen.

Zur Weiterentwicklung der Forschung über die Umsetzung einer nachhaltigen Regionalentwicklung könnte sicherlich auch der Ansatz an regionalen Netzwerken und innovativen Milieus weiterführend sein. Interessant erscheint beispielsweise die Fragestellung, wie sich regionale

---

[250] Vgl. Genosko 1996.

[251] Vgl. Thierstein 1996, Hey/ Schleicher-Tappeser 1998.

[252] Vgl. Minsch et al. 1996, Klee/ Kirchmann 1998, Hey/ Schleicher-Tappeser 1998, 51ff.

[253] Minsch et al. 1996, 137.

Netzwerke in Regionen, die eine nachhaltige Entwicklung anstreben, gestalten. Problematisch dürfte dabei allerdings vor allem die empirische Erfassung von Netzwerken werden, die sich in der Regel informell und oft sogar unbewusst gestalten. Dies könnte auch ein Grund sein, warum bislang in Arbeiten, die sich theoretisch eher dem Netzwerkansatz zuordnen, im empirischen Teil auf die exakter fassbaren Kooperationen zurückgegriffen wird[254]. Für die vorliegende Arbeit jedenfalls wurde der Ansatz an der Debatte um Kooperation, wie er in den anderen Abschnitten dieses Kapitels dargestellt wird als fruchtbarer eingeschätzt, als die Netzwerkansätze.

4.4 Unternehmenskooperation und nachhaltige Entwicklung in neueren Ansätzen der Betriebswirtschaftslehre

Neuere betriebswirtschaftliche Ansätze beschäftigen sich mit den Möglichkeiten für Unternehmen, den begrenzten Spielraum, der ihnen für einen Beitrag zu einer nachhaltigen Entwicklung zur Verfügung steht, zu nutzen bzw. zu erweitern. Dabei liegt der Focus allerdings eindeutig auf der Verbindung der ökologischen und der ökonomischen Dimension von Nachhaltigkeit. Als Ansatzpunkt zur Erweiterung der unternehmerischen Spielräume spielt Unternehmenskooperation in zunehmendem Maße eine wichtige Rolle. Aufgabe des nun folgenden Abschnittes ist die Darstellung und Auswertung der entsprechenden Diskussion im Hinblick auf den hier vorliegenden Forschungszusammenhang. Die in den vorangegangenen Abschnitten herausgearbeitete Differenzierung in umfeldorientierte und produktionsbezogene Ansätze von Unternehmenskooperation ist auch in dieser Diskussion vorzufinden.

---

[254] Vgl. z.B. Klee/ Kirchmann 1998.

Umfeldorientierte Ansätze, die sich auf eine proaktive Mitgestaltung der die Unternehmen umgebenden Strukturen richten, existieren bereits länger als die weiter unten dargestellten produktionsbezogenen Ansätze. Die wesentlichen Argumente resultieren dabei aus einer Verbindung der bereits dargestellten stakeholder-Ansätze mit Ideen aus der Unternehmensethik. Viele Beiträge greifen dabei auf Gedanken von Peter Ulrich und seiner Forschungsgruppe zurück[255]. Diese widersetzen sich der Auffassung eines Stakeholder-Management, welches allein auf Druck mächtiger Anspruchsgruppen zustande kommt und letztlich hauptsächlich auf den Erhalt oder die Steigerung des ökonomischen Geschäftserfolges ausgerichtet ist. Sie verweisen auf eine den Unternehmen per se durch ihre Eingliederung in ein gesellschaftliches Umfeld zukommende soziale Verantwortung. In diesem Zusammenhang bemerkt etwa Kuhn, „dass dem Handeln der meisten Unternehmen (mehr oder minder weitreichende) ökologische Veränderungs- und Gefährdungspotenziale innewohnen, wodurch öffentliche Interessen und Werte berührt werden und demgemäß die relevanten Unternehmensaktivitäten ihren Charakter der Nichtpolitik verlieren."[256] Sahlberg weist außerdem darauf hin, dass letztlich auch das Überleben von Unternehmen von einer funktionsfähigen ökologischen Umwelt abhängt. Sie müssen sich somit die Frage stellen, wie sie „die entsprechenden Maßnahmen zum Schutz der Umwelt innerhalb der – weitgehend von den sozialen Systemen im Umfeld (Anspruchsgruppen) gesteckten – Grenzen ökonomischen Überlebens durchführen bzw. diese Grenzen ausdehnen" können[257]. Diese Erkenntnisse sollen die unternehmerische Motivationsbasis für Stakeholder-Dialoge bilden[258]. Ganz im Sinne der Denkweise der Erweiterung der ökonomisch-ökologischen Schnittmenge spricht er von zwei Stufen unternehmerischer Verantwortung[259]:

- „Auf der ersten Stufe, in der eigentlichen *Geschäftsethik*, geht es um die Selbstbindung der Unternehmung an eine gesellschaftlich legitime und sinnvolle Wertschöpfungsaufgabe (‚Mission').

---

[255] Vgl. Ulrich 1998, Ulrich/ Fluri 1986.

[256] Kuhn 1993, 71f.

[257] Sahlberg 1995, 218.

[258] Vgl. Ulrich 1998.

[259] Ulrich 1998, 19. Vgl. zum Schnittmengen-Ansatz genauer Kapitel 2.3.2.

- Auf der zweiten Stufe, die für eine *republikanische Unternehmensethik* spezifisch ist, gilt es die branchen- und ordnungspolitische Mitverantwortung der ‚Privatwirtschaft' für human-, sozial-, demokratie- und umweltverträgliche Rahmenbedingungen des marktwirtschaftlichen Wettbewerbs wahrzunehmen".

Ulrich und Fluri entwickelten dazu das Konzept der „dialogischen Verantwortung"[260]. Dabei wird der unternehmerischen Verantwortung durch eine aktive Auseinandersetzung mit dem gesellschaftspolitischen Umfeld in Form von kooperativen, konsensorientierten Prozessen Rechnung getragen. Kooperation ist in dieser Sicht eine Form gesellschaftlicher Interessensabstimmung. Gesellschaftlicher Strukturwandel vollzieht sich hier im wesentlichen auf der Basis von Diskursen und gesellschaftlichen Dialogprozessen. Durch die Teilnahme von Unternehmen an diesen Prozessen tragen sie zur Veränderung der Rahmenbedingungen ihres Handelns bei und haben gleichzeitig die Option ihre Positionen zu vertreten.

An diese Überlegungen schließen einige weitere Autoren mit ihren Arbeiten an. Sie haben zum Teil anderen Ausgangspunkte und setzen die Schwerpunkt anders. Gleichzeitig spezifizieren sie den Stakeholder-Ansatz für ökologische Fragestellungen.

Kuhn geht in seiner „Ethik der gestaltbaren Zahlen"[261] von der Idee des Schnittmengenmanagement aus. Einer unternehmerischen Umweltpolitik der „schwarzen Zahlen" – gemeint ist die Nutzung der Schnittmenge – stellt er eine Umweltpolitik der „roten Zahlen" (ökologische Maßnahmen, die sich ökonomisch nicht rechnen) gegenüber Er leitet daraus die Notwendigkeit ab, zum einen die Menge der ökologisch rationalen bzw. gebotenen Handlungen besser zu erkennen und zum anderen die Schnittmenge aus ökologisch und ökonomisch rationalen Handlungen zu vergrößern. Beides konstituiert die „Ethik der gestaltbaren Zahlen".

Für die Schnittmengenvergrößerung schlägt Kuhn zwei Ansatzpunkte vor[262]: ein subpolitisches Konsensus-Management mit ökologisch betroffenen Öffentlichkeiten und die Übernahme einer ordnungspolitischen Mitverantwortung der Unternehmen bei der Setzung von umweltpolitschen Rahmenbedingungen. Während ersteres auf einen allgemeinen

---

[260] Ulrich/ Fluri 1986, 72.

[261] Kuhn 1993.

[262] Vgl. Kuhn 1993, 153 und 159.

konsensorientierten Anspruchsgruppen-Dialog mit ökologischer Ausrichtung hinausläuft, betrifft letzteres die konkrete Mitarbeit von Unternehmen an der umweltpolitischen Rahmensetzung. Die größten Potenziale für eine Vergrößerung der Schnittmenge sieht KUHN dabei in der
Zusammenarbeit „zwischen dem politisch mächtigen, aber ökologisch
inkompetenten Umweltstaat und den ökologisch fortschrittlichen, aber im
Hinblick auf ihre ‚statischen Konkurrenten' gegebenenfalls ohnmächti-
gen ‚Schumpeter-Unternehmern'"[263].

Einen weiteren Ansatz bietet Sahlberg, der das Problem der unterschiedlichen Rationalitäten, mit denen jeweils ökonomische und ökologische Fragestellungen zu lösen sind, systemtheoretisch angeht[264]. Ausgangspunkt ist Luhmanns Überlegung der aus vielen verschiedenen
Teilsystemen mit jeweils unterschiedlichen Rationalitäten und Signalsystemen (sogenannte selbstreferentielle Teilsysteme) bestehenden Gesamtgesellschaft. Entscheidend für das Verständnis des Auseinander-
fallens von ökologischer und ökonomischer Rationalität ist in dieser
Sichtweise die Vermutung, dass das Verfolgen unterschiedlicher Teil-
rationalitäten keineswegs automatisch zu gesamtgesellschaftlich rationalem Handeln führt[265]. Stakeholder-Diskurse können in diesem Zusammenhang als Versuche gesehen werden, die Rationalitäten sowie die
Kommunikationssysteme unterschiedlicher Teilsysteme zu verstehen.
Deshalb postuliert Sahlberg, dass „eine Konvergenz auf Systemrationa-
lität hin nur noch als diskursiver Verstehens- und Abstimmungsprozess
zwischen autonomen und interdependenten Teilen vorstellbar ist."[266]
Unternehmen sollten hierbei zum einen aus Eigeninteresse – um ökonomische Wettbewerbsfähigkeit und ökologisches Überleben gleichermaßen zu sichern –, aber auch aus gesellschaftlicher Verantwortung, die
vor allem aus ihrem inhaltlichen und zeitlichen Vorsprung hinsichtlich
ökologisch relevanter Informationen abzuleiten ist, selbst aktiv werden.
Folgerichtig ist die Zielsetzung solcher Diskurse vor diesem Hintergrund
auch weniger ehrgeizig. Im Gegensatz zu Ulrich oder Kuhn beurteilt er
die Möglichkeiten in Dialogen für einen Konsens zwischen Vertretern
der ökologischen und ökonomischen Teilsysteme als weitgehend

---

[263] Kuhn 1993, 163.

[264] Sahlberg 1995.

[265] Vgl. Sahlberg 1995, 254.

[266] Sahlberg 1995, 255.

aussichtslos. In derartigen Dialogen kommunizierten nicht Individuen sondern kollektive Akteure miteinander (für Umweltinteressen beispielsweise Umweltverbände), die den Interpretationsschemata und Signalsystemen ihres Teilsystems fest verhaftet sind. Konsensorientierte Dialogprozesse produzierten deshalb in der Regel eher Dissens. Aber bereits eine „produktive Nutzung von Dissens" in sogenannten „systemischen Diskursen"[267] könne im Sinne eines Lernprozesses, einer kollektiven Informationsgewinnung und -verarbeitung zu Verhaltensänderungen bei Unternehmen führen. „Auch wenn es über systemische Diskurse nicht zu einer Übereinstimmung zwischen den systemspezifischen Bedeutungsinhalten von ‚Erforderlichkeit', ‚Dringlichkeit' und ‚Bedeutsamkeit' kommen kann (Strukturdeterminiertheit), so eröffnen diese dennoch die Möglichkeit einer Zurechnung und Verortung bzw. Relationierung von Differenzen[268]. Der Anspruch systemischer Diskurse ist damit gegenüber einem auf intersubjektiver Verständigung (Konsens) beruhenden Diskurskonzept wesentlich bescheidener und strebt vielmehr nach der Generierung anschlussfähiger Informationen."[269] Da auch Unternehmen auf ein funktionsfähiges ökologisches System angewiesen sind, sollten diese den systemischen Diskurs aktiv suchen.

Brockhaus behandelt in seiner Arbeit zu „gesellschaftsorientierten Kooperationen im ökologischen Kontext"[270] Kooperationen von Unternehmen mit Partnern aus ihrem gesellschaftlichen Umfeld wie z.B. Umwelt- oder Verbraucherorganisationen. Anders als die vorliegende Arbeit spezifiziert er seinen Untersuchungsgegenstand auf der Basis der Kooperationspartner. Er betrachtet Kooperationen von Unternehmen mit Partnern aus dem gesellschaftlichen Umfeld und zwar sowohl im produktionsbezogenen als auch im umfeldorientierten Kontext. Er zeigt dabei, dass gesellschaftsorientierte Kooperationen von Unternehmen Potenziale für eine Beeinflussung unternehmerischer Spielräume im Hinblick auf eine stärkere Ökologisierung der Produktion bieten. Er unterscheidet dabei drei Bereiche[271]:

---

[267] Sahlberg 1995, 280 und 282.
[268] Hervorhebung herausgenommen (M.T.).
[269] Sahlberg 1995, 288.
[270] Brockhaus 1996.
[271] Vgl. Brockhaus 1996, 239f.

- die Reduktion von Marktwiderständen und das Setzen neuer Markt-standards, die Erhöhung von Glaubwürdigkeit, Beratung durch Um-weltorganisationen,

- den Beitrag zur Diffusion politischer Konzepte und zum politischen Agenda Setting,

- die Beteiligung an und Mitgestaltung gesellschaftlicher Diskurse so-wie die allgemeine Verbesserung gesellschaftlicher Kommunikation.

Insbesondere der erste Punkt ist nach der in dieser Arbeit vollzogenen Systematisierung dem produktionsbezogenen Bereich zuzuordnen. Am Beispiel einer von ihm untersuchten Kooperation zwischen einer Kauf-hauskette und einem Umweltverband zeigt Brockhaus, dass gesell-schaftsbezogene Kooperation einerseits zur Erhöhung der Glaubwürdig-keit ökologischer Maßnahmen von Unternehmen im Hinblick auf die Verbraucher beitragen kann und Umweltverbände zum anderen in der Lage sind, die Rolle von Beratern zu übernehmen.

Zusammenfassend ist festzuhalten, dass es eine Reihe von Beiträgen gibt, die zeigen, dass umfeldorientierte Kooperationen ein Potenzial zur Erweiterung der Schnittmenge aus ökologisch und ökonomisch rationa-len unternehmerischen Handlungen hat. Im Vergleich zu produktions-bezogenen Ansätzen gehen sie aus unternehmerischer Sicht einen Um-weg – und zwar über gesellschaftliche Diskurse. Für Unternehmen ist dieser Weg vergleichsweise aufwendig und geht über das übliche Ta-gesgeschäft hinaus. Schneidewind spricht zum Beispiel im Zusammen-hang mit Kuhns Arbeit „von einem erheblichen diskursiven Optimis-mus"[272]. Es wird angenommen, dass einerseits alle für den jeweiligen Diskurs wichtigen Partner identifiziert werden können und dass diese zu einer Verständigung bereit sind. Da in der Regel nicht zu erwarten ist, dass sich die Bemühungen unmittelbar auszahlen, wird bei den Unter-nehmen ein gewisses Problembewusstsein vorausgesetzt. Unstrittig er-scheint also der grundsätzlich positive Beitrag umfeldorientierter Unter-nehmenskooperationen zur Umsetzung einer nachhaltigen Entwicklung. Wesentlich schwieriger ist jedoch deren konkrete Initiierung und Durch-führung. Dies scheint nicht zuletzt wegen des hohen Niveaus an Einsicht in ökologische und/oder soziale Probleme und des langfristigen Pla-

---

[272] Schneidewind 1998, 75.

nungshorizonts von Unternehmen der Fall zu sein, die notwendig sind um die Vorteile der Teilnahme an derartigen Kooperationen zu erkennen. *Produktionsbezogene Unternehmenskooperationen* setzen dagegen unmittelbar am Tagesgeschäft und der originären Aufgabe von Unternehmen (dem Herstellen von Gütern und Dienstleistungen) an. Die Überlegung, dass Unternehmenskooperation auch eine Möglichkeit sein könnte, jenseits gesellschaftspolitischer Diskurse ganz konkret die Spielräume für ein ökologisch orientiertes Produzieren zu erweitern, ist noch jünger als die umfeldorientierten Diskussionen. 1992 war der „unternehmensübergreifende Charakter des Umweltmanagement" Meffert und Kirchgeorg in einem großen Kompendium zum Umweltmanagement gerade einmal zwei Seiten wert, obwohl bereits hier herausgestellt wird, dass viele ökologische Probleme von Unternehmen „als Insellösungen" nicht mehr zu bewältigen sind[273]. Griesshammer et al. arbeiteten 1995 auf empirischer Basis klar heraus, dass zahlreiche erfolgreiche ökologische Produktionsumstellungen auf vertikalen Kooperationen der entsprechenden Unternehmen mit vor- und nachgelagerten Betrieben beruht und dass umgekehrt Versuche, eine solche Umstellung ohne Kooperation zu bewerkstelligen, nicht erfolgreich waren[274]. Auch Zöller sieht für das Beispiel Printmedien Potenziale für eine weitere Ökologisierung in der Verstärkung der Kooperation der Unternehmen entlang der entsprechenden Wertschöpfungskette[275].

Als erstes umfassenderes Werk zum Thema „Kooperationen im Rahmen ökologischer Unternehmenspolitik" kann Aulingers „(Ko-) Operation Ökologie" gelten[276]. Er tritt in dieser Arbeit mit dem Anspruch an, „der Fragestellung nachzugehen, welche Möglichkeiten Unternehmen besitzen, sich über den Weg der Kooperation mit anderen Unternehmen Handlungsfelder zu erschließen, die die Umsetzung einer ökologischen Unternehmenspolitik erleichtern oder überhaupt erst ermöglichen."[277] Die Leistung der Arbeit besteht zum einen in einer erstmaligen Systematisierung und Typologisierung der Erscheinungsformen (nicht nur) produktionsorientierter Unternehmenskooperationen mit ökologischen Ziel-

---

[273] Meffert/ Kirchgeorg 1992, 18f.

[274] Vgl. Griesshammer et al. 1995.

[275] Vgl. Zöller 1998.

[276] Aulinger 1996.

[277] Aulinger 1996, 25.

setzungen. Zum anderen zeigt er ein Spektrum möglicher Erklärungsansätze für die Sinnhaftigkeit, das Zustandekommen und die Stabilität ökologischer Unternehmenskooperationen auf und überprüft ihre Plausibilität an vier Fallbeispielen. Am Ende steht der Leser allerdings etwas verloren vor einem Berg an Einzelinformationen und vermisst die Zuspitzung auf das selbstgesteckte Thema der kooperativen Erschließung von Handlungsfeldern für eine ökologische Unternehmenspolitik. Insofern wird durch Aulingers Arbeit die Ansicht gestärkt, dass Unternehmenskooperation in der Lage ist, Spielräume für die Verfolgung ökologischer Ziele zu erweitern. Wo aber die konkreten Ansatzpunkte dafür liegen, bleibt vage.

Erste Hinweise, dass ein wichtiger Ansatzpunkt für die Vergrößerung der ökologisch-ökonomischen Schnittmenge bei der Überwindung struktureller Barrieren liegt, welche die Durchsetzung ökologisch fortschrittlicher Produkte und Dienstleistungen verhindern, liefern Dyllick et al.[278]. Im Rahmen sogenannter ökologischer Marktentwicklungsstrategien, kann es eine Teilstrategie sein, in Kooperation mit anderen Unternehmen zu versuchen, diese Barrieren zu verringern bzw. zu beseitigen. Die Autoren nennen als Barrieren hohe Transaktionskosten und Informations- bzw. Glaubwürdigkeitsprobleme, illustrieren ihre Ausführungen mit einigen Beispielen gehen jedoch nicht mehr tiefer darauf ein.

Schneidewind hingegen systematisiert diese Barrieren erstmals[279], ohne allerdings die theoretischen Hintergründe für ihr Entstehen aufzuarbeiten. Dabei verwendet er eine Einteilung in unternehmensbezogene, marktbezogene, politikbezogene und gesellschaftsbezogene Barrieren[280]. In einem weiteren Schritt setzt er sich mit den Wirkungen von Unternehmenskooperation auf die konstituierenden Elemente einer unternehmerischen Strukturpolitik, die zuvor auf der Basis von Giddens Strukturationstheorie entwickelt worden sind, auseinander. Dabei benennt er als wesentliche Ansatzpunkte für unternehmerische Strukturpolitik[281]:

---

[278] Vgl. Dyllick et al. 1997.

[279] Vgl. dazu auch Kapitel 2.3.2 dieser Arbeit.

[280] Vgl. Schneidewind 1998, 272.

[281] Vgl. Schneidewind 1998, 198ff.

- die Beeinflussung von sogenannten Vermittlungsmodalitäten, wie existierende Interpretationsschemata (z.b. Konsummuster), soziale Normen (Gesetze etc.), autorative Ressourcen (wie Verbandsregelungen) und allokative Ressourcen (z.b. finanzielle Ressourcen);

- die Veränderung von Akteurssets (etwa durch das Entstehen neuer Interessensgruppen oder ihr Einschalten in eine bestehende Diskussion);

- die Veränderung von Funktionsmechanismen der Strukturreproduktion hin zu verstärkter Diskursivität und Reflexivität.

Schneidewind versucht, zu klären, wie unternehmerische Strukturpolitik funktioniert bzw. aus welchen Elementen sie besteht und welche Rolle Unternehmenskooperation dabei spielt. Sein Anwendungsfeld ist dabei die Schaffung ökologischer Massenmärkte. Die vorliegende Arbeit wurde von Schneidewinds Beitrag stark inspiriert, leistet jedoch mit der Konzentration auf regionale Unternehmenskooperation einerseits eine Spezialisierung, mit der Betrachtung einer nachhaltigen Entwicklung andererseits eine Erweiterung des Betrachtungsgegenstands. Zudem wird auch der Schwerpunkt der theoretischen Arbeiten anders gelegt als bei Schneidewind. Zielgruppe der vorliegenden Arbeit sind die Träger von Regionalpolitik und Regionalentwicklung und nicht so sehr die einzelne Unternehmung. Aus dieser regionalökonomischen Sichtweise erscheint es in erster Linie erforderlich, der Frage nachzugehen, in welchen Situationen (regionale) Unternehmenskooperation überhaupt notwendig wird. Dazu sind die theoretischen Begründungen für das Bestehen der genannten Barrieren für die Umsetzung einer nachhaltigen Regionalentwicklung zu klären. Erst vor dem Hintergrund dieses Wissens kann Regionalpolitik Unternehmenskooperation wirksam fördern.

Ein weiterer Ansatz, der in diesem Zusammenhang interessant erscheint, wird von Biesecker in die Diskussion gebracht[282]. Nach ihrer Sichtweise entstehen durch Kooperation für Unternehmen Spielräume für ein verändertes Verhalten. Während der Marktmechanismus Wirtschaftssubjekte dazu zwingt, sich eigennützig zu verhalten und sich über dadurch entstehende ökonomische und soziale Probleme hinwegzusetzen, wird in Kooperationen verständiges (gegenüber anderen Wirtschaftsakteuren und Mitmenschen) und verantwortliches (gegenüber der

---

[282] Vgl. Biesecker 1996.

‚sprachlosen' Umwelt und künftigen Generationen) Handeln möglich. Im Gegensatz zu den vorgenannten Ansätzen geht es also nicht nur darum, durch Kooperation ein größeres Überschneidungsfeld für ökonomisch und ökologisch (sowie sozial) rationale Handlungen zu erzielen. Vielmehr entsteht durch Kooperation eine Art geschützter Raum, der es Unternehmen ermöglicht, ökologische oder soziale Verantwortung zu übernehmen, ohne dass eine dadurch verursachte ökonomische Schlechterstellung (im Sinne von weniger Gewinn o.ä.) sofort negative Konsequenzen hat. Kooperation ermöglicht in dieser Sichtweise also ökologisches Handeln auch dann, wenn es nicht ökonomisch rational ist.

4.5 Fazit

Im vorliegenden Kapitel wurde deutlich, dass sich Unternehmenskooperationen im Hinblick auf ihren Zielbezug und ihre Anwendungsbereiche, aber auch im Bezug auf die jeweils zugrundeliegenden wissenschaftlichen Diskussionen in produktionsbezogene und umfeldorientierte Unternehmenskooperationen differenzieren lassen. Diese Unterscheidung zieht sich wiederum durch alle hier dargestellten für den Zusammenhang von regionaler Unternehmenskooperation und nachhaltiger Regionalentwicklung relevanten Diskussionsstränge. Die Begriffsverständnisse in den jeweiligen Diskussionssträngen werden in Tabelle 5 noch einmal stichwortartig dargestellt.

In der Einleitung zu diesem Kapitel war gefragt worden, ob es bereits Ansätze gibt, die zu einer Erklärung des Zusammenhangs zwischen regionaler Unternehmenskooperation und nachhaltiger Regionalentwicklung beitragen können. Die zusammenfassende Auswertung der Ergebnisse wird wiederum differenziert nach umfeldorientierten und produktionsbezogenen Ansätzen:

Innerhalb der beiden dargestellten Diskussionsstränge zur Regionalentwicklung (konventionell und nachhaltig) beschäftigt sich eine weitaus größere Zahl an Forschungsarbeiten mit regionaler Kooperation im Sinne von kooperativen regionalen Entwicklungsprozessen als mit produktionsbezogenen regionalen Kooperationen. Es konnte gezeigt werden, dass kooperativen Regionalentwicklungsprozessen gerade im Hinblick auf eine nachhaltige Entwicklung aufgrund ihres Querschnittscharakters, ihrer Eigenschaft als dauerhafter gesellschaftlicher Lernprozess und der

Notwendigkeit des Ausschöpfens möglichst vieler regionaler Kreativi-
tätspotenziale eine große Bedeutung beigemessen wird. Zur Teilnahme
von Unternehmen an solchen regionalen Entwicklungsprozessen und
deren Möglichkeit, auf diese Weise wiederum Einfluss auf die sie ein-
schränkenden Rahmenbedingungen zu nehmen, wurde bisher weder in
der ‚konventionellen' Regionalökonomie noch im Hinblick auf nachhaltige Regionalentwicklung geforscht.

*Tab. 5: Umfeldorientierte und produktionsbezogene Ansätze in
verschiedenen Diskussionszusammenhängen*

	Umfeldorientierte Unternehmens-kooperation	Produktionsbezogene Unternehmens-kooperation
Allgemeines Verständnis	Kooperation als Partizipation an gesellschaftspolitischen Dialogprozessen	Kooperation als alternativer Koordinationsmechanismus für wirtschaftliche Transaktionen neben Markt und Hierarchie
‚Konventionelle' Regional-ökonomie	Kooperative Prozesse zur Erarbeitung regionaler Entwicklungskonzepte o.ä.	Regionale produktionsbezogene Unternehmenskooperation
Nachhaltige Regional-entwicklung	Kooperative Prozesse zur Erarbeitung regionaler nachhaltiger Entwicklungs-konzepte	Regionale produktionsbezogene Unternehmenskooperation mit Nachhaltigkeitszielen
Neuere Betriebswirt-schaftslehre	Kooperative Stakeholder-Ansätze	produktionsbezogene Unternehmenskooperation zur Beeinflussung von Rahmenbedingungen
	Unternehmerische Strukturpolitik ‚Schnittmengenerweiterung'	
		verständige, verantwortliche Kooperation

Die dargestellten Erkenntnisse aus betriebswirtschaftlichen Ansätzen zur
umfeldorientierten Kooperation können den Stand in der Diskussion um
die Rolle der Unternehmen in kooperativen regionalen Entwicklungs-

prozessen – insbesondere auch wenn sie auf eine nachhaltige Entwicklung ausgerichtet sind – zumindest um zwei Aspekte erweitern. Zum einen liefern sie Argumente für die Notwendigkeit, dass sich Unternehmen nicht nur als Sachwalter ökonomischer Interessen an solchen Prozessen zu beteiligen, sondern auch für ökologische Aspekte Verantwortung übernehmen. Deutlich wird in diesen Arbeiten aber auch, dass eine Teilnahme an gesellschaftspolitischen Dialogen den unternehmerischen Spielraum für ein nachhaltigeres Produzieren und Handeln erweitern kann[283], für proaktive Unternehmen also eine Strategie zur Schnittmengenerweiterung darstellen kann. Inwieweit dies auch im Hinblick auf die Teilnahme an regionalen Entwicklungsprozessen gilt, müsste allerdings noch im Einzelnen überprüft werden.

Im Gegensatz zu diesem relativ weit fortgeschrittenen Kenntnisstand im Bereich der umfeldorientierten Ansätze, erscheinen die vorliegenden Ergebnisse zu produktionsbezogenen Unternehmenskooperationen noch unbefriedigend. In der ‚konventionellen' Regionalökonomie existieren widersprüchliche Ergebnisse hinsichtlich der Bedeutung von produktionsorientierten Unternehmenskooperationen. In der Diskussion um nachhaltige Regionalentwicklung wird diese Art der Unternehmenskooperation zwar grundsätzlich positiv eingeschätzt, die Beiträge verbleiben jedoch auf einem theoretisch wenig fundierten Niveau. Dies, obwohl es eine Vielzahl von praktischen Beispielen regionaler produktionsbezogener Unternehmenskooperationen mit Zielen einer nachhaltigen Regionalentwicklung gibt, die zu einer tiefergehenden Analyse geradezu herausfordern. Auch in diesem Zusammenhang können neuere betriebswirtschaftliche Ansätze wichtige Anknüpfungspunkte für eine eingehendere Untersuchung liefern. Für die vorliegende Arbeit sind insbesondere zwei Erkenntnisse weiterführend: Erstens können sich Unternehmen im Rahmen einer ‚unternehmerischen Strukturpolitik' vor allem auch durch Unternehmenskooperationen in die Lage versetzen, bestehende Barrieren für eine stärkere Umsetzung von nachhaltiger Entwicklung zu überwinden. Aus der Sicht einer an Nachhaltigkeit orientierten Regionalpolitik ist es erforderlich, zum einen die Beschaffenheit der

---

[283] Etwa durch die Veränderung von Konsumgewohnheiten infolge einer gesellschaftlichen Diskussion über Gentechnik o.ä. oder die Einflussnahme auf politische Rahmensetzungen.

Barrieren selbst[284] wie auch ihren Zusammenhang mit produktionsbezogener regionaler Unternehmenskooperation besser zu verstehen.
Zweitens ist im Zusammenhang mit nachhaltiger Regionalentwicklung
oft von einer erhöhten Identifikation mit und Verantwortungsübernahme
für die Region die Rede, was als Indiz für eine besondere Eignung der
Region für die Umsetzung von nachhaltiger Regionalentwicklung gewertet wird. Ist nun Bieseckers Einschätzung zutreffend, dass Kooperation Spielräume für verständiges und verantwortliches Handeln von
Unternehmen schafft, müsste regionale Unternehmenskooperation in
doppelter Hinsicht unternehmerische Verantwortungsübernahme für regionale Nachhaltigkeit befördern.

---

[284] Vgl. dazu auch bereits Kapitel 2.3.2.

Kapitel 5
Untersuchungsgegenstand,
Untersuchungsfragen und weiteres Vorgehen

In den vorangegangenen Kapiteln wurde der aktuelle Diskussionsstand zu den Problemfeldern nachhaltige Regionalentwicklung und Unternehmenskooperation, bzw. regionale Unternehmenskooperation aufgearbeitet. Damit wurden die Grundlagen dafür geschaffen, den Zusammenhang zwischen regionaler Unternehmenskooperation und nachhaltiger Regionalentwicklung eingehender zu analysieren. Bei der Darstellung der Diskussion um nachhaltige Regionalentwicklung wurden entwicklungsbezogene und handlungsfeldbezogene Ansätze unterschieden. Bei der Wiedergabe der Diskussion um Unternehmenskooperation wurden umfeldorientierte und produktionsbezogene Ansätze differenziert. Beide Unterscheidungen korrespondieren miteinander. Sind Unternehmen an kooperativen regionalen Entwicklungsprozessen beteiligt, kann aus ihrer Sicht von umfeldorientierten regionalen Unternehmenskooperationen gesprochen werden. Dagegen beziehen sich produktionsbezogene regionale Unternehmenskooperationen im Rahmen einer nachhaltigen Regionalentwicklung auf handlungsfeldbezogene Aktivitäten. Es wurde gezeigt, dass den beiden Ansätzen von Unternehmenskooperation unterschiedliche Kooperationsbegriffe und Theorietraditionen zugrunde liegen. Dies sollte dazu führen, dass bei einer vertieften Analyse des Zusammenhangs von regionaler Unternehmenskooperation und nachhaltiger Regionalentwicklung umfeldorientierte und produktionsbezogene Ansätze von Unternehmenskooperation mit ihren jeweiligen Pendants aus der Diskussion um nachhaltige Regionalentwicklung getrennt betrachtet werden[285].

---

[285] Es wurde bereits darauf verwiesen, dass es einige Arbeiten gibt, bei denen dies nicht geschehen ist, deren Ergebnisse folglich auf einem vergleichsweise allgemeinen Niveau verbleiben.

Diese Arbeit wird sich auf die Analyse der Beiträge *produktionsbezogener regionaler Unternehmenskooperationen* zur Umsetzung einer nachhaltigen Regionalentwicklung konzentrieren. Für diese Eingrenzung sprechen die folgenden Gründe:

- Der Stand der Diskussion im Bereich kooperativer Regionalentwicklungsprozesse scheint weiter entwickelt zu sein als derjenige im Bereich produktionsbezogener regionaler Unternehmenskooperationen, auch wenn bei ihnen im Hinblick auf die Teilnahme von Unternehmen ebenfalls noch Forschungsbedarf besteht.

- Die Anzahl der Arbeiten, die sich innerhalb der Diskussion um nachhaltige Regionalentwicklung mit kooperativen regionalen Entwicklungsprozessen beschäftigen, überwiegt bei weitem die Anzahl derjenigen Arbeiten, die versuchen, Aussagen zu produktionsorientierten Kooperationen zu treffen.

- Es bestehen eine Vielzahl praktischer Beispiele und Projekte für regionale produktionsbezogene Unternehmenskooperationen, die sich selbst in den Zusammenhang mit nachhaltiger Regionalentwicklung stellen oder in diesen Kontext gestellt werden. Für 15 derartige Unternehmenskooperationen wird in dieser Arbeit gezeigt, dass sie zur Umsetzung einer nachhaltigen Regionalentwicklung beitragen[286].

Wenn es produktionsbezogene regionale Unternehmenskooperationen gibt, die Beiträge zur Umsetzung nachhaltiger Regionalentwicklung leisten, dürften sich aus regionalökonomischer Sicht Konsequenzen für die Ausgestaltung einer an Nachhaltigkeit orientierten Regionalpolitik ergeben. Um diese jedoch genauer zu bestimmen, erscheint es notwendig, den Zusammenhang zwischen produktionsbezogener regionaler Unternehmenskooperation und nachhaltiger Regionalentwicklung besser zu verstehen.

Zentrales Anliegen dieser Arbeit ist es deshalb, einen Beitrag zum besseren Verständnis des Zusammenhangs zwischen produktionsbezogenen regionalen Unternehmenskooperationen und nachhaltiger Regionalentwicklung zu leisten.

---

[286] Vgl. dazu Kapitel 9.

Dazu werden die folgenden Fragen gestellt: Ist die Tatsache, dass in existierenden Projekten, die einen Beitrag zur nachhaltigen Regionalentwicklung leisten, von den beteiligten Unternehmen regional kooperiert wird, eine Ursache dafür, dass Ziele der Nachhaltigkeit erreicht werden? Welches sind die Bedingungen dafür, dass diese Kooperationen auf regionaler Ebene zustande kommen bzw. zur nachhaltigen Regionalentwicklung beitragen?

Die dazu gewählte Abfolge von Teilfragen sowie theoretischen und empirischen Schritten wird im folgenden beschrieben (vgl. Abb. 11).

Schritt 1: Beurteilung des Beitrags von Praxisbeispielen produktionsorientierter regionaler Unternehmenskooperationen zur nachhaltigen Regionalentwicklung.
Bereits die Kapitel 3 und 4 wären obsolet gewesen, wenn nicht empirisch gezeigt werden könnte, dass es produktionsbezogene regionale Unternehmenskooperationen gibt, die einen Beitrag zur nachhaltigen Regionalentwicklung leisten. Deshalb wurde bereits am Ende von Kapitel 2 darauf hingewiesen, dass ein solcher Arbeitsschritt im Rahmen dieser Arbeit erfolgreich durchgeführt wurde. Um die Ergebnisse der empirischen Arbeiten in ihrer Gesamtheit präsentieren zu können, erfolgt seine genaue Darstellung jedoch erst in Teil C.

In diesem Zusammenhang gilt es, entsprechende Unternehmenskooperationen zu recherchieren, auszuwählen, zu analysieren und hinsichtlich ihres Beitrags zu einer nachhaltigen Regionalentwicklung zu bewerten. Ausgewählt werden 15 regionale Unternehmenskooperationen, die Ziele einer nachhaltigen Regionalentwicklung verfolgen. Dabei wird versucht, ein breites Spektrum an Branchen, Raumtypen (ländlich, urban) und Lokalisierungen (verschiedene Bundesländer) zu berücksichtigen. Der ‚Nachhaltigkeitstest' erfolgt anhand eines Kriterienrasters, das auf Basis der aktuellen Diskussion über nachhaltige Regionalentwicklung erarbeitet wurde. Für eine genaue Darstellung der verwendeten Auswahlverfahren, der Bewertungsmethode und der Ergebnisse wird auf Kapitel 8 und 9 verwiesen.

Schritt 2: Thesen zum Zusammenhang von produktionsbezogener regionaler Unternehmenskooperation und nachhaltiger Regionalentwicklung
Im zweiten Schritt geht es darum, theoretische Grundlagen für eine Untersuchung des Zusammenhangs von produktionsbezogener regionaler

Unternehmenskooperation und nachhaltiger Regionalentwicklung zusammenzutragen. Dies erfolgt wiederum in zwei Schritten:

Abb. 11: Untersuchungsdesign

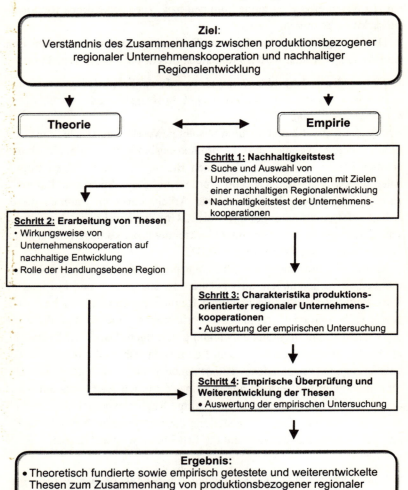

Zunächst wird dabei der Beitrag produktionsbezogener Unternehmens-kooperation zu einer nachhaltigen Entwicklung ohne räumlichen Bezug betrachtet. Diese Überlegungen knüpfen an zwei bereits vorgestellte An-sätze aus der betriebswirtschaftlichen Forschung zur Rolle der Unter-nehmen beim ökologischen Strukturwandel bzw. der Umsetzung einer nachhaltigen Entwicklung an. Dies sind zum einen die Ausführungen von Schneidewind zur unternehmerischen Strukturpolitik und zum anderen Bieseckers Beiträge zur Rolle der Unternehmenskooperation bei der Einführung eines „vorsorgenden Wirtschaftens"[287]. Während aufbauend auf Schneidewind Unternehmenskooperation als Weg begriffen werden kann, Barrieren für eine stärkere Ökologisierung der Wirtschaftsweise ohne Einschränkung der ökonomischen Ziele der betroffenen Unter-nehmen zu überwinden, geht Biesecker davon aus, dass durch die Koope-ration Spielräume für die Unternehmen für ein verantwortungsvolles und verständigungsorientiertes, stärker am Gemeinwohl ausgerichtetes Verhalten geschaffen werden können, was als Voraussetzung für eine vorsorgende Wirtschaftsweise gesehen wird.

In einem weiteren Teilschritt steht die Region als Handlungsebene für die Umsetzung einer nachhaltigen Entwicklung und für Unternehmens-kooperation im Vordergrund der Analyse. Dabei ist es nicht das Ziel zu zeigen, dass auf regionaler Ebene eine nachhaltige Entwicklung im Hin-blick auf das (Wohlfahrts-) Ergebnis besser zu erreichen ist als auf über-regionaler Ebene. Die Überlegungen zielen eher auf die Frage ab, welche Rolle die Handlungsebene Region beim Zustandekommen von Unter-nehmenskooperation und ihrer Ausrichtung auf Nachhaltigkeit spielen kann. Dazu wird auf Erkenntnisse aus der Debatte um nachhaltige Re-gionalentwicklung, aus der empirischen Kooperationsforschung sowie der Umweltpsychologie zurückgegriffen.

Das Ergebnis des Arbeitsschrittes 2 sind Thesen zum Zusammenhang produktionsbezogener Unternehmenskooperation und nachhaltiger Re-gionalentwicklung. Er ist somit unmittelbare Voraussetzung für die in Schritt 4 erfolgende empirische Überprüfung und Weiterentwicklung dieser Thesen.

---

[287] Vgl. Biesecker 1996 bzw. Schneidewind 1998.

Schritt 3: Wesentliche Charakteristika produktionsorientierter regionaler Unternehmenskooperationen, die einen Beitrag zu einer nachhaltigen Regionalentwicklung leisten.
Um die Wissens- und Informationsgrundlage für die letzten Arbeitsschritte dieser Arbeit zu schaffen, sind in Schritt 3 einige Grundlinien hinsichtlich der an den untersuchten Unternehmenskooperationen beteiligten Akteure sowie der anzutreffenden Strukturen, Organisationsformen und Managementmethoden herauszuarbeiten. Dabei geht es darum, sich einen Überblick über Unterschiede und Gemeinsamkeiten der Unternehmenskooperationen zu verschaffen. Bei welchen der Aspekte gibt es bereits so etwas wie einen ‚common sense'? Wo ist noch keine klare Linie zu erkennen?

Dazu werden die in der empirischen Untersuchung zusammengetragenen Informationen zu den Unternehmenskooperationen im Hinblick auf die genannten Punkte ausgewertet. Für eine genauere Darstellung der in der Untersuchung eingesetzten Methode wird wiederum auf Teil C (Kapitel 8) verwiesen.

Schritt 4: Welche Thesen erweisen sich auch empirisch als tragfähig und lassen sich weiterentwickeln?
Aufgabe des vierten Arbeitsschrittes ist die empirische Überprüfung und die Weiterentwicklung der in Schritt 2 erarbeiteten Thesen zum Zusammenhang zwischen produktionsbezogener regionaler Unternehmenskooperation und nachhaltiger Regionalentwicklung. Die Auswertung der in der empirischen Untersuchung gewonnenen Informationen wird analog zu Schritt 2 in zwei Teilschritten durchgeführt. Zunächst stehen die Thesen zum Beitrag der Unternehmenskooperation ohne räumlichen Bezug, danach diejenigen zur Region als Handlungsebene im Blickpunkt.

Abschließend werden die Ergebnisse zusammengefasst und Schlüsse für eine an Nachhaltigkeit orientierte Regionalpolitik gezogen.

Einen Überblick über die Einbettung des Untersuchungsgegenstands in die Diskussion um Unternehmenskooperation gibt Abbildung 12. Dabei wird deutlich, dass sich diese Arbeit auf einzelne Aspekte des Zusammenhangs zwischen produktionsbezogenen regionalen Unternehmenskooperationen und nachhaltiger Regionalentwicklung konzentriert. Beim gegenwärtigen Stand der Erkenntnis gilt es zunächst zu zeigen, dass produktionsbezogene regionale Unternehmenskooperationen zur nachhaltigen Regionalentwicklung beitragen können.

Abb. 12: Schematische Eingrenzung des Untersuchungsgegenstands

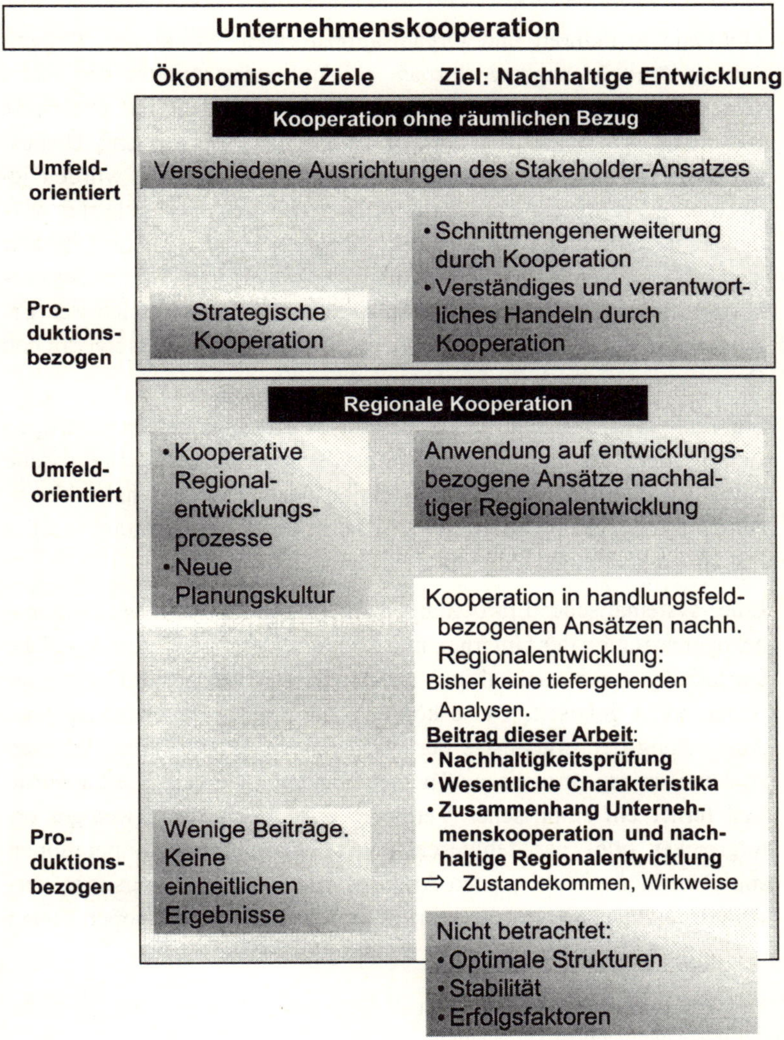

Unternehmenskooperation	
Ökonomische Ziele	**Ziel: Nachhaltige Entwicklung**

	Kooperation ohne räumlichen Bezug	
Umfeld-orientiert	Verschiedene Ausrichtungen des Stakeholder-Ansatzes	
Pro-duktions-bezogen	Strategische Kooperation	• Schnittmengenerweiterung durch Kooperation • Verständiges und verantwort-liches Handeln durch Kooperation

	Regionale Kooperation	
Umfeld-orientiert	• Kooperative Regional-entwicklungs-prozesse • Neue Planungskultur	Anwendung auf entwicklungs-bezogene Ansätze nachhal-tiger Regionalentwicklung
Pro-duktions-bezogen	Wenige Beiträge. Keine einheitlichen Ergebnisse	Kooperation in handlungsfeld-bezogenen Ansätzen nachh. Regionalentwicklung: Bisher keine tiefergehenden Analysen. **Beitrag dieser Arbeit:** • **Nachhaltigkeitsprüfung** • **Wesentliche Charakteristika** • **Zusammenhang Unterneh-menskooperation und nach-haltige Regionalentwicklung** ⇨ Zustandekommen, Wirkweise Nicht betrachtet: • Optimale Strukturen • Stabilität • Erfolgsfaktoren

Ferner ist zu klären, ob die Tatsache, dass kooperiert wird, tatsächlich für diesen Beitrag verantwortlich ist und welches die Bedingungen für diesen Beitrag sind. Erst dann ist ein vertiefter Einstieg in dieses Forschungsfeld sinnvoll. Insofern kann diese Arbeit als erster Schritt zu einer weitergehenden Forschung zu diesem Thema aufgefasst werden. Weitere wichtige Fragen, die jedoch jeweils andere theoretische und empirische Zugänge erfordern, würden sich dann in den folgenden Zusammenhängen stellen.

- Optimale Strukturen und Organisationsformen: Strukturen, Organisations- und Managementformen produktionsorientierter regionaler Unternehmenskooperationen werden in dieser Arbeit nur deskriptiv behandelt. Auf diese Art können zwar offene Fragen und Diskussionsaspekte deutlich werden, Schritte zu ihrer Klärung würden jedoch einen vertieften Einstieg erfordern, der hier nicht geleistet werden kann. Grundlage hierfür könnte betriebswirtschaftliche Literatur sein, die sich mit den Gestaltungsprinzipien von Unternehmenskooperationen beschäftigt[288]. Empirisch wäre ein Vergleich der Erfahrungen von Unternehmenskooperationen mit unterschiedlichen Organisationsformen vorzunehmen.

- Stabilität: Mit der Stabilität kooperativer Beziehungen beschäftigen sich in der Literatur v.a. spieltheoretische Ansätze[289]. Empirische Aussagen über die Stabilität produktionsbezogener regionaler Unternehmenskooperation wären etwa in Form einer Beobachtung solcher Initiativen über einen längeren Zeitraum zu gewinnen.

- Eine systematische Erarbeitung von Erfolgsfaktoren produktionsbezogener regionaler Unternehmenskooperationen im Hinblick auf die Umsetzung einer nachhaltigen Regionalentwicklung wird in dieser Arbeit nicht geleistet. Diese könnten aus einer zusammenfassenden Auswertung der Ergebnisse der vorliegenden Arbeit[290] mit Arbeiten zu den eben angesprochenen Themen abgeleitet werden. Hierzu würde sich ferner ein empirischer Vergleich erfolgreicher und weniger erfolgreicher oder gar fehlgeschlagener Unternehmenskooperationen anbieten. In der vorliegenden Arbeit wurde somit nicht versucht, verschiedene Intensitäten des Beitrags von Unternehmenskooperationen

---

[288] Vgl. z.B. Fontanari 1996, Staudt et al. 1992 sowie Aulinger 1996, 269ff. für ökologische Unternehmenskooperation.

[289] Vgl. z.B. Axelrod 1987, Wurche 1994, 42ff.

[290] Natürlich werden bereits im Rahmen dieser Arbeit eine Reihe von Erfolgsfaktoren produktionsbezogener regionaler Unternehmenskooperationen sichtbar. Sie werden jedoch nicht systematisch aufgearbeitet.

zur nachhaltigen Regionalentwicklung zu erklären, obwohl sie festgestellt werden konnten[291].

---

[291] Vgl. Kapitel 9.

Teil B
Theoretische Bausteine für den Zusammenhang von Unternehmenskooperation und nachhaltiger Entwicklung in der Region

Im nun folgenden Teil der Arbeit geht es darum, theoretische Bausteine für eine Untersuchung des Zusammenhangs von produktionsbezogener regionaler Unternehmenskooperation und nachhaltiger Regionalentwicklung zu erarbeiten. Dieser Teil bezieht sich damit auf den Schritt 2 in Abbildung 11[292]. Ziel ist es dabei, Hypothesen zu gewinnen, die dann empirisch überprüft und weiterentwickelt werden können[293]. Für den Zusammenhang zwischen produktionsorientierter regionaler Unternehmenskooperation und nachhaltiger Regionalentwicklung liegen bislang keine akzeptierten Theorien vor. Deshalb wird auf die Erkenntnisse verschiedener Disziplinen und Forschungsrichtungen zurückgegriffen. Eine Vielfalt theoretischer Diskussionen wird dazu aufgenommen und im Hinblick auf die Fragestellung nutzbar gemacht. Als zielführend erwies sich im Laufe der Arbeiten eine getrennte Darstellung von Ansätzen, die Aussagen zum Beitrag produktionsorientierten Kooperierens (ohne räumliche Eingrenzung) liefern einerseits (Kapitel 6) und von Ansätzen, die sich speziell mit regionalem Kooperieren und Handeln beschäftigen andererseits (Kapitel 7). Die Arbeit in dieser Phase der Theorie- und Hypothesenbildung besteht hauptsächlich aus Literaturanalyse. Dazu wird die für den Untersuchungsgegenstand relevante Fachliteratur gesichtet und zusammengefasst und die jeweiligen Aussagen auf den hier vorliegenden Forschungszusammenhang bezogen.

---

[292] Vgl. Kapitel 5.
[293] Vgl. zu letzterem Teil C.

Kapitel 6
Die Rolle produktionsbezogener Unternehmenskooperation

6.1 Aufgabe und Vorgehen

Während die Aussagen in der Literatur über Wirkungen produktionsbezogener regionaler Unternehmenskooperation auf ökonomische Ziele widersprüchlich sind[294], überwiegen im Hinblick auf nachhaltige Regionalentwicklung die positiven Einschätzungen. Dies wurde bislang jedoch nicht im Einzelnen geprüft[295]. Für eine vertiefte Analyse des Zusammenhangs zwischen produktionsbezogener Unternehmenskooperation und nachhaltiger Entwicklung bieten betriebswirtschaftliche Ansätze einen Einstieg[296], ohne dass diese ihre Aussagen auf die regionale Ebene bzw. auf regionale Entwicklung beziehen. Aufgabe dieses Kapitels ist es, diese Ansätze für die Diskussion um nachhaltige Regionalentwicklung nutzbar zu machen. Sie bilden hier den Zugang für die Erarbeitung von Thesen zum Beitrag produktionsbezogener Unternehmenskooperation zur Umsetzung einer nachhaltigen Regionalentwicklung.

Ausgangspunkt der Überlegungen im vorliegenden Kapitel ist das in Kapitel 2.3 dargestellte Missverhältnis zwischen der Vielzahl vorhandener Handlungsoptionen für einen Beitrag von Unternehmen zu einer nachhaltigen Entwicklung bzw. nachhaltigen Regionalentwicklung auf der einen und einer noch unbefriedigenden Umsetzung derselben auf der anderen Seite. In Projekten, in denen Unternehmen heute schon zu einer nachhaltigen Regionalentwicklung beitragen, spielt oft regionale Unternehmenskooperation eine Rolle. Daraus ergibt sich die Frage nach den Wirkungsweisen von produktionsbezogener Unternehmenskooperation

---

[294] Vgl. dazu Kapitel 4.1.

[295] Vgl. dazu Kapitel 4.2.

[296] Vgl. dazu Kapitel 4.4.

auf nachhaltige Regionalentwicklung. Zwei unterschiedliche Ansätze bieten Einstiege zur Klärung dieser Frage. Das Problem der mangelnden Umsetzung nachhaltiger Regionalentwicklung wird bei ihnen jeweils auf unterschiedliche Weise erklärt. Dadurch stellt sich auch die bei beiden Ansätzen als Weg zur Problemlösung vorgeschlagene Wirkungsweise von Unternehmenskooperation unterschiedlich dar.

Abb. 13: Schematische Darstellung der Erarbeitung der Thesen

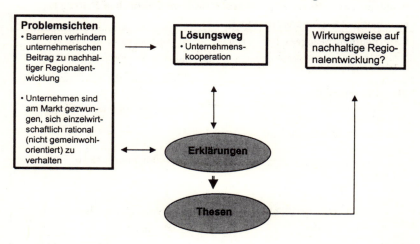

Schneidewind erklärt die zögerliche Ökologisierung von Massenmärkten mit dem Bestehen von unternehmens-, markt-, politik- und gesellschaftsbezogenen Barrieren[297]. Dieser Ansatz wurde in Kapitel 2.3 auf nachhaltige Regionalentwicklung übertragen. Bieseckers Problemsicht ist ähnlich[298]. Sie geht von einem dem Markt als Koordinationsmechanismus inhärenten Zwang für Unternehmen aus, sich ausschließlich einzelwirtschaftlich rational verhalten zu müssen. Spielräume für ein gemeinwohlorientiertes Verhalten (auch wenn dies von einzelnen Unternehmen gewünscht wird) bestehen nicht. Für beide Sichtweisen stellen Unternehmenskooperationen mögliche Wege zur Lösung der Probleme dar, wobei diese ihre Wirkung auf die Umsetzung nachhaltiger Regionalent-

---

[297] Vgl. Schneidewind 1998, 271ff.
[298] Vgl. Biesecker 1996.

wicklung jedoch jeweils unterschiedlich entfalten. Ausgehend von einer genaueren Darstellung der jeweiligen Problemsichten werden in den folgenden Kapiteln die Bedingungen für einen Beitrag von Unternehmenskooperation zu ihrer Lösung erarbeitet und in Form von Thesen zugespitzt (vgl. Abb. 13).

Tab. 6: Problemsichten und theoretische Zugänge

Problemsicht 1: Barrieren verhindern unternehmerischen Beitrag zu nachhaltiger Regionalentwicklung	
Unternehmensbezogene Barrieren: Mangelnde Größe und Schlagkraft ➡ eines Unternehmens	Produktionskostentheorie Industrieökonomische Ansätze strategische Ansätze (Kap. 6.2)
Marktbezogene Barrieren: Informationsunvollkommenheiten ➡ hinsichtlich ökologischer und sozialer Produktqualitäten	Informationsökonomie (Kap. 6.3)
Marktversagen durch externe Effekte	➡ Umweltökonomie (Kap. 6.4)
Hohes Innovationsrisiko in neuen Marktfeldern	Transaktionskostentheorie (sunk ➡ costs) (Kap. 6.5)
Politikbezogene Barrieren: Staatsversagen bei der Internalisierung externer Effekte	Neue ökonomische Theorie der ➡ Politik (Kap. 6.4)
Problemsicht 2: Unternehmen sind am Markt gezwungen sich einzelwirtschaftlich rational (nicht gemeinwohlorientiert) zu verhalten.	
Spielraum für nachhaltiges Verhalten besteht nicht	➡ Wirtschaftsethik (Kap. 6.6)

Die jeweilige Sicht der Probleme lässt sich auf unterschiedliche theoretische Zugänge zurückführen. Im Hinblick auf die erste Problemsicht (Barrierensichtweise) werden aufgrund der Eingrenzung auf produktionsbezogene Unternehmenskooperationen unternehmens-, markt- und

politikbezogene Barrieren erklärt (Kapitel 6.2 – 6.5). Die gesellschaftsbezogenen Barrieren werden wegen ihres Bezugs zu umfeldorientierten
Kooperationsansätzen ausgeklammert. In einem eigenen Abschnitt wird
die zweite Problemsicht und die entsprechende Wirkungsweise von
Unternehmenskooperation ausführlich erläutert (Kapitel 6.6). Eine Übersicht über die einzelnen theoretischen Zugänge gibt Tabelle 6.

6.2 Stärkung der Marktposition

Unzureichende Größe und Schlagkraft eines Unternehmens sind Pro-
bleme für jegliche Art unternehmerischen Agierens am Markt. Diese
Probleme können somit auch bei der Umstellung auf eine nachhaltige
Produktionsweise als Barriere wirken. In Kapitel 2.3 wurde mangelnde
Größe und Schlagkraft von Unternehmen als eine Barriere für die Umsetzung einer nachhaltigen Regionalentwicklung charakterisiert, die im
Schnittbereich zwischen unternehmensbezogenen und marktbezogenen
Barrieren liegt. Der Übergang von unternehmens- zu marktbezogenen
Barrieren ist fließend. Die Unterscheidung kann vor allem an der Frage
festgemacht werden, ob die Barrieren aufgrund von unternehmensinternen Unzulänglichkeiten oder aufgrund von Marktunvollkommenheiten
entstehen. Mangelnde Größe und Schlagkraft eines Unternehmens ist,
wenn es sich deshalb nicht auf den angestrebten Märkten etablieren kann,
zunächst einmal ein unternehmensinternes Problem. Gerade aus einer
regionalökonomischen Sicht kann eine solche Situation auch als
marktbezogene Barriere interpretiert werden, wenn etwa regionale
Märkte von großen überregionalen Konzernen dominiert werden und
kleinere regionale Unternehmen mit innovativen unter Umständen ‚nachhaltigen' Produkten oder Produktideen keine Chance haben, sich zu etablieren. In derartigen Situationen wirkt die Marktstruktur als Barriere für
eine stärkere Umsetzung einer nachhaltigen Regionalentwicklung.

Beiträge zur Rolle der Unternehmenskooperation in dieser Situation
liefern vor allem drei Diskussionsstränge unterschiedlicher theoretischer
Herkunft:

- Ansätze der Produktionskostentheorie[299],

---

[299] Vgl. Dörsam/ Icks 1997, Hagemeister 1988.

- Neuere Ansätze aus der Industrieökonomie[300],
- Ansätze strategischer Kooperation[301].

Die *Produktionskostentheorie* gehört zum allgemein anerkannten Wissen der Wirtschaftswissenschaften. Sie bezieht sich ursprünglich, insbesondere im Zusammenhang mit den sogenannten Economies of Scale, auf unternehmensinternes Wachstum, kann aber auch für Fragen der zwischenbetrieblichen Zusammenarbeit nutzbar gemacht werden.

Economies of Scale liegen vor, wenn mit steigender Stückzahl die Durchschnittskosten eines Produktes sinken. Dies ist vor allem wegen einer besseren Ausnutzung ohnehin notwendiger sowie Fixkosten verursachender Kapazitäten der Fall. Zudem werden bei steigender Stückzahl bestimmte kapitalintensive Technologien erst lohnend. Ab einer gewissen Größe der Produktionseinheit kann die Kostenkurve allerdings auch umschlagen, wenn etwa der Verwaltungs- oder Abstimmungsaufwand überproportional wächst. Im Hinblick auf Unternehmenskooperationen nennen Dörsam/ Icks drei Entstehungsmöglichkeiten für Economies of Scale[302]:

- Partnerunternehmen können neue Produktionspotenziale gemeinsam aufbauen und nutzen, die sich für einen der Partner alleine nicht auszahlen würden. Durch die Kooperation können einerseits größere Mengen an Kapital aktiviert und andererseits Stückkosten gesenkt werden. Dies scheint insbesondere von Bedeutung, wenn in einem zu betretenden Marktfeld mit Mitbewerbern konkurriert werden muss, die diese Vorteile auf Grund ihrer Größe bereits nutzen[303].
- Partnerunternehmen können gemeinsam bestehende, jedoch unterausgelastete Kapazitäten nutzen.
- Partnerunternehmen können sich jeweils auf die Produktion bestimmter Güter spezialisieren, diese austauschen und so Spezialisierungseffekte nutzen, ohne ihre Produktpalette einschränken zu müssen.

Ein weiteres Argument für Kooperation im Rahmen der Produktionskostentheorie ist die Ausnutzung von Komplementaritäten. Die soge-

---

[300] Vgl. Sydow 1992, 173ff.

[301] Vgl. Bronder 1993a und b, Fontanari 1996.

[302] Vgl. Dörsam/ Icks 1997, 19.

[303] Vgl. Hagemeister 1988, 97.

nannten Economies of Scope oder Verbundvorteile treten auf, wenn es günstiger ist, jeweils komplementäre, d.h. sich ergänzende Ressourcen oder Tätigkeiten gemeinsam zu nutzen, statt sie sich jeweils als Einzelbetrieb selbst zu beschaffen.

Im Rahmen der Diskussion um die Innovationsfähigkeit von Unternehmen wird die Kooperation oft als idealer Kompromiss zwischen den Vorteilen großer Unternehmungen (Ausnutzung von Größeneffekten) und denjenigen kleinerer Betriebe (höhere Flexibilität) gesehen[304].

Während die Produktionskostentheorie Unternehmenskooperationen aus einer betriebswirtschaftlichen Perspektive beurteilt, betrachtet sie die *Industrieökonomie* aus einem eher volkswirtschaftlichen Blickwinkel. Sie weist dabei Berührungspunkte zur Monopol- bzw. Wettbewerbstheorie auf. Sie beschäftigt sich nach Sydow vor allem mit der Beschreibung von Markt- und Industriestrukturen und der Analyse ihrer Wirkungen auf das Verhalten von Unternehmen bzw. die von ihnen erzielten Ergebnisse[305]. Das von Bain und Mason entwickelte ‚Structure-Conduct-Performance-Paradigma' unterstellt eine starke Abhängigkeit der wirtschaftlichen Leistung von den Marktstrukturen. Ihr Verhalten können Unternehmen nur anpassen, ein Einfluss auf die Marktstruktur besteht kaum. Erst Porter erweiterte diese Sichtweise um die Möglichkeit, dass Unternehmen durch eine entsprechende Unternehmensstrategie und -politik auch die Marktstrukturen mitgestalten können[306]. In diesem Zusammenhang spielen Kooperationsstrategien vor allem als Instrument zur Erleichterung des Eintritts in neue Märkte und zur Beeinflussung der Industriestruktur eine wichtige Rolle. Aufgrund von Kooperation können in dieser Sichtweise

- Skalenvorteile verwirklicht,

- positive Lernkurveneffekte erreicht,

- auf das Know-How des Kooperationspartners zugegriffen,

- das unternehmerische Risiko verringert,

- sowie auf die Wettbewerbsstruktur Einfluss genommen werden.

---

[304] Vgl. Hagemeister 1988, 97.
[305] Vgl. Sydow 1992.
[306] Vgl. Porter 1992, 373ff.

So können Unternehmen durch Kooperation ihre Marktposition stärken und damit ihre Konditionen beim Einkauf und beim Absatz verbessern[307].

Anders als betriebswirtschaftliche Ansätze sensibilisieren Autoren in industrieökonomischen Zusammenhängen jedoch auch für die Ambivalenz von Kooperation im Hinblick auf die Gesamtwohlfahrt. Je nach Ausgangssituation haben Unternehmenskooperationen aus wohlfahrtstheoretischer Sicht positive oder negative gesamtwirtschaftliche Effekte. Problematisch wird eine Kooperation dann, wenn durch sie die Marktstruktur in Richtung eines Monopols verschoben wird. Unternehmen können dann aufgrund ihrer Marktmacht zu hohe Preise und damit eine Monopolrente verwirklichen. Einigkeit scheint darüber zu herrschen, dass eine solche Monopolrente nicht erst im Falle eines tatsächlichen Monopols, sondern bereits bei oligopolistischen Marktstrukturen auftritt. Da andererseits größere unternehmerische Einheiten, aber auch Kooperationen, die Verwirklichung von Größeneffekten und die Ausnutzung von Komplementaritäten bei der Produktion ermöglichen, die wiederum der Gesamtwohlfahrt zu gute kommen, wird eine Oligopolisierung nicht von vorneherein abgelehnt. Problematisch erscheint vor diesem Hintergrund allerdings die Bestimmung der optimalen Wettbewerbsintensität zwischen der Ausnutzung von wohlfahrtssteigernden Größenvorteilen und wohlfahrtsmindernden Monopolrenten[308].

Der dritte Diskussionsstrang weist Unternehmenskooperationen als Instrument der strategischen Unternehmensführung aus[309]. Strategische Kooperationen oder *strategische Allianzen* werden von vielen Autoren im Zusammenhang mit der Unternehmensstrategie von multinationalen Unternehmen im globalen Wettbewerb diskutiert[310]. KMU als Untersuchungsgegenstand sind eher selten anzutreffen. Die wenigen auf KMU bezogenen Arbeiten unterscheiden sich in ihren wesentlichen Argumenten für die strategische Kooperation kaum von den vorgenannten[311]. Die Literatur zu strategischen Allianzen konzentriert sich eher auf die richtige Konstituierung und Ausgestaltung von Kooperationen (organisatorische

---

[307] Vgl. Dörsam/ Icks 1997, 17.

[308] Vgl. Luckenbach 1986, 151f., Hagemeister 1988, 129ff.

[309] Vgl. z.B. Wurche 1994, Bronder 1993a.

[310] Vgl. z.B. Gahl 1991, Bronder 1993a und 1993b.

[311] Vgl. z.B. Kaufmann 1993, Müller/ Goldberger 1986.

und Prozessfragen)[312]. Der Anspruch vieler Beiträge zu strategischen Allianzen ist auch nicht so sehr ein wissenschaftlicher. Viele Beiträge haben eher das Format von Ratgebern[313]. Dennoch werden auch inhaltliche Begründungen für das Eingehen einer Kooperation diskutiert. Dabei werden keine substantiell anderen Argumente als bei den beiden erstgenannten Ansätzen herausgearbeitet. Sie werden allerdings in der Regel etwas weiter differenziert und in den aktuellen Kontext der Erfordernisse für die Wettbewerbsfähigkeit von Unternehmen gestellt. Dabei werden in der Regel Trends, wie

- die zunehmende Internationalisierung und Globalisierung der Märkte,

- die Verkürzung der Innovationszyklen für Produkte,

- die zunehmenden Flexibitätsanforderungen für Unternehmen und

- die Dynamisierung des Wettbewerbs

genannt, die es Unternehmen nicht mehr erlauben als Einzelkämpfer zu agieren[314].

Die wesentlichen Gründe für ein Eingehen strategischer Kooperationen lassen sich den Bereichen

- Ausnutzung von Größenvorteilen,

- Ausnutzung von Komplementaritäten und

- Verringerung von Risiken

zuordnen. Als Beispiel für eine etwas weiter ausdifferenzierte Systematik der „Basismotive für strategische Allianzen"[315] mag hier die Darstellung von Bronder genügen, der die Bereiche Schaffung und Nutzung von Zeitvorteilen, Know-How-Vorteile, Erhöhung von Marktzutrittsmöglichkeiten, Schaffung und Nutzung von Kostenvorteilen sowie Kompetenzgewinne unterscheidet.

Die dargestellten Ansätze kommen aus verschiedenen Perspektiven zu sehr ähnlichen Argumenten für das Eingehen von Unternehmenskooperationen. Zusammengefasst geht es um die Ausnutzung von Größenvor-

---

[312] Vgl. z.B. Staudt et al. 1992, Bronder/ Pritzl 1992.

[313] Vgl. z.B. Staudt et al. 1992, anders jedoch Fontanari 1996.

[314] Vgl. z.B. Dörsam/ Icks 1997, 24.

[315] Bronder 1993a, 20.

teilen und Komplementaritätseffekten sowie die Verringerung von Risiken, um Kosten zu reduzieren und damit die Wettbewerbsfähigkeit von Unternehmen zu erhöhen. Dabei können offensive und defensive Strategien unterschieden werden. Bei einer eher offensiven Strategie werden bewusst Kooperationen eingegangen, um Marktstrukturen im eigenen Sinne zu verändern und sich Konkurrenzvorteile zu verschaffen oder gegebenenfalls in einen Markt eintreten zu können. Bei einer eher defensiven Haltung reagieren Unternehmen dagegen mit einer Kooperation auf bereits vorhandene Marktstrukturen, um nicht selbst vom Markt verdrängt zu werden. Letzteres dürfte vor allem auf KMU zutreffen, die mit ihren Produkten gegen industrielle oder großunternehmerische Konkurrenz antreten müssen. Das entscheidende Argument für die hier zu bearbeitende Fragestellung[316] ist nun, dass die als Ausgangspunkt der Argumentation beschriebenen Probleme der mangelnden Größe und Schlagkraft auch für Unternehmen gelten, die – etwa durch die Herstellung eines umweltgerechten Produktes – einen Beitrag zu einer nachhaltigen Entwicklung leisten wollen. In diesem Sinne wirken mangelnde Größe und Schlagkraft von Unternehmen als Barriere für die Umsetzung einer nachhaltigen Regionalentwicklung. Das Argument lautet also nicht – das soll hier deutlich herausgestrichen werden –, dass Unternehmenskooperation unabhängig von ihrer inhaltlichen Ausrichtung immer einen Beitrag zur nachhaltigen Entwicklung leistet, wenn sie die Marktposition der beteiligten Unternehmen verbessert. Die Hypothese, die sich als Ergebnis dieses Abschnittes festhalten lässt, lautet vielmehr:

These 1: Produktionsbezogene Unternehmenskooperation trägt zur nachhaltigen Entwicklung bei, indem sie durch die Ausnutzung von Größenvorteilen und Komplementaritätseffekten sowie die Verringerung von Risiken die Marktposition der beteiligten Unternehmen stärkt und somit Spielräume für eine nachhaltige Produktionsweise schafft, jedoch nicht zu einer marktbeherrschenden Position der Unternehmenskooperation führt.

Der letzte Nebensatz der These soll noch einmal erläuternd aufgegriffen werden. Neben der inhaltlichen Ausrichtung der Unternehmenskooperation ist ihr positiver Beitrag zu einer nachhaltigen Entwicklung auch

---

[316] Bedingungen für den Beitrag produktionsbezogener Unternehmenskooperation zur Umsetzung einer nachhaltigen Regionalentwicklung.

durch ihre Beeinflussung der Marktstruktur begrenzt. Durch die Kooperation darf es nicht zu einer marktbeherrschenden Stellung der Unternehmen kommen, so dass sie die Produktionsbedingungen diktieren können.
Dies kann gemäß der Monopoltheorie nicht nur zu einem ökonomischen
Wohlfahrtsverlust (Monopolrente) führen, sondern auch zu einer Verschwendung von (ökologischen) Ressourcen

6.3 Verringerung von Informations- und Glaubwürdigkeitsdefiziten

In Kapitel 2.3.2 waren unter anderem Informationsdefizite bei potenziellen Abnehmern für ein Produkt, das entsprechend den Nachhaltigkeitskriterien hergestellt wird, als eine Barriere für die Umsetzung einer
nachhaltigen Regionalentwicklung durch Unternehmen herausgestellt
worden. Die Informationsökonomie liefert Erklärungen für diesen Sachverhalt[317]. Sie gibt die Annahmen der neoklassischen Ökonomie, alle
Wirtschaftssubjekte in einem Markt seien vollkommen informiert und
alle Güter in einem Markt seien homogen (d.h. ohne Qualitätsunterschiede) auf und beschäftigt sich mit den Konsequenzen dieser neuen
Annahmenkonstellation. In einem solchermaßen weniger transparenten
Markt kommt es zu Unsicherheiten über die Qualitäten von Produkten.
Die Informationen sind sowohl zwischen verschiedenen Verbrauchern als
auch zwischen Verbrauchern und Produzenten unterschiedlich verteilt.
Man spricht hier von Informationsassymetrien[318].

Entscheidend ist, dass nun Transaktionskosten für die Übertragung der
Information und die Bestätigung ihrer Glaubwürdigkeit anfallen. Diese
sind bei unterschiedlichen Gütertypen verschieden hoch. Hier werden in
der Regel – nach ansteigenden Transaktionskosten gegliedert – homogene Güter, Suchgüter, Erfahrungsgüter und Vertrauensgüter unterschieden[319]. Homogene Güter stellen den Ausnahmefall qualitativ gleichwerti-
ger Güter, wie z.B. Mineralöle oder andere Rohstoffe, dar, bei denen tatsächlich vollkommene Markttransparenz herrscht. Die Qualität von
Suchgütern lässt sich vor dem Kauf mit vergleichsweise geringem Aufwand vollständig erfassen (so beispielsweise das Aussehen und das

---

[317] Vgl. Fritsch et al. 1996, 211ff., Kaas 1992, Demmler 1992.
[318] Vgl. z.B. Tietzel 1989.
[319] Vgl. Fritsch et al. 1996, 213.

Material von Möbeln). Bei Erfahrungsgütern ist die Qualität erst nach einer Ge- oder Verbrauchsphase zu bestimmen, wie es z.b. bei verpackten Nahrungsmitteln oder gebrauchten Fahrzeugen der Fall ist. Die Kaufentscheidung erfolgt somit unter einer gewissen Unsicherheit. Die Vertrauenseigenschaften von Gütern lassen sich vom Verbraucher selbst gar nicht oder nur mit sehr hohem Aufwand ermitteln. Auf die Aussage eines Produzenten, dass bei der Herstellung einer Farbe etwa ein gewisser giftiger Stoff nicht verwendet oder keine Kinderarbeit geleistet wurde, muss ein Käufer letztendlich vertrauen.

Ökologische, aber auch ,soziale' Eigenschaften von Produkten sind sehr oft solche Vertrauenseigenschaften. Zusätzlich kommen derartige Eigenschaften oft nicht unmittelbar dem Verbraucher oder Anwender wohl aber der Allgemeinheit zu gute[320]. Dies bleibt so lange vergleichsweise unproblematisch, wie diese Produkte nicht teurer als herkömmliche Konkurrenzprodukte sind[321]. Für den Konsumenten ist es gleichgültig, welches Produkt er kauft. Er wird sich im Zweifel für ein Produkt entscheiden, dessen Produzent ökologische und soziale Kriterien zumindest vorgibt. Ein mangelnder Absatz derartiger Produkte muss entweder an anderweitigen Qualitätsproblemen oder an der mangelnden Bekanntheit des Produktes liegen.

In Situationen, in denen der Verbraucher jedoch einen höheren Preis für eine Eigenschaft bezahlen soll, die er nicht mit Sicherheit nachprüfen kann, tritt ein Prozess adverser Selektion in Gang. Wegen der Unsicherheit über das tatsächliche Vorhandensein der höheren Qualitäten sind die annahmegemäß rational handelnden potenziellen Abnehmer nicht bereit, den höheren Preis zu entrichten und greifen auf die minderwertigen Produkte zurück. Die teureren Güter besserer Qualität finden keinen Absatz. Diesen Überlegungen liegt die Voraussetzung zugrunde, dass es sich jeweils um Produktqualitäten handelt, die – wären sie überprüfbar – vom Abnehmer als Kaufargument geschätzt würden. Im Hinblick auf ökologische Produktqualitäten heisst das, dass es ein gewisses Kundenpotenzial gibt, für das diese Aspekte ein Kaufargument darstellen. Sie sind jedoch erst zum Kauf bereit, wenn die Unsicherheit über die tatsächliche Existenz umweltfreundlicher oder sozialer Eigenschaften verringert wird.

---

[320] Beispielsweise in Form sauberer Gewässer, Luft etc. Vgl. Kaas 1992, 475.
[321] Vgl. Dyllick et al. 1997, 129.

Unternehmen, die neue, nachhaltige Produkte anbieten, haben also mit zwei grundsätzlichen Problemen zu kämpfen. Ein *Informationsproblem,* weil das entsprechende Produkt und seine Qualität nicht bekannt sind und ein *Glaubwürdigkeitsproblem*, welches durch die teilweise schwierige Nachprüfbarkeit der Erfüllung ökologischer und sozialer Kriterien durch den einzelnen Abnehmer entsteht[322]. Während das Informationsproblem mit Ausnahme der homogenen bei allen oben genannten Gütern entsteht, bezieht sich das Glaubwürdigkeitsproblem auf Erfahrungs- und Vertrauensgüter.

Im Gegensatz zur Bekämpfung des Marktversagens durch externe Effekte[323], wo oft der Staat als der Problemlöser in den Vordergrund gestellt wird, stehen im Hinblick auf die Lösung der hier angesprochenen Probleme eher die Wirtschaftssubjekte selbst als Akteure im Vordergrund der Überlegungen[324]. Allen Überlegungen ist gemeinsam, dass durch die Verringerung der Informations- bzw. Glaubwürdigkeitsdefizite entweder beim Abnehmer oder beim Produzenten Transaktionskosten entstehen, die es durch geschickten Instrumenteneinsatz zu minimieren gilt. Entsprechend können auch beide Seiten tätig werden.

Verbraucher können sich dabei eigenständig die benötigte Information beschaffen. Mit dem Begriff Screening wird das Einholen von Informationen über die Marktgegenseite bezeichnet[325]. Wo der Aufwand dafür zu hoch ist, können die Verbraucher Fachleute mit dieser Aufgabe beauftragen oder auf Informationen von Fachorganisationen[326] vertrauen.

Interessanter im hier betrachteten Zusammenhang sind die Optionen für Unternehmen. Die Verringerung der einfachen Informationsdefizite ist Aufgabe von Werbe- und Vermarktungsmaßnahmen. Selbstverständlich sind diese auch mit Kosten für die jeweiligen Unternehmen verbunden, die im Sinne der Informationsökonomie auch als Transaktionskosten interpretiert werden können. Gerade weil umweltfreundliche Produkte in

---

[322] Man denke nur an die Vielfalt ökologischer Baustoffe, bei denen die Einschätzung ökologischer Wirkungen „von der Wiege bis zur Bahre" vielfach einen immensen Rechercheaufwand und hohes Fachwissen voraussetzt (vgl. z.B. Bringezu 1997, 14).

[323] Vgl. dazu Kapitel 6.4.

[324] Vgl. Demmler 1992, 217ff.

[325] Vgl. Fritsch et al. 1996, 220, Ertel 1997, 8, Kaas 1991.

[326] Beispielsweise Stiftung Warentest, Ökotest, Verbraucherzentralen.

der Regel mit Substitutionsprodukten ohne diese Eigenschaft konkurrie-ren[327] kann der (Informations-) Aufwand, ein solches Produkt am Markt einzuführen, sehr groß sein. Es gilt den Informationsvorsprung älterer, bereits am Markt eingeführter und dem Verbraucher bekannter Produkte einzuholen. Besonders wenn kleinere Unternehmen innovative Produkte auf den Markt bringen, kann die Konkurrenz zu größeren, oft multinatio-nalen Mitbewerbern mit vielfach größerem Werbe- und Marketingbudget große Probleme erzeugen. Ein Ansatz ist hier die Zusammenarbeit meh-rerer KMU bei der Vermarktung des neuen Produktes[328]. Zwei grund-sätzliche Strategien sind dabei denkbar:

- Gemeinsame Informations- bzw. Werbekampagnen für ein neues Produkt,

- Ein gemeinsames Screening der Marktgegenseite, etwa in Form einer Marktforschungsuntersuchung.

Weitaus komplexer sind allerdings die Ansätze zur Lösung des Glaub-würdigkeitsproblems. Ziel muss es sein, die bei den potenziellen Abneh-mern hinsichtlich der Qualität der anzubietenden Produkte bestehenden Unsicherheiten zu verringern. Die Instrumente, die dazu zur Verfügung stehen, werden in der Literatur unterschiedlich systematisiert[329]. In die-sem Kontext erscheint eine Anlehnung an die Klassifizierung von Kaas zweckmäßig. Er nennt die folgenden Instrumente[330]:

- Abbau von Unsicherheiten durch eine Selbstbindung der Anbieter, etwa durch eine Gewährung von Garantien, das Einlassen auf Kon-ventionalstrafen oder die großzügige Behandlung von Reklamationen. Diese Möglichkeiten erweisen sich jedoch nur im Falle von Er-fahrungsgütern als sinnvoll, da der Abnehmer nach dem Kauf die Mängel selbst feststellen können muss. Bei Vertrauensgütern müssen sich Anbieter dagegen einer gegebenenfalls auch nur potenziellen öffentlichen Kontrolle zugänglich zeigen, z.B. durch Experten oder Verbände, die über die nötigen Ressourcen zur Durchführung auch aufwendiger Test- und Rechercheverfahren verfügen. Während dieses

---

[327] Vgl. Kaas 1992, 475.

[328] Vgl. hierzu auch Kapitel 6.2.

[329] Vgl. Ertel 1997, 26.

[330] Vgl. Kaas 1992.

Instrument zunächst eine Offenheit gegenüber Forderungen und (Kontroll-) Wünschen der potenziellen Abnehmer erfordert, müssen Unternehmen beim Aufbau von Vertrauen durch Reputation und beim sogenannten Signaling aktiv Maßnahmen ergreifen.

• Bei Erfahrungsgütern kann Vertrauen in die Produktqualität noch durch eine Gewährleistung einer stetig guten Produktqualität aufgebaut werden. Bei Vertrauensgütern ist ein Rekurs auf eine dritte, als glaubwürdig geltende Institution, der man eine Kontrolle der Qualität des Produktes zutraut, ein geeignetes Verfahren.

• Das Signaling schließlich beinhaltet eine deutliche Herausstellung z.b. ökologischer Glaubwürdigkeit und Kompetenz durch das Unternehmen, etwa indem es für die Abnehmer die Türen öffnet, um sich selbst ein Bild von der Produktion der Güter zu machen oder indem man aktiv mit seinen Referenzen wirbt.

Im Zuge von Überlegungen, wie die Kosten derartiger Instrumente verringert werden können, spielt immer öfter auch die Unternehmenskooperation eine Rolle[331]. Dabei spielen Zusammenschlüsse mehrerer Unternehmen, um ein gemeinsames Gütezeichen zu betreiben, eine wichtige Rolle. Unternehmen einigen sich untereinander für ihre Produkte auf gewisse, z.b. ökologische und soziale Qualitätsstandards und vermarkten sie unter einem gemeinsamen Label. Solche Label vereinigen mehrere Elemente einer Strategie zur Überwindung des Informationsproblemes. Sie stellen ein für alle Beteiligten kostensenkendes Instrument dar. Durch die Bereitstellung von Schlüsselinformationen sind sie in der Lage die Suchkosten bei den Abnehmern ebenso zu senken, wie den Aufwand der Anbieter, wenn jeder für sich die Informationen über sein Produkt transportieren müsste. Wird die Einhaltung der Kriterien für solche Labels von vertrauenswürdigen dritten Institutionen kontrolliert, erhöht sich außerdem die Glaubwürdigkeit[332]. Solche Institutionen können jedoch auch ohne Label für die Glaubwürdigkeit von Produktinformationen Pate stehen, wenn etwa eine Absprache über die Einhaltung bestimmter Qualitätsstandards besteht und die entsprechende Institution nach außen hin dafür garantiert.

---

[331] Vgl. Kaas 1992, 483, Ertel 1997.
[332] Vgl. Ertel 1997, 77.

Gegen den Einsatz von Labels in der Informationspolitik werden in der Regel zwei Argumente ins Feld geführt. Zum einen ist in vielen Märkten im Laufe der Zeit eine Vielfalt an unterschiedlichen Gütezeichen entstanden, die unter Umständen durch ihre oftmals unterschiedlichen Schwerpunktsetzungen bei den Kriterien die informationskostensenkende Wirkung wieder aufheben. Zum anderen besteht im Sog positiver Erfahrungen der Verbraucher mit ‚ehrlichen‘ Labels die Gefahr eines Freifahrerverhaltens, indem bestimmte Institutionen Zeichen mit weicheren Kriterien im Fahrwasser etablierter Labels positionieren und sich unter Umständen einen Teil der sogenannten Reputationsrente aneignen. Ungeachtet dieser Einschränkungen wird aufbauend auf den Argumenten der Informationsökonomie abschließend folgende These formuliert.

These 2: Produktionsbezogene Unternehmenskooperation trägt zu einer nachhaltigen Entwicklung bei, indem sie durch eine Senkung der Kosten für die Informationsübertragung und/oder die Schaffung von Vorkehrungen für eine Erhöhung der Glaubwürdigkeit von Produktinformationen zu einer Verringerung der Informations- und Glaubwürdigkeitsprobleme bei der Vermarktung nachhaltiger Produkte führt.

Im Vergleich zur Argumentation im Zusammenhang mit der Stärkung der Marktposition[333] ist der Anspruch an die Kooperierenden hier höher. Ziel bei der Stärkung der Marktposition ist in erster Linie eine Anpassung an die vorgefundenen Marktbedingungen, d.h. an die Marktpreise. Kooperation kann durch Ausnutzung von Größen- und Komplementaritätseffekten sowie die Verringerung von Unsicherheiten die Kosten der einzelnen Unternehmen soweit reduzieren, dass die Unternehmen ihr Produkt am Markt in Konkurrenz zu gleichartigen Produkten platzieren können. Folgt man der Argumentation der Informationsökonomie wird die Andersartigkeit (Nachhaltigkeit) nachhaltiger Produkte (auch der höhere Preis) bewusst vertreten, ja sogar herausgestellt. Es wird nach (kooperativen) Wegen gesucht, den Abnehmern den Qualitäts- und Preisunterschied zu erklären.

---

[333] Vgl. Kapitel 6.2.

6.4 Internalisierung externer Effekte

Einen Erklärungsansatz für einen Teil der marktbezogenen sowie die politikbezogenen Barrieren[334] bietet die Umweltökonomie[335]. Dieser bezieht sich auf die ungünstigen Rahmenbedingungen für Unternehmen, wenn sie ihre Produktion beispielsweise auf innovative umweltfreundliche Produkte und Produktionsweisen im Sinne einer nachhaltigen Entwicklung umstellen wollen. Die Umweltökonomie sensibilisiert dafür, dass es einzelwirtschaftlich sinnvoll sein kann, vom gesamtgesellschaftlichen Optimum abweichend, die Umwelt zu schädigen, so lange keine Instrumente angewandt werden, um die bei der Produktion entstehenden externen Effekte zu internalisieren. Als externe Effekte werden dabei diejenigen Wirkungen des Handelns eines Wirtschaftssubjektes bezeichnet, die die Nutzen- oder Produktionsfunktion anderer Wirtschaftssubjekte beeinflussen, ohne dass diese am Markt gehandelt, d.h. mit Preisen versehen sind. Dadurch wird die Allokationsfunktion des Marktes, also seine Fähigkeit, den Umfang aller gehandelten Güter gesamtwirtschaftlich optimal zu dimensionieren, beeinträchtigt[336]. In der Umweltökonomie liegt der Schwerpunkt der Betrachtungen in der Regel auf den negativen externen Effekten, wie sie zum Beispiel bei der Emission von Schadstoffen in die Umwelt entstehen. In der Regel wird dabei unterschieden zwischen partiell wirkenden externen Effekten, bei denen die Wirkung einzelnen Wirtschaftssubjekten zugeordnet werden können[337], und global wirkenden externen Effekten, die die Allgemeinheit betreffen[338].

Die Quintessenz dieser Aussagen besteht darin, dass der freie Markt eine Verbreitung von ökologischen Innovationen verhindert oder zumindest keine Anreize dafür setzt, weil er externe Effekte etwa in Form von Emissionen oder übermäßigem Ressourcenverbrauch nicht berücksichtigt. Als Lösungsstrategie wird die Internalisierung von externen Effekten

---

[334] Vgl. Kapitel 2.3.2.

[335] Vgl. u.a. Endres 1994, Luckenbach 1986, Bartel/Hackl 1994.

[336] Zur formalisierten Ableitung der Wirkung externer Effekte auf das gesamtwirtschaftliche Optimum vgl. z.B. Luckenbach 1986.

[337] So z.B. die Verschmutzung eines Flusses durch einen Produktionsvorgang, welche die weiter unten am Fluss angesiedelten Wirtschaftssubjekte schädigt.

[338] Beispielsweise Schadstoffemissionen in die Luft.

vorgeschlagen[339]. Dies kann auf verschiedene Art und Weise erfolgen. Es werden Internalisierungsstrategien für parziell wirkende und für global wirkende externe Effekte unterschieden[340]. Auf erstere wird in diesem Zusammenhang nicht näher eingegangen, weil bei der Umsetzung einer nachhaltigen Entwicklung in erster Linie globale Umweltprobleme (Reduktion der Artenvielfalt, Erhalt von Ressourcenvorräten etc.) angesprochen sind. Zur Internalisierung globaler externer Effekte werden verschiedene Formen von Staatseingriffen vorgeschlagen[341]:

- Umweltauflagen (Ordnungspolitik): Hierbei handelt es sich um Verbote bzw. auflagengebundene Genehmigungen für eine bestimmte (unternehmerische) Tätigkeit. Diese werden in der Regel bei stark gesundheitsgefährdenden Objekten oder Aktivitäten sowie bei nicht reversiblen Folgen oder unzumutbaren Belästigungen für notwendig erachtet[342].

- Steuern, Subventionen: Umweltsteuern sollen den Einsatz knapper Umweltressourcen bzw. die Schädigung von Ökosystemen wie z.B. durch Emissionen verteuern. Dies kann geschehen durch die Besteuerung des Verbrauchs einer Ressource (z.B. Öl, Gas) oder einer umweltschädigenden Handlung (z.B. Ausstoss von CO^2). Dadurch erhofft man sich eine Umstellung des Konsum- und Produktionsverhaltens insbesondere im Hinblick auf stark umweltschädigende Produkte und Produktionsweisen. Umgekehrt ist es möglich, besonders umweltfreundliche Verhaltensweisen durch Subventionen anzureizen. Durch beide Eingriffe können Marktergebnisse in Richtung einer optimalen Ressourcenallokation gelenkt werden.

- Zertifikate: Umweltzertifikate verbriefen das Recht auf einen bestimmten Anteil an einem vom Staat definierten räumlich und zeitlich begrenzten Verschmutzungskontingent. Nur mit einem solchen Zertifikat darf ein Unternehmen im darin festgelegten Ausmass die Umwelt beeinträchtigen. Die Zertifikate können jedoch auch gehandelt werden, d.h. Verschmutzungsrechte bekommen einen Marktpreis. Über diesen Prozess wird sichergestellt, dass derjenige Produzent das

[339] Vgl. Bartel 1994a, Hinterberger et al. 1996.

[340] Vgl. Luckenbach 1986.

[341] Vgl. z.B. Laufs 1998, Fritsch et al. 1996, Luckenbach 1986.

[342] Vgl. Bartel 1994b.

jeweilige Zertifikat erwerben wird, der mit diesem ‚Faktor' den höchsten Grenzertrag erwirtschaften kann. Auf diese Weise kann auch hier eine optimale Allokation der Ressourcen erreicht werden.

Diese Lösungsvorschläge werden hinsichtlich ihrer ökologischen Effektivität, ihrer wirtschaftlichen Effizienz, ihrer Regionaleffekte sowie bezüglich ihrer Verteilungs- und Wettbewerbswirkung unterschiedlich beurteilt[343]. Diese Diskussion soll an dieser Stelle nicht aufgerollt werden. Wichtig erscheint hier nur, dass es für jedes Instrument spezifische Situationen und Anwendungsfälle gibt, für die sie geeignet erscheinen[344], dass es aber andererseits auch eine Reihe an Bedenken zu diesen Lösungsvorschlägen gibt. Im hier vorliegenden Zusammenhang erscheinen vor allem zwei diesbezügliche Diskussionsrichtungen von Bedeutung.

Zielgenauigkeit der Eingriffe

Einer wie auch immer gearteten Internalisierung durch den Staat muss eine Vorstellung vom ökologisch optimalen Umweltverbrauch zugrunde liegen, um die Höhe der Steuern oder Subventionen bzw. die Menge der Zertifikate richtig dimensionieren zu können. So verweist vor allem Daly darauf, dass die optimale Allokation von Ressourcen noch nichts über das richtige Niveau des gesellschaftlichen Umweltverbrauchs aussagt[345]. Die Grundidee der Nachhaltigkeit gibt dafür zwar eine Richtschnur, indem gefordert wird, dass beispielsweise in einem bestimmten Zeitraum nicht mehr Ressourcen verbraucht werden dürfen als wieder nachwachsen bzw. die Tragekapazität der Natur nicht überschritten werden darf. Andererseits weisen in erster Linie Naturwissenschaftler immer wieder auf die Komplexität ökologischer Zusammenhänge und die Nicht-Prognostizierbarkeit der Entwicklung von Ökosystemen bzw. ihrer Reaktion auf menschliches Eingreifen hin[346]. Die Ökologische Ökonomie nimmt diese Sichtweise in ihr Gedankengebäude auf, ohne jedoch bisher zu überzeugenden Alternativen im Bezug auf die Instrumentierung von

---

[343] Vgl. Bartel 1994b.

[344] Vgl. Bartel 1994b, 50ff.

[345] Vgl. Daly 1992.

[346] Vgl. z.B. Rees 1992, Hinterberger et al. 1996, 161, Bringezu 1997, 13.

Umweltpolitik gekommen zu sein[347]. Hinterberger et al. führen darüber hinaus die in der Umweltökonomie weitgehend unberücksichtigte Komplexität der gesellschaftlichen Systeme ins Feld, die zusätzlich zu den Unwägbarkeiten im Hinblick auf Ökosysteme „die Konzeption von Steuerungsversuchen zu einem schwierigen Unterfangen machen. Nicht nur, dass die Strukturen der Systeme oft unbekannt beziehungsweise schwer überschaubar sind. Darüber hinaus machen Rückkoppelungen, Fernwirkungen und unbeabsichtigte Nebeneffekte die genaue Abschätzung der Folgen von Eingriffen äußerst schwierig."[348]

Die Unsicherheit über die Auswirkungen beispielsweise einer Ökosteuer scheint auch in der Praxis zu einer gewissen Lähmung zu führen. Die mangelnde Kalkulierbarkeit der zu erwartenden ökologischen und gesellschaftlichen Wirkungen (z.B. auch auf die Beschäftigungssituation) ist sicherlich neben den unten noch zu diskutierenden Faktoren ein wesentlicher Grund für die sehr zögerliche Umsetzung einer Internalisierungspolitik auf den verschiedenen politischen Ebenen. Die Frage nach der richtigen ‚ökologischen' Dimensionierung scheint dabei im Vergleich zur Diskussion der wirtschaftlichen und gesellschaftlichen Wirkungen derzeit – wenn überhaupt – nur theoretisch zu interessieren[349].

Staatsversagen

Zusätzliche Bedenken hinsichtlich der Umsetzbarkeit einer Internalisierung externer Effekte durch den Staat äußert die sogenannte Ökonomische Theorie der Politik. Diese Denkrichtung der wirtschaftspolitischen Forschung räumt im wesentlichen mit dem in der ökonomischen Theorie weitverbreiteten Bild des Staates als ‚wohlmeinender Diktator' auf, der ausschließlich am Gemeinwohl seiner Untertanen interessiert ist. Auch die Umweltökonomie vertritt zwar die Auffassung, den Staat bei der Internalisierung externer Effekte nur zum Zuge kommen zu lassen, wenn unbedingt erforderlich. Greifen jedoch staatliche Stellen in den Marktprozess ein, wird davon ausgegangen, dass sie es im Sinne des Gemeinwohls tun. Dies verwundert um so mehr, als dieselbe Theorie für

---

[347] Vgl. z.B. Daly 1992, Costanza et al. 1997.

[348] Hinterberger et al. 1996, 144.

[349] Zur Entwicklung der Diskussion um die Einführung einer ökologischen Steuerreform vgl. z.B. Krebs/ Reiche 1998.

Wirtschaftssubjekte rationelles Handeln mit einzelwirtschaftlicher Gewinnmaximierung, also einer egoistischen Motivation gleichsetzt. Die Ökonomische Theorie der Politik überträgt dieses Menschenbild konsequenterweise auch auf Akteure aus Politik und Verwaltung[350]. In dieser Sichtweise handeln Politiker in erster Linie aus der Motivation ihre Wiederwahl zu sichern. Sie werden deshalb keinerlei umweltpolitische Maßnahmen durchführen, die diese gefährden. Große wirtschaftliche Interessengruppen haben nach Weck-Hannemann mit ihrer starken Präsenz in der öffentlichen Meinung und ihrer Wahlkampfunterstützung darauf größeren Einfluss als beispielsweise einzelne umweltorientierte Unternehmen oder Umweltverbände[351]. Gleichzeitig haben Vertreter der öffentlichen Verwaltungen ein Interesse an einer Ausdehnung ihres Einfluss- und Kompetenzbereich. Weck-Hannemann schließt daraus, dass Verwaltungen eher verwaltungsintensive umweltökonomische Maßnahmen, wie Umweltauflagen bevorzugen. Die Erkenntnisse der Ökonomischen Theorie der Politik legen somit nahe, dass unter den gegebenen Rahmenbedingungen gerade die Durchsetzung einer präventiven Umweltpolitik kaum zu erwarten ist. Maier-Rigaud weist außerdem darauf hin, dass vor diesem Hintergrund insbesondere die Berücksichtigung von Interessen zukünftiger Generationen in staatlicher Umweltpolitik äußerst unwahrscheinlich ist[352].

Eine weitere Position zur Begründung der schwachen Ausprägung staatlicher Umweltpolitik lässt sich u.a. aus Jänickes Arbeiten zum Thema Staatsversagen ableiten[353]. Er macht darauf aufmerksam, dass sich viele Regierungen wegen der Einbettung ‚ihrer‘ Industrie in weltweite Märkte nicht im Stande sehen, eine wirksame Umweltpolitik zu betreiben, ohne diese Betriebe zum Abwandern zu bewegen. Vielmehr wird von den Staaten in Form eines ‚Subventionswettlaufs‘ das Bestmögliche getan, um ihnen das Verbleiben so schmackhaft wie möglich zu machen[354].

In den letzten Absätzen wurden theoretische Erklärungsansätze für das vorgestellt, was derzeit im Bezug auf die staatliche Umweltpolitik (zu-

---

[350] Vgl. Hinterberger et al. 1996, 132, Weck-Hannemann 1994.

[351] Vgl. Weck-Hannemann 1994, 109.

[352] Vgl. Maier-Rigaud 1992.

[353] Vgl. Jänicke 1986 und 1998.

[354] Vgl. dazu auch Müller/ Hennicke 1994, Ullrich 1990, Tischer 1995.

mindest in der Bundesrepublik und auf Ebene der EU) real vorzufinden ist. Vor allem der letzte Argumentationsstrang legt den Schluss nahe, dass es zu einer tiefgreifenden Umorientierung staatlicher Wirtschaftspolitik erst kommen kann, wenn sich ein größerer Teil von Unternehmen von selbst in Richtung einer ökologischen Wirtschaftsweise weiterentwickelt hat. Die Vertreter einer Ökologischen Wirtschaftspolitik[355] messen deshalb auch weicheren Instrumenten, wie der Bereitstellung von Informationen über betrieblich oder branchenweit verursachte Umweltbelastungen, Erziehung und Weiterbildung, Unterstützung betrieblicher Umweltrechnungen sowie Kooperations- und Verhandlungslösungen eine neue und größere Bedeutung bei. Im Rahmen dieser Arbeit interessiert vor allem die Problemlösungskapazität dieser zuletzt genannten Ansätze.

Ein kurzes Zwischenresumeé soll es dem Leser an dieser Stelle erleichtern den Argumentationsgang zu verfolgen: Die breite Anwendung ökologischer Innovationen bzw. die Konkurrenzfähigkeit ökologischer Produkte wird in der Sichtweise der Umweltökonomie durch das Auftreten externer Effekte erschwert, wenn nicht gar verhindert. Diese Denkweise ist im übrigen durchaus auch auf soziale Aspekte übertragbar. So können die Folgen grundrechtsverletzender Produktionsbedingungen (wie z.B. Kinderarbeit oder die Gesundheitsbelastung von Arbeitskräften durch hochgiftige Pflanzenschutzmittel) beispielsweise in Länder mit niedrigeren sozialen Standards oder schlechteren Kontrollen derselben ‚externalisiert' werden. Die Internalisierung dieser externen Effekte wäre prinzipiell möglich, wird jedoch auf Grund methodischer und politischer Probleme bislang nur zögerlich verfolgt. Dadurch rücken sogenannte weiche Instrumente zur Verringerung negativer ökologischer und sozialer Folgeerscheinungen des Wirtschaftens stärker in den Blickpunkt. Zu diesen zählen auch Kooperations- und Verhandlungslösungen.

Im Vordergrund der Debatte stehen allerdings, wie im Folgenden zu zeigen ist, bislang umfeldorientierte Unternehmenskooperationen. Als erster stellte Coase bereits 1960 fest, dass bei Vorliegen externer Effekte Verhandlungen ein geeignetes Instrument sein können, um zu einer ge-

---

[355] Diese Denkrichtung geht auf der Basis umweltökonomischer Grundlagen und von Erkenntnissen der Ökologischen Ökonomie in ihren Instrumentierungsvorschlägen über die klassischen umweltökonomischen Instrumente (s.o.) hinaus (vgl. z.B. Hinterberger et al. 1996).

samtwirtschaftlich optimalen Allokation zu kommen[356]. Dabei geht es um direkte Absprachen zwischen Verursachern einer Umweltbeeinträchtigung und den jeweils Leidtragenden. Damit kann ein Marktversagen auch ohne Beteiligung des Staates verhindert werden. Dies wurde jedoch nur für den Fall von parziell wirkenden externen Effekten anerkannt. Im Fall global wirkender externer Effekte wird der Erfolg eines solchen kooperativen Verhaltens wegen der Größe der verhandelnden Gruppe in Frage gestellt. Zum einen ist der Verhandlungsaufwand zu hoch (Transaktionskosten). Zum anderen besteht die Gefahr, dass sich Einzelne nicht an der Verhandlung und somit den erzielten Verhaltensänderungen beteiligen und dennoch von den Ergebnissen profitieren (Freifahrerverhalten).

Umfeldorientierte Unternehmenskooperation im größeren Stil wird in jüngerer Zeit im Zusammenhang mit sogenannten Branchen- und Verbandsabkommen bzw. Selbstverpflichtungsabkommen diskutiert[357]. Während es bei ersteren um „überwiegend zweiseitige, verbindliche Verträge zwischen ‚Umweltverschmutzern‘ und umweltpolitischen Instanzen als auch rechtlich unverbindliche Absprachen zwischen beiden Gruppen" geht[358], betreffen Selbstverpflichtungsvereinbarungen Abmachungen zwischen Unternehmen. Die Stossrichtung ist allerdings bei all diesen Kooperationen gleich. Meist sind sie als Reaktion einer oder mehrerer Branchen auf eine drohende Verschärfung des Umweltrechts durch den Staat konzipiert[359]. Als Beispiel kann das Duale System Deutschland angeführt werden, bei dem sich Verpackungshersteller dazu verpflichten, für die Beseitigung der Verpackungen zu sorgen, um im Gegenzug von den Regularien der Verpackungsverordnung befreit zu werden[360]. Mit ökologischen Branchen- und Verbandsabkommen können in der Praxis oftmals aufwendige Verwaltungs- und Rechtssetzungsverfahren vermieden werden und Umweltziele unter Umständen effizienter erreicht werden, weil die Unternehmen die Abkommen so beeinflussen können, dass die Vermeidungskosten für sie geringer werden[361]. Derlei

---

[356] Vgl. Bartmann 1996, Luckenbach 1986.

[357] Vgl. Bartmann 1996, Lautenbach et al. 1992.

[358] Bartmann 1996, 190.

[359] Vgl. Laufs 1998, 219.

[360] Vgl. Hansjürgens 1994.

[361] Vgl. Bartmann 1996, 189.

Aktivitäten können zwar zu einer Internalisierung negativer externer Effekte des Produzierens beitragen, dennoch scheint im Moment die Skepsis gegenüber diesen Kooperationsformen zu überwiegen. Meist wird auf Basis der Erfahrungen aus verschiedenen derartigen Kooperationsabkommen gezeigt, dass es den beteiligten Unternehmen damit gelang, den Einsatz effektiverer Instrumente durch den Staat zu verhindern[362]. Dyllick et al. sprechen in diesem Zusammenhang von sogenannten Marktabsicherungsstrategien von Unternehmen, die dazu angewendet werden, „bestehende Geschäftsfelder oder Märkte gegenüber Störungen und Einschränkungen abzusichern"[363].

Produktionsbezogene Unternehmenskooperation wird in der Literatur dagegen noch kaum mit der Internalisierung externer Effekte in Beziehung gesetzt. Dabei können Unternehmenskooperationen, wie die in Kapitel 6.3 dargestellten Vereinbarungen über Gütesiegel nicht nur Auswirkungen auf die Informationsvermittlung und die Glaubwürdigkeit haben. Sie legen oftmals auch soziale und/ oder ökologische Standards für die Produkte und Produktionsweise der an der Kooperation beteiligten Unternehmen fest. Damit ist nicht nur das Verhalten der potenziellen Abnehmer der Produkte im Visier der Kooperation, sondern vor allem auch der Konkurrent. Mit kooperativen Vereinbarungen über Produktionsstandards schafft man (freiwillig, anstelle des Staates) für alle beteiligten Unternehmen gleiche Rahmenbedingungen und damit einen (Teil-) Markt, in dem externe Effekte internalisiert werden. Voraussetzung für ein solches Vorgehen ist allerdings, dass es Abnehmer bzw. Verbraucher gibt, die Interesse an der so geschaffenen neuen Produktqualität haben und bereit sind die entsprechend höheren Preise zu entrichten. Statt sich nur als Einzelunternehmung auf bestimmte ökologische und/oder soziale Standards festzulegen, schafft man durch eine Einigung mit mehreren Unternehmen sozusagen einen ‚Markt im Markt' mit eigenen Spielregeln. Auf diese Weise können Unternehmen trotz des Versagens von Markt und Staat geeignete Rahmenbedingungen für ein nachhaltigeres Produzieren schaffen[364].

Der Unterschied zwischen dieser Argumentation und derjenigen im Hinblick auf die Kooperation aufgrund von Informations- und Glaub-

---

[362] Vgl. Bartmann 1996, Hinterberger et al. 1996, Schneidewind et al. 1997.
[363] Dyllick et al. 1997, 155.
[364] Vgl. dazu auch Schneidewind 1998, 334.

würdigkeitsdefiziten ist nicht einfach zu fassen: In beiden Fällen spielen kooperativ erarbeitete Produktqualitätsstandards als Instrument eine wichtige Rolle. Auch das Ausgangsproblem wird in beiden Fällen ähnlich wahrgenommen. Die konventionell wirtschaftende Konkurrenz kann ihre Produkte billiger anbieten. Im ersten Fall wird davon ausgegangen, dass ein wesentlicher Grund dafür in der mangelnden Information über Eigenschaften des eigenen Produktes oder in fehlender Glaubwürdigkeit liegt. Im zweiten Fall wird der Blick auf die aus der Sicht der nachhaltigen Regionalentwicklung unbefriedigenden Produktionsweisen der Konkurrenz gelegt. Daraus resultieren folgerichtig die entsprechenden Ansatzpunkte für eine Lösung: Verstärkung der Informationsarbeit im ersten, Absprachen über Produktionsbedingungen im zweiten Fall. Für beides scheint die produktionsbezogene Unternehmenskooperation ein geeignetes Instrument zu sein. In der Praxis allerdings – das wird sich in Teil D dieser Arbeit bestätigen – ist nicht immer eindeutig zu ermitteln, welche der beiden Sichtweisen in der einzelnen Kooperation den Anstoss zur Zusammenarbeit gab. Als Ergebnis dieses Kapitels kann somit die folgende These festgehalten werden:

These 3: Produktionsbezogene Unternehmenskooperation trägt zur nachhaltigen Entwicklung bei, indem sie durch die Vereinbarung gemeinsamer ökologischer und/ oder sozialer Produktionsstandards zu einer Internalisierung von externen Effekten führt. Durch die Kooperation können die Rahmenbedingungen von (Teil-) Märkten verändert werden.

6.5 Verringerung des Risikos bei partnerspezifischen Investitionen

Einen wesentlichen Beitrag zur Erklärung der Tatsache, dass eine Koordination von Güteraustäuschen über den Marktmechanismus allein oftmals hemmend auf Innovationen im allgemeinen wirkt, leistet der sogenannte Transaktionskosten-Ansatz[365]. Er wird in jüngerer Zeit auch auf das Problem ökologischer Innovationen angewandt[366].

---

[365] Vgl. Williamson 1990, Haury 1989.
[366] Vgl. Aulinger 1996.

Ausgangspunkt der Überlegungen ist, dass verschiedene Koordinationsmechanismen – idealtypisch klassifiziert in Markt, Kooperation und
Hierarchie (vgl. Kap. 3.1) – in gegebenen Situationen unterschiedlich geeignet für Transaktionen sind, da sie jeweils unterschiedliche Kosten
verursachen. Diese sogenannten Transaktionskosten setzen sich zusammen aus Kosten für die Informationssuche und -verarbeitung, für Verhandlungen, die Anpassung der Vereinbarungen an neue Entwicklungen
sowie die Überwachung und Durchführung von Sanktionen im Falle von
Vertragsverstößen. Über diese Transaktionskosten im engeren Sinne hinaus werden innerhalb des Transaktionskosten-Ansatzes aber auch die
Produktionskosten für die Erstellung von Gütern und Leistungen be-
achtet. Denn gerade diese können die Wahl der Koordinationsform für
den Austausch von Produkten erheblich beeinflussen[367].

Als Voraussetzung für diese Überlegungen muss zunächst der Anspruch des Marktmechanismus, bester Koordinationsmechanismus für
effizienten Tausch zu sein, in Frage gestellt werden. Dies scheint vor
allem der Verdienst von Coase zu sein, der bereits 1937 mit der einfachen Frage nach der Existenzberechtigung von Unternehmen als hierarchischer Organisationsform und insofern als „Inseln bewusster
Macht"[368] innerhalb des vom Preismechanismus koordinierten Systems
aufwartete. Diese Gedanken wurden in den achtziger Jahren von der
Neuen Institutionenökonomie, insbesondere von Williamson aufgenommen und weiterentwickelt[369]. Er geht davon aus, dass arbeitsteilige Prozesse durch verschiedene Mechanismen, die innerhalb eines Kontinuums
zwischen Markt und Hierarchie angeordnet sind, koordiniert werden
können. Die Erkenntnis, dass der Markt nicht in allen Fällen der am besten geeignete Koordinationsmechanismus ist, entsteht erst durch die
Einführung der folgenden Annahmen:

• Im Gegensatz zur neoklassischen ökonomischen Theorie, wird nicht
  von einer vollkommenen Rationalität des Handelns der Wirtschaftssubjekte ausgegangen, was seinerseits wiederum nur aufgrund der
  Annahme vollkommener Information haltbar ist. Vielmehr wird angenommen, dass Akteure zwar bemüht sind, rational zu handeln. Dies

---

[367] Vgl. Haury 1989, 29.

[368] Haury 1989, 27.

[369] Vgl. Williamson 1985.

gelingt ihnen aufgrund der Kosten der Informationsaufnahme und
-verarbeitung sowie der Unmöglichkeit, alle Entscheidungsalternati-
ven und deren Wirkungen zu kennen, in der Regel nicht oder nur unvollständig. Hierfür ist der Begriff der beschränkten Rationalität
(bounded rationality) eingeführt worden[370].

• Zusätzlich wird bei Wirtschaftssubjekten opportunistisches Verhalten
angenommen. Im Transaktionskosten-Ansatz wird damit auch berücksichtigt, dass die Wirtschaftssubjekte in ihrem Verhalten nicht
von vorneherein einschätzbar und kalkulierbar sind.

Vollkommene Information und vollständige Rationalität sind unter diesen Annahmen absolute Ausnahmefälle. Eine Gestaltung von Trans-
aktionsmechanismen, die diese Annahmen berücksichtigt, muss somit
unter Beachtung unterschiedlicher Kosten für unterschiedliche Koordinationsmechanismen zu wesentlich differenzierteren Ergebnissen kommen.

Die Kosten der verschiedenen Koordinationsmechanismen werden
durch drei Parameter determiniert:

1. Die *transaktionsspezifischen oder auch partnerspezifischen Investitionen*, die dadurch entstehen, dass sich die Wirtschaftssubjekte auf
die Herstellung oder den Vertrieb bestimmter Leistungen spezialisieren und somit auch auf einen beschränkten Kreis von Transaktions-
partnern einengen. Diese Spezialisierung verbessert in einer arbeitsteiligen Wirtschaft auf der einen Seite die Produktivität. Auf der anderen Seite erhöht sich die Gefahr von Opportunitätskosten, den sogenannten sunk costs, wenn der solchermaßen spezialisierte Investor
die Marktlage falsch eingeschätzt hat. Dies kann sowohl die voraus-
sichtliche Abnahmemenge aber auch die Menge an verfügbaren Vorprodukten betreffen. Williamson unterscheidet dabei[371]:

• standortspezifische Investitionen,

• anlagenspezifische Investitionen,

• Investitionen in spezifisches Humankapital,

• zweckgebundene Investitionen für einen bestimmten Kunden,

---

[370] Vgl. Williamson 1990, 49.
[371] Williamson 1991.

- Investitionen in Markennamen,

- Investitionen in terminlich verfallbare Güter.

2. Das opportunistische Verhalten der Transaktionspartner und die dynamische Entwicklung der Unternehmensumwelt erzeugen *Unsicherheiten,* die ebenfalls Auswirkungen auf die Transaktionskosten haben können.

3. Als dritter Parameter wird die *Transaktionshäufigkeit* angeführt. Synergien, die aufgrund mehrfacher ähnlicher Transaktion entstehen können, werden erst bei der Wahl eines entsprechenden institutionellen Arrangements für die Transaktionen möglich.

Der entscheidende Faktor für die Auswahl des richtigen Transaktionsmechanismus ist die Partnerspezifität der notwendigen Investitionen[372]. Ist das eingesetzte Kapital in keiner Weise an Transaktionen mit bestimmten Partnern gebunden, ist in allen Fällen (wenige und häufige Transaktionen, Sicherheit und Unsicherheit) der Marktmechanismus derjenige mit den geringsten Transaktionskosten. Diesen Fall wird es allerdings in einer arbeitsteiligen Wirtschaft kaum geben, so dass sich sofort die Frage stellt, wie spezifisch die Investitionen sein müssen, damit sich ein Austausch über den Markt nicht mehr als vorteilhaft erweist. Dies verweist auf die größte Schwäche des Ansatzes, denn eine solche operationale Aussage ist mit ihm nicht möglich[373]. Aussagen für oder gegen bestimmte Koordinationsmechanismen bleiben immer Tendenzaussagen. Die tatsächliche Ausgestaltung von Transaktionen haben die beteiligten Akteure im Einzelfall einzuschätzen und zu entscheiden[374].

Tendenziell lässt sich deshalb aus dem Transaktionskosten-Ansatz ableiten, dass mit zunehmender Partnerspezifität der Investitionen kooperative und hierarchische Koordinationsmechanismen an Attraktivität gewinnen bzw. marktliche verlieren. Je häufiger dabei die Transaktionen stattfinden, um so vorteilhafter wird die Hierarchie, also die Gründung eines neuen Unternehmens[375]. Ähnlich verhält es sich mit der Unsicherheit. Je größer die Unsicherheiten über Zukunftsentwicklungen und das

---

[372] Vgl. Beuermann/ Halfmann 1998, 79.

[373] Vgl. Aulinger 1996, 143, Haury 1989, 40.

[374] Vgl. Haury 1989, 40.

[375] Vgl. Aulinger 1996, 140.

Verhalten des Transaktionspartners, desto größer ist der Vorteil eher integrativer Koordinationsformen, also einer engen Bindung der Beteiligten.

Im Hinblick auf die Überwindung von Barrieren für die Umsetzung einer nachhaltigen Entwicklung sind nun die folgenden Überlegungen weiterführend. Die Weiterentwicklung von Produkten, auch umweltfreundlicher Güter und Leistungen geschieht in der Regel zunächst im Hinblick auf Marktsegmente, d.h. für einen begrenzten Abnehmerkreis. Dies gilt sowohl für Produktions- als auch für Konsumgüter. Dazu notwendige Investitionen sind demzufolge meist stark transaktionsspezifisch und mit einer hohen Unsicherheit belastet. Generell sind für die Unternehmen bei Neuerungen die Entwicklung des Angebotes an Vorleistungen und die Nachfrage der erstellten Güter schwerer abzuschätzen, als wenn sie sich auf eingefahrenen Märkten bewegen[376]. Die Gefahr von sunk costs ist erhöht, kann aber durch die Anwendung entsprechender Koordinationsmechanismen verringert werden. Durch langfristige, im voraus abgeschlossene Kooperationsverträge über die Abnahme der Leistungen bzw. die Zulieferung von Vorprodukten kann das Risiko einer Fehlinvestition verringert werden.

Gerade mit einer Umstellung auf eine nachhaltige Produktionsweise sind oftmals auch entsprechende Anforderungen an Vorleistungen verbunden, deren Lieferfähigkeit nicht selbstverständlich ist. Eine gemeinsame kooperative Produktentwicklung von Produzent und Herstellern der dafür notwendigen Vorprodukte und eine längerfristige Abnahmeverpflichtung des Produzenten kann die Produktionsumstellung des Vorproduktes unter Umständen attraktiv machen. Von derartigen Erfahrungen berichten beispielsweise Griesshammer et al. im Zusammenhang mit Aktivitäten in der Waschmittelbranche zur ökologischen Optimierung der Produktlinie und in der Elektronikbranche zur Entwicklung eines ‚grünen Fernsehers'[377]. Aulinger weist darauf hin, dass Kooperationen vor allem dann zustande kommen, „wenn die potenziellen Transaktionspartner ähnlich transaktionsspezifische Investitionen tätigen müssen und ein ähnliches Maß an Unsicherheit bewältigen wollen."[378]

---

[376] Vgl. Haury 1989, 60.
[377] Vgl. Griesshammer et al. 1995.
[378] Aulinger 1996, 133.

Somit kann festgehalten werden, dass produktionsbezogene Unternehmenskooperationen die Umsetzung solcher Innovationen im Sinne einer nachhaltigen Entwicklung ermöglichen, die bei einer Koordination über den Marktmechanismus nicht zustande kämen, weil das Risiko für das jeweilige Unternehmen aufgrund notwendiger partnerspezifischer Investitionen zu hoch wäre. Investitionen sind bei umweltverträglichen, aber auch sozialverträglichen Modifikationen von Produkten besonders häufig partnerspezifisch, weil sie beispielsweise aufgrund der vielfach damit verbundenen höheren Produktpreise sehr oft zunächst für ein kleines Marktsegment produziert werden. Insofern wird für einen begrenzten Kreis an potenziellen Abnehmern produziert. Zugleich ist der Markt jeweils auch nur für wenige an Vorlieferanten interessant. Ein investierender Produzent muss sich deshalb der ‚Treue‘ der vor- und nachgelagerten Stufen in der Wertschöpfungskette um so sicherer sein, je höher die eingegangene Kapitalbindung ist.

Im Hinblick auf eine verstärkte Regionalisierung von Wertschöpfungsketten, die wie dargestellt[379], einer der wichtigsten Handlungsansätze zur Umsetzung einer nachhaltigen Regionalentwicklung ist, dürfte sich dieses Argument noch verstärken. Legt sich ein Produzent beispielsweise auf die Verwendung regionaler Ressourcen fest, vermindert sich der Kreis potenzieller Zulieferer. Bei einem opportunistischen Verhalten derselben (etwa einem Abbruch der Geschäftsbeziehungen, weil sich die Exportbedingungen für die Ressource sich verbessern) könnte das gesamte Produktkonzept gefährdet werden.

Somit ergibt sich als weitere These:

These 4: *Produktionsbezogene Unternehmenskooperation trägt zu einer nachhaltigen Entwicklung bei, indem sie die Umsetzung von Innovationen im Sinne einer nachhaltigen Entwicklung ermöglicht, bei denen das Risiko für ein einzelnes Unternehmen aufgrund notwendiger partnerspezifischer Investitionen zu hoch wäre.*

Dieser Erklärungsansatz legt also sein Augenmerk nicht so sehr auf das Verhalten der Konkurrenz, sondern bezieht sich auf vorgelagerte bzw. nachgelagerte Akteure innerhalb der Wertschöpfungskette. Theoretisch wären in diesem Zusammenhang auch Abnahmegarantien durch private Haushalte als Endverbraucher denkbar. Der Transaktionskostenansatz

---

[379] Vgl. Kapitel 2.2.2.

beschränkt seine Betrachtungen jedoch auf die zwischenbetriebliche Kooperation.

6.6 Erhöhung des Spielraums für verständiges und verantwortliches Handeln

Im Laufe dieser Arbeit ist mehrfach ausgeführt worden, dass nachhaltige
Entwicklung ein Konzept ist, das mehrere Zieldimensionen berücksichtigt. Ökonomische, ökologische und soziale Ziele werden gleichgewich-
tig behandelt. Die bisherige Argumentation in diesem Kapitel beschränkte sich darauf zu zeigen, dass es möglich ist, mit Hilfe des Koordinationsmechanismus Kooperation bestimmte Barrieren zu überwinden,
die überwiegend aufgrund von Unzulänglichkeiten des Marktmechanismus[380] für die Berücksichtigung dieses erweiterten Zielsystems
bestehen. Dabei wurde nicht in Zweifel gezogen, dass Unternehmen
weiterhin gezwungen sind, ganz im Sinne der Marktlogik, ihre
einzelwirtschaftlich-ökonomischen Ziele prioritär zu verfolgen. Vielmehr
wurde produktionsbezogene Unternehmenskooperation als ein
Koordinationsmechanismus dargestellt, der beides ermöglicht. Ein Verfolgen ökologischer und/ oder sozialer Ziele, ohne dabei den Anspruch
an eigene ökonomische Zielsetzungen einschränken zu müssen – ganz im
Sinne der Idee des Schnittmengenmanagements[381]. Unternehmen können
zwar auch weitere Ziele wie z.B. eine Reduzierung von Emissionen
verfolgen. Jedoch müssen sie gleichzeitig darauf achten, ihre einzelwirtschaftlich-ökonomischen Ziele nicht zu vernachlässigen, um weiter
konkurrenzfähig zu bleiben. Dies führt dazu, dass ökologische und soziale Ziele nur dann verfolgt werden, wenn ,es sich rechnet'. In Kapitel 6.2 – 6.5 wurden verschiedene Möglichkeiten herausgearbeitet, wie
produktionsbezogene Unternehmenskooperation dazu beitragen kann,
dass die Spanne des ,Sich Rechnens'[382] erweitert werden kann.

Es gibt jedoch auch Ansätze, die zum Ausdruck bringen, dass diese
dem klassischen ökonomischen Menschen- und Unternehmensbild ver-

---

[380] Vgl. dazu auch Kapitel 6.7.

[381] Vgl. dazu Kapitel. 2.3.2.

[382] In der Denkweise des Schnittmengenmodelles ist dies die Schnittmenge ökologisch, sozial und ökonomisch rationaler Handlungen.

haftete Sichtweise[383] des Beitrags von Kooperation zu einer Umsetzung nachhaltiger Entwicklung auf Dauer zu kurz greift. Diese kommen zum einen aus der Diskussion um eine soziale Ökonomie[384] und zum anderen aus der Forschung über Unternehmensethik[385]. Unternehmenskooperation wird hier als Möglichkeit verstanden, diesen Zwang, sich in allen Situationen primär einzelwirtschaftlich rational verhalten zu müssen, zu entschärfen.

Biesecker unterscheidet drei Formen von Kooperation und differenziert diese vor allem auf Grund der unterschiedlichen Motivation, unterschiedlichen Erwartungen sowie der Spielräume für ein verändertes Verhalten der Teilnehmer[386]. Als strategische Kooperation bezeichnet sie die Zusammenarbeit eigennütziger Akteure. In den Handlungsplänen strategisch Kooperierender „sind andere Mittel zur Erreichung ihrer eigenen Ziele – und sie sind bemüht, Strategien zu entwickeln, mit deren Hilfe über solche strategische Kooperationen die eigenen Ziele maximiert werden."[387] Derartige Kooperationen werden nur eingegangen, wenn auf eine eigene Leistung eine adäquate Gegenleistung zu erwarten ist (Symmetrieprinzip). Eine Verbesserung der Situation der Kooperationspartner wird zwar akzeptiert, ist im Gegensatz zur Verbesserung der eigenen Lage jedoch keine Bedingung für das Eingehen der Kooperation.

Anders ist die Situation in *verständigen bzw. verantwortlichen Kooperationen*. Ausgangspunkt der Überlegungen Bieseckers hierzu ist der Befund, dass strategische Kooperationen nicht dazu angelegt sind, an den Nachteilen der Konkurrenzgesellschaft, dem Ausschluss der Schwachen und der natürlichen Mitwelt von den durch das System erzeugten Wohlfahrtsgewinne etwas zu ändern. Dies gelingt erst, wenn die Kooperierenden bereit sind, die zwischen verschiedenen Individuen und Organisationen (Unternehmen) bestehenden Machtunterschiede wahrzunehmen und Kooperationen dementsprechend auszugestalten. Bestehende Machtunterschiede werden durch folgende Charakteristika verständiger bzw. verantwortlicher Kooperation ausgeglichen: die gegenseitige Aner-

---

[383] Wenn auch z.B. durch die Annahme begrenzter Rationalität der Wirtschaftssubjekte teilweise relativiert (vgl. Kapitel 6.5).

[384] Vgl. Biesecker 1996, Biesecker/ Grenzdörffer 1996, Biesecker et al. 1998.

[385] Vgl. Ulrich 1998.

[386] Vgl. Biesecker 1996, 10ff.

[387] Biesecker 1996, 10.

kennung als gleichwertige Partner, gleiche Rechte für alle am Diskurs Beteiligten, die Möglichkeit der Revision von Positionen, die Offenheit des Diskurses sowie durch gleichen Zugang zu allen notwendigen Informationen. Ziel ist hier nicht nur die Durchsetzung eigener Ziele, sondern auch die Verständigung mit den Beteiligten. Ziele definiert nicht der einzelne Teilnehmer, sondern sie werden genauso wie Handlungswege Gegenstand des kooperativen Diskurses. Der entscheidende Unterschied zur strategischen Kooperation ist, dass auf diese Weise das Gemeinwohl auch gemeinsam und bewusst definiert werden kann und nicht dem Marktmechanismus durch die Aggregation von einzelwirtschaftlichen Ergebnissen überlassen wird. Kooperation wird hier nicht mehr als Instrument gegen einzelne Unzulänglichkeiten des Marktes (wie Informationsdefizite oder externe Effekte) gesehen, sondern sie wird zum übergreifenden Prinzip des Wirtschaftens. Erst durch den so entstehenden Rückhalt entsteht für einzelne Unternehmen der Spielraum, sich nicht mehr in allen Situationen einzelwirtschaftlich rational verhalten zu müssen.

Verantwortliche Kooperation bezieht sich auf Gruppen, die sich aufgrund ihrer ‚Sprachlosigkeit‘ nicht an Diskursen beteiligen können, wie zukünftige Generationen oder die natürliche Mitwelt. Diese Gruppen könnten in Diskursen durch ‚Anwälte‘ vertreten werden.

Die Ausführungen Bieseckers stellen dem Menschenbild der neoklassischen Ökonomie (homo oeconomicus) das Bild eines verständigungs- bzw. verantwortungsorientierten Menschen bzw. Unternehmens gegenüber. Für Unternehmen wird eine solche Haltung auch in der Debatte um Unternehmensethik gefordert. Dabei stellt z.B. Ulrich heraus, dass dieser normative Anspruch an Unternehmen weiterhin bestehe, auch wenn empirisch gezeigt werde, dass er in der Realität nur sehr selten vorkomme[388]. Bei Biesecker dient das Konstrukt der verständigen und verantwortlichen Kooperation letztendlich dazu, Unternehmen den Spielraum für ein entsprechendes Verhalten zu geben, den sie innerhalb des ‚erbarmungslosen‘ Marktmechanismus nicht haben. Dies bedeutet aber auch, dass in solchen verständigen Kooperationen, ein Zurückstecken bei der Verfolgung einzelwirtschaftlicher Ziele zu Gunsten eines erhöhten Gemeinwohls zu beobachten sein müsste. Gemeinwohl ist dabei nicht

---

[388] Vgl. Ulrich 1998, 2.

eindimensional ökonomisch definiert, sondern erfordert eine bewusste Abwägung ökonomischer, ökologischer und sozialer Ziele. Diese Überlegungen lassen sich auf das Konzept der nachhaltigen Regionalentwicklung übertragen. Verständige Kooperationen müssten in diesem Zusammenhang dazu führen, dass die Beteiligten nicht nur gemeinsam Ziele und Handlungswege definieren, sondern durch die Kooperation auch in die Lage versetzt werden, bei ihren eigennützigen ökonomischen Zielen Abstriche zu Gunsten eines höheren – ökonomische, ökologische und soziale Ziele umfassenden – regionalen Gemeinwohls zu machen. Die aus diesen Überlegungen abzuleitende fünfte These zur Wirkungsweise produktionsbezogener Unternehmenskooperation auf die Umsetzung nachhaltiger Regionalentwicklung lautet demnach:

These 5: Produktionsbezogene Unternehmenskooperation trägt zu einer nachhaltigen Regionalentwicklung bei, indem sie den beteiligten Unternehmen Spielräume verschafft, ihr Verhalten nicht mehr zuerst an einzelwirtschaftlich ökonomischen Zielen auszurichten, sondern am (ökonomischen, ökologischen und sozialen) Gemeinwohl.

Unternehmenskooperation wirkt in dieser Sichtweise nicht mehr durch eine Einpassung in die Schnittmenge ökonomisch, ökologisch und sozial rationaler Handlungen[389] oder durch eine Vergrößerung derselben[390] auf nachhaltige Regionalentwicklung, sondern indem sie den unbedingten Zwang zu einzelwirtschaftlich-ökonomisch rationalem Handeln relativiert. Sie ermöglicht eine veränderte Prioritätensetzung bei den Zielen von Unternehmen und verschafft ihnen Spielraum für ein verändertes Verhalten, das sich in folgender Weise äußert:

• Solidarität gegenüber den Partnern in der Kooperation,

• Zurückstecken eigener Ziele zugunsten des Gemeinwohls,

---

[389] Wie bei der Stärkung der Marktposition.

[390] Verringerung der Informations- und Glaubwürdigkeitsprobleme, Internalisierung externer Effekte und Verminderung der Risiken partnerspezifischer Investitionen.

• Berücksichtigung der Interessen der natürlichen Umwelt, außenstehender Schwächerer sowie zukünftiger Generationen.

6.7 Zusammenfassung

In diesem Kapitel wurden auf der Basis unterschiedlicher theoretischer Zugänge fünf Thesen zu den Bedingungen für einen Beitrag von produktionsbezogener Unternehmenskooperation zur Umsetzung nachhaltiger Regionalentwicklung abgeleitet. Aufgabe dieses Abschnittes ist es nun, deren Bezüge zueinander sowie ihre Unterschiede und Gemeinsamkeiten deutlich herauszuarbeiten. Die erarbeiteten Thesen lauten:

Produktionsbezogene Unternehmenskooperation trägt zu einer nachhaltigen Regionalentwicklung bei,

• indem sie durch die Ausnutzung von Größenvorteilen und Komplementaritätseffekten sowie die Verringerung von Risiken die Marktposition der beteiligten Unternehmen stärkt und somit Spielräume für eine nachhaltige Produktionsweise schafft, jedoch nicht zu einer marktbeherrschenden Position der Unternehmenskooperation führt (These 1).

• indem sie durch eine Senkung der Kosten für die Informationsübertragung und/oder die Schaffung von Vorkehrungen für eine Erhöhung der Glaubwürdigkeit von Produktinformationen zu einer Verringerung der Informations- und Glaubwürdigkeitsprobleme bei der Vermarktung nachhaltiger Produkte führt (These 2).

• indem sie durch die Vereinbarung gemeinsamer ökologischer und/oder sozialer Produktionsstandards, zu einer Internalisierung von externen Effekten führt. Durch die Kooperation können die Rahmenbedingungen von (Teil-) Märkten verändert werden (These 3).

• indem sie die Umsetzung von Innovationen im Sinne einer nachhaltigen Entwicklung ermöglicht, bei denen das Risiko für ein einzelnes Unternehmen aufgrund notwendiger partnerspezifischer Investitionen zu hoch wäre (These 4).

• indem sie den beteiligten Unternehmen Spielräume verschafft, ihr Verhalten nicht mehr zuerst an einzelwirtschaftlich ökonomischen

Zielen auszurichten, sondern am (ökonomischen, ökologischen und sozialen) Gemeinwohl (These 5).

Diese Thesen unterscheiden sich in ihren Ansatzpunkten und in der Darstellung der Wirkungsweise von Unternehmenskooperation auf nachhaltige Regionalentwicklung. Eine Übersicht über die jeweiligen Problemsichten, die Wirkungsweisen von produktionsbezogener Unternehmenskooperation und die damit erzielbaren Ergebnisse gibt Tabelle 7. Bei der Betrachtung der Tabelle fällt auf, dass sich die im Hinblick auf die Umsetzung nachhaltiger Regionalentwicklung bestehenden Probleme und die jeweiligen Wirkungsweisen von Unternehmenskooperation auf unterschiedliche Akteursgruppen beziehen. Dabei wird das ganze Spektrum der für einzelne Unternehmen im Rahmen von Produktion und Vermarktung relevanten Akteure abgedeckt.

Die Argumentation im Zusammenhang mit der Stärkung der Marktposition (These 1) bezieht sich in erster Linie auf die *Konkurrenten*. Die Konkurrenz gibt bestimmte Marktkonditionen (Preise, Qualitäten) vor. Mit Hilfe der Unternehmenskooperation wird versucht, sich an diese Marktgegebenheiten anzupassen. Auch bei der Internalisierung externer Effekte (These 3) ist die Zielgruppe die Konkurrenz. In diesem Fall wird jedoch nicht versucht, sich an die Marktgegebenheiten anzupassen. Vielmehr wird akzeptiert, dass die Konditionen (Preise) der (konventionell produzierenden) Konkurrenten mit einer nachhaltigen Wirtschaftsweise nicht zu erreichen sind. Der Weg führt hier über eine Verständigung auf gleiche ökologische und/oder soziale Produktionsstandards, also die Schaffung gleicher Rahmenbedingungen auch für die Konkurrenten.

Bei den Informations- und Glaubwürdigkeitsdefiziten (These 2) liegt das Problem aus Sicht der Unternehmen bei den *Abnehmern* bzw. *Verbrauchern*. Diese sind über die nachhaltige Produktqualität nicht ausreichend informiert oder vertrauen der gegebenen Information nicht. Kooperiert wird allerdings nicht mit den Abnehmern, sondern mit anderen Unternehmen, die davon ebenso betroffen sind oder mit sogenannten Glaubwürdigkeitsträgern, die für die Verbraucher die Glaubwürdigkeit der gegebenen Information erhöhen.

Im Falle partnerspezifischer Investitionen (These 4) stehen zusätzlich zu den Abnehmern die in der Wertschöpfungskette vorgelagerten *Lieferanten von Vorprodukten* im Blickfeld. Die Unternehmenskooperation baut hier Unsicherheiten über die Rentabilität von Investitionen durch längerfristige Vereinbarungen mit Abnehmern und/oder Vorlieferanten ab.

Bei der Argumentation, dass eine Unternehmenskooperation die Spielräume für verständiges und verantwortungsvolles Handeln erhöht (These 5), ist das *Unternehmen selbst* und der ihm durch die Marktökonomie auferlegte Zwang zum einzelwirtschaftlich rationalen Handeln Ausgangspunkt der Überlegungen. Durch die Kooperation wird für das Unternehmen die Möglichkeit eröffnet, sich stärker gemeinwohlorientiert zu verhalten.

Abschließend ist der Blick noch auf einen weiteren wichtigen Zusammenhang zu lenken. Die verschiedenen Ansätze zur Untersuchung des Zusammenhangs zwischen produktionsbezogener Unternehmenskooperation und nachhaltiger Regionalentwicklung setzen ein unterschiedliches Bewusstsein bei den Unternehmen für die Unzulänglichkeiten des Marktes als Koordinationsmechanismus im Zusammenhang mit der Verfolgung ökologischer und sozialer Ziele voraus. Die Ansätze sind damit auch Ausdruck der verschiedenen denkbaren Stufen, sich als Unternehmen für ‚die Sache der Nachhaltigkeit' zu engagieren.

Kooperieren Unternehmen, um gemeinsam ihre Marktposition zu stärken, geschieht dies voll und ganz auf dem Boden der Denkweise der Marktökonomie. Die Unternehmen passen sich an die Vorgaben des Marktes an. Ziel ist es allein, Kosten zu sparen und Risiken zu minimieren. Es wird nur in der existierenden Schnittmenge ökologisch, ökonomisch und sozial rationaler Handlungen operiert. Die Veränderung der Rahmenbedingungen ist in dieser Argumentation nicht vorgesehen. Auf diese Art lassen sich nachhaltige Produktionsweisen sicherlich nur in begrenztem Umfang voranbringen. Im Zusammenhang mit den Thesen 2 4 wird von den Unternehmen eine Reaktion auf verschiedene Formen des Marktversagens verlangt. Der Zwang, sich neben der Verfolgung ökologischer und/oder sozialer Ziele auch weiterhin einzelwirtschaftlich rational verhalten zu müssen, wird allerdings nicht in Frage gestellt. Vielmehr wird mit Hilfe der Unternehmenskooperation versucht, die Bedingungen für unternehmerisches Handeln so zu gestalten, dass ein Beitrag zur nachhaltigen Regionalentwicklung trotz dieses Zwangs möglich wird.

Tab. 7: Problemsichten, Wirkungsweisen und Ergebnisse
produktionsbezogener Unternehmenskooperation im Hinblick auf
nachhaltige Regionalentwicklung

These	Problem aus Sicht des einzelnen Unternehmens	Unternehmens-kooperation wirkt durch	Ergebnis
1	Schwache Position am Markt.	• Größeneffekte, • Komplemen-taritäten, • Reduzierung von Risiken.	➢ Stärkere Position am Markt gibt Spielräume auch zur Verwirklich-ung von Nach-haltigkeitszielen.
2	Informationsdefizite über nachhaltige Qua-lität von Produkten bei den Abnehmern.\n\nAbnehmer schenken vorgegebener nach-haltiger Produktqualität keinen Glauben.	• Kostenreduzierung bei gemeinsamer Infokampagne. • Erhöhung der Glaubwürdigkeit durch: ⇨ Soziale Kontrolle innerhalb der Ko-operation, ⇨ Einschalten einer neutralen Organi-sation, ⇨ Einschalten eines etablierten ‚Glaub-würdigkeitsträgers'.	➢ Verbesserte Informations-grundlage bei Verbrauchern, ➢ Abnehmer vertrauen der Information eher.
3	Nachhaltige Pro-duktion ist aufgrund von zu geringen Preisen für Ressour-cenverbrauch, Um-weltverschmutzung etc. sowie der Mög-lichkeit soziale Stan-dards teilweise zu umgehen nicht konkurrenzfähig.	Einigung auf gleiche (nachhaltige) Umwelt- und Sozialstandards unter Konkurrenten.	➢ Gleiche umwelt- und sozialbezoge-ne Ausgangs-voraussetzungen für alle beteiligten Unternehmen. ‚Markt im Markt'.

| 4 | Gefahr von Fehlin-vestitionen bei der Umstellung auf nachhaltige Produktion aufgrund von hoher Partnerspezifität. | Einigung mit vor- und nachgelagerten Betrieben auf langfristige Abnahme und/oder Zulieferung. | ➤ Verringertes Risiko durch gesicherte Vorleistungen und/oder Abnahme. |
| 5 | Zwang zu einzelwirtschaftlich rationalem Handeln in jeder Situation aufgrund des Marktmechanismus. | Schaffung von Spielraum für verständiges und verantwortungsvolles Handeln durch Reduzierung des Marktzwanges. | ➤ Erhöhte Gemeinwohlorientierung (ökonomisch, ökologisch, sozial) bei Zielen und Handeln von Unternehmen. |

Die dargestellten Ansätze rekurrieren dabei auf unterschiedliche Formen des Marktversagens. In jedem der angeführten Fälle sind eine oder mehrere wesentliche Voraussetzungen für die Funktionsfähigkeit des Marktes nicht erfüllt. Diese entsprechen wiederum den wesentlichen neoklassischen Annahmen zur Begründung der herausragenden Stellung des Marktes als Koordinationsmechanismus für wirtschaftliche Transaktionen.

Die Annahmen, auf deren Grundlage eine Koordination über den Marktmechanismus unbestritten zu den besten Ergebnissen führt, sind[391]:

- Es besteht vollständige Konkurrenz, d.h. in jedem Markt existiert eine große Zahl an Konkurrenten.

- Es existiert vollkommene Information bei allen Marktteilnehmern, d.h. vollkommene Transparenz der Märkte.

- Die in einem Markt gehandelten Güter sind homogen, d.h. völlig identisch. Qualitätsunterschiede existieren nicht.

- Alle Wirtschaftssubjekte handeln ökonomisch rational, d.h. sie maximieren ihren Gewinn bzw. ihren Nutzen.

- Alle Güter haben Preise.

---

[391] Vgl. Bruns 1995, Luckenbach 1986.

Die angesprochenen Ansätze stellen jeweils einzelne oder mehrere dieser Annahmen in Frage bzw. relativieren sie. Folgende Modifikationen werden vorgenommen:

- Auftreten von negativen externen Effekten, d.h. Leistungen oder Wirkungen, die nicht im Preis für ein Gut enthalten sind. Dadurch versagt der Preismechanismus als Allokationsmechanismus. Das fragliche Gut wird in einer wohlfahrtsschädigenden Menge produziert.

- Unvollkommene Information und Inhomogenität von Gütern führt zu einer Falscheinschätzung von Qualität bei den Konsumenten und damit zu einer adversen Selektion.

- Nicht-vollständige Konkurrenz führt in Verbindung mit beschränkter Rationalität und opportunistischem Verhalten der Wirtschaftssubjekte zur Gefahr von Fehlinvestitionen.

Es wurde bereits dargestellt, dass daraus wesentliche Barrieren für die Umsetzung einer nachhaltigen Regionalentwicklung resultieren. Anders als im Zusammenhang mit der These 1 wird bei dieser Argumentation aber impliziert, dass die Unternehmen die Barrieren nicht nur erkennen, sondern auch darauf reagieren. Unter der Prämisse des Zwangs zu einem einzelwirtschaftlich rationalen Verhalten, stellt Kooperation in dieser Sichtweise, einen Weg dar, die Barrieren gegen die Umsetzung einer nachhaltigen Regionalentwicklung verhindern, abzubauen.

Der Anspruch an Bewusstsein und Engagement der an der Unternehmenskooperation Beteiligten ist in Zusammenhang mit These 5 am weitgehendsten. Die Kooperierenden erkennen nicht nur die Unzulänglichkeiten des Marktmechanismus und reagieren darauf. Unternehmenskooperation dient hier vielmehr dazu, den Zwang zu einem einzelwirtschaftlich rationalen Handeln zu verringern und Spielräume für ein verständiges und verantwortungsvolles Handeln zu schaffen. Hier geht es letztendlich um die Definition einer neuen Wirtschafts- und Unternehmensethik weg von egoistischem Verhalten hin zu mehr Altruismus.

Die dargestellten Stufen unternehmerischen ‚Committments‘ schließen sich nicht gegenseitig aus. Es erscheint durchaus denkbar, dass Unternehmenskooperationen verschiedene Wirkungen zugleich entfalten. So ist denkbar, dass eine Unternehmenskooperation, die auf die Internalisierung externer Effekte ausgelegt ist, gleichzeitig auch die Marktposition der beteiligten Unternehmen stärkt und auf die Dauer zu einem verständigen und verantwortungsvollen Umgang miteinander führt, der es den Unternehmen erlaubt, sich weniger auf ihre einzelwirtschaftlichen Ziele zu fixieren. Es wird eine wesentliche Aufgabe der empirischen Untersuchung sein, herauszuarbeiten, welche der Stufen unternehmerischen Bewusstseins und Engagements und welche der damit korrespondierenden Wirkungsweisen von Kooperation in der Realität produktionsbezogener regionaler Unternehmenskooperationen anzutreffen sind.

Kapitel 7
Die Region als Handlungsebene

7.1 Aufgabe und Vorgehen

Nachdem im letzten Kapitel Thesen zur Wirkungsweise von produktionsbezogener Unternehmenskooperation auf nachhaltige Regionalentwicklung zunächst ohne die Beschränkung auf die Region als Kooperationsraum entwickelt wurden, ist es Aufgabe dieses Abschnittes, die Region als Handlungsebene für solche Kooperationen unter die Lupe zu nehmen. Die Ausgangsbeobachtung der Arbeit ist, dass bei der Umsetzung nachhaltiger Regionalentwicklung in der Praxis sehr oft produktionsbezogene regionale Unternehmenskooperationen eine Rolle spielen. Gefragt wurde nach Erklärungsansätzen für diese Tatsache. Um sich den Aspekten der Region als Handlungsebene in diesem Zusammenhang zu nähern, scheinen zwei Ansatzpunkte von Bedeutung zu sein. Zum einen gilt es danach zu fragen, warum zur Umsetzung einer nachhaltigen Entwicklung auf regionaler Ebene agiert wird. Was spricht für die Region als Handlungsebene bei der Umsetzung einer nachhaltigen Entwicklung? Zum zweiten stellt sich die Frage, ob es zudem Argumente für den speziell regionalen Zuschnitt von Unternehmenskooperationen gibt.

Die folgende Argumentation soll nicht zeigen, dass ein regionales Handeln *vom Ergebnis her* besser geeignet ist, eine nachhaltige Entwicklung umzusetzen – d.h. beispielsweise zu *mehr* materiellem Wohlstand, *mehr* sozialer Gerechtigkeit und *weniger* Umweltbelastung führt –, als Handeln auf anderen räumlichen Ebenen. Dazu müsste gezeigt werden, dass zum einen die regionale Wertschöpfung durch eine Regionalisierung der Wirtschaft stärker zu erhöhen ist als durch eine interregionale Arbeitsteilung. Zum anderen wäre der Nachweis zu führen, dass ökologische und soziale Ziele in einer regionalisierten Wirtschaft besser zu erreichen sind als in einer überregional arbeitsteiligen Wirtschaft.

Theoretisch wäre es denkbar etwa ein Modell der optimalen Regionalisierung im Hinblick auf nachhaltige Entwicklung zu entwickeln. Dies entspräche nach Brugger der Suche nach „der besten aller Welten, nämlich der Formel, die die Vorteile der Souveränität mit denen der Integration zu vereinigen mag."[392] Dabei wären zumindest die folgenden Aspekte zu beachten:

- Eine stärkere Regionalisierung des Wirtschaftens verringert die regionale Abhängigkeit vom Weltmarkt und erhöht die Spielräume, die ökologischen und sozialen Bedingungen in der Region selbst zu gestalten[393].

- Eine stärkere Regionalisierung des Wirtschaftens verringert Transporte, großräumige Stoffverlagerungen und die damit verbundenen Umweltbeeinträchtigungen[394].

- Andererseits gehen, folgt man der Theorie der komparativen Kosten[395], mit zunehmender Regionalisierung Spezialisierungsvorteile verloren. Dies kann sowohl ökonomisch als auch ökologisch[396] zu negativen Folgen führen.

- Durch die Regionalisierung kann es ferner zu einem Verlust der ökonomischen Vorzüge der Massenproduktion (economies of scale) kommen. Hiermit können negative als auch positive[397] ökologische Effekte verbunden sein.

- Durch Regionalisierung kann es zu einer Verringerung der Wettbewerbsintensität und damit zu einer geringeren Effizienz (auch im Hinblick auf den Einsatz von natürlichen Ressourcen), zu einer höhe-

---

[392] Brugger 1984, 5.
[393] Vgl. dazu auch Kapitel 2.1.
[394] Vgl. Haber 1992.
[395] Vgl. Borchert 1987, 21ff, Rose 1989, 271ff.
[396] Als Extrembeispiel sei hier der mit hohem Energieaufwand zu betreibende Anbau von Südfrüchten in Mitteleuropa benannt.
[397] Negativ: z.B. die geringere Ausnutzung von Maschinen. Positiv: z.B. ökologische Effekte durch Ersatz von Massen- durch Maßproduktion (vgl. Ax 1997, 103ff).

ren Marktmacht (höhere Preise) und zu geringerem Innovationsdruck kommen.

- Zu berücksichtigen wären ferner mögliche Folgen, wie geringere Weltoffenheit, verstärkte soziale Kontrolle usw.

Dies zeigt sehr deutlich, dass ‚small‘ keineswegs immer gleich ‚beautiful‘ ist, aber auch dass eine Vielfalt von Faktoren eine Rolle spielen, wenn man versucht einen optimalen Grad der Regionalisierung zu ermitteln. Nicht umsonst ist trotz inzwischen jahrzehntelanger Debatten um Ansätze wie Importsubstitution, eigenständige oder endogene Regionalentwicklung oder Lokale Ökonomie[398] noch kein operationales Modell für die Bestimmung des optimalen Grades der Einbindung in internationale Wirtschaftsverflechtungen entstanden, das mehr als nur ökonomische Faktoren berücksichtigt. Die Aufstellung von Hypothesen, die etwa auf den oben genannten Aspekten aufbauen könnten, scheint zwar denkbar, wenn auch theoretisch anspruchsvoll. Ihre empirische Überprüfung und somit auch die praktische Anwendbarkeit eines solchen Theoriegebäudes wird jedoch mit enormen methodischen Problemen zu kämpfen haben.

Neben diesen Argumenten wurde mit der Einordnung dieser Arbeit in die Debatten um nachhaltige Entwicklung respektive nachhaltige Regionalentwicklung[399] eine weitere Begründung erbracht, warum es nicht ihr Ziel ist, ein solches Modell zu erarbeiten. Es geht weniger darum, den Weg zu optimalen Ergebnissen im Sinne einer nachhaltigen Entwicklung zu finden, als vielmehr darum, die Bedingungen für einen bereits in der Realität vorfindbaren Ansatz – die regionale Unternehmenskooperation – zu beleuchten, um überhaupt Bewegung in Richtung einer nachhaltigen Entwicklung zu erzeugen. Deshalb ist der Hintergrund der folgenden Überlegungen eben nicht das Erreichen eines ökologisch-ökonomisch-sozialen Gemeinwohl-Optimums. Die Überlegungen zielen eher darauf ab, wie ein nachhaltigkeitsorientiertes Agieren und Kooperieren (von Unternehmen) überhaupt zustande kommt und welche Rolle die Handlungsebene Region dabei spielen kann.

---

[398] Vgl. zur Importsubstitution HSFK 1977, zur eigenständigen oder endogenen Regionalentwicklung Hahne 1991, Mose 1993, zur Lokalen Ökonomie Blaffert et al. 1994.
[399] Vgl. Kapitel 1.2. und Kapitel 2.1

Dazu sollen die Argumente, die bisher für die Eignung der Region als Handlungsebene im Hinblick auf die Umsetzung einer nachhaltigen Entwicklung sowie für das Zustandekommen von Unternehmenskooperationen angeführt werden, herausgearbeitet und weiterentwickelt werden. Dabei wird auf Erkenntnisse aus der Debatte um eine nachhaltige Regionalentwicklung, aus der empirischen Kooperationsforschung sowie der Umweltpsychologie eingegangen. Als Ergebnis dieser Ausführungen werden fünf Thesen über das Verhältnis der Handlungsebene Region und nachhaltigkeitsorientierten Unternehmenskooperationen aufgestellt, die im empirischen Teil dieser Arbeit geprüft werden sollen.

7.2 Die Region als Handlungsebene für nachhaltige Entwicklung.

7.2.1 Argumente aus der Debatte um eine nachhaltige Regionalentwicklung

In der Debatte um eine nachhaltige Regionalentwicklung ist allgemein akzeptiert, dass trotz Globalisierung und Internationalisierung Handlungsspielräume für eine nachhaltige Entwicklung auf regionaler Ebene existieren[400]. In der Region sind ökologische und ökonomische Zusammenhänge überschaubar. Die Folgen des eigenen Handelns können unmittelbarer erfahren und verantwortet werden. Viele Probleme lassen sich dezentral effizienter lösen. Auch die Auffassung, dass regionale Unternehmenskooperationen einen Beitrag zu einer nachhaltigen Regionalentwicklung leisten können, wird vertreten[401]. Ausführungen dazu wurden jedoch bislang nicht vertieft[402].

Lucas fordert die Ergänzung der Nachhaltigkeitsziele um regionalspezifische und demokratische Aspekte. Nachhaltigkeit ist auf „(...) räumliche und mitmenschliche Nähe angewiesen; Verantwortung braucht einen konkreten Erfahrungs- und Handlungskontext, in dem Ziele und

---

[400] Vgl. Busch-Lüty 1992, Molitor 1998a, 12, Peters et al. 1996, 61ff., Renn et al. 1998, 70ff., Spehl 1994, 71, Wallner 1998, 96.

[401] Vgl. Hey/ Schleicher-Tappeser 1998; Lucas 1998.

[402] Vgl. dazu auch Kapitel 4.2.

Entwicklungen überprüfbar und gegebenenfalls auch korrigierbar sind"[403].

Die Herstellung direkterer und überschaubarerer Beziehungen in ökonomischer, ökologischer, sozialer und politischer Hinsicht spielt in der Diskussion um nachhaltige Entwicklung eine wichtige Rolle. Argumentiert wird dafür in der Regel eher aufgrund praktischer bzw. (regional-) planerischer Erfahrungen [404]und weniger auf der Basis theoretischer Überlegungen. Die oft in diesem Zusammenhang angeführten Theorieansätze, wie das Prinzip der Subsidiarität oder die ökonomische Theorie des Föderalismus, beziehen sich zunächst nicht auf einen dreidimensionalen Zielkatalog, können aber auf Probleme nachhaltiger Entwicklung angewandt werden[405]. Diese Ansätze sollen an dieser Stelle dennoch nicht weiterverfolgt werden, weil sie sich in erster Linie mit Fragen der optimalen räumlichen Zuordnung staatlichen Handelns auseinandersetzen. In dieser Arbeit stehen jedoch stärker private Akteure im Vordergrund der Analyse.

Festzuhalten ist, dass aus der Debatte um nachhaltige Regionalentwicklung einige plausible Argumente für ein speziell regionales Handeln im Hinblick auf die Umsetzung nachhaltiger Entwicklung abgeleitet werden können. Dabei werden im wesentlichen die folgenden Überlegungen vorgetragen:

• Bessere Überschaubarkeit der komplexen ökonomisch-ökologischen Zusammenhänge auf regionaler Ebene,

• Erfahrbarkeit der Folgen des eigenen Handelns,

• höhere Bereitschaft zur Übernahme von Verantwortung.

7.2.2 Umweltpsychologische Erklärungsansätze

Insbesondere im Hinblick auf die hier im Vordergrund stehenden privaten Akteure scheinen Diskussionen, die derzeit in der Umweltpsychologie geführt werden[406], weiterführend für die stärkere theoretische und

---

[403] Lucas 1998, 16.

[404] Vgl. Schleicher-Tappeser et al. 1992, Selle 1994, Peters et al. 1996.

[405] Vgl. Spehl 1998, 22.

[406] Vgl. dazu z.B. Kals et al. 1998 und 1999, Bamberg 1999.

empirische Fundierung der oben dargestellten Argumente für die Region als Handlungsebene. Diese Umweltpsychologen streiten überwiegend ohne räumlichen Bezug[407] über die richtigen Determinanten zur Erklärung umweltgerechten Verhaltens, um bei Interventionsprogrammen an den richtigen Variablen ansetzen zu können. Diese Determinanten lassen sich zusammenfassend einteilen in

a) Kognitionen, Wissen und Erkenntnisse,

b) Nutzen,

c) Verantwortung und

d) Emotionen.

Interessant ist im hier vorliegenden Zusammenhang vor allem, dass sich, unabhängig von der tatsächlichen Erklärungskraft der jeweiligen Determinanten für umweltgerechtes Verhalten für alle vier Variablenbereiche eine Verstärkung ihrer Wirkung durch räumliche Nähe zu ergeben scheint. Dies soll im folgenden weiter ausgeführt werden.

a) Kognitionen, Wissen und Erkenntnisse

In der umweltpsychologischen Literatur geht es beim Thema Wissen weniger um das technische Wissen über Lösungsmöglichkeiten ökologischer Probleme, sondern eher um das Wissen um und die Wahrnehmung von Umweltproblemen. Allgemein anerkannt scheint, dass das Erkennen komplexer Systemdynamiken dem Menschen sehr schwer fällt[408]. Für das Erkennen und Zuordnen von Umweltschäden, die beispielsweise durch die Produktion von Gütern erzeugt werden, schlagen Scholz et al. das Instrument der anwendungsorientierten Ökobilanzierung vor[409]. Diese ist ebenso wie andere ähnliche Methoden (z.B. Produktlinienanalyse) eine sehr nützliche aber auch vergleichsweise aufwendige Methode. Wenn man sich vergegenwärtigt, wie aufwendig allein eine verlässliche Entscheidungsgrundlage dieser Art für die Wahl der Verpackungen Milchtüte oder Milchflasche ist, dürfte klar sein, dass es fast utopisch

---

[407] In allerjüngster Zeit wird allerdings auch zur Rolle der räumlichen Ebene für umweltbewusstes Verhalten gearbeitet (vgl. Kals et al. 1998).

[408] Vgl. z.B. Scholz et al. 1998, 15, Kals et al. 1998.

[409] Vgl. Scholz et al. 1998, 16.

erscheint, für jede Handlung alltäglichen Konsums oder alltäglicher Produktion derartige Analysen zu erstellen, zu erfassen und danach zu verfahren. Als Ausweg drängt sich der Rückgriff auf das intuitive bzw. das Alltagswissen auf. Dieses wird von Individuen – und dies deckt sich mit umweltpsychologischen Befunden[410] – auf regionaler und lokaler Ebene aufgrund der besseren Überschaubarkeit der Zusammenhänge als größer empfunden.

b) Nutzen

Der aus der Ökonomie und Entscheidungsforschung stammende Rational-Choice-Ansatz[411] wird auch in der Umweltpsychologie angewandt. Nach diesem Ansatz verhalten sich Menschen primär nutzenmaximierend. Unter zeitlichen, finanziellen und anderen situativen Restriktionen wird die Verhaltensalternative ausgewählt, die den höchsten materiellen und/ oder sozialen Nutzen verspricht bzw. mit den niedrigsten Kosten verbunden ist. Anreize und Restriktionen haben demnach einen größeren Einfluss auf das Verhalten als Wertorientierungen und allgemeine Einstellungen[412]. Die Theorie des geplanten Verhaltens von Ajzen[413] ist die sozialpsychologische Variante des Rational-Choice-Ansatzes. Sie basiert auf der Annahme, dass sich Menschen bei der Wahl zwischen Verhaltensalternativen nutzenmaximierend verhalten, d.h. sie entscheiden sich für die Alternative, von der sie die meisten positiven materiellen und/ oder sozialen Konsequenzen erwarten.

Am Beispiel der PKW-Nutzung Studierender auf dem Weg zur Hochschule hat Bamberg untersucht, ob sich umweltgerechte Verhaltensweisen als altruistisches oder nutzenmaximierendes Verhalten konzipieren lassen[414]. Seine Befunde lassen darauf schließen, dass die PKW-Nutzung

---

[410] Vgl. Kals et al. 1998.

[411] Vgl. z.B. Frey 1990. Vgl. dazu auch die Ausführungen in Kapitel 6.5 und 6.6.

[412] Im Gegensatz zu den Vertreter einer liberalen Rational-Choice-Position lehnen die Vertreter eines harten Rational-Choice-Ansatzes die Relevanz von Wertorientierungen und allgemeinen Einstellungen völlig ab (vgl. Franzen 1997, zitiert nach Bamberg 1999, 58).

[413] Theory of Planned Behaviour (vgl. Ajzen 1985, 1991), Weiterentwicklung der Theory of Reasoned Action (vgl. Ajzen/ Fishbein 1980).

[414] Vgl. Bamberg 1999.

durch Nutzenmaximierung besser erklärt wird. Moralische Überzeugungen beeinflussen die PKW-Nutzung bei Hochschulwegen weniger als die situativen Anreize und Restriktionen[415]. Allerdings ist nach Bambergs Befunden die Annahme des harten Rational-Choice-Ansatzes, dass moralische Überzeugungen irrelevant für Verhalten seien, genauso abzulehnen. Vielmehr hängt der Einfluss moralischer Überzeugungen davon ab, ob die Person objektiv und subjektiv die Wahl zwischen verschiedenen Verhaltensalternativen hat und ob sie mit der Ausführung dieser Verhaltensalternativen bestimmte Werte verbindet[416]. Hinsichtlich der Beeinflussung der Verkehrsmittelwahl folgert Bamberg, dass die Veränderung des Umweltbewusstseins und der umweltrelevanten Werte nicht unbedingt einen erfolgversprechenden Weg darstellt. Wertorientierungen und allgemeine Einstellungen üben zum einen nur einen indirekten Einfluss auf das Verhalten aus und lassen sich zum anderen nur äußerst schwierig kurz- und mittelfristig verändern[417].

Aus dieser Sicht geht es letztendlich darum, sogenannte win-win Situationen herzustellen. Unternehmen würden etwa dann eine umweltfreundlichere Produktionsweise wählen, wenn diese zumindest denselben Nutzen (Gewinn) verspricht wie die konventionelle Produktionsweise. Dabei kann durchaus der Nutzenzuwachs, der etwa durch die Bewahrung sauberer Luft für den Unternehmer (nicht für die Allgemeinheit) entsteht, in die Kalkulation mit einbezogen werden. Eine ähnliche Denkweise gilt für Verbraucher.

An dieser Stelle kann die Region als Handlungsebene einen zusätzlichen Aspekt in die Diskussion bringen. Kals et al. zeigen, dass sich die Bereitschaft, sich regional und lokal für den Umweltschutz zu engagieren, zum Teil auch damit erklären lässt, dass der Nutzen dieses Engagements (Verringerung eigener Belastungen) den Akteuren zurechenbar ist[418]. Auf diesen Sachverhalt weist auch Kaas im Zusammenhang mit der Vermarktungsfähigkeit ökologischer Produkte hin, wenn er ausführt, dass ein wesentlicher Grund für den mangelnden Absatz umwelt-

---

[415] Hunecke et al. (1996) kommen bei einem Energiesparexperiment zu ähnlichen Ergebnissen. Auch sie konnten keinen direkten Einfluss der persönlichen Norm auf Verhaltensweisen feststellen (zitiert nach Bamberg 1999, 74).

[416] Vgl. Bamberg 1999, 74.

[417] Vgl. Bamberg 1999, 75.

[418] Vgl. Kals et al. 1998.

freundlich produzierter Güter die Tatsache ist, dass Verbraucher den (er-höhten) Nutzen der Umweltfreundlichkeit meist nicht internalisieren können[419]. Bei einer Reihe von Produktionsprozessen (etwa mit regional begrenzten Schadstoffausstößen oder mit Maßnahmen zur Erhaltung der Kulturlandschaft) scheint jedoch auch eine Internalisierung der Umweltfreundlichkeit durchaus denkbar. Dies kann sowohl Produzenten als auch Konsumenten betreffen. Die Region als Handlungsebene kann also selbst dann Vorteile bei der Umsetzung einer nachhaltigen Entwicklung bieten, wenn der Eigennutz das einzige Motiv für das Handeln ist.

c) Verantwortung

Viele Autoren in der umweltpsychologischen Debatte stellen den reinen Nutzenmaximierungsansatz in Frage, weil sie in der Empirie auch Verzichte von Individuen zum Schutz der Umwelt beobachten[420]. Als zusätzliche bzw. wichtigere Determinante umweltgerechten Verhaltens kommt damit die Verantwortung ins Spiel[421]. Verantwortung wird dabei auch in den Kontext altruistischen und moralischen Verhaltens gestellt.

In diesen Zusammenhang wird in der Regel die Norm-Aktivierungs Theorie von Schwartz gestellt[422]. „Sie beansprucht, erklären zu können, durch welche kognitiven Prozesse und situativen Bedingungen der Einfluss globaler Wertorientierungen auf spezifisches Verhalten vermittelt wird"[423]. Umweltschonendes Verhalten kann hier als wertebasiertes, altruistisches Verhalten aufgefasst werden. Die Norm-Aktivierungs Theorie unterscheidet soziale Normen und internalisierte moralische Überzeugungen (persönliche Norm). Aus der Aktivierung der persönlichen Norm resultiert eine moralische Verpflichtung, die in das persönliche Verhalten eingeht. Die Aktivierung der persönlichen Normen und deren Umsetzung in Verhalten kann sowohl durch die spezifische Situation als auch individuelle Persönlichkeitsmerkmale beeinflusst werden[424].

---

[419] Vgl. Kaas 1992.

[420] Vgl. Kals et al. 1998, 297.

[421] Vgl. Mieg 1994.

[422] Vgl. Schwartz 1977 und 1981.

[423] Bamberg 1999, 58.

[424] Vgl. Bamberg 1999, 59f.

Kals et al. führen im Zusammenhang mit umweltorientiertem Handeln folgende Determinanten als verantwortungsfördernd an[425]:

- Bewusstsein für die Gefährdung der Umwelt,
- das Erkennen eigener oder fremder Verursachung,
- die Zuschreibung von Einflussmöglichkeiten.

Alle drei Determinanten sind auf einer regionalen oder lokalen Ebene besonders stark ausgeprägt: Umweltschäden werden wahrgenommen, die Zuordnung von (eigener) Verantwortlichkeit fällt leichter und Individuen haben eher den Eindruck, dass ihr verändertes Verhalten einen bemerkbaren Einfluss hat.

Mieg bezeichnet Verantwortung als eine Funktion sozialer Reflexion. Personen, die in der Lage sind, Situationen umfassend zu interpretieren sowie ihre Perspektive zu verallgemeinern[426], sind eher in der Lage Verantwortung zu übernehmen. Scholz et al. beziehen diese Erkenntnisse auf die Umsetzung nachhaltiger Entwicklung[427]. Für eine umfassende Situationsinterpretation sei eine Bewertung der Entwicklungsalternativen durch die davon Betroffenen die Grundlage. Auf Grund der schon angesprochenen Komplexitätsprobleme eignet sich die regionale Handlungsebene für solche Bewertungsprozesse in zweierlei Hinsicht besonders gut. Zum einen ist ein Einbeziehen möglichst vieler Betroffener bei einem regional begrenzten Vorhaben technisch und methodisch leichter möglich. Zum anderen kann davon ausgegangen werden, dass das Interesse bei denjenigen höher ist, die sich beteiligen sollen.

Insgesamt sprechen also mehrere Argumente für die Bereitschaft und Fähigkeit von Individuen, auf einer regionalen Handlungsebene Verantwortung im Sinne einer nachhaltigen Regionalentwicklung zu übernehmen. Neben der besseren Erfassbarkeit und Bewertbarkeit von Entwicklungsalternativen steht dabei die Überzeugung im Vordergrund, mit dem eigenen Handeln merkbare Wirkungen zu erzielen.

---

[425] Vgl. Kals et al. 1998, 297.

[426] Umgangssprachlich würde man wohl sagen: sich in andere hineinzuversetzen. Vgl. Mieg 1994, 84ff.

[427] Vgl. Scholz et al. 1998.

d) Emotionen

Bisher eher am Rande der umweltpsychologischen Forschung werden Emotionen behandelt. Kals et al. zeigen jedoch, dass emotionale Nähe zur Natur, die vor allem auch durch direkte Erlebnisse mit und in der Natur erzeugt wird, ein sehr wichtiger Faktor für ein umweltgerechtes Verhalten ist[428]. Diese Überlegungen kommen den Gedanken rund um den Begriff Heimat, die auch in der Debatte um nachhaltige Regionalentwicklung immer wieder in die Diskussion gebracht werden, sehr nahe. Allerdings müsste überprüft werden, ob es sich dabei um ähnliche empirische Phänomene handelt, da die regionale Natur mit Sicherheit nur einen Aspekt von Heimat darstellt. So sind beispielsweise in den Toblacher Thesen des Jahres 1995 zum Thema „Ökologischer Wohlstand in der Region" die folgenden Sätze zu finden: „Wer ökologischen Wohlstand will muss sich einmischen, wer sich einmischen will, muss sich zugehörig, zu Hause fühlen – muss eine Heimat haben. Heimat ist innere und äußere Heimat, eine persönliche Balance von Herz und Kopf, von Nähe und Distanz"[429].

Kals et al. vermuten außerdem, dass „emotional affinity towards nature should become stronger the more concrete and specific nature contacts are."[430] Im Hinblick auf Emotionen scheint sich somit die regionale Handlungsebene vor allem im Zusammenhang mit zwei Aspekten für die Umsetzung einer nachhaltigen Entwicklung zu eignen. Zum einen kann sich emotionale Nähe zur Natur (als Determinante für umweltbewusstes Verhalten) eher auf Grund von Erfahrungen mit beispielsweise einer konkreten Flusslandschaft oder einem Lieblingsberg als Teil alltäglichen Lebens entwickeln. Zum anderen dürfte auch der unmittelbare und ans Herz gewachsene Lebensraum mit seinen Menschen, Traditionen und seiner Landschaft eher Emotionen erzeugen, die zum aktiven Gestalten und Erhalten anregen.

Zusammenfassend ist festzuhalten, dass alle vier in der umweltpsychologischen Diskussion behandelten Determinanten umweltfreundlichen Verhaltens auf eine besondere Eignung der Region als Hand-

---

[428] Vgl. Kals et al. 1999.
[429] Toblacher Thesen 1995.
[430] Kals et al. 1999, 198.

lungsebene für die Umsetzung einer nachhaltigen Entwicklung deuten. Es ist auszugehen von:

- einem erhöhten Bewusstsein für ökologische Probleme, einem verbesserten Verständnis für die Zusammenhänge und Erkenntnis von Lösungsmöglichkeiten,

- einer Internalisierbarkeit der positiven Effekte nachhaltigen Handelns,

- einer erhöhten Bereitschaft zur Verantwortungsübernahme aufgrund der besseren Erfassbarkeit und Bewertbarkeit von Entwicklungsalternativen und der Überzeugung, mit dem eigenen Handeln merkbare Wirkungen erzielen zu können sowie

- einer emotionalen Bindung zum betreffenden Raum als Ursache für die Bereitschaft denselben mit zu gestalten und zu erhalten.

Es kann nun nicht Aufgabe dieser Arbeit sein, den Erklärungsgehalt der einzelnen Determinanten für regional nachhaltiges Handeln zu ermitteln und miteinander zu vergleichen. Dies könnte Gegenstand eines eigenen Forschungsprojektes mit entsprechend großer empirischer Basis sein. Im vorliegenden Zusammenhang ist zum einen der Frage nachzugehen, ob in dem speziellen Untersuchungsbereich (regionales Wirtschaften/ Produzieren) die vorgetragenen Argumente für regionales Handeln ebenfalls gelten und ob gegebenenfalls noch weitere hinzukommen.

7.3 Die Region als Handlungsebene für Kooperation

Nachdem nun dargestellt wurde, dass die Region als Handlungsebene für ein Zustandekommen von Aktivitäten zur Umsetzung einer nachhaltigen Entwicklung Vorteile bietet, ist als nächster Schritt auf die Frage einzugehen, ob dies auch im Hinblick auf das Zustandekommen von Unternehmenskooperationen der Fall ist. Welche Vorteile bietet also eine Zusammenarbeit speziell mit regionalen Partnern für das Zustandekommen bzw. das Gelingen einer Kooperation? Da in diesem Zusammenhang bereits eine Reihe von empirischen Erfahrungen vorliegen, wird hier nicht auf der Basis theoretischer Ansätze argumentiert, sondern auf Grundlage der empirischen Kooperationsforschung.

Dabei wird ausgegangen von einer empirischen Analyse Volérys über Erfolgsfaktoren der Unternehmenskooperation von KMU. Als kritische Erfolgsfaktoren ermittelte er die folgenden Determinanten[431]:

- Gegenseitiges Vertrauen und ausreichende Kenntnis des Partners (1,47),

- Vorhandensein von Zielen und einer klar festgelegten Strategie bei den Partnern (2,02),

- Einstellung der Vorgesetzten (2,6),

- Ausgeglichenes Macht-/ Gewichtsverhältnis der Partner (2,97),

- Partner sind keine direkten Konkurrenten (3,16),

- Festschreibung der spezifischen Eigenheiten im Kooperationsvertrag (3,8),

- Finanzielles Engagement der Partner (3,8).

Die herausragende Bedeutung der Faktoren Vertrauen und gegenseitige Kenntnis fällt auf. Sie sind offensichtlich nicht durch formelle Regelungen in Verträgen auszugleichen. Diese Beobachtung wird durch eine Reihe von Autoren, insbesondere in Arbeiten, die sich mit der Kooperation zwischen KMU beschäftigen, gestützt[432]. Aulinger behauptet sogar, dass „ohne Vertrauen erst gar keine Kooperationen vereinbart werden."[433]

Einiges spricht dafür, dass Vertrauen zwischen den Partnern insbesondere in der Aufbauphase einer Kooperation von Bedeutung ist, wo noch keine oder nur unvollständige formelle Regeln bestehen. Staudt et al. haben beispielsweise einen Katalog vertrauensbildender Maßnahmen für die Aufbauphase von Unternehmenskooperationen zusammengestellt, der neben losem Erfahrungsaustausch, gegenseitigen Betriebsbegehungen unter anderem auch gemeinsame private Aktivitäten enthält[434].

---

[431] Jeweils mit Bewertung der befragten Unternehmer auf einer Skala von 1 (hohe Bedeutung) bis 5 (keine Bedeutung). Vgl. Voléry 1996.

[432] Vgl. Müller/ Goldberger 1986, 164, König et al. 1994.

[433] Aulinger 1998, 88.

[434] Vgl. Staudt et al. 1992, 112.

Minsch et al. vertreten die Auffassung, dass der Aufbau und die Pflege von Vertrauensbeziehungen innerhalb von regionalen Kooperationen leichter möglich ist[435]. Dabei werden die folgenden Argumente angeführt:

- Akteure aus derselben Region teilen eher gemeinsame Werthaltungen. Die Bedeutung gemeinsamer Werte stellt auch Aulinger heraus, wenn er schreibt, dass es auf der Basis ähnlicher kultureller Prägungen leichter fällt, sich gegenseitig einen Vertrauensvorschuss zu gewähren[436].

- Gemeinsame identitätsstiftende Aktionen sind leichter möglich.

- Die Möglichkeit zu regelmäßigen ‚Face-to-face‘ Kontakten ist größer. In der Regel bestehen innerhalb einer Region gerade zwischen Akteuren gleicher oder benachbarter Branchen auch schon vor Eingehen einer speziellen Kooperation Kontakte, z.b. aufgrund der Zugehörigkeit zu gleichen Verbänden.

- Zusätzlich weist Bachmann auf Basis der Systemtheorie auf die Bedeutung regional unterschiedlicher institutioneller Settings, wie etwa das Wirtschaftsrecht und existierende Verbandsstrukturen, für die Genese gemeinsam genutzten Wissens und kollektiv akzeptierter Handlungsnormen hin: „Das gemeinsame Leben in denselben institutionellen Ordnungsstrukturen kanalisiert die Orientierungen und Erwartungen von sozialen Akteuren in ganz bestimmte Bahnen. Deshalb ist es unter diesen Voraussetzungen weniger wahrscheinlich, dass der Geschäftspartner unerwartete Praktiken an den Tag legt und das gewährte Vertrauen missbraucht."[437]

Auf Basis der empirischen Kooperationsforschung steht demnach im Hinblick auf den Zusammenhang von Unternehmenskooperation und der Region als Handlungsebene der Begriff Vertrauen im Mittelpunkt.

---

[435] Vgl. Minsch et al. 1996, 139.
[436] Vgl. Aulinger 1996, 154.
[437] Bachmann 1997, 259.

Gegenseitiges Vertrauen der Kooperationspartner gehört zu den entscheidenden Determinanten für das Entstehen und Gelingen von Unternehmenskooperationen. Auf regionaler Ebene existieren besonders gute
Bedingungen für die Schaffung von Vertrauensbeziehungen.

7.4 Fazit

Gefragt wurde in diesem Kapitel nach den Vorteilen der Handlungsebene
Region für das Zustandekommen und den Erfolg von Unternehmenskooperationen, die Ziele einer nachhaltigen Regionalentwicklung verfolgen. Mehrere Faktoren begünstigen nach dem derzeitigen Stand der
Diskussion derartige Unternehmenskooperationen auf dieser Handlungsebene. Diese werden im folgenden in Form von Thesen noch einmal
zusammenfassend dargestellt. Die ersten vier Thesen[438] liefern dabei Begründungen für die Eignung der Handlungsebene Region für nachhaltiges Verhalten, die fünfte[439] für das Kooperieren an sich. Mit den Thesen
wird nicht intendiert, die Region als einzig mögliche Handlungsebene für
Unternehmenskooperationen mit Nachhaltigkeitsanspruch darzustellen.
Vielmehr wird dargestellt, welche Faktoren Unternehmenskooperationen
auf regionaler Ebene begünstigen, um daraus auf Basis der empirischen
Untersuchung Schlüsse für die Konzeption und Förderung solcher Initiativen zu ziehen.

Die Zugehörigkeit der Beteiligten zu einer gemeinsamen Region begün-
stigt das Zustandekommen von produktionsbezogenen Unternehmens-
kooperationen, die zur nachhaltigen Entwicklung beitragen,

- *weil bei den Beteiligten ein erhöhtes Bewusstsein für die jeweiligen*
  ökologischen Probleme der Region sowie ein verbessertes Verständ-
  nis für die Zusammenhänge und Erkenntnis von Lösungsmöglichkei-
  *ten derselben vorliegt (**These 6**),*
- *weil die positiven Effekte des eigenen (nachhaltigen) Handelns besser*
  *internalisierbar sind (**These 7**),*
- *weil bei den Beteiligten aufgrund der besseren Erfassbarkeit und*
  Bewertbarkeit von Entwicklungsalternativen und der Überzeugung,

---

[438] Im Gesamtzusammenhang der Arbeit Thesen 6-9.
[439] Im Gesamtzusammenhang der Arbeit These 10.

mit dem eigenen Handeln merkbare Wirkungen erzielen zu können, eine erhöhte Bereitschaft zur Verantwortungsübernahme vorliegt (These 8),

- *weil bei den Beteiligten eine emotionale Bindung zum betreffenden Raum als Ursache für die Bereitschaft, denselben mit zu gestalten und zu erhalten, vorliegt (These 9),.*

- *weil der Aufbau des notwendigen Vertrauens zwischen den Kooperationspartnern auf regionaler Ebene leichter möglich ist (These 10).*

Teil C
Regionale Unternehmenskooperation in der Praxis

15 Beispiele nachhaltigkeitsorientierter Initiativen

Kapitel 8
Aufgaben und Methoden der Untersuchung

8.1 Aufgabenstellung und Vorgehen

Die Teile C und D dienen der Darstellung des Vorgehens und der Ergebnisse der empirischen Untersuchung. Aus Abbildung 11 in Kapitel 5 geht hervor, welche Schritte der Gesamtuntersuchung im Rahmen der empirischen Arbeiten zu erfolgen haben. In Teil C:

- die Bewertung des Beitrags produktionsbezogener regionaler Unternehmenskooperationen zu einer nachhaltigen Regionalentwicklung (Nachhaltigkeitstest),

- die Beschreibung wesentlicher Charakteristika derartiger Unternehmenskooperationen im Hinblick auf ihre Strukturen, Organisationsformen und Managementmethoden.

In Teil D:

- die Überprüfung und Weiterentwicklung der in Teil B auf theoretischer Basis erarbeiteten Thesen zum Zusammenhang zwischen produktionsbezogener regionaler Unternehmenskooperation und nachhaltiger Regionalentwicklung.

Untersuchungsform

Es geht also um eine vergleichsweise umfassende Analyse und Auswertung dieser Unternehmenskooperationen. Die Arbeit bewegt sich dabei in einem bislang nicht untersuchten Feld. Regionale Unternehmenskooperationen sind bisher in keiner Untersuchung auf diese Art eingegrenzt worden (produktionsbezogen)[440]. Darüber hinaus wurde bislang nicht versucht, den Zusammenhang zwischen produktionsbezogener regionaler Unternehmenskooperation und nachhaltiger Regionalentwicklung systematisch zu eruieren. Somit sind zunächst einmal Hypothesen zu gewinnen, die durch eine erste, eher in die Tiefe als in die Breite gehende empirische Untersuchung überprüft und weiterentwickelt werden können. Erst auf einer solchen Basis (Kenntnis typischer Charakteristika, an wenigen Beispielen überprüfte und weiterentwickelte Thesen) könnte an die Konzipierung einer breiten und umfassenden empirischen Untersuchung etwa auf der Basis standardisierter Fragebögen gedacht werden. Aufgrund dieses explorativen Charakters der Arbeit auf der einen und des umfangreichen Fragenkataloges auf der anderen Seite bietet sich für die hier vorzunehmende empirische Untersuchung eine vergleichsweise kleine und bewusst ausgewählte Stichprobe produktionsbezogener regionaler Unternehmenskooperationen an. Dies geschieht im Bewusstsein der Tatsache, dass der Generalisierungsfähigkeit der Untersuchungsergebnisse hierbei Grenzen gesetzt sind[441]. Bei diesem Stand der Kenntnis über den Zusammenhang zwischen produktionsbezogener regionaler Unternehmenskooperation und nachhaltiger Regionalentwicklung ist es jedoch wichtig, dass sehr differenziert Daten erhoben und analysiert werden. Auf diese Weise kann eine Vielzahl von Aspekten berücksichtigt und der Vielschichtigkeit von Unternehmenskooperationen Rechnung getragen werden.

Insgesamt werden 15 Fälle produktionsbezogener regionaler Unternehmenskooperationen analysiert. Eine Analyse einer kleineren Menge wäre nicht befriedigend gewesen, da beim derzeitigen Stand der Forschung so etwas, wie die typischen Fälle produktionsbezogener regionaler Unternehmenskooperationen noch nicht herausgearbeitet sind. Bei der Untersuchung ging es deshalb auch darum, ein gewisses Spektrum an

---

[440] Vgl. dazu auch Kapitel 3.

[441] Vgl. dazu z.B. Schnell et al. 1995, 306ff, Kromrey 1991, 201.

Branchen, Größen, Regionstypen und Kooperationsformen abzudecken. 15 Projekte erschienen auch bei der vorzunehmenden Tiefe der Analyse ein zu bewältigendes Maß.

Daten- und Informationserhebung

Die Informationen und Daten über die einzelnen Unternehmenskooperationen wurden auf zwei Wegen gewonnen. Zum einen wurden verfügbare Selbstdarstellungen und andere schriftliche Materialien, wie Werbeblätter, Zeitungsartikel oder Vereinbarungen und Verträge der Projekte analysiert. Hier konnten vor allem Informationen zu technischen Daten, Strukturen, Organisationsformen sowie zum Teil zu den Zielen der Initiativen gewonnen werden. Die war Datenlage war allerdings sehr unterschiedlich. Teilweise konnten auf diese Weise bereits relativ erschöpfende Informationen gewonnen werden[442], teilweise lagen jedoch kaum brauchbare schriftliche Grundlagen vor. Zu einigen Fragen konnte aus den Dokumenten keinerlei brauchbare Information gewonnen werden. Hierzu war als zweiter Weg der Informationsgewinnung eine Befragung sehr nützlich.

Von jeder der 15 Unternehmenskooperationen wurden in der Regel mindestens ein Vertreter des jeweiligen Trägers (wo vorhanden) und mindestens einer der beteiligten Unternehmer befragt. Die Befragung wurde als Leitfadengespräch[443] durchgeführt. Für die Gespräche wurde eine teilstrukturierte Interviewsituation gewählt. Die Fragen wurden in einem Interviewleitfaden vorbereitet und vorformuliert. Es wurden wei-

---

[442] In wenigen Fällen konnte im Laufe der Analysen zu einigen Aspekten sogar auf Sekundärliteratur zurückgegriffen werden (vgl. Jasper 1997a,b,c und Karg/Schindelmann 1998 zu BRUCKER LAND Ernährung sowie Molitor 1998b zu RLM, Münster).

[443] Schnell et al. bezeichnen Leitfadengespräche als Sonderformen der Befragung, „die in mehr oder weniger großem Umfang von (...) standardisierten Einzelbefragung(en) abweichen und deren Anwendung vorwiegend in den explorativen Bereichen quantitativer Sozialforschung zu finden ist bzw. die zu den Handwerkszeugen qualitativer Spielarten der Sozialforschung gehören" (1995, 351). In Abhängigkeit vom Standardisierungsgrad werden diese Befragungsformen u.a. auch als offene, narrative, qualitative, fokussierte oder Intensivinterviews bezeichnet. Die Grenzen zum Expertengespräch und zum standardisierten Interview sind dabei fließend (vgl. Schnell et al. 1995, 352).

testgehend offene Fragen verwendet und keine Antwortmöglichkeiten vorgegeben. Die Abfolge der Fragen variierte je nach Gesprächsverlauf und Kompetenzen der Befragten. In allen Gesprächen wurde der Interviewleitfaden benutzt und ‚abgearbeitet‘, um die Gleichheit der Interviewsituation zu gewährleisten. Die Gespräche nahmen pro Person ca. 1,5 – 2 Stunden in Anspruch.

Datenerfassung

Für jede untersuchte Unternehmenskooperation wurde ein Datenbogen erstellt. In diesen gingen die Ergebnisse der Analyse der schriftlichen Materialien und der Befragung ein. Diese Bögen enthalten Informationen zu folgenden Themenblöcken:

*   technische Daten, wie Träger, Teilnehmer, Angaben zur Finanzierung etc.,

*   Angaben zu Strukturen, Prozessablauf, Organisation,

*   Angaben zu den Zielen und der Zielerreichung der Unternehmenskooperationen als Ganze und der befragten Unternehmen,

*   Angaben zu den Gründen und Motivationen der Träger und Unternehmen zu kooperieren,

*   Angaben zu den Gründen und Motivationen der Träger und Unternehmen regional zu kooperieren.

Diese Angaben waren Grundlage für die Datenanalyse und -auswertung, wie sie in den Teilen C und D darzustellen ist, sowie für die Erstellung der Projektskizzen[444].

Datenanalyse und -auswertung

Nach der Erhebung und Aufarbeitung fällt in den letzten Arbeitsschritt der Untersuchung die Auswertung der Daten. Wie bereits dargestellt, wurden die erhobene Daten und Information für verschiedene Schritte innerhalb der empirischen Untersuchung benötigt.

---

[444] Vgl. Kapitel 9.2.

Die Angaben zu Zielen und Zielerreichung wurden hauptsächlich im Rahmen des Nachhaltigkeitstests verarbeitet. Auf das Verfahren bei dieser Bewertung der Kooperationen wird in Kapitel 9.1 noch genauer eingegangen. Die Angaben zu Strukturen, Prozessablauf und Organisation wurden als Basis der Darstellung der wesentlichen Charakteristika der Unternehmenskooperationen verwendet (vgl. Kapitel 10). Die Informationen zu Kooperationsmotiven und -gründen, wurden in Kapitel 11 und 12 zur Überprüfung und Weiterentwicklung der Thesen über den Zusammenhang von produktionsbezogener regionaler Unternehmenskooperation und nachhaltiger Regionalentwicklung verarbeitet.

8.2 Auswahl der Stichprobe

Innerhalb der empirischen Untersuchung wurden 15 produktionsbezogene regionale Unternehmenskooperationen betrachtet. Um entsprechende Projekte ausfindig zu machen, wurde zunächst eine breit angelegte Recherche nach derartigen Kooperationen durchgeführt. 15 für die Untersuchung geeignete Projekte wurden auf der Basis von im folgenden noch darzustellenden Kriterien ausgewählt.

8.2.1 Erfassung der Grundgesamtheit

Die Grundgesamtheit dieser Untersuchung ist die Menge aller produktionsbezogenen regionalen Unternehmenskooperationen, die Ziele einer nachhaltigen Regionalentwicklung verfolgen. Da es zum Zeitpunkt der Aufnahme dieser Arbeiten kein auch nur annähernd vollständiges Verzeichnis solcher Kooperationen gab, erfolgte zunächst eine Auswertung vorliegender Sammlungen, Dokumentationen und Datenbanken zu Projekten nachhaltiger Regionalentwicklung sowie zu regionalen Kooperationen[445]. Parallel dazu wurden mehrere Experten aus Wissenschaft und Beratung zu nachhaltiger Regional-, Kommunal- und Wirt-

---

[445] Vgl. z.B. Dicks et al. 1997, DVL 1998, Brückmann et al. 1998, Sibum et al. 1996, Loibl et al. 1996. Zusätzlich konnte aber auch auf das Projektarchiv am TAURUS-Institut an der Universität Trier zurückgegriffen werden (vgl. dazu auch Spehl/Tischer 1994).

schaftsentwicklung telefonisch nach ihrem Kenntnisstand über die gesuchten Kooperationen befragt. Hieraus entstand ein umfassendes, aber kein vollständiges Bild der Grundgesamtheit. Von einer Vielzahl der auf diese Weise ermittelten Projekte wurde schriftliches Material angefordert, bei einigen telefonisch um ergänzende Informationen gebeten.

Auf dieser Grundlage erfolgte bei etwa 50 Projekten eine erste Auswertung des vorliegenden Materials und der Informationen im Hinblick auf eine Eignung für die vorzunehmende Untersuchung[446]. Daraus resultierte eine erste Auswahl produktionsbezogener regionaler Unternehmenskooperationen mit Zielen einer nachhaltigen Regionalentwicklung für die weitere Untersuchung. Diese Auswahl wurde durch die abschließende Eruierung der Mitarbeitsbereitschaft nochmals etwas verändert.

8.2.2 Kriterien für die Erfassung der Grundgesamtheit und die Auswahl der Stichprobe

Die Grundgesamtheit besteht also aus einer bestimmten Art regionaler Unternehmenskooperationen. Zunächst werden die Kriterien für deren Erfassung dargestellt, also die Eigenschaften, die die Unternehmenskooperationen erfüllen müssen, damit sie überhaupt als Untersuchungsobjekte in Frage kommen. Die eigentliche Auswahl der Projekte erfolgte dann auf der Basis zusätzlicher Kriterien, hauptsächlich untersuchungstechnischer Art. Diese werden daran anschließend dargestellt.

Recherchiert wurde nach produktionsbezogenen regionalen Unternehmenskooperationen, die sich Ziele einer nachhaltigen Regionalentwicklung gesetzt haben. Das heisst im Einzelnen:

- Umfeldbezogene regionale Unternehmenskooperationen im Rahmen von entwicklungsbezogenen Ansätzen einer nachhaltigen Regionalentwicklung (vgl. dazu Kapitel 4) wurden ausgeschlossen.

- Die Standorte der jeweils miteinander kooperierenden Unternehmen sollten sich in ein und derselben Region befinden. Eine regionale Orientierung der wirtschaftlichen Aktivitäten (Einkauf, Absatz) der

---

[446] Vgl. dazu die weiter unten dargestellten Such- und Auswahlkriterien.

Unternehmenskooperation sollte vorhanden sein. Überregionale Verflechtungen sind jedoch kein Ausschlusskriterium[447].

• Die Unternehmenskooperation sollte explizit oder implizit[448] Ziele einer nachhaltigen Regionalentwicklung verfolgen.

Im Rahmen der Recherche der Unternehmenskooperationen gab es über diese Kriterien hinaus kaum Einschränkungen. Ziel war es vielmehr ein möglichst breites Spektrum verschiedener produktionsbezogener regionaler Kooperationsansätze abdecken zu können. Das heisst:

• Es gab keine Beschränkung hinsichtlich der Branchen und Wirtschaftsbereiche.

• Es gab keine Beschränkung hinsichtlich des Raumtyps (ländlich, urban, zentral, peripher etc.). Auch wenn dies das letztendliche Ergebnis der Projektauswahl leider nicht widerspiegelt, wurde nach Projekten in städtisch-industriell geprägten Räumen und entsprechenden industriellen oder Dienstleistungsbranchen sogar besonders intensiv gesucht, da sehr schnell klar wurde, dass in den klassischen Branchen des ländlichen Raumes (z.B. Ernährungswirtschaft, Holzwirtschaft) kein Mangel an Beispielen besteht. Im Zuge dessen konnte auch eine eher geringe Anzahl von Projekten beispielsweise aus den Bereichen Chemie, Handel oder Finanzdienstleistungen ermittelt werden. Die meisten schieden jedoch bei genauerer Betrachtung als Untersuchungsobjekte aus, weil sie entweder doch nicht in den Kontext einer nachhaltigen Entwicklung einzuordnen oder zum Zeitpunkt der Auswahl noch nicht weit genug entwickelt waren.

• Die Recherche bezog sich zudem auf den gesamten deutschsprachigen Raum, allerdings mit Schwerpunkt auf die Bundesrepublik Deutschland. Die am Ende in die Untersuchung miteinbezogenen österreichischen Initiativen wurden in erster Linie aufgrund ihres umfassenden Charakters und ihrer Vorbildfunktion auch für viele regionale Unternehmenskooperationen in Deutschland ausgewählt.

Um nun 15 für die Untersuchung geeignete Kooperationen auszuwählen, wurden folgende zusätzlichen Kriterien angelegt:

---

[447] Zum Regionsbegriff vgl. Kapitel 2.1.

[448] D.h. Ziele einer nachhaltigen Regionalentwicklung verfolgen, ohne dies explizit auch nachhaltige Regionalentwicklung zu nennen.

• Die Unternehmenskooperationen sollten über die Gründungsphase bereits hinaus sein. Erste Ergebnisse sollten vorliegen und bewertbar sein.

• Die Informationslage über die Projekte sollte überdurchschnittlich gut sein. Unter Umständen sollten sogar Vorarbeiten[449] existieren, die mit ausgewertet werden konnten.

• Eine Bereitschaft zur Mitarbeit von Trägern der Unternehmenskooperationen und beteiligten Unternehmen an der Untersuchung war unerlässliche Bedingung. Von der ersten Kontaktaufnahme bis zu einer abschließenden Vorlage der angefertigten Projektskizzen wurden zumindest die Träger mehrfach angesprochen. An aufwendigsten für die Beteiligten waren dabei mehrstündige Interviews mit in der Regel mehreren Beteiligten der Kooperationen.

• Nach einer ersten Einschätzung auf der Basis vorliegender Dokumente und telefonischer Nachfragen sollte eine positive Nachhaltigkeitsbeurteilung der auszuwählenden Initiativen zumindest wahrscheinlich sein. Mit den ausgewählten Unternehmenskooperationen sollte der gesamte empirische Prozess von der Nachhaltigkeitsprüfung über die Untersuchung der Strukturen und Organisationsformen bis zur Überprüfung der Thesen zum Zusammenhang von regionaler Unternehmenskooperation und nachhaltiger Regionalentwicklung durchlaufen werden. Ein Vergleich von erfolgreichen und nicht erfolgreichen Kooperationen war im Rahmen dieser Untersuchung nicht intendiert.

8.2.3 Ergebnis der Projektauswahl

In die Untersuchung einbezogen wurden die folgenden produktionsbezogenen regionalen Unternehmenskooperationen mit Zielen einer nachhaltigen Regionalentwicklung[450]:

---

[449] Etwa in Form einer Begleitforschung oder anderer Projektauswertungen.

[450] Kursiv gedruckt ist jeweils die Kurzbezeichnung, unter der die Projekte im weiteren benannt werden, in Klammern die Region auf die sich die Kooperation bezieht, das Bundesland und das Handlungsfeld.

Abb. 14: Lokalisierung der untersuchten Unternehmenskooperationen

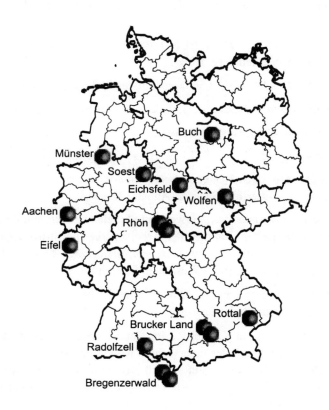

- *Dorfhotel Buch* (Altmark, Sachsen-Anhalt, Tourismus),
- Initiative *Eichsfeld Pur* (Eichsfeld, Thüringen, Tourismus),
- *BRUCKER LAND Ernährung* (Landkreis Fürstenfeldbruck, Bayern, Ernährung),
- Regionale Landwirtschaft Münsterland e.V. *RLM Münster* (Münsterland, Nordrhein-Westfalen, Ernährung),
- Kooperation zwischen famila-Märkten und der Marktgenossenschaft der Naturlandbauern Lippetal-Lippborg, Soest, *famila – Naturland* (Soester Boerde, Nordrhein-Westfalen, Ernährung)

- *Natur und Leben Bregenzerwald* (Bregenzerwald, Vorarlberg/ Österreich, Ernährung),

- *Käsestrasse Bregenzerwald* (Bregenzerwald, Vorarlberg/ Österreich, Ernährung),

- Projekt *Heimisches Holz*, BUND Baden-Württemberg (Oberschwaben, Baden-Württemberg, Holz),

- *BRUCKER LAND Holz* (Landkreis Fürstenfeldbruck, Bayern, Holz),

- Initiative *Rottaler Holzhaus*, (Landkreis Rottal/Inn, Bayern, Bauen),

- *frontal Bau* (Rhön, Hessen, Bauen),

- Initiative *Agenda 21 Haus*; (Rhön, Hessen, Bauen),

- *Netzwerk Ökologisch-Ökonomisches Bauen, Bitterfeld*-Wolfen (Region Dessau-Bitterfeld, Sachsen-Anhalt, Bauen),

- Kooperationsverbund zur Verwertung von elektrischen und elektronischen Altgeräten im Rahmen der Arbeitsmarkt und Strukturpolitik in der Region Aachen, *Elektronikschrottverwertung Aachen* (Region Aachen, Düren, Nordrhein-Westfalen, Recycling),

- Alternatives Energienetz *ALTERNET* GmbH &Co KG, Region Trier (Eifel, Rheinland-Pfalz, Energie).

Die Projekte werden in Kapitel 9.2 im Detail vorgestellt. Abbildung 14 zeigt, dass die Mehrheit der untersuchten Kooperationen in Deutschland lokalisiert und dabei relativ gut verteilt auf verschiedene Bundesländer ist[451]. Zwei Projekte liegen in Österreich (Vorarlberg). Die Begründung für diese Wahl wurde bereits gegeben.

Der Großteil der Initiativen bezieht sich den ländlichen Raum und betrifft entsprechende Branchen (vgl. Abb. 15). Als Ausnahmen können hier lediglich die Projekte Elektronikschrottverwertung Aachen und Netzwerk ökologisch-ökonomisches Bauen, Bitterfeld gelten. Möglicherweise würde sich, wenn eine ähnliche Projektsuche und -auswahl heute noch einmal vorgenommen würde, bereits ein anderes Bild erge-

---

[451] 3 in Nordrhein-Westfalen, 2 in Sachsen-Anhalt, 1 in Thüringen, 2 in Hessen, 1 in Rheinland-Pfalz, 1 in Baden-Württemberg, 3 in Bayern.

ben[452]. Die untersuchten Kooperationen können nach einer tiefergehenden Betrachtung im Hinblick auf weitere Eigenschaften kategorisiert werden. Dazu wird auf Kapitel 10 verwiesen.

Abb. 15: Verteilung der Unternehmenskooperationen auf Branchen

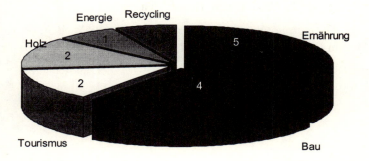

[452] Anlass zu dieser Vermutung geben zumindest die bereits in Kapitel 2.2.2 angesprochenen Projekte innerhalb der Förderinitiative für nachhaltiges Wirtschaften des BMBF in der Metallbranche oder zur industriellen Ökologie.

Kapitel 9
Nachhaltigkeitsprüfung und Darstellung der untersuchten Unternehmenskooperationen

9.1 Prüfung des Beitrags von Unternehmenskooperationen zu einer nachhaltigen Regionalentwicklung

Aufgabe des nun darzustellenden Arbeitsschrittes ist es zu klären, ob produktionsbezogene regionale Unternehmenskooperationen tatsächlich einen Beitrag zu einer nachhaltigen Regionalentwicklung leisten können. Erst wenn dies geschehen ist, ist die Untersuchung der Zusammenhänge zwischen derartigen Unternehmenskooperationen und nachhaltiger Regionalentwicklung sinnvoll. Bereits am Ende von Kapitel 2 war darauf aufmerksam gemacht worden, dass eine solche Nachhaltigkeitsprüfung im Rahmen der Arbeit bei 15 produktionsbezogenen regionalen Unternehmenskooperationen mit positivem Ergebnis durchgeführt wurde. Die weiteren Schritte der Arbeit bauten bereits auf diesem Arbeitsschritt auf. Hier wird nun der Weg zu diesem Ergebnis dargestellt und transparent gemacht.

9.1.1 Methode

Anforderungen an eine Methode zur Prüfung des Beitrags von Unternehmenskooperationen zur nachhaltigen Regionalentwicklung

Aufgabe des Arbeitsschrittes ist eine Zwischen- bzw. ex-post Evaluation ausgewählter Unternehmenskooperationen hinsichtlich ihres Beitrags zu einer nachhaltigen Regionalentwicklung. Auf den ersten Blick scheint es, als könne man dazu auf eine Vielzahl vorhandener Vorschläge für Verfahrensweisen zurückgreifen, denn die Operationalisierung von nachhaltiger Entwicklung in Form von Ziel-, Kriterien- und Indikatorenkatalogen ist eines der größten und ausfernsten Arbeitsfelder der Nachhaltigkeitsforschung. Bei genauerem Hinsehen fällt allerdings auf, dass dem keineswegs so ist. Die bekannten Ansätze beziehen sich auf:

- die Betrachtung der Entwicklung in bestimmten Räumen (Nationen, Regionen, Kommunen) bzw. der in ihnen lebenden Gesellschaften,
- die Wirkungen von Förderprogrammen und Konzepten,
- den Beitrag einzelner Projekte zu einer nachhaltigen Entwicklung,
- einzelne Unternehmen oder
- Produkte bzw. Produktionsprozesse.

Diese Ansätze unterscheiden sich im Hinblick auf die Messpunkte[453], aber auch im Hinblick auf die Formulierung von Kriterien und Indikatoren. Wo sind hier nun produktionsbezogene Unternehmenskooperationen einzuordnen? Welche der Ansätze im Rahmen der Diskussion um die Operationalisierung nachhaltiger Entwicklung eignen sich für die Bewertung ihres Beitrags zu nachhaltiger Regionalentwicklung?

Um dies zu entscheiden, soll im folgenden ein kurzer Einblick in die Diskussion um Operationalisierungsansätze für die verschiedenen Ebenen gegeben werden.

Raum- bzw. gesellschaftsbezogene Ansätze

Ein Großteil der wissenschaftlichen Beiträge zu Zielen, Kriterien und Indikatoren einer nachhaltigen Entwicklung bezieht sich auf die Darstellung und Bewertung des gesellschaftlichen Entwicklungsstandes in bestimmten Räumen[454]. Sie beschäftigen sich im Sinne einer um ökologische und soziale Kriterien erweiterten Wohlstandsmessung mit den Möglichkeiten eines Monitoring der Entwicklung vor dem Hintergrund der Nachhaltigkeit. Ziel ist ein Messsystem für die Entwicklung des Gebiets unter Berücksichtigung ökologischer, ökonomischer und sozialer Aspekte. Dazu wird in der Regel versucht, ein System aus Zielen, Kriterien und Indikatoren für die Beobachtung der Entwicklung zu konstruie-

---

[453] Will man z.B. die Luftverschmutzung in einer Region messen, müssen die Werte an exponierten Punkten in der Region gemessen werden. Über den Beitrag eines Unternehmens oder Projektes zur nachhaltigen Entwicklung sagt eine solche Messung jedoch nichts aus, es sei denn, sie sind zufällig an dieser Messstelle lokalisiert.

[454] Vgl. z.B. Born 1997, Diefenbacher et al. 1997, Pfister 1998.

ren. Diskussionen beziehen sich vor allem auf den zu lösenden Widerspruch zwischen einer möglichst umfassenden (dreidimensionalen) Darstellung des Entwicklungsstandes durch solche Monitoringsysteme auf der einen und dem Ziel eines nicht zu aufwendigen, nachvollziehbaren Vorgehens auf der anderen Seite[455].

Beispiele für derartige Monitoringansätze sind der Index of Sustainable Economic Welfare (ISEW) (oder der Human Development Index (HDI), der sich allerdings nicht auf die ökologische Dimension bezieht[456]. Speziell für die lokale Ebene wurde beispielsweise das Nachhaltigkeitsindikatorensystem von Seattle entwickelt[457].

Auch Ansätze für ein regionales Nachhaltigkeitsmonitoring gibt es. Da es alle drei Dimensionen der Nachhaltigkeit berücksichtigt, wird hier beispielhaft das von Diefenbacher et al. entwickelte Konzept der „Zauberscheiben der Nachhaltigkeit"[458] dargestellt. Die Kriterien dieses Ansatzes sind in Tabelle 8 wiedergegeben.

Für jedes Kriterium werden von den Autoren drei Indikatoren festgelegt. Außerdem werden die Kriterien „Spezifisches für Stadtkreis Heidelberg" und „Spezifisches für Rhein-Neckar-Kreis" mit jeweils sechs Indikatoren aufgestellt. Insgesamt umfasst der „Indikatorenkatalog für nachhaltiges Wirtschaften" in der Region Rhein-Neckar 66 Indikatoren.

Problematisch an den raumbezogenen Ansätzen scheint vor allem der Aufwand bei der Datenerhebung und -auswertung zu sein, um ein einigermaßen vollständiges Bild zu bekommen. Ein Defizit derartiger Monitoringsysteme ist, dass sie sich nicht für die Ursachen der Messergebnisse interessieren. Daher können sie den Entscheidungsträgern keine konkreten Handlungsempfehlungen geben. Vielmehr kann mit Hilfe eines solchen Indikatorensystems festgestellt werden, dass es überhaupt Handlungsbedarf für eine Nachhaltigkeitspolitik gibt. Zum anderen kann

---

[455] Vgl. Diefenbacher et al. 1997, 77.

[456] Vgl. Daly/ Cobb 1989, Cobb 1991 für den ISEW und Aronsson et al. 1997 für den HDI.

[457] Vgl. Born 1997

[458] Vgl. Diefenbacher et al. 1997. Das Prinzip der Zauberscheiben soll auf die wechselseitige Abhängigkeit der drei Dimensionen der Nachhaltigkeit aufmerksam machen. Der Ansatz wurde am Beispiel der Rhein-Neckar Region erstmals erprobt.

bei einer späteren Anwendung desselben Systems der Erfolg einer Nachhaltigkeitspolitik überprüft werden[459].

Tab. 8.: Zauberscheiben der Nachhaltigkeit – FEST-Ansatz für die Rhein-Neckar-Region

Umwelt	- Geringe Abfallmengen - Möglichst niedrige Luftverschmutzung - Erhaltung der Ökosysteme und der Artenvielfalt - Erhaltung des Bestandes an erneuerbaren Ressourcen - Geringe Entnahme von nicht erneuerbaren Ressourcen - Verbesserung des Umweltschutzes
Wirtschaft	- Gleichmäßige Verteilung der Arbeit - Angemessener privater Verbrauch und Ausstattung der Haushalte - Möglichst hoher regionaler Selbstversorgungsgrad - Ausgeglichene Wirtschaftsstruktur - Preisniveaustabilität - Gesunde Struktur der öffentlichen Haushalte
Gesellschaft und Soziales	- Gleichmäßige Einkommens- und Vermögensverteilung - Hohes Niveau von Kultur und Ausbildung - Ausgewogene Bevölkerungs- und Siedlungsstruktur - Sozial- und umweltverträgliche Mobilität - Hohes Gesundheitsniveau - Hohes Sicherheitsniveau

Quelle: DIEFENBACHER et al. 1997, 72 und 86f.

Auf das Problem, dass mit der Messung dieser Indikatoren – mögen sie auch noch so gut zusammengestellt sein – noch keine Aussage über die Ursache etwaiger negativer Ergebnisse und somit auch nicht über Veränderungsmöglichkeiten gemacht wird, verweisen auch Majer et al.[460]. Sie selbst schlagen das Konzept der Nachhaltigkeitslücke zur Identifizierung von Handlungsansätzen vor. Auch der jüngst eingerichtete Sonderforschungsbereich ‚Umwelt und Region' an der Universität Trier, mit dem Ziel, neben Umweltanalyse- auch Umweltmanagementinstrumente

---

[459] Vgl. Pfister 1998, 235f.
[460] Vgl. Majer et al. 1996, 17.

für eine nachhaltige Entwicklung zu erarbeiten[461], wird sich daran messen lassen müssen, ob er den Schritt vom reinen Monitoringinstrument zu einem integrierten Instrument zur Identifizierung von Handlungsansätzen vollziehen kann. Der Schlüssel hierzu scheint in der Beziehung der drei Dimensionen – vor allem jedoch der ökologischen und ökonomischen zueinander – zu bestehen. Um die richtigen Handlungsansätze zu identifizieren genügt es nicht, ökonomische und ökologische Daten zur regionalen Entwicklung nebeneinander zu stellen. Vielmehr müssen sie aufeinander bezogen werden. Wichtig ist es beispielsweise zu ermitteln, welche ökonomischen Handlungen, welche ökologischen (oder sozialen) Probleme hervorrufen. Instrumente, wie die Stoffstromanalyse, das Umweltraumkonzept oder der ökologische Fußabdruck ermöglichen solche Einsichten, bilden aber andererseits bislang nur Teilbereiche ab[462].

Programm- und Konzeptebene

Die Notwendigkeit, Konzepte oder Programme im Hinblick auf ihre Wirkungen auf eine nachhaltige Entwicklung einzuschätzen, ist aktuell in mehreren Zusammenhängen eine wichtige Fragestellung. Sie stellt sich zum einen im Zusammenhang mit der Diskussion um lokale oder regionale Agenden 21[463] aber in zunehmendem Maße auch im Zusammenhang mit der Aufstellung, Durchführung und Evaluation von Förderprogrammen. Im Hinblick auf letzteres sind vor allem Bemühungen der Europäischen Kommission in jüngster Zeit hervorzuheben, die Anforderungen an eine Erfolgskontrolle von Regionalpolitik im allgemeinen[464] und an das Einbeziehen von nachhaltiger Entwicklung im speziellen zu erhöhen. Im Zuge dessen ist zum einen eine Studie mit einem Verfahrensvorschlag für die Einschätzung des Beitrags von Förderprogrammen innerhalb des europäischen Strukturfonds zu einer nachhaltigen Entwicklung[465] entstanden. Zum anderen wurde ein Netzwerk aus mehreren europäischen Regionen ins Leben gerufen, welche die Anforderungen einer nachhalti-

---

[461] Vgl. Universität Trier 1998.

[462] Vgl. z.B. Schmidt-Bleek 1994, Wallner 1998, Wackernagel/ Rees 1996.

[463] Vgl. z.B. BBR 1998.

[464] Vgl. Europäische Kommission 1996.

[465] Vgl. ECOTEC 1997.

gen Entwicklung stärker in ihren Strukturfondsprogrammen berücksichtigen möchten.

Um Programme oder Konzepte für eine nachhaltige Entwicklung möglichst effizient zu gestalten, sollten sie sowohl ex-ante, während der Durchführung als auch ex-post auf ihren Beitrag zur nachhaltigen Entwicklung hin überprüft werden. Während die ex-ante-Einschätzung noch vergleichsweise einfach ist, da Wirkungen ohnehin nur eingeschätzt werden können[466], erscheinen die Probleme, die mit einer Zwischen- oder ex-post-Bewertung verbunden sind noch weitgehend ungelöst. Schwierigkeiten erzeugt in diesem Zusammenhang beispielsweise die Tatsache, dass es nicht möglich ist, Aussagen über die Qualität eines Programmes oder Konzeptes zu gewinnen, indem man Daten auf (gesamt-) regionaler Ebene vor und nach ihrer Implementierung vergleicht.

Eine Vielzahl weiterer Einflüsse können für die Veränderungen verantwortlich sein. Aber auch der Ansatz am Programm oder Konzept selbst, indem man etwa die Wirkungen einzelner Maßnahmen misst, ist vor allem bei der Betrachtung weicher Maßnahmen, wie Beratungs- oder Qualifizierungsangeboten methodisch problematisch.

Ein Ansatz, der unter anderem den Anspruch erhebt, sowohl für die ex-ante- als auch die ex- post-Beurteilung von Programmen und Maßnahmen geeignet zu sein, wurde im von der DG XII der Europäischen Kommission geförderten Projekt „Instruments for Sustainable Regional Development" erarbeitet[467]. Als Teil des sogenannten „Sustainable Quality Management" werden Programme oder Maßnahmen im Hinblick auf ihre Orientierung und auf ihre Potenziale für nachhaltige Entwicklung untersucht (vgl. Tab. 9). Ein dritter Baustein des Instrumentes leitet Veränderungen hin zu einer nachhaltigen Entwicklung an.

---

[466] Das britische Institut ECOTEC legte beispielsweise für die Einschätzung des Beitrags von europäischen Strukturfondsprogrammen ein Instrument vor, das es erlaubt einzelne Programm-Maßnahmen den Kategorien: ‚Kein klarer Beitrag zur nachhaltigen Entwicklung', ‚Business as usual', ‚Beitrag zur Minimierung ökologischer Probleme' und ‚Neuorientierung auf nachhaltige Entwicklung' zuzuordnen. Diesen Kategorien werden im Instrument typische Maßnahmen zugeordnet, die dann mit den in den Förderprogrammen vorgefundenen Maßnahmen verglichen werden. Auf diese Weise kann bestimmt werden, welcher Anteil eines Förderprogrammes bereits zu einer nachhaltigen Entwicklung beiträgt und welcher nicht (vgl. ECOTEC 1997).

[467] Vgl. Schleicher-Tappeser et al. 1998.

Tab. 9: The INSURED framework for the quality management of Sustainable Regional Development

Sustainable Development ORIENTATION SD Components	Regional Social POTENTIAL Key Regional Factors
O1. Environmental O2. Economic O3. Socio-cultural **Equity** O4. Inter-personal equity O5. Spatial equity O6. Inter-temporal equity **systemic** O7. Diversity O8. Subsidiarity O9. Networking and partnership O10. Participation	**linked to diversity** P1. Perception of a variety of development approaches P2. Creativity and innovation in an entrepreneurial culture which emphasises responsibility towards the Community P3. Capacity to cope with complexity and ambiguity and to anticipate change P4. Openness to enrich the own culture and enhance multicultural cohesion P5. Discovery and re-encoding of territorial specificities & local knowledge **Linked to subsidiarity** P6. Ability of each to reach their optimum level of attainment and fulfilment P7. Fractal distribution of competence using the counterflow principle P8. Autonomy of strategic decision making within a facilitating infrastructure P9. Primary reliance on own resources without compromising the ones of the others **Linked to networking / partnership** P10. Shared value system taking into account environmental, socio-cultural and economic interdependencies P11. Social cohesion P12. Opportunities and room for equitable interaction P13. Capacity of creating shared visions P14. Integration of social & technical skills into the innovation process **Linked to participation** P15. Access to information and to the arena of dialogue and debate P16. Multiplicity of interactions, enhanced by local animators

Quelle: http://www.eures.de/insured/Summary.htm, verändert.

Projektebene

Auch auf der Ebene einzelner Projekte gewinnen Ziele, Kriterien und Indikatoren einer nachhaltigen Entwicklung eine zunehmende Bedeutung. Innerhalb von Förderprogrammen müssen die Auswirkungen von Projekten ex-ante eingeschätzt und auf dieser Basis die am besten Erfüllung der Programmziele geeigneten Projekte ausgewählt werden. Während und nach der Implementation sollten die Wirkungen kontrolliert werden. Wichtig ist die Einschätzung des Beitrages von einzelnen Projekten zu einer nachhaltigen Regionalentwicklung in zunehmendem Maße auch im Zusammenhang mit der Darstellung von sogenannten ,best practices'. Die Unsicherheit vieler Bürger und Verantwortlicher vor allem in Politik und Verwaltung über die Möglichkeiten der Umsetzung von nachhaltiger Entwicklung haben in letzter Zeit zu einer gehäuften Darstellung sogenannter ,guter Beispiele' geführt, die in der Regel nach vorher festgelegten Kriterien einer nachhaltigen Regionalentwicklung beurteilt werden[468].

Erste handfeste Ergebnisse im Form von Kriterienkatalogen zur Beurteilung von Projekten und entsprechenden Anwendungsvorschlägen haben sich aus den Bemühungen innerhalb des oben bereits erwähnten Netzwerkes „Sustainable Development under Structural Funds Programmes" ergeben. Diese beziehen sich bislang jedoch ausschließlich auf die ex-ante Projektauswahl. Es steht zwar zu vermuten, dass mit denselben Kriterien auch ex-post gearbeitet werden kann. Bei der Kriterien- und Indikatorenauswahl muss dann jedoch verstärkt auf die Verfügbarkeit oder Erhebbarkeit der entsprechenden Daten bei den Projekten geachtet werden.

An dieser Stelle werden nur die Kriterienkataloge der bisher wohl am weitesten entwickelten[469] Projektbewertungsinstrumente vorgestellt.

Für die Projektauswahl im Ziel-2-Programm der Region Eastern Scotland wurde folgender Kriterienkatalog entwickelt:

---

[468] Vgl. z.B. Meyer-Engelke et al. 1998, Adam 1998, Klee/ Kirchmann 1998.

[469] Da sie sich im Gegensatz zu einigen anderen Vorschlägen bereits auf alle drei Dimensionen nachhaltige Entwicklung beziehen.

Tab. 10: Kriterien zur Projektauswahl der Eastern Scotland European Partnership

Ökologisch:
• Umweltauswirkungen (environmental impact)
• Ressourceneffizienz (ressource efficiency)
Sozial:
• Voraussetzungen zur Integration Benachteiligter schaffen (Access and opportunity)
• Erhöhung der lokalen/regionalen Wertschöpfung (Local added value)
• Verbesserung des regionalen Know-hows (Capacity building)
• Integration Benachteiligter (Social inclusion)
Ökonomisch:
• Netto-Zunahme an Arbeitsplätzen (net additional jobs)
• Mobilisierung weiterer Förderung oder privater Investitionen (Leverage)
• Notwendigkeit zu intervenieren (evidence of demand)
• Dauerhaftigkeit, Machbarkeit (durability)
• Verbesserung der Infrastruktur (Infrastructure impact)
• Integration in andere Aktivitäten (strategic integration)

Quelle: Eastern Scotland European Partnership 1998.

Einen weiteren Vorschlag präsentierte das TAURUS-Institut für das Ziel-2-Programm des Landes Nordrhein-Westfalen. Es unterscheidet sich in einigen Punkten, geht aber vor allem bei der ökologischen Dimension etwas mehr in die Tiefe:

Tab. 11: Nachhaltigkeitsprüfung für Projekte: Vorschläge zu Kriterien des TAURUS-Instituts

Ökologisch:
1. Verringerung des Flächenverbrauchs und der Bodenbelastung
2. Verringerung des Energieverbrauchs
3. Verringerung des Wasserverbrauchs
4. Verringerung der Abfallmengen
5. Schutz von Arten, Biotopen und Landschaften
6. Nutzung erneuerbarer Ressourcen

Sozial:
1. Integration von Arbeitslosen
2. Zunahme der Ausbildungsplätze
3. Besondere Förderung Benachteiligter (Ausländer, Behinderte)
4. Förderung der Gleichstellung von Frauen
5. Erhöhung der Beteiligungsmöglichkeiten der Betroffenen

Ökonomisch:
1. Erhalt bestehender und Schaffen neuer Arbeitsplätze
2. Erhalt der Wettbewerbsfähigkeit
3. Förderung umweltentlastender Infrastrukturen
4. Förderung umweltentlastender Produktionsverfahren, Produkte und Dienstleistungen
5. Erzielen großer indirekter Effekte hinsichtlich Wertschöpfung, Arbeitsplätze, Qualifikation

Quelle: Sauerborn/ Tischer 1999

Unternehmens- und Produktebene

Bereits eine oberflächliche Betrachtung der in Frage kommenden Ansätze zeigt, dass einzelne Unternehmen, Produktionsverfahren oder Produkte in bestehenden Bewertungsansätzen in der Regel nicht im Hinblick auf ihren Beitrag zu einer gesamtgesellschaftlichen oder gesamträumlichen Entwicklung betrachtet werden. Die Frage, was ein Unternehmen oder ein Produkt zu einer nachhaltigen Entwicklung (der Gesellschaft) beiträgt, wird in Ansätzen wie der Ökobilanzierung, dem Öko-Audit oder der Produktlinienanalyse nicht gestellt[470]. Im Focus steht vielmehr die (ökologische oder soziale) Weiterentwicklung des Unternehmens oder Produktes selbst[471].

---

[470] Vgl. z.B. Böning 1995, Krähling 1994, 147 für die Ökobilanzierung, Houldin 1998 für das Öko-Audit, Grießhammer 1992 für die Produktlinienanalyse.

[471] Dass eine solche Weiterentwicklung im Ergebnis auch Auswirkungen auf die Entwicklung der Gesamtgesellschaft hat, sei unbenommen. Diese Frage steht aber nicht im Vordergrund der genannten Evaluierungsmethoden.

Mit Hilfe derartiger Ansätze kann folglich auch keine Bewertung des Beitrags von Unternehmenskooperationen zu nachhaltiger Regionalentwicklung durchgeführt werden[472].

Was ergibt sich nun für die anfangs gestellte Frage, welche der Ansätze im Rahmen der Operationalisierungsdiskussion sich für die Bewertung des Beitrags regionaler Unternehmenskooperationen zu einer nachhaltiger Regionalentwicklung eignen?

Die Auswirkungen einzelner regionaler Unternehmenskooperationen auf die Entwicklung der Gesamtregion dürften in der Regel so gering sein, dass sie bei der Auswertung von Daten auf regionaler Ebene (beispielsweise Luftstichproben an ausgewählten regionalen Messstellen oder Arbeitsmarktstatistiken) kaum feststellbar sind. Abgesehen davon lässt sich bei einem solchen Vorgehen nicht ermitteln, ob eine etwaige Verbesserung der ökologischen, ökonomischen und sozialen Situation in der jeweiligen Region auf die Unternehmenskooperation oder auf andere Faktoren zurückzuführen sind. Außerdem werden für die meisten Regionen in aller Regel die entsprechenden Daten fehlen, weil ein regionales Nachhaltigkeitsmonitoring gar nicht durchgeführt wird. Eine Beurteilung, ob die Unternehmenskooperationen zur nachhaltigen Regionalentwicklung beitragen, ist also auch auf diesem Wege nicht möglich.

Erfolgversprechend scheint allerdings ein Vorgehen wie es oben für die Projektebene dargestellt wurde. Die Datenerhebung erfolgt am Projekt, sprich der Unternehmenskooperation selbst. Die Bewertungsfragen sind jedoch nicht so sehr auf die Verbesserung der Projektqualität gerichtet, wie es oben für die Ansätze auf Unternehmens- bzw. Produktebene festgestellt wurde, sondern auf den Beitrag zur Entwicklung der Region.

Um eine Bewertung des Beitrags von Projekten zu einer nachhaltigen Entwicklung tatsächlich durchzuführen, ist jedoch nicht nur nach der relevanten Betrachtungsebene zu fragen. Weitere wichtige Anforderungen für eine methodisch optimale Bewertung sind:

---

[472] Die Produktlinienanalyse kann allerdings, wie Peters et al. 1996 gezeigt haben, mit einigen Modifikationen für die Analyse der Probleme und Potenziale von Produktionsweisen entlang einer bestimmten Wertschöpfungskette für eine nachhaltige Regionalentwicklung angewendet werden. Dabei handelt es sich jedoch um ein sehr aufwendiges Verfahren, das beispielsweise bei der Ermittlung der wichtigsten Ansatzpunkte für eine nachhaltige Regionalentwicklung benutzt werden kann.

- Die Existenz eines konsensfähigen Kriterien- bzw. Indikatorenkataloges für eine Bewertung des Beitrags von Projekten zu einer nachhaltigen Regionalentwicklung. Dass es dazu bislang nur wenige Vorschläge gibt, wurde bereits gezeigt.

- Die Verfügbarkeit oder einfache Erhebbarkeit von ökologischen, ökonomischen und sozialen Daten auf Projektebene, die Aussagen über den Beitrag des jeweiligen Projektes zu einer nachhaltigen Regionalentwicklung erlauben. Projektträger oder Unternehmen erheben jedoch nur in den allerseltensten Fällen derartige Daten. Eine eigene Erhebung, geschweige denn Messung (etwa von Emissionen) ist im Rahmen einer Arbeit, wie der vorliegenden viel zu aufwendig.

- Das Vorliegen eines objektiven Verfahrens zur Gewichtung der Kriterien. Dazu wird hier die Auffassung vertreten, dass es eine objektive Gewichtung schlichtweg nicht gibt[473]. Auch wenn Aggregations- und Gewichtungsverfahren, wie die Methode des gewichteten Mittels[474] oder Versuche zur Erstellung von Gesamtindikatoren diese Möglichkeit immer wieder implizieren, so ist doch die Einschätzung der Bedeutung bestimmter Kriterien ein grundlegend normatives Unterfangen. Wertmaßstäbe werden mit Sachinformationen, also Normatives mit Deskriptivem verbunden[475].

Alle drei ‚Optimalanforderungen' sind demnach beim derzeitigen Stand der Kenntnis nicht zu erfüllen. Dies führt zu der Anforderung, das Vorgehen bei der Nachhaltigkeitsprüfung den existierenden Möglichkeiten bzw. der Machbarkeit anzupassen. Dazu sind folgende sozusagen ‚second best' Anforderungen zu nennen:

- Die Bewertungsgrundlage, also die der Projektbewertung zugrunde gelegten Kriterien und gegebenenfalls die Indikatoren müssen transparent gemacht werden. Eine Darstellung des Entstehungshintergrundes des Kriterienkataloges erlaubt eine Einordnung in die Debatte um nachhaltige Regionalentwicklung.

---

[473] Vgl. z.B. auch Diefenbacher et al. 1997, 94.

[474] Vgl. Spangenberg 1996, 207.

[475] Vgl. Poschmann et al. 1998, 27.

- Ein praktikables Erhebungs- und Bewertungsinstrument ist zu entwickeln. Dabei sind insbesondere folgende Aspekte im Auge zu behalten:

  - Der Beitrag von Projekten zu einer nachhaltigen Regionalentwicklung soll bestimmt werden können.

  - Der Aufwand der Datenbeschaffung und -verarbeitung sollte vertretbar bleiben.

  - Die Anwendung auf verschiedene Projekttypen (z.B. aus unterschiedlichen Handlungsfeldern oder Branchen) sollte möglich sein.

  - Die Ergebnisse sollten nachvollziehbar sein.

- Der Subjektivität der Einschätzung bzw. Bewertung der Projekte sollte dadurch Rechnung getragen werden, dass die Bewertung von mehreren Personen diskutiert und gemeinsam durchgeführt wird. Wo dies nicht möglich ist, sollte sie zumindest nachvollziehbar und transparent gemacht werden.

Diese Anforderungen wurden bei der Entwicklung des Instruments zur Nachhaltigkeitsprüfung für die Unternehmenskooperationen im Rahmen dieser Arbeit berücksichtigt.

Die angewandte Methode für die Nachhaltigkeitsprüfung

Kriterienaufstellung

Die Basis für den hier verwendeten Kriterienkatalog bilden die beiden oben dargestellten Kataloge des TAURUS-Instituts und der Eastern Scotland European Partnership für eine Projektbewertung im Hinblick auf eine nachhaltige Regionalentwicklung. Beide sind im Zusammenhang mit der Bewertung von Projekten innerhalb von strukturpolitischen Förderprogrammen entstanden[476]. Sie dienen also einem Zweck, der dem Blickwinkel der hier vorzunehmenden Bewertung nicht ganz entspricht. Deshalb wurde der hier verwendete Kriterienkatalog durch zusätzliche Aspekte in Anlehnung an den ebenfalls oben vorgestellten Ansatz von

---

[476] So z.B. zu erkennen am Kriterium des Erreichens indirekter Effekte bei TAURUS oder dem Ziel der Mobilisierung weiterer Förderung oder privater Investitionen beim schottischen Beispiel.

Diefenbacher et al. ergänzt. Alle drei Kriterienkataloge basieren auf der aktuellen Debatte um nachhaltige Regionalentwicklung und eingehenden Diskussionen innerhalb der jeweils dafür verantwortlichen Arbeitsgruppen sowie mit arbeitsgruppenexternen Experten oder Anwendern. Sie dürften damit ein vergleichsweise gutes Bild des aktuellen Diskussionsstandes repräsentieren.

Tab. 12: Kriterien für die Bewertung des Beitrags von Unternehmenskooperationen zu einer nachhaltigen Regionalentwicklung

Ökologisch:
- Verringerung des Einsatzes von Ressourcen und Stoffen, dabei
  - Verringerung der Nutzung erschöpflicher Ressourcen
  - vermehrte Nutzung regenerativer Ressourcen
- Vermeidung giftiger Stoffe
- Verringerung von Luftverschmutzung
- Verringerung von Lärmbelastung
- Verringerung des Flächenverbrauchs und der Bodenbelastung
- Verringerung des Energieverbrauchs
- Verringerung des Wasserverbrauchs
- Verringerung der Abfallmengen
- Schutz von Arten, Biotopen und Landschaften

Sozial:
- Gerechte Verteilung von Einkommen und Arbeit
- Sicherung eines hohen Niveaus von Qualifikation und Bildung
- Sicherung eines hohen Gesundheitsniveaus
- Stärkung regionaler kultureller und sozialer Strukturen
- Integration benachteiligter Gruppen (Behinderte, Ausländer etc.)
- Regionale Entwicklung nicht auf Kosten anderer Regionen
- Regionale Entwicklung nicht auf Kosten nachfolgender Generationen

Ökonomisch:
- Sicherung und Schaffung von Arbeitsplätzen
- Sicherung und Schaffung von Einkommen und regionaler Wertschöpfung
- Erhalt und Verbesserung der regionalen Wettbewerbsfähigkeit
- Diversifizierung der regionalen Wirtschaftsstruktur
- Befriedigung der wesentlichen Bedürfnisse der regionalen Bevölkerung

Die hier verwendeten Kriterien für einen Beitrag von Projekten zu einer nachhaltigen Regionalentwicklung werden in Tabelle 12 sortiert nach der ökonomischen, ökologischen und sozialen Dimension aufgeführt. Demnach leisten Projekte (in diesem Falle Unternehmenskooperationen) einen Beitrag zur nachhaltigen Regionalentwicklung, wenn sie zur Verringerung des Einsatzes von Ressourcen und Stoffen oder zur Vermeidung giftiger Stoffe beitragen, usw.

Die Strategien zur Erfüllung dieser Kriterien unterscheiden sich in unterschiedlichen Handlungsfeldern und Sektoren. Die Kriterien könnten deshalb für einzelne Handlungsfelder noch weiter operationalisiert werden. Auf diesen Schritt wird hier aus Vereinfachungsgründen verzichtet. Bei der Bewertung wurden die unterschiedlichen fachlichen Hintergründe jedoch immer mitberücksichtigt.

Anwendung der Kriterien

Die Bewertung erfolgt auf der Grundlage der folgenden Matrix:

Tab. 13: Bewertungsmatrix

	+ +	+	o	–	– –	?
Ökologie						
Soziales						
Ökonomie						
Gesamtbewertung						

Für jede Dimension wird also zunächst eine aggregierte Einschätzung erarbeitet. Sie wird auf einer fünfstufigen Ordinalskala abgebildet und beruht auf der Betrachtung des Beitrags der einzelnen Projekte zur Erfüllung der Kriterien. Dabei stehen die Stufen der Skala für folgende Einschätzungen:

– –   sehr negative Wirkung des Kooperationsprojektes auf die jeweilige Dimension bzw. eine nachhaltige Regionalentwicklung.

–   negative Wirkung des Kooperationsprojektes auf die jeweilige Dimension bzw. eine nachhaltige Regionalentwicklung.

0   neutrale Wirkung des Kooperationsprojektes auf die jeweilige Dimension bzw. eine nachhaltige Regionalentwicklung (d.h. die Situation wird weder verbessert noch verschlechtert).

+   positive Wirkung des Kooperationsprojektes auf die jeweilige Dimension bzw. eine nachhaltige Regionalentwicklung.

+ +   sehr positive Wirkung des Kooperationsprojektes auf die jeweilige Dimension bzw. eine nachhaltige Regionalentwicklung.

Wie die Einschätzung zustande kommt, wird durch ausführliche Projektbeschreibungen sowie durch ausführliche Begründungen unter Bezugnahme auf die einzelnen Kriterien transparent gemacht[477]. Abschließend erfolgt auf derselben Skala eine Gesamtbewertung, die allerdings nicht direkt aus den Dimensionsbewertungen (etwa in Form einer Addition) abgeleitet wird[478], sondern den Gesamteindruck des Bearbeiters wiederspiegelt. Die Darstellung erfolgt somit erst auf der Ebene der Ergebnisse leicht formalisiert (Ordinalskala). Die eigentliche Erarbeitung ist aber nicht formalisiert und beruht in der Regel auf qualitativen Informationen und nur in sehr wenigen Fällen (wo sie vorhanden waren) auf quantitativen Daten.

Die Informationsgrundlagen zur Einschätzung der Kriterienerfüllung wurden aus der Analyse vorliegender Materialien über die jeweiligen Projekte und in Interviews mit Trägern und Teilnehmern der Unternehmenskooperationen gewonnen[479].

Auf Grundlage dieser Informationen erfolgte die Bewertung durch den Autor in Diskussion mit den weiteren Teilnehmern der Interviews[480]. Auf diese Weise kann gewährleistet werden, dass sich bei der Bewertung nicht um ein Einzelurteil, sondern um ein vergleichsweise diskursives und transparentes Verfahren handelt.

---

[477] Vgl. die einzelnen Projektskizzen in Kapitel 9.2.

[478] Ein solches Vorgehen würde eine Gewichtung der Bedeutung der einzelnen Dimensionen bzw. Kriterien voraussetzen.

[479] Vgl. dazu Kapitel 8.1.

[480] Fast alle Gespräche wurden vom Autor mit Unterstützung einer weiteren Person geführt. Mit dieser wurden die Bewertungen jeweils ausführlich diskutiert. Zusätzlich wurden die Bewertungen den jeweiligen Projektträgern mit der Aufforderung diese zu kommentieren vorgelegt.

9.1.2 Ergebnisse der Nachhaltigkeitsprüfung

Für die 15 Unternehmenskooperationen wurde eine Prüfung ihres Beitrages zu einer nachhaltigen Regionalentwicklung nach der oben dargestellten Methode durchgeführt. Es soll nochmals herausgestellt werden, dass es sich dabei um eine subjektive Einschätzung auf der Basis einer beschränkten Menge von Informationen[481] handelt. Dies wurde versucht dadurch zu relativieren, dass die Bewertung jeweils mit den weiteren Teilnehmern an den zugrundeliegenden Interviews diskutiert wurde. Außerdem wurde versucht die Einschätzung durch ausführliche Begründungen so transparent wie möglich zu gestalten. Diese können in den Projektskizzen zu den einzelnen Kooperationen in Kapitel 9.2 nachgelesen werden. Eine Übersicht über die Ergebnisse gibt Tabelle 14.

Als Gesamtergebnis der Bewertung kann damit festgehalten werden, dass alle untersuchten Unternehmenskooperationen zu einer nachhaltigen Regionalentwicklung beitragen. Dies geschieht allerdings auf sehr unterschiedliche Art und Weise und in unterschiedlicher Intensität.

Die einzelnen Kooperationen wurden jeweils im Bezug auf die drei Dimensionen nachhaltiger Regionalentwicklung sowie unabhängig davon auch in ihrem Gesamteindruck bewertet (vgl. Tab. 14).

Die Bewertung wurde anhand der bereits dargestellten Ordinalskala vorgenommen (++, +, 0, –, – –). Bei den Bewertungen in den einzelnen Dimensionen wurde auch versucht, den jeweiligen Stand der Diskussion in den einzelnen Handlungsfeldern zu berücksichtigen.

So ist beispielsweise die Diskussion über ökologische Produktionsstandards in den einzelnen Handlungsfeldern unterschiedlich weit entwickelt. Im Ernährungsbereich kann auf jahrzehntelange Erfahrungen und Diskussionen im Zusammenhang mit dem Ökolandbau zurückgeblickt werden. Für ökologische Landwirtschaft gibt es mit den AGÖL[482]-Richtlinien einen allgemein akzeptierten Standard, der auch hier zur Bewertung mit ++ führte (z.B. Kooperation famila – Naturland). Projekte im Bereich Ernährung, die mit niedrigeren ökologischen Anforderungen arbeiten (z.B. BRUCKER LAND Ernährung), wurden mit + bewertet. Anders im Holzbereich, wo derartige konsensgetragene Kriterien für

---

[481] Eigene Primärerhebungen über Umweltwirkungen etc. wurden nicht vorgenommen.

[482] Arbeitsgemeinschaft ökologischer Landbau

ökologische Waldwirtschaft erst im Entstehen sind[483]. Hier genügte bereits die Einigung auf ökologische Standards für ein ++ (z.B. BRUCKER LAND Holz).

Tab. 14: Übersicht über die Einzelergebnisse der Nachhaltigkeitsbewertung

Projekt	Ökologie	Soziales	Ökonomie	Gesamt-bewertung
Elektroschrottrecycling Aachen	+	++	++	++
Agenda 21 Haus	+	+	+	+
ALTERNET	++	o	+	+
Bregenzerwald Käsestraße	+	+	++	+
Bregenzerwald Natur & Leben	+	++	++	++
BRUCKER LAND Ernährung	+	++	++	++
BRUCKER LAND Holz	++	o	+	+
Heimisches Holz, BUND	+	o	+	+
Dorfhotel Buch	+	o	+	+
Eichsfeld Pur	+	+	+	+
frontalBAU	+	++	+	+
Münster RLM	+	o	+	+
Rottaler Holzhaus	+	+	+	+
famila – Naturland Soest	++	o	+	+
Netzwerk ökologisch-ökonomisches Bauen, Bitterfeld	+	o	+	+

Bemerkenswert ist, dass alle Projekte in der ökologischen und der ökonomischen Dimension mindestens mit + bewertet wurden, während in der sozialen Dimension immerhin siebenmal die 0 auftaucht. In der *ökologischen Dimension* erhielten zwölf Kooperationen eine Bewertung mit + und drei mit ++. Bei der Bewertung der *ökonomischen Dimension* wur-

---

[483] Vgl. z.B. Sauerborn et al. 1998.

den elf Kooperationen mit + ausgezeichnet und vier mit ++. Die Bewertung der *sozialen Dimension* weicht deutlich von denen der ökologischen und ökonomischen Dimension ab. Sieben Kooperationen erhielten nur eine 0, vier + und vier ++. Diese Bewertung ist nicht zuletzt auch Spiegelbild der schwierigen Position der sozialen Dimension in der Debatte um nachhaltige Entwicklung bzw. nachhaltige Regionalentwicklung insbesondere auch wenn es um die Rolle von Unternehmen dabei geht (vgl. dazu auch Kapitel 2.3).

Tab. 15: Gesamtergebnisse der Nachhaltigkeitsbewertung

	+ +	+	o	–	– –	?
Ökologie	3	12				
Soziales	4	4	7			
Ökonomie	4	11				
Gesamtbewertung	3	12				

Wie schon erwähnt, beruht die Gesamtbewertung nicht auf einer formalen Aggregation der Dimensionsbewertungen, sondern stellt eine (formal) eigenständige Einschätzung des Gesamteindrucks dar, der aber natürlich wiederum nicht ganz losgelöst von den Teilurteilen entstand. So hat beispielsweise eine sehr gute Bewertung eines Projektes im Hinblick auf die soziale Dimension aufgrund des oben dargestellten schlechteren Gesamtresultats für die soziale Dimension tendenziell eher zu einer sehr guten Gesamteinschätzung geführt als eine sehr gute Bewertung im Bezug auf die ökologische Dimension. Von den fünfzehn Unternehmenskooperationen wurden in der *Gesamtbewertung* zwölf mit + und drei sogar mit ++ bewertet (Elektronikschrottverwertung Aachen, Bregenzerwald Natur & Leben, BRUCKER LAND Ernährung).

9.2 Darstellung der untersuchten Unternehmenskooperationen

Im Folgenden werden nun die einzelnen untersuchten Unternehmenskooperationen anhand gleich strukturierter Projektskizzen vorgestellt[484]. Sie
umfassen folgende Teile:

- *Daten:* Angaben technischer Art, wie Träger, Kooperationspartner,
  Angaben zur Finanzierung und Angaben zum Stand der Realisierung.

- Eine *Kurzbeschreibung* der Projekte, in der jeweils auf die Entste-
  hungshintergründe, die Ziele der Initiative und durchgeführte sowie
  aktuelle Aktivitäten eingegangen wird.

- Informationen zu den *Kooperationsstrukturen*, die nochmals unter-
  gliedert sind in Angaben zur Partnerauswahl, zur Aufgabenteilung
  innerhalb der Kooperationen, zu existierenden Vereinbarungen und
  Verträgen sowie zu den Entscheidungsprozessen wie sie in den jeweiligen Unternehmenskooperationen durchgeführt werden.

- Im letzten Abschnitt der Projektskizzen wird die jeweilige *Bewertung*
  der Unternehmenskooperation im Hinblick auf deren Beitrag zur
  nachhaltigen Regionalentwicklung dargestellt und begründet.

---

[484] Die empirische Untersuchung wurde Anfang 1999 abgeschlossen. Die Skizzen
geben folglich den damaligen Stand der Entwicklung wieder.

Dorfhotel Buch

Daten

Name Dorfhotel Buch

Träger Landerlebnis Elbtalauen e.V., Buch

Partner Die Vereinsmitglieder umfassen fünf private Unterkunftsanbieter, einen Gasthof und den NABU Kreisverband Stendal e.V. und das Zentrum für Ökologie, Natur- und Umweltschutz (ZÖNU)

Finanzierung Eigenfinanzierung (privat)

Realisierung
- September 97: erste Kontaktaufnahme beim NABU zum Ideenaustausch.
- Oktober 97: Vorstellung der Idee durch den NABU
- Mai 98: Eröffnung des Dorfhotels Buch
- Juni 98: Organisation und Durchführung der Altmarkischen Bauernwoche in Buch
- Dezember 98: Gründung des Fördervereins Landerlebnis Elbtalauen e.V.

Kurzbeschreibung

Hintergründe Der Ort Buch liegt im Biosphärenreservat ‚Flusslandschaft Elbtalaue‘, dessen Potential in Zukunft verstärkt touristisch genutzt werden soll. Die bestehenden Unterkünfte der Region dienten ursprünglich zur Unterbringung von Arbeitern und Monteuren. Die veränderte wirtschaftliche Lage beendete diese Nachfrage. Der Fremdenverkehrsverband Altmark machte den Vorschlag, die bestehenden Beherbergungskapazitäten für einen naturnahen Tourismus zu nutzen und ging auf den NABU zu, um von dort Unterstützung zu bekommen. Die Unternehmen in der Gemeinde Buch haben diese Ansätze von Anfang an mit Interesse verfolgt.

Ziel(e) Gemäß Satzung fördert der Verein die Schaffung regionaler Strukturen und bezweckt die freiwillige Zusammenarbeit von Einzelpersonen, Betrieben, Kommunen, Institutionen, Vereinen und Verbänden mit dem Ziel, die Region der Elbtalauen mit ihren Werten der Kulturlandschaft und Erholungsvorsorge zu fördern. Hierzu gehören vor allem:

- Förderung der Zusammenarbeit zur Unterstützung einer zukunftsfähigen Entwicklung in der Region der Elbtalauen,
- Förderung und Entwicklung einer Naturerlebnisregion in den Elbtalauen nach landschaftsschonenden Gesichtspunkten,
- Förderung der ökologischen und kulturhistorischen Orientierung,
- Wahrung und Unterstützung der Traditionen, Sitten und Bräuche in den Elbtalauen zur Erhaltung und Entwicklung der kulturellen Identität,
- Erhaltung und Unterstützung der historisch gewachsenen Dorfstruktur.

Aktivitäten Im Mittelpunkt der Aktivitäten steht die Entwicklung eines gemeinsamen touristischen Angebotes und die Schaffung infrastruktureller Basisangebote. Dazu gehört der Aufbau einer gemeinsamen Rezeption und die Einführung eines gemeinsamen Logos. Der Verein koordiniert die Entwicklung der regionalen Potenziale zur Steigerung der Attraktivität der Elbtalauen für Einwohner und Gäste. Außerdem organisiert und unterstützt der Verein seine Mitglieder bei Veranstaltungen sowie bei Projekten zur Förderung der regionalen Attraktivität. Durch die Vermittlung und Durchführung von Schulungen und Seminaren auf verschiedenen Ebenen und zu allen relevanten Gebieten unterstützt der Verein die Bildung und Qualifizierung seiner Mitglieder.

Kooperationsstrukturen

Partner-auswahl Die Initiatoren, d.h. der Fremdenverkehrsverband Altmark und das Zentrum für Ökologie, Natur- und Umweltschutz haben Partner persönlich angesprochen. Soziale Kontakte bestanden zum Teil bereits vorher. Die Partnerauswahl beschränkte sich zunächst auf die Gemeinde Buch.

Aufgaben-teilung
- NABU und Zentrum für Ökologie, Natur- und Umweltschutz, Buch: Geschäftsführung, Koordination, Organisation, Moderation, Rezeption, Naturkundliche Exkursionen, Einbindung in Gesamtkonzept mit Schwerpunkten (z.B. Naturerlebnis, Reiten, Radfahren, Wandern und Biosphärenreservat ,Flusslandschaft Elbe'), Außenvertretung u.a. als Referenten.
- Unterkunftanbieter, Gasthof: Anbieten der touristischen

Dienstleistungen und Vermittlung kultureller Besonderheiten, Organisation von Veranstaltungen.

Verein-barungen Verträge Satzung des Landerlebnis Elbtalauen e.V.

Entscheidung Im Verein werden Konsens angestrebt und Mehrheitsentscheidungen getroffen, Moderation durch den NABU.

Regionale Nachhaltigkeit

Bewertung		+ +	+	o	–	– –
Ökologie			+			
Soziales				o		
Ökonomie			+			
Gesamtbewertung			+			

Begründung Das Projekt möchte dazu beitragen, die Region der Elbtalauen ‚zukunftsfähig' entwickeln und versucht die drei Dimensionen nachhaltiger Entwicklung zu berücksichtigen. Die ökonomischen Aspekte dominieren, d.h. die touristische Vermarktung der Region steht im Vordergrund. Allerdings garantiert die Projektkoordination durch den NABU und die Lage im Biosphärenreservat die Einbeziehung ökologischer Aspekte. Wichtig ist, dass ein ökologisch orientierter Tourismus angeboten wird. Auch der Vermittlung der regionalen Kultur gilt eine eindeutige Rolle. Zu den vorläufigen Erfolgen des Projektes gehört, dass ein gemeinsames Logo geschaffen und eine gemeinsame Rezeption im NABU-Zentrum aufgebaut wurde. Dadurch sind die Übernachtungszahlen gestiegen. Die regionale Wertschöpfung durch den Tourismus konnte gesteigert werden. Das Konzept der angestrebten gebündelten Vermarktung der vorhandenen Kapazitäten ist aufgegangen. Die intensive Kooperation von touristischen Dienstleistungsanbietern und der Naturschutzorganisation zeigt, dass Konflikte zwischen Naturschutz und Tourismus bereits im Vorfeld durch Gespräche beseitigt werden können. Die Gründung des Landerlebnis Elbtalauen e.V. und die Koordinierung durch das NABU-Zentrum in Buch scheinen tragfähige institutionelle Strukturen zu sein.

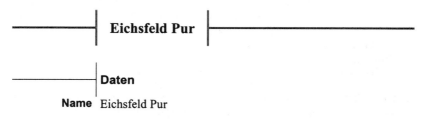

Eichsfeld Pur

Daten

Name Eichsfeld Pur

Träger Heimat- und Verkehrsverband Eichsfeld e.V. (HVE)

Partner 12 Gastwirte (davon 2 in Thüringen), 6 Landwirte (alle in Niedersachsen), 3 Schäfer (Thüringen), 1 Mosterei (Thüringen). Weitere Ausweitung insbesondere in den thüringischen Teil ist geplant und absehbar

Finanzierung Förderung durch:
- Deutsche Bundesstiftung Umwelt von 1992 bis 1997: Vorstudie zur regionalen Leitbildentwicklung und Projekt ‚Umweltschonende Entwicklung des Tourismus im Eichsfeld‘ (Abschlussbericht liegt vor)
- 1997 bis Februar 1999: EU-Agrar- und Demonstrationsvorhaben, (EU Ziel 1-Förderung im thüringischen Teil)

Realisierung 1992 startet HVE mit Förderung der DBU das Projekt ‚Landschafts- und Wirtschaftserhaltung durch Tourismus‘. Grundidee ist die Unterstützung konkreter Initiativen zur Entwicklung eines regionsspezifischen und umweltschonenden Tourismus. In enger Kooperation mit interessierten Bürgern, Betrieben und Institutionen im Eichsfeld entstehen verschiedene Projekte, darunter die Initiative ‚Eichsfeld Pur‘. Am 23.08.1994 findet mit einer Spezialitätenküche die erste Präsentation in der Öffentlichkeit statt. Im September 1994 schliesst sich eine Aktionswoche ‚Spezialitäten vom Eichsfelder Weiderind‘ in den zwölf beteiligten Gasthäusern an. Am 4.04.1995 werden erstmals ‚Spezialitäten vom Eichsfelder Weidelamm‘ präsentiert.

Kurzbeschreibung

Hintergründe Die Wiedervereinigung der thüringischen und niedersächsischen Teile des Eichsfeldes hat die gesamte Region entsprechend stark beeinflusst. Die traditionell hohe Identifikation mit der Region (katholische Enklave in der DDR) hat einen Aufschwung erlebt. Das Projekt korrespondiert mit weiteren

Aktivitäten im Eichsfeld: Landesausstellung "Natur im Städtebau" in Duderstadt, Projekte zum ökologischen Stadtumbau und zur Ortsbilderhaltung in Worbis und Heiligenstadt, Gründung des Naturparks Eichsfeld-Werratal. Ein Vorläufer des HVE existierte seit 1972 in Duderstadt. Inzwischen hat sich der Arbeitsschwerpunkt von Heimat- und Traditionspflege zu Tourismus verlagert. Zu den weiteren Hintergründen gehört, dass nur noch ein Schlachthof in der Region existiert. Neue Schlachtverordnungen und Tierschutzrichtlinien erschweren Hausschlachtungen. Ein bereits bestehender Stammtisch der Gastwirte erleichterte die Kooperation.

Ziel(e) Die systematische Bestandsaufnahme und Zielfindung ist durch das DBU-Projekt und die darin enthaltene Entwicklung eines regionalen Leitbildes und konkreter Projektvorschläge wie ‚Eichsfeld Pur' geleistet worden. Oberziel der Initiative ist die Erhaltung von Landschaft und Wirtschaft durch Tourismus (Imagegewinn und Beschäftigung). Die weiteren Ziele sind bei HVE und den einzelnen Partnern weitgehend gleich:

- Marketing für die Region und regionale Produkte
- Schaffung eines touristischen Angebotes (regionale Erlebnisgastronomie, Führungen in der Region, Picknick beim Schäfer etc.), das auch auf Messen präsentiert werden kann
- Kulturlandschaftsschutz, d.h.: Erhalt von Wiesen, Weiden und Ackerflächen durch Weiderinder und Schafherden, Erhalt von Streuobstwiesen als traditionelle Form des Obstanbaus
- Regionalökonomische Effekte (u.a. Sicherung der Eichsfelder Schlachthöfe)
- Pflege regionaler Spezialitätenküche, Bewahrung traditioneller Rezepte und des regionalen Brauchtums
- Sicherung der Produktqualität beim Fleisch durch kurze Wege

Aktivitäten
- ‚Eichsfeld Pur' ist geschütztes Gütezeichen, das an die Beteiligten vergeben wird
- Kulturlandschaftspflege: Streuobstwiesen, Beweidung durch Rinder und Schafherden erhält Wiesentäler, Mager- und Trockenrasen, artgerechte Tierhaltung (Mutterkuhhaltung, traditionelle Herden-Hütehaltung), Stabilisierung der Größe der Schafherden, Schutz seltener Tier- und Pflanzenarten auf Weiden und Streuobstwiesen
- Tourismus ("Eichsfelder Landpartie"): regionale Spezialitäten, Ausflüge, historische Festessen, historische Führungen, mehrtägige Besichtigungsprogrammme, Aktivurlaub

(u.a.: Wolle färben, Zigarrenrollen, Stockmachen, Leinen-
weben, Füßlingsknüpfen)
- Obst (Apfel, Birne, Pflaume, Kirsche): Marmelade, Kom-
pott, Kuchen, Obstsaft, Apfelsherry.
- weitere Aktionswochen ('Die Rückkehr des Leineschafs',
Schlachtfest 'Goldener Herbst') und stärkere Berücksichti-
gung von Obst und Gemüse sind geplant
- Erweiterung der Produktpalette auf Gerichte aus Lamm-,
Geflügel und Schweinefleisch ist geplant, insbesondere
Vermarktung von Lammfleisch ist wichtig zur Stabilisie-
rung der Herdengrößen und Pflege der Trocken- und Ma-
gerrasen
- Initiative zur "Förderung moderner umweltschonender
Techniken und Verfahren im Eichsfelder Gastgewerbe
(Wahl der Baustoffe, Materialeinsatz, Konzeption von Ho-
tels und Übernachtungshäusern)"

Kooperationsstrukturen

**Partner-
auswahl** Initiator des Projektes ist der HVE. Durch einen öffentlichen
Aufruf, Rundschreiben und direkte Ansprache wurden Partner
gewonnen. Bewusster erster Schritt war die vom HVE ver-
mittelte Kooperation von Gast- und Landwirten. Als Partner
werden diejenigen aufgenommen, die bereit sind, einen finanziellen Beitrag von 2500,- DM zu leisten und sich vertraglich
zu binden.

**Aufgaben-
teilung**
- Moderation: HVE
- wissenschaftliche Begleitung: Büro für Tourismusent-
wicklung und Regionalplanung (BTE), Hannover

**Verein-
barungen
Verträge**
- Kooperationsvereinbarung
- GbR der Gastwirte
- Anbietergemeinschaft der Landwirte

Entscheidung Entscheidungen werden konsensorientiert getroffen. Der HVE
leitet die Kooperation moderierend, eine eigene Geschäftsführung der Kooperation gibt es nicht. In unregelmäßigen Ab-
ständen und in verschiedenen Zusammensetzungen finden
vom HVE moderierte Gesprächsrunden statt.

Regionale Nachhaltigkeit

Bewertung		++	+	o	–	– –
Ökologie			+			
Soziales			+			
Ökonomie			+			
Gesamtbewertung			+			

Begründung Die Initiative bezeichnet seinen Ansatz als ganzheitlich und versucht, eine hohe Angebotsqualität für den Gast, Umweltschutz und die Förderung der ökonomischen Effekte des Tourismus in der Region miteinander zu verbinden. Mit der Förderung der Regionalvermarktung und Schaffung eines touristischen Angebotes ist ein Anspruch an das Projekt verbunden, der in Richtung nachhaltige Regionalentwicklung geht. Die ökologischen Produktionsstandards (z.B. Mutterkuhweidehaltung, Streuobstwiesen) sichern die Qualität und Kontinuität in der Produktion. Die regionalen kulturellen und sozialen Strukturen werden gestärkt und führen zu einer diversifizierten Wirtschaftsstruktur. Arbeitsplätze und Einkommen können gesichert bzw. neu geschaffen werden. Vom Träger selbst wird als verbesserungsfähig angesehen, dass noch zu wenige Gast- und Landwirte in Thüringen Kooperationspartner sind (das liegt zumindest für die Landwirte an der immer noch LPG-geprägten Agrarstruktur bzw. fehlender kleinbäuerlicher Strukturen).

Die Initiative gehörte zu den besten fünf Beiträgen des ‚Internationalen Naturforums Weissensee 1995' und wurde für den ‚Europäischen Preis für Tourismus und Umwelt 1995' nominiert. Außerdem wurden zwei Betriebe für die Eichsfelder Spezialitätenküche im Rahmen des Wettbewerbs ‚Gastlichkeit in Niedersachsen' ausgezeichnet.

BRUCKER LAND
Ernährung

Daten

Name BRUCKER LAND

Träger Solidargemeinschaft BRUCKER LAND e.V.

Partner Ca. 400 Kooperationspartner in der ganzen Initiative, insbesondere Vertreter von Landwirtschaft, Handwerk, Verbrauchern, der Kirche, sowie Umwelt- und Naturschutz (allein 140 Abnehmer im regionalen Handel)

Finanzierung
- Umsatz 1997: 1,8 Mio. DM (1996: 1,5 Mio., 1995: 0,9 Mio.)
- Verschiedene Förderungen (u.a. im Zusammenhang mit dem Aufbau des Schlachthofes): Bayrisches Landwirtschaftsministerium, CMA, Landesamt für Ernährung

Realisierung
- Mitte 1994: Gründung der BRUCKER LAND Solidargemeinschaft e.V.
- 1995: Gründung der BRUCKER LAND GmbH

Kurzbeschreibung

Hintergründe Die Initiative geht auf Vortragsreihen der Katholischen Erwachsenenbildung zu den Themen Umweltschutz, Bewahrung der Schöpfung und Ernährung zurück. Sie basiert auf der Umsetzung christlicher Lebensanschauungen, die von einigen Einzelpersonen mit sehr hohem, ehrenamtlichen Engagement, eigenen Ideen und Offenheit betrieben wird. In diesem Rahmen kamen verschiedene Schlüsselpersonen in einem Arbeitskreis zusammen (Bäcker, Landwirte, Amt für Landwirtschaft und Bauernverband) und gründeten später die Solidargemeinschaft. Neue Produktlinien erfordern jedesmal wieder eine Weiterentwicklung des Kooperationsnetzes und das Überzeugen von Entscheidungsträgern.

Ziel(e) Oberziel: Die Bewahrung der Schöpfung über Produkte den Menschen näher bringen. Dazu:
- Erzeugung von pflanzlichen und tierischen Produkten möglichst frei von schädlichen Rückständen

- Nachhaltige Sicherung und Verbesserung der Fruchtbarkeit und Leistungsfähigkeit des Bodens
- Reduzierung der Belastung von Grund- und Oberflächenwasser
- Erhaltung der bäuerlichen Landwirtschaft
- Sicherung der Arbeitsplätze in Bäckereien, Mühlen, Molkereien, Metzgereien, Brauereien und Gastronomie

Aktivitäten 1993 wurde mit der ‚BRUCKER LAND-Brot'-Initiative eine Idee der Bäckerinnung aufgegriffen und engagiert weiterentwickelt. Zum Erntedank 1994 wurde das BRUCKER LAND-Brot erstmals gebacken. Seit 1995 wurde die Regionalvermarktung um weitere Produkte (Milch, Semmeln, Honig, Käse usw.) erweitert; 1996: Bier, Saft, Nudeln; 1997 begannen vier Gaststätten mit der ‚BRUCKER LAND-Schmankerlkarte' (inzwischen 8); 1998: Fleisch, Honig, Senf, Kleintiernahrung, Versuch regionale Futtermittel für Tierhaltung, Initiative BRUCKER LAND Sonnenland (Heizungsbau), Holz im Aufbau. Im Juli 1998 wurde ein Schlachthof im Landkreis Fürstenfeldbruck eröffnet.
Stand der Initiative 1997: 50 Landwirte liefern das Getreide, 32 Bauern die Milch. Beliefert werden 22 Bäckereien mit insgesamt 30 Geschäften, 45 Supermarktfilialen, 27 Metzgereien, ca. 20 Getränkehändler, vier Gaststätten, das Kreiskrankenhaus und ein Altenheim.

Kooperationsstrukturen

Partner- Zur Schließung regionaler Ketten notwendige Betriebe wer-
auswahl den gezielt angesprochen. Es werden grundsätzlich immer alle Betriebe einer Sparte eingeladen (über die Innungen). Die Interessierten bleiben. Entscheidend für das Einbinden der verschiedenen Persönlichkeiten war die intensive Öffentlichkeitsarbeit. Verschiedene Veranstaltungen wurden vom Amt für Landwirtschaft und dem Bauernverband bzw. den dort bestehenden Kontakte unterstützt. Wenn es regional keine geeigneten Partner gibt, oder diese nicht teilnehmen wollen, wird in der näheren Umgebung nach Partnern gesucht (z.B. Molkerei in Andechs, Mühle in Dachau). Wenn die Qualitätskriterien nicht eingehalten werden, können Partner ausgeschlossen werden.

Aufgaben- Die Solidargemeinschaft kümmert sich um Kontakte und
teilung Öffentlichkeitsarbeit sowie Kontrolle der Richtlinie, ist Trägerin des Logos. Sie ist außerdem die ‚politische' Instanz.

Die GmbH übernimmt mit 20 (Teilzeit-) Mitarbeitern die professionelle Geschäftsführung und damit wirtschaftliche Aufgaben, Logistik, Vermarktung, Kundenpflege und Produkteinführung.
Die Betriebe tragen mit Produktion, Verarbeitung etc. gemäß der Richtlinien bei.

Verein-barungen Verträge

- Satzung der BRUCKER LAND Solidargemeinschaft e.V.
- Gesellschaftervertrag der BRUCKER LAND GmbH
- Abmachungen zwischen e.V. und GmbH (z.B. GmbH nutzt gegen Gebühr das Logo der Solidargemeinschaft e.V.)
- Vielzahl von Verträgen für die einzelnen Produktlinien, in denen u.a. Qualitätskriterien für die einzelnen Produkte festgelegt sind

Entscheidung Beispiel: Die Einführung neuer Produkte ist ein langwieriger Prozess mit vielen Gesprächen und Aufbauarbeit mit allen Beteiligten (u.a. Vorfühlen beim Handel). Erst dann findet eine offizielle Versammlung der Solidargemeinschaft statt, die über die Einführung des Produktes entscheidet. Anschließend findet die Feinabstimmungen mit allen Beteiligten statt.

Regionale Nachhaltigkeit

Bewertung		+ +	+	o	–	– –
	Ökologie		+			
	Soziales	+ +				
	Ökonomie	+ +				
	Gesamtbewertung	+ +				

Begründung Die ökonomische Dimension, d.h. die Stärkung der lokalen Wirtschaftsbeziehungen steht zwar im Vordergrund, dies jedoch nicht unabhängig von der ökologischen und sozialen Dimension. Die umweltschonende landwirtschaftliche Produktion, die regionale Sicherung und Schaffung neuer Arbeitsplätze (allein in der BRUCKER LAND GmbH entstanden 1 Vollzeitarbeitsplatz und 20 Teilzeitarbeitsplätze) sowie die Wiederbelebung regionaler Identität durch Stärkung der Begriffe ‚Dorf‘ und ‚Heimat‘ machen das BRUCKER LAND zu einer beispielhaften Initiative nachhaltiger Regionalentwicklung mit beeindruckender Größe und Produktvielfalt. Hervorzuheben ist auch, dass von der Industrie Marktanteile für das regionale Handwerk zurückgewonnen und Teile der regionalen Selbstversorgungsinfrastruktur wieder aufgebaut werden konnten (Schlachthof, Mosterei, Käserei (geplant für 99)). Einschränkend ist anzuführen, dass die ökologischen Ziele zu Gunsten einer höheren Beteiligung zurückgestellt werden und die ökologischen Kriterien weniger streng als die der AGÖL-Verbände sind. Gerade dies ermöglicht vermutlich jedoch, dass sich eine solch hohe Anzahl regionaler Produzenten auf ökologische Produktstandards festlegen lässt.

Regionale Landwirtschaft Münsterland

Daten

Name Regionale Landwirtschaft Münsterland
Träger Regionale Landwirtschaft Münsterland e.V. (RLM)

Partner
- Ökologisch und konventionell wirtschaftende Bauern aus der Region Münster (zusammen ca. 50% der Mitglieder), Naturkost-Großhändler, städtische Mitarbeiter, Naturschutzverbände, Privatleute
- Vorstand: Projektkoordinatorin, drei regionale Ökobauern, Vertreter der Fa. Neuland (Fleisch)
- Wissenschaftliche Begleitung und Beratung: IÖW Wuppertal

Finanzierung
- Unterstützung durch die Stadt Münster bei Einrichtung der Geschäftsstelle (Umweltamt, Arbeitsamt, Arbeitsmarktinitiative Münster), Unterstützung durch das Land NRW (MURL) wird erwartet
- Bundesumweltstiftung finanziert IÖW-Studie

Realisierung
- Juli 1996: Vereinsgründung
- Mai 1997: Start des IÖW Projektes ‚Marktorientierte Instrumente für ein regionales Stoffstrommanagement in der Produktlinie Ernährung in der Stadtregion Münster – Münsterland'
- Dez. 1997: Diskussion der Projektergebnisse mit den Beteiligten

Kurzbeschreibung

Hintergründe Nach einem Ratsbeschluss der Stadt Münster (1994) zur Aufstellung einer Konzeption zur Förderung der ökologischen Landwirtschaft gab es im März 1995 ein Strategietreffen mit Vertretern der Stadt Münster (Umweltamt) sowie der Universität (Geographie, Landschaftsökologie). Im Juni 1995 führte ein Workshop mit ca. 40 Teilnehmern zu dem Ergebnis, eine gemeinsame Zielstrategie zu erarbeiten. Ein weiteres Zielfindungsgespräch fand im Dezember 1995 statt, bevor schließlich im Juli 1996 der Verein gegründet wurde.

Ziel(e) • Unterstützung der bäuerlichen und umweltverträglichen Landwirtschaft in der Region Münster
• Wiederbelebung regionaler Stoffkreisläufe
• Kurze Transportwege
• Ermittlung von Wegen für den Vertrieb und Verbrauch landwirtschaftlicher Produkte aus dem Münsterland im Münsterland
• Auf- und Ausbau regionaler Vermarktungs- und Verarbeitungsstrukturen
• Erhalt der Kulturlandschaft

Aktivitäten Im RLM soll alles zusammenlaufen, was mit regionaler Vermarktung von Ernährungsprodukten in der Region Münster zu tun hat. Dazu gehören:
• Zusammenarbeit mit Einzelhandel
• Durchführung von Workshops und Tagung zum Thema Regionale Vermarktung, Öffentlichkeitsarbeit
• Vermittlung von regionalen und ökologischen Produkten an Großverbraucher und Handel
• Initiierung von Erzeugergemeinschaften
• Zusammenarbeit mit Vorverarbeitern

Geplante Aktivitäten:
• Zusammenarbeit mit Einzelhandel
• Einführung eines regionalen Warenzeichens mit Richtlinien für ökologische und konventionell wirtschaftende Betriebe
• Gründung von regionalen Erzeugergemeinschaften, die durch eine regionale Vermarktungsstelle koordiniert werden

Kooperationsstrukturen

Partner- Die relevanten regionalen Akteure wurden von den Initiatoren
auswahl gezielt zusammengebracht. Potenzielle Partner wurden zu einem ersten Treffen eingeladen und danach noch fehlende Akteure gezielt angesprochen.

Aufgaben- Die Projektkoordinationsstelle bzw. Geschäftsstelle vermittelt
teilung regionale Produkte und berät bei der Initiierung regionaler Vermarktung (z.B. Großküchen zur Umstellung auf regionale Produkte). Die einzelnen Mitglieder übernehmen die Produktion.

Verein-
barungen
Verträge   Vereinssatzung

Entscheidung   Grundsatzentscheidungen werden von der Mitgliederversammlung getroffen. Ansonsten wird das Tagesgeschäft vom Vorstand geregelt.

Regionale Nachhaltigkeit

Bewertung	++	+	o	–	– –
Ökologie		+			
Soziales			o		
Ökonomie		+			
Gesamtbewertung		+			

Begründung   Ziel des RLM ist die Unterstützung bäuerlicher und umweltverträglicher Landschaft. Erste Erfolge sind bereits die Produkteinführung in zwei Kantinen und die Gründung der Erzeugergemeinschaft Ökologische Höfe Münster (ÖHM). Damit ist zu erwarten, dass ökologische Kriterien nachhaltiger Regionalentwicklung erfüllt werden können. Positiv ist außerdem, dass man erkannt hat, mit Hilfe der Kooperation eigene Produktionsstandards auf regionaler Ebene schaffen zu können. Die regionale Wirtschaftsstruktur wird diversifiziert, ein Beitrag zur Sicherung und Schaffung von Einkommen und regionale Wertschöpfung geleistet. Grundsätzlich kann der RLM als Koordinations- und Promotionsstelle für die regionale Ernährungswirtschaft sehr wertvoll sein. Es wird darauf ankommen, weitere Partner auch in der konventionellen Landwirtschaft zu finden.

famila – Naturland

Daten

Name Kooperation zwischen familia-Märkten und Naturland e.G.

Träger Bremke & Hoerster GmbH & Co. (B & H) und Marktgenossenschaft der Naturland-Bauern e.g., Lippetal-Lippborg

Partner
- B & H als Konzernmutter von famila Warenhaus GmbH & Co. KG, Soest und Combi Solex Lebensmittel GmbH & Co., Arnsberg
- Marktgenossenschaft der Naturland-Bauern e.G., Lippetal-Lippborg

Finanzierung Weitestgehend eigenfinanziert. Das Landwirtschaftsministerium förderte über zwei Jahre einen Naturland-Mitarbeiter, der für Marketingaufgaben in der Kooperation zuständig ist. Indirekt tragen die diversen Förderungen der Naturland e.G. auch zur Finanzierung der Kooperation bei (u.a. von den Landwirtschaftskammern).

Realisierung
- Seit 1994 regionales Qualitätsfleisch
- Seit 1995 regionale Produkte bei famila: zunächst saisonales Grobgemüse (z.B. Kartoffeln), später Eier, Brot, Tiefkühlkost etc.
- Seit Mitte 1997 Ausweitung auf Combi-Märkte (vorher ausschließlich famila-Märkte)
- Seit September 1997 Umstellung im famila Sortiment (einige saisonale konventionelle Produkte werden gegen Naturland-Ware ausgetauscht)

Kurzbeschreibung

Hintergründe Die Fleischskandale 1993 und andere Lebensmittelskandale bewogen B&H, mehr Wert auf direkten Kontakt zu Produzenten und hohe Produktqualität zu legen und regional vermarktetes Fleisch und Gemüse ins Sortiment aufzunehmen. famila hat kein eigenes Frischelager. Die Soester Börde bietet hervorragende naturräumliche Voraussetzungen für hochwertiges Gemüse und andere landwirtschaftliche Erzeugnisse. In der Naturland e.G. mit ihren insgesamt ca. 60 Genossen sind auch Bauern anderer AGÖL-Verbände vertreten, um die nachgefragte Mengen bereitstellen zu können.

Ziel(e) Ziele von B&H bzw. famila:

- Aufnahme regionaler Produkte ins Sortiment, um hohe Produktqualität sichern zu können
- Firmenphilosophie von Kundennähe, Familien- und Umweltfreundlichkeit sichern (z.b. werden nicht genmanipulierte Nahrungsmittel im Laden extra gekennzeichnet hervorgehoben)

Ziele der Naturland e.G.:

- Verkauf ökologisch angebauter Nahrungsmittel

Aktivitäten
- Verkauf und Vermarktung regionaler Öko-Landbau-Erzeugnisse in famila-Märkten (im Sommer Frischprodukte, im Winter Tiefkühlprodukte)
- Grobgemüse der Saison ist im Sortiment ausgetauscht, nicht-saisonales Gemüse weiter konventionell im Sortiment; zukünftig ausgewähltes Öko-Sortiment über 12 Monate
- Marketing (u.a. exponierter Standort für Naturland-Ware im Supermarkt)
- z.Zt. 57 Produkte sollen auf 150 200 Produkte ausgeweitet werden
- Schulung der famila-Mitarbeiter durch externe Berater (1 Ansprechpartner für regionale/Öko-Produkte pro Markt)

Kooperationsstrukturen

Partner-auswahl B&H hat eine systematische Suche nach potenziellen regionalen Partnern betrieben, die ihre Produktanforderungen erfüllen können. Die Kooperation mit der Naturland e.G. war eine bewusste, strategische Entscheidung, weil hohe Ansprüche an Produktqualität und -frische nur mit kurzen Transportwegen, also regional realisiert werden können.

Aufgaben-teilung Famila kooperiert mit der Naturland e.G. und nicht mit einzelnen Mitgliedsbetrieben. Qualitätskontrolle und Verhandlungen mit den einzelnen Bauern werden von der Naturland e.G. übernommen; Bauern, die den Anforderungen nicht mehr genügen, werden von der Naturland e.G. ausgeschlossen.

Vereinbarungen/ Verträge Es gibt keinen formellen Kooperationsvertrag. Famila betreibt aufwendiges Marketing und wirbt mit dem Namen Naturland, was gegenseitig als ‚quasi-Vertrag' empfunden wird. Die Bauern haben ihrerseits langfristige Verträge mit der Naturland e.G., die ihnen auch Abnahmegarantien gibt. Famila wiederum gibt Abnahmegarantie an die Naturland e.G. Alle zwei Tage werden famila-Märkte beliefert.

Entscheidung Beide Partner haben ein Interesse daran, konsensorientierte Entscheidungen zu treffen. Ca. einmal im Monat finden Treffen statt.

Regionale Nachhaltigkeit

Bewertung		+ +	+	o	–	– –	?
	Ökologie	+ +					
	Soziales			o			
	Ökonomie		+				
	Gesamtbewertung		+				

Begründung Ausgangspunkt des Projektes war die Qualitätssicherung seitens B&H, ohne explizit ökologische Produktanforderungen zu formulieren. Als sich herausstellte, dass die hohen Ansprüche nur durch regionale Produkte und Produktion nach den strengen AGÖL-Richtlinien zu realisieren sind, hat das nicht zum Aufweichen der Anforderungen geführt. Vielmehr werden die Ansprüche mit Hilfe der Kooperation mit der Naturland e.G. schrittweise und konsequent umgesetzt. Das hochwertige Produktangebot sorgt für die angestrebte hohe Kundenzufriedenheit. Außerdem leistet das Projekt einen Beitrag zur Sicherung und Schaffung von Arbeitsplätzen, Einkommen und regionaler Wertschöpfung. Das Projekt zeigt, dass regionale Partnerschaften auch mit überregional tätigen Unternehmen möglich sind und dass Ökolandbau effizient regional vermarktet werden kann.

Natur und Leben Bregenzerwald

Daten

Name Natur und Leben Bregenzerwald

Träger • 1992 1995: verschiedene Institutionen, Vereine und Organisationen (Regionalplanungsgemeinschaft Bregenzerwald, Bregenzerwald Tourismus, Wirteverband Bregenzerwald, Jungbauernschaft, Landjugend, Landwirtschaftskammer Vorarlberg, Junges Gastgewerbe Vorarlberg und Vorarlberger Naturproduktverein (VNPV)) sowie die Gemeinden der Region
• Ab 1996: Regionalentwicklung Bregenzerwald GmbH

Partner Über 50 Gastwirte, 20 Sennereien, über 60 Bauern, 8 Metzger und 2 Handelsbetriebe (Stand 1995)

Finanzierung Die Initiative verfügte bis 1995 über kein eigenständiges Budget und wurde von den Beteiligten selbst finanziert. Die Aufteilung der Ausgaben wurde von Aktivität zu Aktivität vereinbart. Das personelle Engagement trugen die beteiligten Verbände selbst. 1993 bis 1995 haben die unterschiedlichen Gruppen und Privaten für die Initiative ca. ÖS 3.500.000 aufgewendet. Seit 1996 (Gründung der GmbH) erfolgt die Finanzierung u.a. aus EU EFRE Mitteln (Ziel 5b und LEADER).

Realisierung Phase 1: Die Initiative Natur und Leben Bregenzerwald:
• 1990: erste Ansätze (Vollmilchkalb-Programm, Gastwirte kaufen bei bäuerlichen Familienbetrieben)
• 1991: Initiative des Jungen Gastgewerbes Vorarlberg (JGV) mit dem Titel ‚Etwas miteinander tun', mit dem Ziel, gegen das Bauernsterben zu kämpfen
• Ende 1991: konkrete Vorarbeiten für die Initiative (berufsgruppenspezifische Gesprächsrunden, Klausurtagungen)
• Februar 1992 Gründung der Initiative Natur und Leben Bregenzerwald (als Gastwirte-Landwirte Vermarktungskooperation) und erste Zielsetzungen
Phase 2: Das regionale Entwicklungsprojekt Natur und Leben Bregenzerwald:
• 1995 EU-Beitritt Österreichs (5b- und LEADER II-Förde-

rung)

- 1996 Gründung der Regionalentwicklung Bregenzerwald GmbH, daraus entwickelt sich eine regionale Entwicklungsinitiative für das ganze Tal, von der wiederum spezielle Projekte ausgehen (Leitbild Bregenzerwald, Gründung der Sennereigemeinschaft Bregenzerwald, Herrlich Weiblich Verein von Frauen für Frauen, Destinationsmanagement im Tourismus, Käsestraße Bregenzerwald, Biobauern Sulzberg, Wald Card, Ökoprofit-Tourismus, Biomasse, Ökodorf Bregenzerwald, Trachtenmöbel, Kulturlandschaftsforschung, Voltaik Lecknertal u.a.).

Kurzbeschreibung

Hintergründe Es bestanden folgende Ausgangsprobleme: Discounterdenken der Konsumenten, Preisverfall für heimische landwirtschaftliche Produkte, Nachwuchsprobleme bei Weiterverarbeitern, Gefährdung des Lebensraumes durch evtl. Aufgabe der bäuerlichen Landwirtschaft, Suche nach neuer Profilierung für den Tourismus. Die ersten berufsgruppenüberschneidenden Gesprächsrunden werden 1991 von der Regionalplanungsgemeinschaft Bregenzerwald einberufen. Landwirte, Gastwirte, Metzger und Sennereien beraten über eine bessere Vermarktung für bäuerliche Erzeugnisse aus dem Bregenzerwald, das Umfeld der bäuerlichen Produktion und über eine zukünftige Zusammenarbeit aller angesprochenen Berufsgruppen. Sogenannte Klausurtagungen werden bis heute laufend durchgeführt. Der EU-Beitritt Österreichs 1995 brachte neue Herausforderungen für Landwirtschaft und Tourismus im Bregenzerwald. Nach Gründung der Regionalentwicklungsgesellschaft 1996 wird der Anspruch der Initiative übergreifender.

Ziel(e) 1992 95 als Bauern-Gastwirte Kooperation:

- Die Nutzung und der Konsum der bäuerlichen Erzeugnisse aus dem Bregenzerwald werden innerhalb der Region von Land- und Gastwirten, Metzgereien, Sennereien, Handel usw. ausgebaut und gefördert, um die Wertschöpfung aus der landwirtschaftlichen Produktion zu steigern.
- Der Zusatznutzen der bäuerlichen Produktion im Bregenzerwald, nämlich der Erhalt der natürlichen Kultur- und Naturlandschaft, wird den Verbrauchern bewusst. Den Gästen und Konsumenten ist die Herkunft der bäuerlichen Erzeugnisse aus dem Bregenzerwald klar erkennbar.
- Die Bildung von Partnerschaften fördert die direkte Kom-

munikation von Produzenten, Verarbeitern und Vermarktern von bäuerlichen Erzeugnissen, steigert das Qualitätsbewusstsein und gibt gegenseitigen Ansporn zu Innovationen.

- Die bäuerliche Produktion orientiert sich nach den topographischen Möglichkeiten und steht im Einklang zum Erhalt der Natur- und Kulturlandschaft.

- Die Initiatoren sehen sich im Bereich des Marketing als Absatzhelfer für die bäuerlichen Betriebe und deren Partner, um die oben genannten Ziele rund um bäuerliche Produktion, der Verarbeitung und Vermarktung zu optimieren.

- Sämtliche Maßnahmen zielen darauf ab, den Konsumenten den Zugriff auf bäuerliche Erzeugnisse zu erleichtern, die Qualität und Frische durch kurze Absatzwege zu garantieren und die Marketingmaßnahmen rasch und unkompliziert auf die Bedürfnisse und deren Wandel einzurichten.

Seit 1996 stärkerer Fokus auf:

- Nachhaltigkeit der Maßnahmen
- Bewusster Umgang mit natürlichen Ressourcen, um sie zu bewahren
- Vernetzte ökosoziale Ausrichtung der Maßnahmen
- Nutzung von Synergiepotenzialen unter den verschiedenen Wirtschaftssektoren
- Qualifizierung für Betroffene der einzuleitenden Maßnahmen
- Auf- und Ausbau der regionalen Identität (Bregenzerwald)

Aktivitäten Schwerpunkt-Aktivitäten von 1992 bis 1995:

- Durchführung von Vermarktungsaktivitäten für heimische Produkte (z.B. Märkte, Veranstaltungen, Hofläden, Produktentwicklung, gemeinsame Werbung)

1996 Einrichtung der Regionalentwicklung Bregenzerwald GmbH mit den folgenden Aufgaben:

- Initiieren von Gemeinschaftsinitiativen in der Region Bregenzerwald.
- Übernahme von Verwaltungstätigkeiten für Projekte mit regionaler Bedeutung.
- Zukauf von Management- und Marketingleistungen für Regionalentwicklungs- und Gemeinschaftprojekte unterschiedlichster Träger.
- Leitung und Koordination von Impulsprojekten in der Region.
- Erstellung und Umsetzung von Konzepten mit regionalem und überregionalem Charakter für eine nachhaltige Regionalentwicklung.

- Aufbau einer Anlaufstelle der Region für interregionale Beziehungen in Europa.
  In der zweiten Phase wurden u.a. folgende konkrete Maßnahmen getroffen:
- Umbau und Aufbau von Sennereien und Sennereiläden, Einführung von neuen Käseerzeugnissen
- Errichtung einer Abfüllanlage für silofreie Trinkmilch; Aufbau einer Vermarktungsgemeinschaft mit einem überregionalen Lebensmittelhändler
- Errichtung von Fuß- und Radwanderwegen
- Umbau von Alpbetrieben mit Einrichtung von Schausennereien

Kooperationsstrukturen

Partner-auswahl Verschiedene Workshops, initiiert zunächst von der Regionalplanungsgemeinschaft Bregenzerwald, die bald in eine breite Trägerschaft und schließlich die Gründung der Regionalentwicklungs-Gmbh mündete

Aufgaben-teilung Umsetzung der Initiative durch oben genannte Teilnehmer, koordiniert von den Trägern bzw. der Regionalentwicklungsgesellschaft.

Verein-barungen Verträge Zunächst keine formellen Abkommen. Die Aktionen laufen jeweils abgesprochen aber in den bestehenden Strukturen der beteiligten Organisationen, die Finanzierung wird je nach Aktion neu ausgehandelt. Mit Gründung der GmbH und Einrichtung einer ständigen Geschäftsstelle entsteht erstmals eine formelle Struktur. Die Initiative mündet damit in ein kontinuierliches regionales Entwicklungsprojekt.

Entscheidung Entscheidungen werden in regelmäßigen berufsgruppenspezifischen Gesprächsrunden getroffen. Ein Geschäftsführer wurde 1996 installiert, der mit mehreren Projektleitern die Aufgaben im Bregenzerwald koordiniert und umsetzt.

Regionale Nachhaltigkeit

Bewertung		+ +	+	o	–	– –
Ökologie			+			
Soziales	+ +					
Ökonomie	+ +					
Gesamtbewertung	+ +					

Begründung Hervorzuheben ist, dass aus der regionalen Vermarktungs-initiative Natur & Leben im Laufe der Zeit ein Programm zur Entwicklung der gesamten Region mit einer großen Anzahl von Einzelmaßnahmen und Projekten entstand. Insofern ist das Projekt ein hervorragendes Beispiel dafür, wie aus einer ursprünglich projekt- und sektorbezogenen Initiative mit re-gionalwirtschaftlichen Effekten eine übergreifende Regional-entwicklungsinitiative entstehen kann. Stand anfangs die wirt-schaftliche Situation der beteiligten Branchen im Vordergrund des Interesses, ist heute ein umfassendes Leitbild für die gesamte Region entworfen worden, das neben regionalwirt-schaftlichen und soziokulturellen auch ökologische Aspekte beinhaltet. Das Projekt leistet damit einen wertvollen Beitrag zum Erhalt der Kulturlandschaft und zu einer nachhaltigen Regionalentwicklung.

Käsestraße Bregenzerwald

Daten

Name Käsestrasse Bregenzerwald

Träger Regionalentwicklung Bregenzerwald GmbH

Partner 191 Mitglieder (Stand Juni 1998): 53 Sennereien, Alpen und private Käsemacher; 43 ‚KäseWirte'; zehn Lebensmittelbetriebe; acht traditionelle Handwerker, Kunsthandwerk und Handelsbetriebe; Museen (Alpsennereimuseum Hittisau, Heimatpflegevereine); die regionale Brauerei; touristische Anbieter (Outdoorzentrum, Kurzentrum Lingenau, Wälderbähnle, vier Bergbahnen)

Finanzierung Förderung durch EU (LEADER, INTERREG), Bund, Bundesland Vorarlberg und 24 Gemeinden (über Regionalplanungsgemeinschaft)

Realisierung
- 1994: Sensibilisierungsphase: 1. Käsegipfel
- 1995: Vorbereitungsphase LEADER II
- 1996: Entwicklungsphase und Pilotprojekte
- 1997: Umsetzungsphase: Gründung einer Sennereigemeinschaft
- Mai 1998: Eröffnung der Käsestraße

Kurzbeschreibung

Hintergründe Tourismus und Landwirtschaft sind traditionell wichtig im Bregenzerwald. Die Regionalentwicklung Bregenzerwald GmbH wird 1995 als Tochter der Regionalplanungsgemeinschaft Bregenz gegründet. Die Käsestrasse – ursprünglich für das gesamte Land Vorarlberg geplant ist eine Weiterentwicklung, Professionalisierung und Konkretisierung (Käse) der Initiative ‚Natur und Leben Bregenzerwald'. Die Käsestraße hat die gleichen Motoren, aber im Vergleich zu Natur und Leben mehr Akteure sowie Richtlinien und Qualitätskriterien für die Teilnahme formuliert.

Ziel(e) 1. Regionale Profilierung
2. Gestaltung von regionalen Angeboten

3. Steigerung der regionalen Wertschöpfung
4. Regionales Marketing
5. Erhaltung des Lebensraumes und Steigerung des Umweltbewusstseins

Aktivitäten Die oben genannten Partner kooperieren hinsichtlich der Produktion und Vermarktung regionaler Nahrungsmittel (in erster
Linie Käse). Dadurch werden die gewachsenen Strukturen der
Almwirtschaft stabilisiert. Außerdem sieht das Konzept eine
gemeinsame Positionierung und Vermarktung des Bregenzer-
waldes als spezielle Käseregion in enger Zusammenarbeit mit
Tourismus, Landwirtschaft und Öffentlichkeit vor. Innovationen in der Angebotsgestaltung und Vermarktung sollen die
Allianzenbildung von Tourismus und Landwirtschaft erleichtern. Die Entwicklung der Käsekultur, Erhöhung der Qualität
des Angebots in Verbindung mit Erlebnis und Bildung von
Partnerschaften (Nutzung von Synergien; Landwirtschaft,
Tourismus, Gewerbe) bilden die Hauptansatzpunkte. Mit dem
Begriff ‚Käsestraße' werden Straßenzüge, Alpwanderungen
zu Käsemachern, Wirten, Händlern und zur Käsegeschichte
assoziiert. Mit den geplanten Aktivitäten soll die regionalspezifische Kultur gestärkt und ein wesentlicher Beitrag zur Erhaltung der Kulturlandschaft geleistet werden.

Kooperationsstrukturen

Partner- Potenzielle Partner wurden von der Regionalentwicklungsge-
auswahl sellschaft zu Veranstaltungen eingeladen, auf denen Arbeitsgemeinschaften der einzelnen Berufsgruppen gebildet wurden.

Aufgaben- Die Aufgabenteilung richtet sich nach der Position in der
teilung Wertschöpfungskette (Produktion, Vermarktung einheimi-
scher Produkte).

Verein- Die Kooperation ist relativ lose. Die einzelnen Betriebe müs-
barungen sen Mitglieder in einer der berufsgruppenspezifischen regio-
Verträge nalen Genossenschaften oder Gemeinschaften sein (und sich
an deren Qualitätsstandards halten); bei der Käseproduktion
wird z.B. silofreie Milch verwendet.

Entscheidung Entscheidungen werden in den Arbeitsgemeinschaften der Berufsgruppen getroffen. Für 1999 waren 3 4 Vollversammlun-
gen geplant. Es gibt keine eigene Geschäftsführung, die Käsestraße ist ein Projekt der Regionalentwicklung Bregenzerwald
GmbH und wird von dort betreut.

Regionale Nachhaltigkeit					
Bewertung	+ +	+	o	–	– –
Ökologie		+			
Soziales		+			
Ökonomie	+ +				
Gesamtbewertung		+			

Begründung Die primären Anliegen des Projektes sind Beschäftigung (Existenzsicherung der bäuerlichen Familienbetriebe, Schaffung von regionalen Arbeitsplätzen durch Tourismus und Handel sowie Reduktion der Auspendlerquote) und Steigerung der Wertschöpfung (durch Kombinationsvermarktung, Qualitätssteigerung und Imageverbesserung). In diesen Bereichen ist das Projekt sehr erfolgreich, weil die regionale Wertschöpfung und der Direktvermarktungsanteil zugenommen haben und im Tourismus Zuwächse verzeichnet werden konnten. Trotz der Betonung ökonomischer Aspekte werden ökologische und soziale Kriterien erfüllt, die auf die Erhaltung der Kulturlandschaft abzielen. Traditionelle kulturelle Elemente (traditionelle Produktionsverfahren) konnten wiederbelebt werden. Obwohl keine expliziten ökologischen Produktionsstandards definiert wurden, wird versucht, den Beteiligten ökologisches Bewusstsein zu vermitteln.

Heimisches Holz

Daten

Name Projekt Heimisches Holz BUND Baden- Württemberg

Träger BUND Baden-Württemberg / Bodensee-Stiftung Konstanz

Partner Schreiner, Zimmerer, Zimmererinnung Oberschwaben, Architekten, Gemeinden, Forstämter (jeweils mit unterschiedlichem Bindungsgrad)

Finanzierung • Deutsche Umwelthilfe (1997 2000: 10.000 DM)
• Beteiligte Unternehmen (60.000 DM in 1997 und 1998, ab 1999 50.000 DM)
• DBU/ Bodensee-Stiftung (Projekt Zukunftsfähiger Bodenseeraum 1997 2000 jährlich 75.000 DM)

Realisierung Start im Sommer 1996

Kurzbeschreibung

Hintergründe Das Projekt ist eine Reaktion auf die Studie Zukunftsfähiges Deutschland und eingebettet in das Projekt ‚Zukunftsfähiger Bodensee'. In diesem Rahmen entstand das Projekt heimisches Holz zunächst in Zusammenarbeit mit einem großen regionalen Holzunternehmen. Ursprünglich sollten weitere Mitglieder der Holzkette für die Finanzierung (Mitträgerschaft) des Projektes gewonnen werden.

Ziel(e) Auf der Strategieebene stehen Aufklärungsaspekte im Vordergrund. Es geht darum, eine Öffentlichkeit für heimisches Holz schaffen. Weitere Ziele:
• Erhöhung der Verwendung heimischen Holzes
• Förderung des naturnahen Waldbaus
• Förderung von Innovationen im Waldbau
• Musterhaus für Messepräsentationen

Aktivitäten Das Projekt gliedert sich in die Handlungsbereiche Öffentlichkeitsarbeit, Lobbyarbeit und Beratung sowie diverse Einzelprojekte:

- Arbeitskreis ;Bündnis für ökologisches Bauen mit heimischem Holz'
- Musterhaus für Messepräsentationen
- Arbeitskreis ;Naturnaher Waldbau'
- Kampagne ,Rotkernige Buche'
- Pilotprojekt: Vermarktung von regionalem Brennholz und Schnittholz in Kooperation mit Baumärkten

Kooperationsstrukturen

Partner-auswahl BUND als Koordinator spricht potenzielle Partner an bzw. veranstaltet Workshops. Kriterien sind auf das jeweilige Einzelprojekt bezogen.

Aufgaben-teilung Die Koordination liegt beim BUND, Mitarbeit von Unternehmen bei einzelnen Aktionen.

Verein-barungen Verträge Es gibt keine formellen Abkommen zwischen den Partnern.

Entscheidung Entscheidungen werden innerhalb der einzelnen Arbeitskreise und Kampagnen gemeinsam erarbeitet und vom BUND koordiniert.

Regionale Nachhaltigkeit

Bewertung	++	+	o	–	– –
Ökologie		+			
Soziales			o		
Ökonomie		+			
Gesamtbewertung		+			

Begründung Ökonomische Ziele, d.h. die Vermarktung heimischer Hölzer stehen im Vordergrund des Projektes. Das Projekt befasst sich hauptsächlich mit Kampagnen- und Aufklärungsarbeit und leistet damit einen wertvollen Beitrag zur verstärkten Nutzung regenerativer Ressourcen. Die Verwendung von Hölzern aus Raubbauwirtschaft und die Transportwege können reduziert werden. Als Erfolge nennt der Projektträger die Steigerung des Absatzes beim heimischen Holz, das starke öffentliche Interesse für das Projekt, Fortschritte beim Umbau der Waldwirtschaft, die Realisierung einzelne regionaler Bauvorhaben mit heimischem Holz und die Vermarktung heimischen Brennholzes durch Baumärkte. Zur Sicherung und Schaffung von Arbeitsplätzen, Einkommen und regionaler Wertschöpfung leistet das Projekt damit einen Beitrag zur nachhaltigen Regionalentwicklung.

BRUCKER LAND
Holz

Daten

Name Agenda 21-Projekt BRUCKER LAND Holz

Träger Landkreis Fürstenfeldbruck, Agenda Beauftragter

Partner • Waldbesitzerverein Fürstenfeldbruck (WBV)
• Sägewerke, Zimmereien und Schreinereien

Finanzierung Keine öffentliche Förderung

Realisierung • Projektstart Ende 1997 nach einer Idee des Forstamtes FFB: erste Gespräche mit dem Forstamt und dem WBV
• Eine gemeinsame Erklärung, inkl. der Qualitätsstandards wurde im Herbst 1998 unterzeichnet.
• Eine Image-Kampagne wurde mit der Fertigstellung eines gemeinsamen Prospektes im Juni 1999 gestartet.

Kurzbeschreibung

Hintergründe Nachhaltige Entwicklung vor Ort im Rahmen der Agenda 21

Ziel(e) • Verringerung von Umweltbelastungen
• Promotion nachhaltiger Entwicklung und der Agenda 21
• Nutzung regionaler Ressourcen
• Förderung der regionalen Wirtschaft
• Konkurrenz zum überregionalen Angebot in den Baumärkten

Aktivitäten Zur Förderung der Vermarktung heimischer Hölzer wurde eine gemeinsame Broschüre erstellt. Auf den verschiedenen Stufen der Holzverarbeitung wurden Qualitätskriterien formuliert. Eine Angebotsliste und Einzelfaltblätter werden von den Betrieben in das Prospekt eingelegt.
Regionales Holz soll auch in den regionalen Baumärkten angeboten werden.

Kooperationsstrukturen

**Partner-
auswahl** Die Partner wurden schrittweise durch den Agenda-Beauftragten angesprochen. Erste Gespräche wurden mit Forstamt
und WBV geführt. Anschließend wurden die Innungsmeister
der Zimmerer und Schreiner angesprochen. Erst dann erfolgte
ein öffentlicher Aufruf an Betriebe. Wer die Qualitätskriterien
nicht unterschreibt, wird nicht aufgenommen.

**Aufgaben-
teilung**
- Organisation des Gesamtprozesses: Agenda-Beauftragter
- WBV, Forst: Einschlag und Vermarktung (auch an regio-
nale Baumärkte)
- Sägereien: Zuschnitt
- Schreiner, Zimmerer: Verwendung des regionalen Holzes

**Verein-
barungen
Verträge**
- Gemeinsame Erklärung zur Verstärkung der Verwendung
heimischen Holzes und zur Einhaltung von Qualitätskriterien von WBV, Sägewerken, Zimmererinnung, Schreiner-
innung, Bauinnung, Innenausbauinnung, Architekten, Solidargemeinschaft BRUCKER LAND e.V., Landkreis FFB,
Sparkasse FFB
- Übernahme des Logos der Solidargemeinschaft BRUCKER
LAND geplant
- Die beteiligten Betriebe haben Verträge mit der Solidargemeinschaft BRUCKER LAND abgeschlossen. Darin sind
Regelungen zum Marketing, den Lieferbedingungen und
zur Qualitätskontrolle enthalten.

Entscheidung Die einzelnen Schritte werden von den Beteiligten gemeinsam
entschieden, Moderation durch den Agenda-Beauftragten.

Regionale Nachhaltigkeit

Bewertung		++	+	o	–	– –
	Ökologie	++				
	Soziales			o		
	Ökonomie		+			
	Gesamtbewertung		+			

Begründung Die Initiative ist auf dem Weg, einen Beitrag zur regionalen Nachhaltigkeit zu leisten. Das Interesse bei regionalen Betrieben ist geweckt. Bereits vor offiziellem Vermarktungsstart gab es Anfragen nach regionalem Holz. Ein Bewusstseinswandel bei den Beteiligten zeichnet sich ab. Die ökologischen Qualitätskriterien gehen über die am Markt üblichen Standards hinaus. Das Projekt trägt dazu bei, vermehrt regenerative Ressourcen zu nutzen. Transportwege und Kosten können reduziert werden. Außerdem werden Arbeitsplätze, Einkommen und regionale Wertschöpfung gesichert bzw. geschaffen. Die regionale Wirtschaftsstruktur wird diversifiziert.

Rottaler Holzhaus

Daten

Name Rottaler Holzhaus

Träger Büro für Tourismus, Wirtschaft und Struktur im Landratsamt Rottal-Inn (TWiSt)

Partner TWiSt, Waldbauernvereinigung Eggenfelden-Arnstorf, Waldbauernvereinigung Gangkofen, Waldbesitzervereinigung Pfarrkirchen-Simbach, ARGE Rottaler Holzhaus (14 Zimmereien) und 4 Sägewerke

Finanzierung
- EU 5b Mittel für erste Marketingmaßnahmen
- Förderung durch den Landkreis Rottal Inn sowie aus LEADER Mitteln für ein Musterhaus und eine Marketingkampagne

Realisierung TWiSt begann 1995 auf Grundlage des Vorbildes des erfolgreichen Solarprojektes ‚Rottaler Sonnenwende' erste Gespräche mit den beteiligten Gruppierungen. Als erster konkreter Schritt wurde im März 1996 ein Architektenwettbewerb mit sehr großer Resonanz veranstaltet. Darauf wurde die ARGE Rottaler Holzhaus gegründet (anfangs bestehend aus 20 Zimmereien, später 14). Im Mai 98 wurde ein Musterhaus fertiggestellt, das von den Zimmerern gemeinsam genutzt wird. Im Rahmen einer Diplomarbeit an der FH Rosenheim wurde ein Qualitätspass für das Rottaler Holzhaus erstellt.

Kurzbeschreibung

Hintergründe Aufgrund der schlechten wirtschaftliche Lage der Zimmereien und der heimischen Waldbauern, die mit billigen Importen aus dem Osten konkurrieren müssen, wurde aus einer Idee der Landrätin des Landkreises Rottal/Inn in Abstimmung mit den Waldbauernvereinigungen, den Zimmerern und dem Forstamt das Konzept für das Rottaler Holzhaus entwickelt. Die positive Erfahrung mit dem Projekt ‚Rottaler Sonnenwende' kam unterstützend hinzu.

Ziel(e) Mit dem Rottaler Holzhaus soll gemeinsam ein Produkt aus heimischem Holz hergestellt und vermarktet werden, das ökologischen Kriterien und hohen Qualitätsanforderungen gerecht wird. Die Ziele im einzelnen:
- Erhöhung der Absatzmöglichkeiten für heimisches Holz
- Stärkung regionaler Wirtschaftskreisläufe
- Förderung des ökologischen Bauens mit Holz
- Wirtschaftsförderung für den Landkreis
- Reduzierung von Transportaufwand

Aktivitäten
- Marketingkampage für Bauen mit regionalem Holz
- Vermarktung der Rottaler Holzhaus als Markenprodukt
- Herstellung eines Musterhauses

Kooperationsstrukturen

Partnerauswahl TWiSt hat als Wirtschaftsförderungsorganisation des Landkreises die Idee der Förderung des regionalen Holzabsatzes aufgegriffen und zur Realisierung dieses Zieles gezielt Akteure angesprochen und zusammengeführt. Erst als die Konstruktion stand, wurde die Öffentlichkeit informiert.

Aufgabenteilung
- Waldbauern: Bereitstellung des regionalen Holzes
- Sägereien: Einschnitt
- Zimmerer: Bau des Rottaler Holzhauses
- TWiSt: Initiative, Moderation und Begleitung

Für die Vermarktung des regionalen Holzes wurde keine eigene Struktur geschaffen. Die Geschäftsführung der ARGE Rottaler Holzhaus liegt bei der Kreishandwerkerschaft.

Vereinbarungen Verträge
- Kooperationsvereinbarung zwischen den Partnern mit dem Ziel das Rottaler Holzhaus erfolgreich zu vermarkten (= LEADER Projektgruppe Rottaler Holzhaus)
- Vertrag zwischen Waldbauernvereinigung Eggenfelden-Arnstorf, Waldbauernvereinigung Gangkofen, Waldbesitzervereinigung Pfarrkirchen-Simbach und ARGE Rottaler Holzhaus über Konditionen der Holzbelieferung für das Rottaler Holzhaus
- ARGE Rottaler Holzhaus mit großem Vertragswerk (u.a. über gemeinsame Verfügung über das Musterhaus, Qualitätskriterien, Bedingungen der Zusammenarbeit zwischen den beteiligten Zimmereibetrieben)

Entscheidung Entscheidungen werden entsprechend der Vereinbarungen gefällt. Treffen finden in verschiedenen Konstellationen und von TWiSt moderiert statt.

Regionale Nachhaltigkeit

Bewertung		+ +	+	o	–	– –
Ökologie			+			
Soziales			+			
Ökonomie			+			
Gesamtbewertung			+			

Begründung TWiSt versucht mit innovativen Ideen, die wie im Falle der hier dargestellten Initiatoren auch ökologische Aspekte beinhalten können, die regionale Wirtschaft zu stärken, insbesondere KMU und Handwerk. Das Projekt erzielt zudem einen Bewusstseinswandel bei Verbrauchern und nicht beteiligten Betrieben. Auch wenn es Anlaufschwierigkeiten in ihrer Umsetzung zu verzeichnen gab, ist im Hinblick auf die soziale Dimension nachhaltiger Regionalentwicklung die Idee hervorzuheben, den regionalen Waldbesitzern einen Preis zu zahlen, der über dem Weltmarktpreis liegt. Dadurch wird u.a. die Nutzung regenerativer Rohstoffe bzw. die Produktion mit regionalen Ressourcen gefördert. Gleichermaßen wird ein Beitrag zur Sicherung und Schaffung von Arbeitsplätzen geleistet, die regionale Wettbewerbsfähigkeit verbessert und die regionale Wirtschaftsstruktur diversifiziert.

---| **frontalBau** |---

---| **Daten**

Name frontalBau GbR

Träger Rhöner Handwerkerteam frontalBau GbR (Baugeschäft, Zimmerei-Holzbau, Maler, Heizung-Lüftung-Sanitär, Stahl- und Metallbau, Kunstschmiede, Schreinerei, Elektrotechnik)

Partner Weitere Partner sind:
- CONTOUR Büro für RegionalMarketing, Hilders
- Institut für Regionalmarketing, FH Fulda
- R.H.Ö.N. e.v. (Regionales Handwerk für Ökologie und Natur)

Finanzierung Eigenfinanzierung

Realisierung 1993 gegründet

---| **Kurzbeschreibung**

Hintergründe Die Rhön ist durch eine lange Tradition in Landwirtschaft, Handwerk und Fremdenverkehr geprägt. Die UNESCO hat einen großen Teil der Region zum Biosphärensreservat erklärt. Außerdem ist die Rhön ‚Region der Zukunft' im gleichnamigen BBR-Wettbewerb. Die Handwerksbetriebe kannten sich seit langem, weil sie oft an den gleichen Baustellen beteiligt waren. Aus einem Bauprojekt, an dem drei der späteren Kooperationsmitglieder beteiligt waren, entstand die Idee frontalBau zu gründen, Bauleistungen aus einer Hand anzubieten und ökologisches Bauen zu fördern. Durch die Gründung der Kooperation hatten die Betriebe die Möglichkeit, ihre Arbeit besser zu koordinieren. Von nun an warb man gemeinsam für handwerkliche Arbeit von hoher Qualität verbunden mit dem sorgfältigen Umgang mit den zur Verfügung stehenden natürlichen Ressourcen.

Ziel(e)
- Marktfähigkeit für die Betriebe auch in Zukunft sichern
- Profilierung in der Region
- Koordination in der Bauabwicklung

- Reduzierung der Kosten, Verbesserung der Gewinnsituation
- Schaffung neuer Arbeitsplätze
- Vorbereitung für die Zukunft: Öko-Audit
- Entwicklung eigener Produkte (,Hessenhaus', ,Agenda 21 Haus')

Aktivitäten
- seit 1996: Hessenhaus (Hauskonzept für junge Familien) (Kooperation von frontalBau und einem Architekten)
- seit 1998: dient frontalBau als Vorbildprojekt für die Gründung weiterer regionaler Bauhandwerkerkooperationen innerhalb der Deutschen Gesellschaft für Handwerk und Kooperation e.G. i.G. (DGHK) (s. eigene Projektskizze).
- Öko-Audit bei frontalBau-Betrieben
- Gemeinsame Planung und Ausführung von Bauvorhaben

Kooperationsstrukturen

Partnerauswahl
Ziel bei der Partnerauswahl war es, mit frontalBau alle Gewerke des Bauhandwerks abzudecken und so schlüsselfertiges Bauen aus einer Hand anbieten zu können. Persönliche Beziehungen und Erfahrungen beim gemeinsamen Hausbau spielten dabei eine wichtige Rolle.

Aufgabenteilung
- Produkterstellung: frontalBau
- Marketing: CONTOUR
- wissenschaftliche Begleitung: Institut für Regionalmarketing

Vereinbarungen Verträge
Ein GbR-Vertrag regelt die Koordinierung von Bauaufträgen. Die frontalBau-Betriebe haben sich gegenseitig verpflichtet zusammenzuarbeiten. Bei der Auftragsübernahme haben die Angebotserstellung und Auftragsabwicklung über frontalBau den Vorrang vor anderen Aufträgen. Im September 1999 wird frontalBau von einer GbR in eine Genossenschaft unter dem Dach der DGHK umgewandelt.

Entscheidung
Entscheidungen werden von der Geschäftsführung bzw. der Gesellschafterversammlung getroffen. Im Mai 1998 wurde aufgrund des gestiegenen Auftragsvolumens eine Geschäftsführung eingerichtet. Seit März 1999 übernehmen Bauingenieure den Vertrieb, sowie Bauplanung und -leitung für die Kooperation, die vorher rotierend von den einzelnen Betrieben übernommen wurden.

Regionale Nachhaltigkeit

Bewertung	++	+	o	–	– –
Ökologie		+			
Soziales	++				
Ökonomie		+			
Gesamtbewertung		+			

Begründung Bei frontalBau spielen ökonomische, soziale und ökologische Aspekte eine wichtige Rolle. Mit dem Bau von Holzhäusern werden innovative ökologische Produkte geschaffen. Mit der Nutzung regenerativer Ressourcen und Verringerung von Emissionen und Abgaben in die verschiedenen Umweltmedien werden ökologische Kriterien nachhaltiger Regionalentwicklung erfüllt. Wichtig ist, dass von den Beteiligten erkannt wurde, ökologische Aspekte (z.b. beim Hessenhaus) gemeinsam besser einhalten zu können. Die 20 realisierten Projekte sind zwar alle ökologisch orientiert (Holzbau, Niedrigenergie), ökologische Standards wurden jedoch nicht festgelegt. Die Durchführung eines Öko-Audits ist erst einmal aufgeschoben. Im Hinblick auf die soziale Dimension einer nachhaltigen Regionalentwicklung ist bemerkenswert, dass frontalBau Mitglied im Förderverein ,Häuser für Menschen e.V.' ist und dort eine Entwicklungshilfeabgabe zahlt, die direkt an die Umsatzsumme gekoppelt ist. Hinzu kommt der hohe Stellenwert regionaler Identität, der sich im regionaltypischen Baustil ausdrückt. Außerdem verstehen sich die Akteure als Teil des Biosphärenreservat Rhön. Im Hinblick auf die ökonomische Dimension nachhaltiger Regionalentwicklung konnten durch bessere Koordinierung und gemeinsames Marketing die Kosten reduziert und die Qualität gesteigert werden. Außerdem leistet das Projekt einen Beitrag zur Sicherung und Schaffung von Arbeitsplätzen, Einkommen und regionaler Wertschöpfung sowie zur Diversifizierung der regionalen Wirtschaftsstruktur. Positiv für die gesamte Initiative ist, dass das beteiligte Zimmerei-Holzbau Unternehmen mit dem Pegasus-Preis für Innovation des Deutschen Handwerks und dem Preis des Genossenschaftsverbandes ausgezeichnet wurde.

Daten

Name Deutsche Gesellschaft für Handwerk und Kooperation e.G. i.G. (DGHK), Agenda 21 Haus.

Träger Rhöner Handwerksbetriebe

Partner Weitere Partner sind:
- Partner aus der Zulieferindustrie (Hanfdämmung, Kalksandstein, Klinker, Holz, Glastechnik, Bautechnik, Stahl)
- Architekturbüros
- CONTOUR Büro für Regionalmarketing, Hilders
- Institut für Regionalmarketing, Fachhochschule Fulda
- Genossenschaftsverband Hessen/ Rheinland-Pfalz/ Thüringen e.V., sowie die Volks- und Raiffeisenbanken
- Deutsches Zentrum für Handwerk und Denkmalspflege, Fulda
- Zentralverband des Deutschen Handwerks

Finanzierung
- Eigenfinanzierung
- Förderung von Projekten durch das BMBF (ab Herbst 1999)

Realisierung
- 1998: Entwicklung des Konzeptes ‚Agenda 21 Haus', als Beispiel für nachhaltigen Hausbau, und Errichtung von Musterhäusern auf der EXPO 2000
- 1998: Gründung der Deutschen Gesellschaft für Handwerk und Kooperation (DGHK). Die DGHK soll nach dem Start in der Rhön langfristig Handwerkerkooperationen in ganz Deutschland als Dachorganisation dienen und Aufgaben im Bereich Vertrieb, Marketing, Weiterbildung und Qualitätsmanagement übernehmen, so dass die Mitgliedsbetriebe sich auf ihre handwerklichen Aufgaben konzentrieren können. Das bereits 1993 gegründete Projekt frontalBau (s. eigene Skizze) dient hierbei als Vorbild-Projekt für weitere regionale Bauhandwerkerkooperationen.
- 1999: Gründung der RegioBAU Main-Franken in Motten, Vorbereitung zur Gründung weiterer Handwerkskooperationen.

Kurzbeschreibung

Hintergründe

- Rhön ist Biosphärenreservat der UNESCO und ‚Zukunfts-region' im Rahmen des BBR-Wettbewerbs. Vor diesem Hintergrund haben sich verschiedene Aktionsgruppen zur Stärkung der Region und zum Erhalt des natürlichen Lebensraumes gebildet, was das Bewusstsein für nachhaltige Entwicklungen prägte.
- Das Institut für RegionalMarketing der FH Fulda unterstützt regionale Entwicklungen.
- Die Initiatoren des Projektes spielten bereits bei der Entwicklung des Projektes frontalBau eine wichtige Rolle. Aus den dort gesammelten Erfahrungen kannte man die Notwendigkeit, einer regionalen Handwerkskooperation einen eigenständigen Marketing- und Vertriebsmitarbeiter sowie eine unabhängige Bauleitung zur Seite zu stellen. Vor diesem Hintergrund entstand die Idee zur Deutschen Gesellschaft für Handwerk und Kooperation als Dachgesellschaft für Kooperation im Handwerk.

Ziel(e)

- Zukunfts- und Marktfähigkeit von Handwerksbetrieben durch Kooperation sichern, damit verbunden ist die Stärkung der heimischen Wirtschaft und die Sicherung von Arbeitsplätzen.
- Förderung und Beratung von regionalen Kooperationen im Handwerk
- Aufbau und Entwicklung von neuen Handwerkskooperations-Genossenschaften unter dem Dach der DGHK
- Entwicklung von innovativen, marktfähigen Produkten und Dienstleistungen
- Beratung von Bauherren in Fragen des ökologischen, nachhaltigen Bauens, Renovierens und Wohnens (schlüsselfertiges Bauen)
- Bau von Agenda 21 Häusern bundesweit
- Zusammenarbeit von Handwerk und Wissenschaft

Aktivitäten Produktentwicklung:

- Entwicklung des ‚Agenda 21 Hauses' als Beispiel für nachhaltiges Bauen. Auf dem Kronsberg in Hannover wird derzeit ein Reihenhauskomplex im Umfeld der EXPO 2000 gebaut (dann Betrieb eines ‚gläsernen' Fortbildungs-, Forschungs- und Veranstaltungszentrums in den Agenda 21 Musterhäusern während der EXPO). Anlässlich des Hessentags in Hünfeld soll ein weiteres Musterhaus gebaut werden. Gleichzeitig sollen weitere standardisierte Haus-Typen aus dem Agenda 21 Haus-Konzept entwickelt werden.

• Für die Altbausanierung wird ein Agenda 21-Gebäudepass entwickelt.

• Entwicklung eines Managementkonzeptes für eine neue Dienstleistung in Kooperationen im Handwerk: ‚Seminarhandwerker‘

• Entwicklung eines Konzeptes ‚Agenda 21-Gebäudemanagement Servicehandwerkersystem‘ und Organisation von Dienstleistungsstrukturen in Handwerkskooperationen

• Für die DGHK werden eigene Qualitätsstandards und ein eigenes Qualitätsmanagement erarbeitet, dass auf regionale Handwerkerkooperationen übertragen wird.

• Mit dem Bau eines Agenda Hauses soll von den Beteiligten jeweils ein low-budget Haus in Südafrika mitfinanziert werden.

Vermittlungsgeschäfte:
• Vermarktung und Vermittlung von Bauleistungen der Mitglieder am regionalen Markt
• Angebot von komplexen Bauleistungen aus einer Hand

Kooperationskonzept:
• Gründung und Verwaltung von RegioBAU-Gruppen im gesamten Bundesgebiet
• Bauorganisation, Bauleitung und –überwachung
Gemeinsames Marketingkonzept

Kooperationsstrukturen

Partner-auswahl Gezielte Ansprache durch die Initiatoren. Neben persönlichen Beziehungen war für die Partnerauswahl ausschlaggebend, dass komplementäre Partner gefunden wurden, d.h. Handwerksbetriebe aller Gewerke, Architekten, Marketingbüro, Fachhochschule Fulda etc.

Aufgaben-teilung
• Produkterstellung: Handwerksbetriebe
• Marketing: CONTOUR
• Wissenschaftliche Begleitung: Institut für Regionalmarketing (FH Fulda)
• Beratung im Qualitätsmanagement: ZHD

Verein- Die DGHK wurde als Genossenschaft gegründet. Die regio-
barungen nalen Handwerkskooperationen gründen ebenfalls Genossen-
Verträge schaften und werden über diese Mitglied in der Dachgesellschaft.

Entscheidung Entscheidungen werden nach dem Genossenschaftsrecht gefällt, d.h. jeder Genosse hat eine Stimme.

Regionale Nachhaltigkeit

Bewertung	+ +	+	o	–	– –
Ökologie		+			
Soziales		+			
Ökonomie		+			
Gesamtbewertung		+			

Begründung Mit dem Agenda 21 Haus wird ein ökologisch innovatives
Produkt geschaffen. Auf Grund der regionalen Ausrichtung
der Kooperationen werden mit Ausnahme einiger Betriebe der
Zulieferindustrie Einkommen und Arbeit in der Region geschaffen. Mit der groß angelegten Vermarktung und Gründung weiterer Initiativen in anderen Regionen wird auch dem
Anspruch gerecht, keine Entwicklung auf Kosten anderer Regionen anzustreben (Arbeit und Einkommen können so jeweils vor Ort geschaffen werden). Die Initiative nimmt auch
auf den Aspekt der interregionalen Gerechtigkeit bezug: Für
jedes künftig gebaute Agenda 21 Haus wird von den jeweils
am Bau beteiligten ein low-budget Haus in Afrika finanziert.

Netzwerk ökologisch ökonomisches Bauen, Bitterfeld

Daten

Name Netzwerk ökologisch-ökonomisches Bauen Bitterfeld-Wolfen

Träger Technologie- und Gründerzentrum Bitterfeld-Wolfen

Partner 55 Teilnehmer (KMU mit in der Regel 30 50 Beschäftigten):
- Baufirmen (industriemäßige Produktion, hoher Vorfertigungsgrad)
- Baunebengewerbe (Sanitär, Heizung, Lüftung, Elektro)
- Hersteller von Wandelementen, Fenstern und Dachelementen
- Hersteller von Baustoffen und sonstigen Materialien (z.B. chem. Industrie)
- Hersteller von Ausrüstungskomponenten (z.B. Steuerungstechnik, Solartechnik, Wärmespeichersysteme)
- Architekten
- Bildungseinrichtungen (Qualifizierung)
- Kommunen
- Institut für Strukturpolitik und Wirtschaftsförderung Halle-Leipzig e.V. (isw)

Finanzierung Förderung durch das Wirtschaftsministerium Sachsen-Anhalt (Personalkosten von 260.000 DM für zwei Personen)

Realisierung
- Mai 1996: Gründung des Netzwerkes auf Initiative des isw (Antragsteller beim Wirtschaftsministerium Sachsen-Anhalt ist das TGZ)
- Dez. 1998: Ende der Projektförderung und damit Ende des Netzwerkes

Projektphasen:
1. ‚Kooperationsphase': Workshops, Partnersuche, Zielfestlegung, Absichtserklärungen
2. ‚Virtuelle Unternehmen' (Frühjahr 1997): Entwicklung und Realisierung von Projekten
3. ‚Realisierungsphase sowie Firmengründung' (Jahreswechsel 1997/98): Firmenneugründungen, Projektrealisierung, Patente

Kurzbeschreibung

Hintergründe Bauunternehmen als ‚Konjunkturlokomotiven' haben beim Aufbau Ost an Zugkraft verloren. Die regionale Bauwirtschaft befindet sich in einer Strukturkrise (Know-How-Defizite, fehlende Spezialisierung auf zukunftsorientierte Bereiche). Die Region ist geprägt von Umweltproblemen. Zudem besteht die Notwendigkeit, Familien mit mittleren Einkommen den Zugang zu Wohneigentum zu ermöglichen. Ökologisch und preisgünstiges Bauen wird als Potential gesehen. Außerdem werden gesetzliche Vorgaben zukünftig ökologisches Bauen erzwingen. Die Initiative ging vom isw aus, aber die Einrichtung und Koordinierung der ersten Schritte wurde vom TGZ geleistet.

Ziel(e) Übergreifendes Ziel ist der Aufbau eines branchenübergreifenden Netzwerks (‚Entwicklungsnetzwerk') zur Entwicklung und Vermarktung von Systemlösungen des ökologisch-ökonomischen Bauens (z.B. Wandelemente, Haustechnik, Baustoffe, ganze Häuser), die von mehreren Partnern gemeinsam erstellt werden. Einzelziele:
- Kostenreduktion bei der Erstellung einzelner Produkte
- Rationalisierung einzelner Arbeitsabläufe
- Bündelung der Unternehmensleistungen und damit Stärkung der regionalen KMU
- Gegensteuern gegen ‚Billigbauen'; qualitativ hochwertiges und ökologisches Bauen als Marktnische wahrnehmen

Aktivitäten Das Netzwerk ist in 9 Netzwerkknoten mit 12 Netzwerkprojekten gegliedert. Beispielsweise wird im Netzwerkknoten 1 ‚Entwicklung und Realisierung von Projekten im Bereich ökologisch-ökonomischer Wohnungsbau – dargestellt am Bsp. des Ein-, Zwei- und/oder Mehrfamilienhauses' das Projekt ‚Intelligentes Haus' realisiert. Aufgaben des Netzwerkes:
- Koordination und interne Moderation
- Erstellen eines Kataloges bereits vorhandener Teil- und Gesamtlösungen im Bereich ökologisch-ökonomisches Bauen
- Auf- und Ausbau von Netzwerkknoten durch schrittweise Einbeziehung weiterer Partner
- Initiieren von Einzelprojekten des ökologisch-ökonomischen Bauens
- Koordinierung der einzelnen Arbeitsschritte des Problemlösungsprozesses in den Netzwerkknoten
- Prüfung der Einzelprojekte auf Fördermöglichkeiten, Koordinierung der Beantragung

- Kontaktaufnahme und -pflege mit kommunalen Einrichtungen, Organisationen und Verbänden, die nicht Netzwerkpartner sind, aber das Netzwerk unterstützen können
- Entwicklung von Modellprojekten, Organisation der wissenschaftlichen Projektbegleitung
- Vorbereitung und Durchführung von Präsentationen, Ausstellungen und Messen
- Schaffung nachhaltiger, präsentierbarer Problemlösungen mit innovativem Charakter zum Problemkreis ökologisch-ökonomisches Bauen
- Organisation und Durchführung von Qualifizierungsmaßnahmen als Ergänzung der Marketingstrategie
- Entwicklung von Marketingkonzeptionen und Unterstützung der absatzpolitischen Aktivitäten der Netzwerkpartner

Kooperationsstrukturen

Partner-auswahl TGZ hat potenzielle Partner zu Workshops eingeladen und persönlich angesprochen. Die Partner wurden aufgabenspezifisch nach Branche, Leistungsart und -umfang ausgewählt und zusammengesetzt. Kriterium war die Erfüllung der einzelnen Funktionen Planen/Entwerfen, Herstellen und Ausführen ökologisch-ökonomischen Bauens.

Aufgaben-teilung
- Koordination und interne Moderation: TGZ
- Wissenschaftliche Begleitung: isw (Studie „Inhaltliche Schwerpunkte und erste Ergebnisse im Kontext der wissenschaftlichen Begleitung des Projektes ‚Aufbau eines Netzwerkes zur Verwirklichung von Systemlösungen des ökologisch-ökonomischen Bauens unter Beteiligung von kleinen und mittleren Unternehmen verschiedener Branchen")

Verein-barungen Verträge Bis auf Absichtserklärungen für die Zusammenarbeit in einzelnen Projekten, in denen die projektspezifische Aufgabenverteilung zwischen den jeweiligen Partnern geregelt ist, gibt es keine Kooperationsvereinbarungen oder -verträge.

Entscheidung Es finden regelmäßige Treffen von TGZ und isw zu den einzelnen Arbeitsschritten statt. Die inhaltliche Arbeit erfolgt in Workshops mit den Unternehmen.

Regionale Nachhaltigkeit

Bewertung	++	+	o	–	– –
Ökologie		+			
Soziales			o		
Ökonomie		+			
Gesamtbewertung		+			

Begründung Das Projekt basiert auf der Idee, Systemlösungen im ökologischen Bauen zu entwickeln. Durch Kooperation entsprechend geeigneter Partner konnten neue Produkte entwickelt werden. Die Strategie ökologischer Innovationen konnte umgesetzt werden. Zu den vom Netzwerk selbst genannten konkreten Erfolgen gehören u.a.:

- Entwicklung von Teillösungen ökologisch-ökonomischen Bauens
- Gründung von drei Unternehmen
- Gründung der Vereine Kreativzentrum Wolfen e.V. und Neue Arbeit Wolfen e.V.

Das mit Ablaufen der Förderung einhergehende Ende des Projektes ist nicht auf Aspekte der Produktqualität oder Kooperation zurückzuführen.

Elektronikschrott-
verwertung Aachen

Daten

Kooperationsverbund zur Verwertung von elektrischen und elektronischen Altgeräten im Rahmen der Arbeitsmarkt und Strukturpolitik in der Region Aachen

Träger • Kooperationsmanagement setzt sich zusammen aus: ISA Consult; Aachener Gesellschaft für Innovationen und Technologietransfer (AGIT); Forum der Arbeit (FdA), Gesellschaft für innovative Beratung (GIB)

Partner • Beschäftigungs- und Qualifizierungsprojekte: Gesellschaft für Arbeit und Weiterbildung AG; Aachener Projektwerkstatt Heinrich Böll e.V.; Low-tec gGmbH
• Gewerbe: Microlab GmbH; Ruhrkohle (RAG) Umwelt GmbH (Koordination der Verwertungswege)
• Kommunen und Kreise der Region Aachen sowie kreisfreie Stadt Aachen

Finanzierung Finanzierungsmix (Unterstützung vom Ministerium für Arbeit & Soziales NRW, vom Ministerium für Wirtschaft, Mittelstand, Technologie und Verkehr (MWMTV) und der Arbeitsverwaltung des Landes NRW; Landesversorgungsämter, Bezirksregierungen; Kommunen; Eigenmittel der Träger)

Realisierung 1994 Ideenworkshop, 1996 Projektbeginn

Kurzbeschreibung

Hintergründe Problem der immer größeren Mengen Elektro(nik)schrott (Elektronikboom der 80er und 90er Jahre, immer kürzere Produktzyklen). Aus umwelt- und betriebswirtschaftlichen Gründen besteht Bedarf nach einem leistungsstarken und umweltgerechten Verwertungssystem, an dem Kommunen, Handel und Industrie beteiligt sind, um frühzeitig kommunale und wirtschaftliche Strukturen (Abfallwirtschaftssatzungen) für eine zu erwartende Elektronikschrottverordnung zu schaffen. Die Idee wurde zunächst vom Betriebsrat der Aachener Filiale eines großen Elektronikkonzerns geboren: Gründung einer

Beschäftigungs- und Qualifizierungsgesellschaft mit dem Ziel, sich mit Elektronikschrott zu befassen und Kompetenzen im Bildröhrenrecycling aufzubauen; externe Beratung durch ISA-Consult. Die Konzernmutter lehnte das Konzept ab. ISA-Consult fand die Idee weiter gut und trat an das Forum der Arbeit heran, weil hier Kontakte zu regionalen Akteure bestanden. Danach fanden moderierte Gespräche mit potenziellen Projektträgern statt (Low Tec, Ev. Gemeinde Düren, AW Aachen; AGIT). Auf Initiative des Arbeitskreises ‚Gewerbliche Arbeit‘ der Regionalkonferenz der Region Aachen sind 1994 Aktivitäten zum Aufbau regionaler Strukturen zur Verwertung elektr(on)ischer Altgeräte entwickelt worden. Ziel war ein regionales Leitprojekt, das die Erschließung von Zukunftsmärkten mit der Schaffung von Arbeitsplätzen und der Verbesserung der Qualifikation und Vermittlungschancen von Arbeitslosen verknüpft. Zum Aufbau einer regionalen, ökologisch orientierten Abfallwirtschaft wurde 1994 ein Ideenworkshop veranstaltet, aus dem sich die Idee des Kooperationsverbundes entwickelte.

Ziel(e)   Arbeitsmarktpolitische Ziele:
- Zukunftsorientierte Qualifizierung von Langzeitarbeitslosen
- Schaffung von Beschäftigung in der Demontage und Verwertung von elektr(on)ischen Altgeräten (ca. 70 Beschäftigungsverhältnisse)
- von aktuell ca. 50 Mitarbeitern in Projekten sollen ca. 20 30 in dauerhafte Arbeitsplätze übernommen werden

Umweltpolitische Ziele:
- Aufbau einer regionalen ökologischen Kreislaufwirtschaft
- Dezentrale Verwertungsstrukturen optimieren den Transportaufwand durch kurze Transportwege und Bündelung von Stoffströmen
- Reduzierung von Abfällen und Schadstoffen
- Vermeidung von Mülltourismus

Wirtschaftspolitische Ziele:
- Kooperation zwischen Unternehmen, Beschäftigungs- und Qualifizierungsträgern aus allen Kreisen und der kreisfreien Stadt Aachen sowie der ZIN (Zukunftsinitiative NRW)-Region Aachen ermöglicht Aufbau eines regionalen und flächendeckenden Verwertungssystems
- Sicherung eines innovativen und ökologischen Zukunftsmarktes durch die Nutzung endogener regionaler Potenziale
- Beitrag zum regionalen Strukturwandel

Aktivitäten
- Sammlung von elektr(on)ischen Altgeräten über Bring- und Holsysteme; Manuelle Demontage und Zerlegung in einzelne Stofffraktionen; Umweltverträgliche Verwertung der Fraktionen; Entsorgung der aus den elektr(on)ischen Altgeräten entnommenen Schadstoffen
- Bildung eines Verwerterpools
- Erarbeiten von Richtlinien zur Fortschreibung des Verwertungspools entsprechend dem aktuellen Wissens- und Projektstand
- Liste der Stofffraktionen, die bei Zerlegung in den beteiligten Werkstätten anfallen (erarbeitet von der RAG, abgestimmt mit den Zerlegebetrieben)
- Zertifizierung der Betriebe und Anerkennung als Entsorgungsfachbetrieb nach dem Kreislaufwirtschaftsgesetz
- Abschlussbezogene Qualifizierung zur ‚Recycling-Fachkraft' in Zusammenarbeit mit der IHK

Kooperationsstrukturen

Partner-auswahl Die Partner wurden nach sachlichen Kriterien ausgewählt, wie Kompetenzen in den Bereichen Recycling, regionale Netzwerke und Beschäftigungsinitiativen. Außerdem wurde auf komplementäre Kontakte und Einflussmöglichkeiten der einzelnen Partner geachtet. Lange vor dem eigentlichen Kooperationsbeginn wurden seitens des Kooperationsmanagements systematisch Gespräche mit Partnern geführt (ehrenamtlich).

Aufgabenteilung
- Federführung: ISA-Consult GmbH
- Regionale Arbeitsmarkt- und Strukturpolitik: FdA und AGIT mbH
- Entwicklung arbeitsmarktpolitischer Projekte: G.I.B., Bottrop

Vereinbarungen Verträge Formal basiert die Kooperation auf folgenden Dokumenten:
- Kooperationsvereinbarung ‚Verwertung von elektrischen und elektronischen Altgeräten im Rahmen der Arbeitsmarkt- und Strukturpolitik in der Region Aachen' (von allen Beteiligten unterschrieben) (Unterzeichner vereinbaren Ausschließlichkeit der Zusammenarbeit bei der Verwertung und Entsorgung der zerlegten Fraktionen innerhalb des Kooperationsverbunds, sofern vorhandene Kooperationen oder Vereinbarungen dem nicht entgegenstehen; Anzahl der Beteiligten ist jederzeit erweiterungsfähig; Betriebe verpflichten sich in Verwerterpool einzuspeisen.)

• ‚Grundsatzvereinbarung über die Verwertung und Entsorgung der zerlegten Fraktionen innerhalb des Kooperationsverbundes Elektronikschrott-Verwertung in der Aachener Region'

Entscheidung Alle sechs Wochen finden Kooperationsrunden statt. Zusätzliche Treffen von Management und Verwertungspool. Mit den Kommunen werden gesonderte Gespräche geführt. Entscheidungen werden im Konsens getragen. Konflikte zur Preisgestaltung zwischen den Betrieben und Verwertern wurden durch Workshops gelöst. Geschäftsführung durch Kooperationsmanagement.

Regionale Nachhaltigkeit

Bewertung	+ +	+	o	–	– –
Ökologie		+			
Soziales	+ +				
Ökonomie	+ +				
Gesamtbewertung	+ +				

Begründung Das Projekt selbst sieht seinen Schwerpunkt im wirtschaftlichen bzw. beschäftigungspolitischen Bereich. Allerdings sind auch ökologische Wirkungen vorhanden. Zu den wichtigsten Erfolgen des Projektes gehört die Gründung und Etablierung sozialer Wirtschaftsbetriebe z.b. der low-tec gGmbH. Positiv damit verbunden sind die 48 abgeschlossenen und 50 laufenden Qualifizierungsmaßnahmen, also Schaffung von Arbeitsplätzen. Bei diesem Projekt ist besonders die Verbindung von sozialen und ökologischen Aspekten herauszustellen. Die Schaffung und Sicherung eines hohen Niveaus von Qualifikation und Bildung verbunden mit der Re-Integration von Langzeitarbeitslosen ist nicht nur beschäftigungspolitisch relevant, sondern bedeutet durch den Verzicht auf Müllexporte auch eine regionale Entwicklung, die nicht auf Kosten anderer Regionen geht. Ein wichtiger Nebeneffekt des Projektes ist, dass bei den regionalen Verwaltungen und in der Wirtschaft Projekte wie dieses als erfolgreich bekannt sind. Für zukünftige Kooperationen hat dieses Projekt wertvolle Pionierarbeit geleistet. Zu den positiven Umweltaspekten gehört, dass der E-Schrott in der Region bleibt und kein Müll exportiert wird sowie die im Vergleich zur konventionellen Zerlegung höhere Zerlegungstiefe beim Recycling. Die Region wurde gestärkt, indem intraregionale (interkommunale)

Konkurrenzen abgebaut und gemeinsam neue Infrastrukturen aufgebaut werden konnten. Die Abhängigkeit von überregionalen Entsorgern wird verringert und Entsorgungssicherheit geschaffen.

ALTER*NET*

Daten

Name Alternatives Stromnetz ALTER*NET* GmbH &Co KG

Träger ALTER*NET* regenerative Energiesysteme GmbH & Co. KG

Partner Die ALTER*NET* Regenerative Energiesysteme Geschäftsführungs-GmbH:
- NET neue energietechnik, Diez
- Umweltkontor
- Zephyr Windkraft Südeifel Geschäftsführungs-GmbH
Die Kommanditisten:
Umweltkontor R.E. New Able Energy Holding A.G. Hückelhofen und 5 weitere Einzelpersonen

Finanzierung Eigenfinanzierung

Realisierung Ende 1998: Gründung von ALTERNET mit drei Gesellschaftern, Aufbauphase

Kurzbeschreibung

Hintergründe Aufgrund der Aufstellung verschiedener Windenergieanlagen in der West- und Südeifel ergaben sich Engpässe in der Trafokapazität. Auf den Vorschlag der Erweiterung vorhandener Kapazitäten wurde vom Besitzer (dem zuständigen EVU) nur zögerlich reagiert. Eine gemeinsame Überlegung (Juni 1997) der damals 12 Betreiber alternativer Energieanlagen in der Region führte zu dem Ergebnis, dass (vor dem Hintergrund der Strommarktliberalisierung 1999 und des Stromeinspeisungsgesetzes sowie des Energiewirtschaftsgesetzes) ein alternatives Konzept für die Stromeinspeisung günstiger wäre. Die Alternativinvestition zur Erweiterung der Kapazität hätte eine Firma alleine nicht tragen können. Daraufhin wurde eine gemeinsame Gesellschaft (ALTER*NET*) gegründet, die auch noch weitere gemeinsame Aufgaben übernehmen soll (s. Ziele). Über diesen Weg ist man nun auch wieder mit dem Besitzer der bereits vorhandenen Trafoanlage ins Gespräch gekommen.

Ziel(e) Oberziel ist die Produktion von Strom aus Wind, Biomasse und Biogas. Damit bewegt man sich in einem Zieldreieck aus 1.a) Stromproduktion und b) Energieveredlung; 2. Landwirtschaft; 3. Vermarktung (Arbeitsplätze, Veränderung der Rahmenbedingungen für dezentrale Energieversorgung). Die konkreten Ziele sind:

- Erweiterung der regionalen Trafokapazitäten
- Verlegung und Wartung von Kabeln zu den Windparks und Biomasseanlagen
- Einbezug weiterer alternativer Energieerzeuger (v.a. Landwirte)
- Gemeinsamer Stromvertrieb nach der Strommarktliberalisierung

Aktivitäten
- Finanzierung des Umbaus der Trafoanlage
- gemeinsame Investition in Netzinfrastruktur, Einbezug weiterer Stromerzeuger (vorzugsweise Landwirte mit Biomasse)
- gemeinsamer Vertrieb von Strom bzw. Einspeisung ins Netz
- Vermarktung eines Energiemixes aus Wind, Biomasse und Biogas (nur durch Windparks alleine können keine ‚Grundlasten' erzeugt werden)
- Vermarktung von regenerativem Strom dritter Energieproduzenten

Kooperationsstrukturen

Partner-auswahl Alternative Stromerzeuger der Region wurden gesucht. Die Einzelbetreiber und Betreibergesellschaften kannten sich teilweise schon vorher.

Aufgaben-teilung

Verein-barungen Verträge Es gibt keine über den Gesellschaftervertrag der GmbH & Co. KG hinausgehenden Vereinbarungen. Die finanzielle Beteiligung erfolgt in Abhängigkeit von der Leistungsinanspruchnahme.

Entscheidung Entsprechend der Rechtsform der GmbH & Co. KG. werden Entscheidungen vom Geschäftsführer bzw. den Gesellschaftern getroffen.

Regionale Nachhaltigkeit

Bewertung	++	+	o	–	– –	?
Ökologie	++					
Soziales			o			
Ökonomie		+				
Gesamtbewertung		+				

Begründung Das Projekt leistet einen wichtigen ökologischen Beitrag zu einer nachhaltigen Regionalentwicklung durch Nutzung regenerativer Energien. Es werden Maßnahmen durchgeführt, um die ökonomische Konkurrenzfähigkeit für ökologischeren Strom zu erhalten oder zu schaffen. Dies trägt bei zur Sicherung und Schaffung von Arbeitsplätzen, Einkommen und regionaler Wertschöpfung. Außerdem leistet das Projekt einen Beitrag zu einer Diversifizierung der Wirtschaftsstruktur. Im Hinblick auf die Erhaltung einer diversifizierten wirtschaftlichen Struktur ist zu bemerken, dass versucht wird, landwirtschaftliche Betriebe davon zu überzeugen, dezentrale Energiewirtschaft als zweites Standbein aufzubauen (nicht nur Flächen für Wind bereitzustellen, sondern auch Biogasanlagen zu betreiben). Obwohl das Projekt noch sehr jung ist, sind die ersten Erfolge bereits sichtbar und die Aussichten positiv. Die ersten Verträge mit Gemeinden für den Bau der Stromtrasse sind geschlossen. Die bisherige Planung für den Umbau der Trafoanlage Sinspelt hat die Kosten reduziert. Die ersten Kontakte in die Landwirtschaft und die ersten interessierten Landwirte sind vorhanden. In den ersten Gesprächen mit potenziellen Kunden, wie den Stadtwerken Trier wurde großes Interesse geweckt. In Zukunft ist mit der Netzanbindung (Umbau der Trafoanlage und Verlegen der Kabeltrasse) und Netzeinspeisung sowie veränderten Rahmenbedingungen und veränderter Preisgestaltung zu rechnen.

Kapitel 10
Strukturen, Organisation und Management der untersuchten Kooperationen

10.1 Ziele des Arbeitsschrittes

Produktionsbezogene regionale Unternehmenskooperationen im Zusammenhang mit nachhaltiger Regionalentwicklung sind ein sehr neues Untersuchungsobjekt. Es existieren zwar einige Zusammenstellungen von Initiativen dieser Art[485]. Zum Teil wurde auch bereits ansatzweise versucht, diese zu systematisieren und im Hinblick auf bestimmte Fragestellungen auszuwerten[486]. Über ihre Strukturen, Organisationsformen und Arbeitsweisen ist jedoch noch relativ wenig bekannt. In der Forschung ist erst mit der Arbeit an dem Thema begonnen worden[487]. Die Auffüllung der Wissenslücken im Hinblick auf Strukturen, Organisationsformen und Management regionaler Unternehmenskooperationen steht zwar auch nicht im Zentrum der hier vorliegenden Arbeit. Dennoch soll versucht werden, einige Grundlinien hinsichtlich der in den untersuchten Unternehmenskooperationen angewandten Strukturen, Organisationsformen und Managementmethoden herauszuarbeiten. Dies dient nicht zuletzt als Wissens- und Informationsgrundlage für die weiteren Schritte dieser Arbeit. Dabei geht es darum, sich einen Überblick über Unterschiede und Gemeinsamkeiten der Kooperationsinitiativen zu verschaffen. Bei welchen Aspekten gibt es bereits so etwas wie einen ‚common sense‘, wo ist noch keine klare Linie zu erkennen?

Als Grundlage dieses Arbeitsschrittes werden betriebswirtschaftlicher Beiträge herangezogen, die sich mit Gestaltungsprinzipien, Verhaltens-

---

[485] Vgl. z.B. DVL 1998.

[486] Vgl. Sauerborn et al. 1998 für Kooperationen im Bereich Holz- und Forstwirtschaft sowie Klee/Kirchmann 1998.

[487] Vgl. Kapitel 4.

vorschlägen und Erfolgsfaktoren für kooperierende Betriebe beschäftigen[488]. Eine Erweiterung der bisherigen betriebswirtschaftlichen Erkenntnisse wird insbesondere im Hinblick auf den um Nachhaltigkeitsziele erweiterten Zielkatalog erwartet, da die genannte Literatur bislang in aller Regel von einer rein ökonomischen Zielsetzung für Kooperation ausgeht. Vermutet wird, dass sich allein durch das erweiterte Zielsystem, aber auch durch die regionale Orientierung beispielsweise andere Vorgehensweisen, Organisationsformen oder Teilnehmerzusammensetzungen anbieten. So wird in der Literatur beispielsweise unterstellt, dass für kooperierende Großunternehmen andere Bedingungen gelten als für KMU[489]. Müller hat in empirischen Untersuchungen u.a. herausgefunden, dass gerade bei KMU-Kooperationen weniger eine fachlich und betriebswirtschaftlich ausgerichtete Partnersuche zugrunde liegt als vielmehr persönliche Kontakte[490].

In der betriebswirtschaftlichen Literatur wird der Kooperationsverlauf in mehrere Abschnitte von der Entscheidungsfindung bis zur Realisierung eingeteilt. Trotz des speziellen Focus dieser Arbeit (regionale Kooperation, nachhaltige Regionalentwicklung) scheint diese Einteilung ein geeigneter Ausgangspunkt für die Strukturierung der Untersuchung zu den Gestaltungsprinzipien produktionsbezogener regionaler Unternehmenskooperationen zu sein. Denn unabhängig von der Ausgestaltung der einzelnen Schritte ist die grobe Schrittfolge bei Aufbau und Durchführung einer jeden produktionsbezogenen Unternehmenskooperation gleich. In den oben bereits angesprochenen Leitfäden und Vorschlägen über Gestaltungsprinzipien einer zwischenbetrieblichen Kooperation zeichnet sich mit geringen Abweichungen der folgende idealtypische Verlauf von Kooperation zwischen Unternehmen ab[491]:

• Entscheidungsfindung, Initiierung,

• Partnersuche und -auswahl,

• Verhandlung, Konstituierung,

• Management, Aufbau von Arbeitsstrukturen.

[488] Vgl. z.B. Fontanari 1996, Bronder 1993 a und b, Staudt et al. 1992.

[489] Vgl. Volery 1996.

[490] Vgl. Müller 1987.

[491] Vgl. z.B. Fontanari 1996, 186, Eisele 1995.

Diese Systematisierung von Prozessablauf und Organisationsstrukturen von Unternehmenskooperationen kann für die hier zu bearbeitende Fragestellung im Sinne einer Gliederungshilfe nutzbar gemacht werden. Um den Prozesscharakter von Kooperation stärker herausarbeiten zu können, werden die letzten beiden Punkte hier allerdings etwas abweichend strukturiert.

Für die Betrachtung der Prozess- und Strukturcharakteristika produktionsbezogener regionaler Kooperationsinitiativen, die Beiträge zu einer nachhaltigen Regionalentwicklung leisten, wird deshalb folgende Strukturierung zugrunde gelegt:

- Entscheidungsfindung, Initiierung,

- Partnersuche und -auswahl,

- Formelle Strukturen, Organisationsform,

- Prozessablauf,

  - langfristige Entwicklung,

  - kurzfristige Entwicklung.

Diese Struktur wird die Grundlage für die Ausführungen in Abschnitt 10.3 sein. Bevor jedoch auf diese Punkte eingegangen wird, sollen zur Vervollständigung des Bildes über die Zusammensetzung des Untersuchungssamples einige allgemeine Charakteristika der untersuchten Initiativen dargestellt werden.

10.2 Allgemeine Charakteristika der Kooperationsinitiativen

Bereits in Kapitel 8.2.3 waren einige wichtige Charakteristika der untersuchten Initiativen (wie Branchenzugehörigkeit, geographische Lage, Raumtyp) dargestellt worden. Es wurde bereits an dieser Stelle deutlich, dass auf Grund des explorativen Charakters dieser Arbeit ein möglichst breites Spektrum an Unternehmenskooperationen in die Untersuchung einbezogen werden sollte[492]. Während hinsichtlich der in Kapitel 8.2.3 dargestellten Charakteristika eine breite Streuung ausdrücklich intendiert

---

[492] Dies selbstverständlich immer mit der Maßgabe eines Beitrags zu einer nachhaltigen Regionalentwicklung.

war[493], wurde bei den nun darzustellenden Eigenschaften eine Vielgestaltigkeit nicht ausdrücklich gesucht, aber eben auch nicht ausgeschlossen.

Anzahl der Beteiligten

Hinsichtlich der Größen der Kooperationen ergibt sich ein äusserst breites Spektrum (vgl. Abb. 16)

Abb. 16: Anzahl der Beteiligten

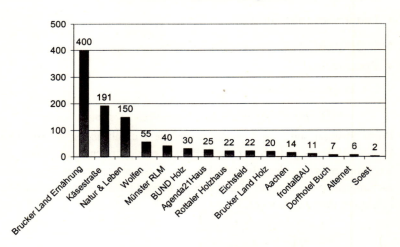

Die Anzahl der an der Kooperation Beteiligten liegt zwischen 2 und ca. 400. Einschränkend ist anzumerken, dass insbesondere für die größeren Kooperationen exakte Angaben über die Anzahl der Beteiligten nicht vorliegen bzw. gar nicht gemacht werden konnten. Zum Teil ist die Entwicklung der Kooperationen so dynamisch, dass sich die Zahlen fast täglich verändern. Betrachtet man die Beziehung zwischen Anzahl der Beteiligten und Branche, fällt auf, dass vier der fünf größten Kooperationen im Bereich Ernährung liegen.

---

[493] Auch wenn dies nicht immer gelang (vgl. Kapitel 8.2.3).

Ausrichtung der Kooperation

Zur Kategorisierung von Unternehmenskooperationen wird sehr oft auch ihre Ausrichtung herangezogen. Dabei hat sich eine Unterscheidung in horizontale und vertikale Kooperation durchgesetzt[494]. Mit vertikaler Kooperation wird die Kooperation zwischen Unternehmen bezeichnet, zwischen denen Zuliefer- bzw. Abnahmebeziehungen bestehen, die also entlang einer Wertschöpfungskette angeordnet sind. Horizontale Kooperationen sind dagegen kooperative Beziehungen zwischen Unternehmen auf derselben Stufe der Wertschöpfungskette, in der Denkweise der Marktökonomie also zwischen direkten Konkurrenten. In der Praxis kommen auch Mischformen aus beiden Varianten vor. Diese sollen hier als diagonale Kooperationen bezeichnet werden. Aulinger[495] nennt als weitere Kategorie komplementäre Kooperationen. Diese bestehen zwischen Unternehmen, die in keinerlei direkter Marktbeziehung zueinander stehen.

Abb. 17: Ausrichtung der Unternehmenskooperationen

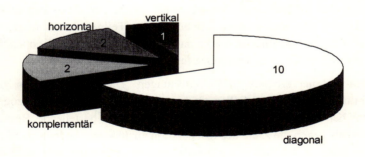

---

[494] Vgl. Schneidewind 1995, Aulinger 1996.
[495] Vgl. Aulinger 1996, 71.

Zwei Drittel der hier untersuchten Kooperationsinitiativen sind diagonale Kooperationen (vgl. Abb. 17). Insbesondere die großen Initiativen führen jeweils mehrere Unternehmen mehrerer Stufen der Wertschöpfungskette zusammen. Streng genommen handelt es sich auch bei der einzigen vertikalen Kooperation (der Kooperation zwischen famila und Naturland) eher um eine diagonale Kooperation, da hinter der Marktgenossenschaft wiederum eine große Anzahl (horizontale kooperierender) Landwirte steht. Bei den beiden horizontalen Kooperationen handelt es sich um das Projekt Dorfhotel Buch (Kooperation von Beherbergungsbetrieben) und ALTERNET (Kooperation von Herstellern regenerativer Energien). Die Unternehmen der beiden komplementären Unternehmenskooperationen (frontalBau und Agenda 21 Haus) tragen zwar ebenfalls zu einem gemeinsamen Produkt bei (Haus), sind dabei aber nicht hintereinander auf der Wertschöpfungskette angesiedelt, sondern repräsentieren sozusagen verschiedene Wertschöpfungsketten, die zu einem Produkt zusammenlaufen

Teilnehmer

Aufgrund der Problemstellung ist die Teilnahme von Unternehmen an den Kooperationen sozusagen konstituierendes Element für die Auswahl der Initiativen. Im Vorgriff auf die folgenden Abschnitte ist zu bemerken, dass es eine Vielzahl von Konstruktionen regionaler Unternehmenskooperationen gibt. Dies spiegelt sich auch in der Teilnehmerschaft wieder. Neben den Unternehmen selbst konnten in den untersuchten Kooperationen als weitere Teilnehmergruppen festgestellt werden:

• Unternehmerverbände und -vertretungen. Diese werden von den Initiatoren in einigen Fällen als Unterstützer der Idee hinzugezogen, um bei den entsprechenden Unternehmen evtl. bestehende Ressentiments gegen die Ziele der Kooperation abzubauen. Andernorts treten sie auch als Institution zur Bündelung der Interessen aber auch der Produkte ihrer Klientel (wie z.B. Waldbauernverbände als Vermarktungsorganisation für eine Vielzahl von Klein- und Kleinstunternehmen) auf.

• Öffentliche Institutionen, wie Kommunen oder Kirchen beteiligen sich entweder aus unternehmerischen Interessen (z.B. als Waldbesitzer oder Verkäufer von Altgeräten) oder um ihre Unterstützung für die Initiative auszudrücken.

Wichtig für die weitere Argumentation in der Arbeit ist aber vor allem die folgende Beobachtung. Bei fast allen untersuchten regionalen Unternehmenskooperationen ging die Initiative nicht von den letztendlich beteiligten und umsetzenden Unternehmen aus, sondern von dritten Institutionen oder Organisationen, die hier mit *Initiatoren- bzw. Trägerorganisationen* bezeichnet werden sollen[496]. Diese Organisationen bestanden entweder schon vorher und initiierten die jeweilige Kooperation als eines ihrer Projekte oder sie wurden speziell für diesen Zweck gegründet. Sie weisen mit staatlichen, kirchlichen, wissenschaftlichen und NGO-Hintergründen unterschiedliche Ursprünge auf. In wenigen Fällen sind auch Unternehmen direkt an den Trägerorganisationen beteiligt. Die unmittelbare Initiative für das Projekt bzw. die Gründung des Trägers ging aber in allen Fällen hauptsächlich aus nicht-unternehmerischen Hintergründen hervor.

Die Rolle der Initiatoren- bzw. Trägerorganisationen kann in der Ausübung folgender Aufgaben liegen, wobei nicht in allen Kooperationen von den Trägern jede dieser Aufgaben übernommen wird. Einige werden entweder gar nicht oder aber von externen Beratern oder Moderatoren übernommen:

• Ideen- und Konzeptentwicklung,

• Ansprache und Überzeugung von Teilnehmern (insbesondere von Unternehmen),

• Moderation und Vorarbeiten bei der Implementierung der Organisationsstrukturen,

• Moderation und Begleitung in der Umsetzungsphase,

• Organisation und Implementierung gemeinsamer Marketingaktivitäten,

• in einigen Fällen Träger von Gütezeichen,

---

[496] Zu einem ähnlichen Ergebnis kommt Brockhaus (1996, 200ff) in seiner Arbeit über gesellschaftsorientierte Unternehmenskooperationen. Auch er konstatiert, dass Unternehmen selten die Rolle des – von ihm so bezeichneten – kooperativen Entrepreneurs übernehmen, sondern dass dies meist von anderen Akteuren aus dem gesellschaftlichen Umfeld übernommen wird.

• in einigen Fällen zentrale Vermarktungsstelle.

Im Einzelnen sehen die Hintergründe und Aufgabenspektren der Trägerorganisationen in den untersuchten Kooperationsinitiativen wie folgt
aus:

• Das Projekt Rottaler Holzhaus wurde vom Büro für Tourismus, Wirt-
  schaft und Struktur im Landratsamt Rottal-Inn (TWiSt) initiiert.
  TWiSt entwickelte das Konzept, aktivierte entscheidende regionale
  Akteure und moderiert und begleitet den Prozess.

• Das Projekt BRUCKER LAND Holz wurde vom Agenda-Beauftragten des Landkreises Fürstenfeldbruck auf Basis einer Idee des örtlichen Forstamtes initiiert. Der Agenda-Beauftragte brachte entscheidende Akteure zusammen und moderiert und begleitet den Prozess.

• Das Netzwerk ökologisch-ökonomisches Bauen Bitterfeld-Wolfen
  wurde vom Technologie- und Gründerzentrum Bitterfeld-Wolfen
  (TGZ) als verwaltungsnaher Einrichtung mit Unterstützung eines
  wissenschaftlichen Institutes (Institut für Strukturpolitik und Wirtschaftsförderung Leipzig-Halle, isw) ins Leben gerufen. Die Workshops wurden vom TGZ veranstaltet, das isw führte die wissenschaftliche Begleitung durch.

• Die Initiative Käsestraße Bregenzerwald wurde von der Regionalentwicklung Bregenzerwald GmbH initiiert, die von der örtlichen
  Regionalplanungsgemeinschaft getragen wird. Die GmbH begleitet
  und moderiert den Prozess und vermarktet die Idee der Käsestraße.

• Der Verein Regionale Landwirtschaft Münster e.V. (RLM) ist eine
  eigenständige Organisation, dessen Aufgabe es ist, den regionalen
  Absatz regionaler landwirtschaftlicher Produkte zu fördern. Dazu ist
  er unter anderem in der Vermittlung von entsprechenden Produzenten
  und Abnehmern tätig. Die Initiative geht jedoch zurück auf einen
  Vorstoß des Umweltamtes der Stadt Münster in Kooperation mit
  Vertretern der örtlichen Universität.

• Der Verein Solidargemeinschaft BRUCKER LAND e.V. als Träger
  des Projektes BRUCKER LAND Ernährung geht zurück auf Veranstaltungen der katholischen Erwachsenenbildung. Als Ansatz ‚zur
  Bewahrung der Schöpfung' wurde mit regionalen Unternehmen (zu-

nächst Bäcker) überlegt, wie die Produktion von Lebensmitteln umweltfreundlicher und ihr Absatz regionaler gestaltet werden könnte. Die Erschließung weiterer Produktlinien sowie die entsprechenden Vorarbeiten von der Motivation der Akteure bis hin zur Vergabe des Gütesiegels erfolgt heute durch den Verein. Die notwendigen logistischen Aufgaben und Vermarktungsaktivitäten übernimmt eine später gegründete GmbH.

- Das Projekt Heimisches Holz wurde vom BUND Baden-Württemberg initiiert. Es wurde eine eigene Geschäftsstelle gegründet. Der BUND übernimmt die Motivation der Akteure, die Moderation des Prozesses sowie die Organisation gemeinsamer Kampagnen.

- Das Projekt Eichsfeld Pur wurde auf Initiative des Heimat- und Verkehrsverbands Eichsfeld e.V. (HVE) ins Leben gerufen. Die Idee entstand aus einer Studie des Büros für Tourismus- und Erholungsplanung (BTE), Hannover. Die ersten Schritte wie die Veranstaltung von Workshops mit den Teilnehmern und das Ansprechen von wichtigen Akteuren wurden durch den HVE gegangen. Der HVE ist weiter als Moderator sowie Träger des Gütesiegels tätig.

- Das Projekt Elektonikschrottverwertung Aachen hat eine komplexe Trägerstruktur. Ausgangspunkt war ein Konzept einer privaten Beratungsfirma (isa-consult). Diese wiederum suchte sich geeignete Partner vor Ort und nahm mit dem Forum der Arbeit eine kirchengetragene und mit der Aachener Gesellschaft für Innovation und Technologietransfer eine verwaltungsnahe Organisation ins Boot. Jede der Organisationen trug und trägt mit ihren speziellen Fähigkeiten zur Projektentwicklung, -begleitung, und -moderation bei.

- Beim Projekt Dorfhotel Buch griff der Naturschutzbund Stendal eine Idee des Fremdenverkehrsverbandes Altmark auf, ging auf entsprechende Unternehmen zu. Der NABU moderiert und begleitet das Projekt und ist bei der Vermarktung aktiv.

- Die Deutsche Gesellschaft für Handwerk und Kooperation e.G. (DGHK) als Träger des Projektes Agenda 21 Haus geht zurück auf die Ideen eines wissenschaftlichen Institutes, eines privaten Beratungsbüros und mehrerer Handwerksunternehmen. Das Beratungsbüro übernimmt die Prozessbegleitung.

- Das Projekt Alternatives Energienetz ALTERNET ist das einzige der untersuchten Projekte, dessen Initiatoren- und Trägerorganisation ausschließlich auf unternehmerische Aktivitäten zurückgeht. Entsprechend entstand als Träger auch wieder ein neues Wirtschaftsunternehmen, die ALTERNET GmbH & Co KG.

Insgesamt zeigt sich hier die Vielgestaltigkeit möglicher Trägerschaften, Initiatoren und Organisationsformen regionaler Unternehmenskooperationen. Ähnliche Aufgaben werden zum Teil in sehr unterschiedlichen Organisationsformen abgearbeitet. Manche Träger haben ein sehr weites Aufgabenspektrum bis hin zur Überwachung von Qualitätskriterien oder zur tatsächlichen Abwicklung von Gütertransaktionen. Andere beschränken sich auf Initiative, Moderation und Begleitung. Wie das Beispiel BRUCKER LAND Ernährung mit der Gründung einer eigenen GmbH für die Vermarktung zeigt, ist der Übergang von Initiatoren- bzw. Trägerorganisationen zu neuen Unternehmen fließend. Dies machen auch die beiden Initiativen ALTERNET und frontalBau deutlich, wo durch die Kooperation auf Initiative der beteiligten Unternehmen – hier sind keinerlei andere Organisationen beteiligt – neue Gesellschaften entstanden, deren Aufgaben sich zum Teil mit denen der oben beschriebenen Trägerorganisationen decken. Wo jedoch Kirchen, staatliche Stellen oder NGOs Ausgangspunkt für die Trägerorganisationen sind, scheinen ökologische und soziale Inhalte und damit die Durchsetzung einer nachhaltigen Entwicklungsrichtung dezidierter vertreten zu werden[497].

Im Projekt Natur und Leben Bregenzer Wald, bei dem es in der Anfangsphase keine ausdrückliche Trägerorganisation gab, teilten sich beteiligte Verbände und Organisationen die anstehenden Moderations- und Prozessbegleitungsaufgaben auf. Dies scheint jedoch auf längere Sicht und gerade bei wachsender Beteiligung kein tragbarer Weg für derartige Initiativen zu sein, da dies nach einiger Zeit geändert wurde. Die Kooperation famila – Naturland, die über keine separate Trägerorganisation verfügt, ist eine bilaterale Kooperation und kann in diesem Zusammenhang als Sonderfall gesehen werden.

---

[497] Vgl. dazu ausführlicher Kapitel 11 und 12.

Finanzierung

Bei der Betrachtung der Finanzierung der untersuchten Kooperationsprojekte, fällt auf, dass sich die beteiligten Unternehmen am Unterhalt
der Trägerorganisationen bzw. an der Unterstützung ihrer Tätigkeiten für
die jeweilige Unternehmenskooperation in den meisten Fällen nicht oder
nur symbolisch (etwa in der Entrichtung von Mitgliedsbeiträgen zu
Vereinen) beteiligen. Die Finanzierung der Trägerorganisationen erfolgt
in aller Regel aus den Budgets der dahinterstehenden Organisationen
(z.B. Umweltverbände, Verwaltungen), zum Teil ergänzt aus staatlichen
Fördermitteln. Als Ausnahme kann das Projekt Heimisches Holz gelten,
wo ein großer Teil der Koordinatorenstelle beim BUND von einem regionalen Hobel- und Sägewerk getragen wurde.

Gemeinsame Aktionen innerhalb der Kooperationen (wie Marketingmaßnahmen, Investitionen etc.) werden meist aus einem Mix aus Beiträgen der Unternehmen und öffentlichen Fördermitteln bestritten. Dabei ist
der Phantasie hinsichtlich der Fördermittelakquisition kaum Grenzen
gesetzt. Die Mittel werden von Kommunen, Ländern, dem Bund sowie
der Europäischen Union zur Verfügung gestellt. Dabei liegt der Schwerpunkt auf Regional- und Strukturfördermitteln (z.B. Ziel 5b-Mittel,
LEADER-Mittel), aber auch Ressourcen aus der Arbeitsförderung werden in einigen Fällen genutzt.

Auffällig ist ferner, dass gerade diejenigen Initiativen, die ohne separate
Trägerorganisation arbeiten, kaum auf öffentliche Fördermittel zurückgreifen.

10.3 Struktur- und Prozesscharakteristika der Kooperationsinitiativen

Im folgenden werden in Anlehnung an die in der betriebswirtschaftlichen
Literatur gängige und oben dargestellte Systematisierung der Gestaltung
von Kooperationsprozessen einige wichtige Struktur- und Prozess-
charakteristika der untersuchten Kooperationsinitiativen herausgearbeitet.

10.3.1 Entscheidungsfindung, Initiierung

Die Vorschläge in der betriebswirtschaftlichen Literatur für die Gestaltung zwischenbetrieblicher Kooperation setzen bereits vor der eigentlichen Kooperation ein. Im ersten Schritt geht es in der Regel zunächst um die Beschäftigung des Betriebs mit der eigenen Situation. Aus der Analyse der eigenen Stärken und Schwächen werden zunächst Zielsetzungen und dann Handlungsalternativen abgeleitet. Die Kooperation mit anderen Betrieben ist dabei neben anderen Strategien, wie einem Alleingang, der Akquisition personeller Ressourcen, der Fusion oder der Unterlassung weiterer Schritte eine der möglichen Handlungsalternativen[498].

Eine solche systematische Situationsanalyse im Vorfeld der Kooperation wurde bei den untersuchten Initiativen nur in den seltensten Fällen durchgeführt. Aus Sicht der Unternehmen scheint die Teilnahmeentscheidung eher von überzeugenden Argumenten der Initiatoren- und Trägerorganisationen zur Sinnhaftigkeit eines kooperativen Vorgehens abhängig zu sein. Die Idee einer regionalen Unternehmenskooperation entsteht in den meisten Fällen bei diesen Initiatoren- und Trägerorganisationen, aber auch hier scheint eine systematische Abwägung der Vorteilhaftigkeit bestimmter Koordinationsformen für das Erreichen der Ziele eher die Ausnahme zu sein. Es scheint sich eher um schrittweise Prozesse zu handeln, bei denen sich Kooperation an einem bestimmten Punkt als die benötigte Koordinationsform herausstellt und von da aus die geeigneten Partner gesucht werden.

Anders ist die Situation in den Fällen, in denen die Initiative nicht von einer Trägerorganisation sondern von den beteiligten Unternehmen selbst ausgeht (frontalBau, famila – Naturland). Hier scheint die Entscheidung für eine längerfristige Zusammenarbeit ganz bewusst und auch bewusst in Abgrenzung zu einer lockeren Marktverbindung getroffen worden zu sein. Famila hat sich aufgrund des Vorhabens, eine Produktlinie ‚Regionale Qualitätsprodukte' aufzubauen explizit nach Partnern umgesehen, mit denen man dazu längerfristig zusammenarbeiten kann. Bei frontalBau war der Ausgangspunkt die Erkenntnis, dass Handwerksbetriebe auf einem Markt mit zunehmender Konzentration und zunehmender Bedeutung von Komplettangeboten (schlüsselfertiges Bauen) nur noch konkurrenzfähig sind, wenn sie ebenfalls Komplettangebote

---

[498] Vgl. Staudt et al. 1992, Fontanari 1996, 193.

machen. Dies war nur auf dem Wege der Kooperation mit anderen Handwerksbetrieben zu erreichen.

10.3.2 Partnersuche und -auswahl

Ähnlich systematisch wird in der betriebswirtschaftlichen Literatur auch die Partnersuche und Partnerauswahl angegangen. Die Auswahl aus mehreren alternativen Partnern sollte anhand sorgfältig erarbeiteter Kriterien erfolgen, die sich zum einen an der Zielsetzung der angestrebten Kooperation (Komplementarität), zum anderen an der Kompatibilität, also der Frage, ob die Unternehmen im Hinblick auf Unternehmenspolitik, -führung und -kultur zueinander passen, orientieren[499]. Andererseits wird aber auf Grund praktischer Erfahrungen immer wieder darauf verwiesen, dass gerade Kooperationen zwischen KMU in vielen Fällen weniger aufgrund einer systematischen Suche und Auswahl entstehen, sondern auf Freundschaften, Bekanntschaften und persönlichen Kontakten beruhen[500].

Bei den hier betrachteten regionalen Kooperationen, die zu einem großen Teil aus KMU bestehen, stellt sich somit die Frage, ob eine systematische zielorientierte Suche und Auswahl der Partner überhaupt eine Rolle spielt.

Analog zu dem oben Festgestellten, kann auch hier wieder eine Unterscheidung in Initiativen mit und ohne Trägerorganisationen vorgenommen werden. Bei letzteren, insbesondere bei der Kooperation famila – Naturland, scheint es eine sehr sorgfältige und zielgerichtete Auswahl der Kooperationspartner durch die Unternehmen selbst gegeben zu haben. Bei den anderen Initiativen ohne Träger stimmt eher die obige Aussage über die KMU. Es kamen solche Unternehmen zusammen, die sich ohnehin bereits aus der täglichen Arbeit bekannt waren.

Bei den meisten Unternehmenskooperationen kommt die Initiative allerdings von den Trägerorganisationen. Folgerichtig werden auch die ersten Schritte der Partnersuche von diesen durchgeführt. Dabei können zwei grundsätzliche Vorgehensweisen beobachtet werden. Einerseits das gezielte Zugehen der Träger auf diejenigen Partner in der Region, von

---

[499] Vgl. Fontanari 1996, 195, Klanke 1995, 93ff.
[500] Vgl. Müller 1987.

denen man annimmt, dass sie dem Kooperationsziel entweder aufge-
schlossen gegenüberstehen oder die für einen Erfolg unerlässlich sind.
Dies ist eher ein gezieltes und an den Zielen orientiertes Auswählen der
Partner. Es gibt allerdings auch Initiativen, wo die Träger die Teilnehmer
in einem eher offenen Prozess, z.B. durch die Einladung zu einem oder
mehreren Workshops gewonnen haben. Gängig ist jedoch auch eine
Kombination aus beiden Vorgehensweisen.

Zusammenfassend ist aus den letzten beiden Abschnitten damit festzuhalten, dass Trägerorganisationen nicht nur im Hinblick auf die Verwirklichung des Beitrags der Unternehmenskooperationen zu einer
nachhaltigen Regionalentwicklung[501] eine wichtige Rolle spielen. In
vielen Fällen sind sie auch Schlüsselakteure bei der Initiierung der Zusammenarbeit sind. Systematische Bestandsaufnahmen als Grundlage für
die Entscheidung für das Kooperieren sind die Ausnahme. Der typische
Prozess der Initiierung scheint vielmehr die beharrliche Verbreiterung
der Ideen einzelner regionaler Akteure, Gruppen oder Institutionen durch
intensive Überzeugungsarbeit bei den dafür wichtigen Unternehmen zu
sein.

Während die ersten beiden Schritte (Entscheidungsfindung, Partnersuche) zeitlich nacheinander erfolgen sind die nächsten beiden Abschnitte nicht als Schrittfolge, sondern als miteinander verwoben zu betrachten. Bei der Beschreibung von Kooperationsinitiativen bedarf es
zum einen einer Darstellung des Prozesses, des Managements der Initiative und zum anderen der Organisationsform, d.h. der mehr formellen
Seite der Kooperation. Beides hängt eng zusammen, wird hier aber aus
analytischen Gründen getrennt betrachtet.

10.3.3 Formelle Strukturen, Organisationsformen

Die formellen Strukturen spielen bei der Festsetzung der Spielregeln
einer einmal ausgehandelten Zusammenarbeit eine wichtige Rolle. Hier
werden die gemeinsamen Ziele, die Entscheidungsstrukturen, die Aufgaben der Beteiligten, die Art des Engagements von der Absichtser-
klärung bis zur Kapitalbeteiligung sowie die Verteilung der Risiken und

---

[501] Vgl. dazu genauer Kapitel 11 und 12

Gewinne festgelegt[502]. Diese Regelungen geben wichtige Aufschlüsse über die Kooperation. Mindestens genauso wichtig ist jedoch die Umsetzung in die Praxis, d.h. wie diese Regelungen etwa durch Beteiligung oder die eingespielte Arbeitsweise umgesetzt und weiterentwickelt werden (vgl. Abschnitt 10.3.4).

Bereits in der relativ kleinen Stichprobe dieser Untersuchung ergab sich hinsichtlich der Strukturen und Organisationsformen eine sehr große Vielfalt. Es können hier nur einige Grundlinien wiedergegeben werden. Die untersuchten Initiativen decken das ganze Spektrum von Kooperationen ohne schriftliche Vereinbarung bis hin zur Gründung neuer Rechtsformen ab:

• 4 Kooperationen ohne schriftlich fixierte Vereinbarung

• 4 Kooperationen mit schriftlicher Erklärung oder Kooperationsvereinbarung

• 7 Kooperationen mit neuer Rechtsform. Dabei besteht eine deutliche Priorität für eingetragene Vereine (4). Zusätzlich gibt es jeweils eine Gesellschaft bürgerlichen Rechts, Gesellschaft mit beschränkter Haftung, GmbH & Co KG und Genossenschaft[503].

Um Erklärungen für diese unterschiedlichen Vorgehensweisen bieten zu können, müssten die Kooperationen im Einzelnen daraufhin analysiert werden. Dies würde eine eigene Untersuchung auf der Basis organisationstheoretischer und betriebswirtschaftlicher Grundlagen erfordern und kann im Rahmen dieser Arbeit nicht geleistet werden. Einfache Erklärungsversuche, wie etwa das unterschiedliche zeitliche Entwicklungsstadium der untersuchten Initiativen oder die Größe (Teilnehmerzahl) führen jedenfalls nicht weiter, da es in allen Kategorien sowohl ältere als auch neuere sowie größere als auch kleinere Initiativen gibt.

Steigt man einen Schritt tiefer in die Analyse der Unternehmenskooperationen ein, wird die Vielfalt der Lösungswege noch größer und der Sinn der eben dargestellten einfachen Kategorisierung, die sich auf die jeweilige ‚Hauptkooperation' bezieht, in Frage gestellt. Ein großer Teil der untersuchten Kooperationen besteht nämlich aus mehreren Verträgen, Vereinbarungen, Absprachen, an denen jeweils unterschiedliche

---

[502] Vgl. Staudt et al. 1992, 145ff.

[503] Die Summe ergibt 8, weil eine der Initiativen mit zwei Rechtsformen arbeitet.

Teilgruppen der Akteure beteiligt sind, so dass im Grunde in vielen Fällen von ‚der' Kooperation nur der Einfachheit halber gesprochen werden
kann. Einige Kooperationen decken somit auch mehr als eine der oben
genannten Kategorien mit ihren Vereinbarungen ab. Ein paar Beispiele
sollen hier kurz angerissen werden:

Die Kooperationsstruktur des Projektes Rottaler Holzhaus besteht zum
einen aus einer Arbeitsgemeinschaft Rottaler Holzhaus, bestehend aus 14
Zimmereibetrieben mit einem umfassenden Vertragswerk. In diesem sind
u.a. Bedingungen der Zusammenarbeit, Qualitätskriterien für das Rottaler
Holzhaus und die Verfügung über ein gemeinsam getragenes Musterhaus
geregelt. Diese Arbeitsgemeinschaft verfügt wiederum über zwei
Vereinbarungen mit drei Waldbauernvereinigungen der Region über die
Zusammenarbeit bei der Vermarktung des Rottaler Holzhauses sowie die
Holzbelieferung und -preisgestaltung bei Erstellen eines solchen Hauses.

Die Initiative Eichsfeld Pur besteht einerseits aus einer ‚Werbege-
meinschaft für Pflege, Qualitätssicherung und Marketing des Produktes
Eichsfeld Pur GbR', an der Gastwirte und Hoteliers der Region beteiligt
sind. Hier sind in erster Linie die Qualitätsanforderungen an Produkte
geregelt, die die Bezeichnung ‚Eichsfeld Pur' tragen dürfen. Zum zweiten existiert eine landwirtschaftliche Anbietergemeinschaft, die über die
Festsetzung der Qualitätsrichtlinien hinaus auch eine Koordination des
Angebotes leisten. Geschäftspartner sind jedoch nicht die beiden Gesellschaften als ganze. Jeder Gastronom kauft seine landwirtschaftlichen
Produkte eigenständig ein. Die Koordination der Zusammenarbeit beider
Gesellschaften (zu übergeordneten Aspekten wie etwa der Verwendung
des Logos etc.) übernimmt die Trägerorganisation Heimat- und Verkehrsverband Eichsfeld e.V. ohne eigenen Vertrag oder formelle Rege-
lung.

Sehr komplex ist ferner die Struktur des Projektes BRUCKER LAND
Ernährung, bei dem eine Fülle von Einzelverträgen und -abmachungen
für einzelne Aktivitäten und Produktlinien besteht. Hier kann nur die
grobe Struktur angerissen werden. Der Verein BRUCKER LAND Solidargemeinschaft e.V. mit Mitgliedern aus den beteiligten Gruppen
(Handwerker, Landwirte, Verbraucher, Kirchen, Umweltverbände) hat
neben der Richtlinienkontrolle und Gütesiegelvergabe Aufgaben der
Öffentlichkeits- und Bewusstseinsarbeit. Die BRUCKER LAND GmbH
übernimmt die Vermarktung und Logistik eines Großteils der Produkte.
Zusätzlich gibt es einen Beirat der GmbH für Aufgaben wie die langfri-

stige Planung neuer Produktlinien. Hier sind beispielsweise der örtliche Bauernverband und die Sparkasse vertreten. In die Gesamtstruktur von BRUCKER LAND sind außerdem eine Erzeugergemeinschaft für Getreide, eine Molkereigenossenschaft sowie eine GmbH & Co KG für den Schlachthof eingebunden, die ihrerseits zum Teil wieder als Gesellschafter für die GmbH fungieren.

10.3.4 Prozessablauf

Aufbauend auf den eben dargestellten formellen Regeln für eine Kooperation füllen vor allem die Umgangsweisen der Partner miteinander die Kooperation mit Leben. Regelungen können nicht für den gesamten Entwicklungsverlauf einer Kooperation vorweggenommen werden, sondern werden ständig fortentwickelt und neuen Gegebenheiten angepasst. Somit stellt sich die Frage nach den Verfahren bei eher grundlegenden Entscheidungen. Davon zu unterscheiden ist das Management für die Erledigung des Tagesgeschäftes[504]. Deshalb bietet sich eine Differenzierung der Betrachtung des Prozessablaufs im Sinne einer eher langfristigen und einer kurzfristigen Perspektive an.

Langfristige Entwicklung

Eine Kooperation ist von einer ständigen Weiterentwicklung gekennzeichnet. Neue externe Einflüsse (politische Rahmensetzung, Auftreten von Konkurrenten usw.) und interne Veränderungen, (Aufnahme neuer Partner, Professionalisierung der Zusammenarbeit etc.) erfordern oft auch Veränderungen der Umgangsweisen miteinander. Bei einer Kooperation handelt es sich um einen ständigen Lernprozess, der nur bedingt plan- und beherrschbar ist[505]. Deshalb sind auch die Verhandlungen über die Entwicklung der Kooperation nicht mit ihrer Gründung abgeschlossen, sondern laufen quasi ständig fort. Dabei stellt sich die Frage nach dem kooperationsinternen Verfahren für Grundsatzentscheidungen.

Bei grundlegenden Entscheidungen innerhalb der untersuchten Initiativen werden in der Regel die Beteiligten umfassend einbezogen. Die

---

[504] Vgl. Bronder 1993a.

[505] Vgl. Bronder 1993a, 109.

Verfahren dafür (z.B. Mehrheits- oder Konsensentscheid) unterscheiden sich je nach Rechtsform bzw. formeller Aufhängung. In vielen Fällen fungieren die Trägerorganisationen als Moderatoren.

Kurzfristige Entwicklung

Neben der langfristigen Weiterentwicklung gibt es auch bei Kooperationen das tägliche Geschäft, die einzelnen kleinen Entscheidungen, die auf verschiedene Arten und von verschiedenen Personen oder Gruppen getroffen werden können[506]. Wie gestaltet sich die Ausführung dieser Aufgaben in den untersuchten Unternehmenskooperationen?

Nur die Kooperation famila – Naturland, die mit zwei beteiligten Verhandlungspartnern einen vergleichsweise geringen Koordinationsaufwand mit sich bringt, verfügt über keine Koordinationsstelle für die aus der Zusammenarbeit entstehenden Aufgaben. Bei allen anderen Initiativen werden Managementaufgaben entweder von den bereits bestehenden Trägerorganisationen (in manchen Fällen durch eine eigens unter diesem Dach geschaffene Stelle (z.B. Projekt Heimisches Holz)) oder durch neu geschaffene Organisationen erledigt. Die entsprechenden Geschäftsführer sind dabei je nach Rechtsform bzw. Kooperationsvereinbarung entweder der Trägerorganisation oder den Kooperationspartnern berichtspflichtig. Entsprechend den oben dargestellten oft komplexeren Organisationsstrukturen, mit einer Verknüpfung verschiedener Teilorganisationen werden auch die Managementaufgaben oft von verschiedenen Stellen übernommen. Besonders augenscheinlich ist dies beispielsweise beim Projekt Elektronikschrott-Recycling Aachen, wo insgesamt vier Organisationen am Kooperationsmanagement beteiligt sind.

Herauszuheben gilt es in diesem Zusammenhang das vielfach überdurchschnittliche persönliche Engagement einzelner Schlüsselpersonen beim Zustandekommen bzw. Management der Kooperationen.

Die Auswertung hinsichtlich Entscheidungsfindung und Management der untersuchten Kooperationen ergibt also wenig Spektakuläres. Wie in vielen kooperativen Zusammenhängen werden grundlegendere, langfristigere Entscheidungen eher in Verfahren geregelt, bei denen die an der Zusammenarbeit Beteiligten einbezogen sind. Das Tagesgeschäft

---

[506] Vgl. Sahm 1986, 249.

wird in der Regel von oft eigens dafür eingestellten Personen oder Institutionen abgewickelt. Dies ist die Grundstruktur aller gängigen Rechtsformen, welche also auch durch eine Ausrichtung auf nachhaltige Entwicklung keine wesentliche Änderung erfährt.

10.4 Zusammenfassung

Als Ergebnis dieses Kapitels ist die herausragende Bedeutung der Initiatoren- und Trägerorganisationen für einen Großteil der untersuchten Unternehmenskooperationen hervorzuheben. Ihre Aufgaben sind äusserst vielfältig und reichen von der Initiierung der Kooperationen bis zur Begleitung und Moderation ihrer Umsetzung. Sowohl die Aufgabenspektren, die Hintergründe als auch die Konstruktionen dieser Organisationen sind vielfältig. Es gibt keinerlei durchgängiges Modell weder für die Aufgabenstellung noch für die Konstruktionen der Trägerorganisationen.

Gleiches gilt für die Organisationsstrukturen der Kooperationen als Ganze. In Abschnitt 10.3.3 wurde ein Einblick in die Unterschiedlichkeit der Organisationsformen gewährt. In der Befragung entstand der Eindruck, dass die Strukturen oft eher im Zuge eines trial and error Verfahrens sowie teilweise durch das Zusammensetzen bereits bestehender Strukturen entstehen. Einen organisierten Erfahrungsaustausch der Unternehmenskooperationen über diese Themen gibt es bislang nicht, wenn sich auch teilweise jüngere Initiativen von älteren über deren Erfahrungen informieren lassen. Dennoch kann hinsichtlich der Organisationsstrukturen für produktionsbezogene regionale Unternehmenskooperationen mit Zielen einer nachhaltigen Regionalentwicklung in keiner Weise von einem common sense gesprochen werden. In diesem Bereich besteht in jedem Fall die Notwendigkeit zu weiteren Forschungsarbeiten, um die Eignung unterschiedlicher Organisationsformen zur Erledigung bestimmter Teilaufgaben innerhalb von Kooperationen zu klären.

Weiter ist festzuhalten, dass die untersuchten Kooperationen selten Ergebnis einer systematischen Bestandsaufnahme der Handlungsalternativen der beteiligten Unternehmen sind. Vielmehr leisten meist die Initiatoren- und Trägerorganisationen entsprechende Überzeugungsarbeit bei den Unternehmen. Daraus lässt sich ableiten, dass diese Trägerorganisationen auch bei der Partnerauswahl eine entscheidende Rolle spielen.

Sie gehen entweder gezielt auf die für den Kooperationszweck notwendigen Unternehmen zu oder laden zunächst offen alle Interessierten ein. Anzutreffen ist allerdings auch eine Kombination aus beiden Vorgehensweisen. Im Hinblick auf die Entscheidungsfindung und das Management der Unternehmenskooperationen wird mit gängigen Verfahren gearbeitet. Grundlegende und langfristige Entscheidungen werden unter Beteiligung aller oder möglichst vieler Teilnehmer der Kooperationen getroffen. Für das Tagesgeschäft gibt es in der Regel ein professionelles Management.

Teil D
Der Beitrag regionaler Unternehmenskooperation zur nachhaltigen Regionalentwicklung

Empirische Befunde

Nachdem die Bewertung der untersuchten Projekte im Hinblick auf ihren Beitrag zu einer nachhaltigen Regionalentwicklung dargestellt und ihre wesentlichen Charakteristika aufgearbeitet wurden, werden im Folgenden die in Teil B erarbeiteten Thesen zur Wirkungsweise produktionsbezogener regionaler Unternehmenskooperation auf nachhaltige Regionalentwicklung überprüft und gegebenenfalls weiterentwickelt. Die Thesen waren auf der Basis verschiedener theoretischer Diskussionsstränge in zwei Schritten erarbeitet worden. Zunächst erfolgte eine Darstellung von Ansätzen, die Aussagen zum Beitrag produktionsorientierten Kooperierens (ohne räumliche Eingrenzung) zu einer nachhaltigen Entwicklung liefern. Danach standen Ansätze, die sich mit einem speziell regionalen Kooperieren und Handeln beschäftigen, im Vordergrund. Diese Zweiteilung wird auch bei der Auswertung der empirischen Untersuchung beibehalten. Kapitel 11 bezieht sich auf die Thesen 1 – 5 zur Wirkung produktionsbezogener Unternehmenskooperation (ohne räumliche Eingrenzung) auf nachhaltige Entwicklung. Kapitel 12 wertet die Untersuchung im Hinblick auf die Region als Handlungsebene aus.

Kapitel 11
Kooperation als Koordinationsform zwischen Unternehmen

Im vorliegenden Kapitel werden die Thesen 1 – 5 nun nacheinander ‚abgearbeitet' bevor ein Fazit gezogen wird. Aus Argumentationsgründen beginnt die Darstellung jedoch nicht mit These 1, sondern mit These 2.

11.1 Unternehmenskooperation zur Verringerung von Informations- und Glaubwürdigkeitsdefiziten

Informations- und Glaubwürdigkeitsprobleme sind eine Barriere für die Umsetzung einer nachhaltigen Produktionsweise. Güter, die gemäß Kriterien einer nachhaltigen Regionalentwicklung produziert werden, bekommen eine neue Qualität. Innerhalb der hier untersuchten Unternehmenskooperationen werden z.b. Gebäude mit ökologischen Baustoffen, Energie auf der Basis regenerativer Energieträger oder Lebensmittel mit umweltschonend produzierten Rohstoffen hergestellt. Gemäß den Erkenntnissen der Informationsökonomie[507] erfordert die Vermarktung derartiger Produkte einen erhöhten Kommunikations- und Informationsaufwand, weil sie zum einen neu und zum anderen qualitativ anspruchsvoller sind. Die Produkteigenschaft ‚umweltschonend' beispielsweise muss bekannt gemacht und gleichzeitig mit Glaubwürdigkeit versehen werden, vor allem wenn dafür ein höherer Preis erzielt werden soll.

Während Ansätze zur Verminderung von Informationsdefiziten in Werbe- und Vermarktungskampagnen sowie im Screening der betreffenden Märkte liegen, kann durch Instrumente, wie

- Abbau von Unsicherheiten durch Selbstbindung,

---

[507] Vgl. Kapitel 6.3.

- Aufbau von Vertrauen durch Gewährleistung einer stetig guten Produktqualität,

- Rekurs auf dritte, glaubwürdige Organisationen,

- Signaling

Glaubwürdigkeit aufgebaut werden[508].

Unternehmenskooperation spielt dabei in der Theorie vor allem zur Reduzierung der anfallenden Kosten für die Informationsvermittlung und für die Erhöhung der Glaubwürdigkeit der gegebenen Informationen eine Rolle. Daraus ergab sich in Kapitel 6.3 die These:

Produktionsbezogene Unternehmenskooperation trägt zu einer nachhaltigen Entwicklung bei, indem sie durch eine Senkung der Kosten für die Informationsübertragung und/oder die Schaffung von Vorkehrungen für eine Erhöhung der Glaubwürdigkeit von Produktinformationen zu einer Verringerung der Informations- und Glaubwürdigkeitsprobleme bei der Vermarktung nachhaltiger Produkte führt.

Die Untersuchung der produktionsbezogenen regionalen Unternehmenskooperationen bestätigt, dass der Verminderung von Informations- und Glaubwürdigkeitsproblemen beim Eingehen von Unternehmenskooperationen mit dem Ziel, einen Beitrag zu einer nachhaltigen Regionalentwicklung zu leisten, eine große Bedeutung zukommt. In zwei Drittel der untersuchten Initiativen spielen diese Aspekte, wenn auch auf unterschiedliche Art und Weise eine Rolle.

Ein Teil der entsprechenden Initiativen beschränkt sich auf den gemeinsamen Abbau vorhandener Informationsdefizite. Hier treten zwei verschiedene Vorgehensweisen auf:

- Die Durchführung gemeinsamer Vermarktungsaktionen ohne eine explizite Definition gemeinsamer Produktqualitätskriterien ist eher die Ausnahme, da ein Produkt, das beispielsweise in einer gemeinsamen Broschüre dargestellt wird, auf irgendeine Art charakterisiert werden muss. Sind diese Charakteristika nicht abgestimmt, kann es zum Aufweichen der gemeinsamen Linie kommen. Ein solches Vorgehen eignet sich nur für die Kommunikation vergleichsweise allgemeiner Produktqualitäten, wie beispielsweise die Eigenschaft ‚regionales Holz‘ im Projekt Heimisches Holz (BUND Baden-Württemberg).

---

[508] Zu den einzelnen Instrumenten vgl. genauer Kapitel 6.3

Dieses scheint auch in erster Linie als Einstieg in eine gemeinsame Vermarktung angewandt zu werden, wenn die Beteiligten sich auf eine klarer definierte Linie (noch) nicht einigen können. Die Kooperation dient in solchen Fällen zur Reduktion der anfallenden Kosten für die Einzelbetriebe, die auf diese Weise Teil einer schlagkräftigeren Vermarktungskampagne werden können.

• Weitaus gebräuchlicher ist die gemeinsame Vermarktung von Produkten auf der Basis klar definierter Produktqualitätskriterien im Sinne einer Marke (z.B. Agenda 21 Haus, Rottaler Holzhaus). Da die Einhaltung der Kriterien in diesen Fällen nicht von einer neutralen Stelle, sondern von den beteiligten Betrieben selbst, gegenseitig im Sinne einer sozialen Kontrolle nachgehalten wird, kann nur bedingt von einer Maßnahme zur Erhöhung der Glaubwürdigkeit gesprochen werden. Eine gewisse Sicherheit für den Verbraucher, dass die Kriterien eingehalten werden, besteht aber dennoch. Zum einen wird die angesprochene soziale Kontrolle innerhalb der Initiative bestehen. Zum anderen werden die Beteiligten eine Beschädigung des Rufes des Produktes durch ein Abweichen von der vorgegebenen Qualität fürchten. Neben der Verringerung der anfallenden Kosten für den Einzelbetrieb kann hier als Argument für eine Kooperation in gewisser Weise auch die Möglichkeit angeführt werden, durch sie glaubwürdiger zu erscheinen. Insgesamt sind derartige Initiativen jedoch im Bereich Reduzierung der Informationsdefizite einzuordnen.

Glaubwürdigkeitsprobleme werden mit Hilfe von Unternehmenskooperationen jedoch auch offensiv angegangen. Wiederum lassen sich zwei Vorgehensweisen unterscheiden:

• Hohe Glaubwürdigkeit hinsichtlich der Einhaltung der vorgegebenen Produktqualitätskriterien können vor allem solche Initiativen erzielen, die letztere durch eine neutrale Organisation etwa in Form einer Gütesiegelvergabe kontrollieren lassen. Als Garanten für die Einhaltung der jeweiligen Kriterien fungieren beispielsweise bei der Initiative BRUCKER LAND Ernährung der Verein Solidargemeinschaft BRUCKER LAND e.V.[509], bei Eichsfeld Pur der Heimat- und Verkehrsverband Eichsfeld e.V. Sehr spezifische Anforderungen an die

---

[509] Für das Projekt BRUCKER LAND Holz ergab sich diese Konstruktion erst nach der Durchführung der Interviews im Laufe des Jahres 1999.

Produkte werden definiert[510], nach außen transparent gemacht, kontrolliert und offensiv vermarktet.

- Eine weitere Variante, das Glaubwürdigkeitsproblem anzugehen, ist die Zusammenarbeit mit ‚etablierten Glaubwürdigkeitsträgern'. Wo sich beispielsweise Umweltverbände öffentlich mit einer Initiative in Verbindung bringen lassen, wird nach außen Umweltfreundlichkeit signalisiert und dadurch ein Vertrauensvorschuss hergestellt. So wird im Projekt Dorfhotel Buch der Naturschutzbund Deutschland als Garant für einen umweltfreundlichen Tourismus in Anspruch genommen. Die Beteiligung bzw. Trägerschaft des Bund für Umwelt- und Naturschutz Deutschland am Projekt Heimisches Holz soll die ökologische Sinnhaftigkeit einer verstärkten Verwendung heimischen Holzes signalisieren.

In beiden zuletzt dargestellten Punkten erhöht die Teilnahme bzw. Trägerschaft nicht-unternehmerischer Akteure an der Kooperation die inhaltliche Glaubwürdigkeit der Initiative.

Es gibt also produktionsbezogene regionale Unternehmenskooperationen, bei denen die Aussage der oben genannten These zutrifft. Neben der Verringerung der Kosten für das einzelne Unternehmen durch die Kooperation scheint die Möglichkeit der Erhöhung der Glaubwürdigkeit durch die Kooperation insbesondere mit nicht- unternehmerischen Partnern eine gewichtige Rolle zu spielen. Es gibt in dieser Stichprobe jedoch auch eine Reihe von Unternehmenskooperationen, auf die die Aussage nicht zutrifft. Es gibt also offensichtlich Unternehmenskooperationen, die ihren Beitrag zu einer nachhaltigen Regionalentwicklung auf andere Art erzielen. Dies bedeutet, dass die These 2 den Zusammenhang zwischen

---

[510] Im Falle des Getreides innerhalb der Initiative BRUCKER LAND beispielsweise: Verzicht auf Pflanzenschutzmittel im jeweiligen Anbaujahr, Einhalten einer mindestens dreigliedrigen Fruchtfolge, Düngung nach Entzug und unter Einhaltung offizieller Richtwerte, Flächen müssen im Landkreis Fürstenfeldbruck liegen (vgl. Jasper 1997b, 258).

produktionsbezogener regionaler Unternehmenskooperation und nachhaltiger Regionalentwicklung noch nicht vollständig abbildet. Gleichwohl scheint sie eine der möglichen Wirkungsweisen darzustellen.

11.2 Unternehmenskooperation zur Internalisierung externer Effekte

Veränderte Produktionsbedingungen bei der Herstellung eines umwelt- und/oder sozialverträglichen Produktes führen oft dazu, dass letztere zu einem höheren Preis als vergleichbare konventionelle Güter angeboten werden müssen. Dies führt, wie in Kapitel 6.4 bereits ausführlich dargestellt, insofern zu einer Abweichung vom gesamtgesellschaftlichen Optimum, als konventionelle Produzenten die von ihnen erzeugten negativen externen Effekte nicht in ihre Kostenrechnung mit einbeziehen müssen. Daraus kann resultieren, dass aus Sicht einer nachhaltigen Entwicklung sinnvolle Produkte vom Markt entweder von vorneherein fernbleiben oder verdrängt werden. Als möglichen Ausweg aus diesem Dilemma wurde deshalb vorgeschlagen, innerhalb von Unternehmenskooperationen gemeinsam neue (ökologisch und/oder sozial sinnvollere) Rahmenbedingungen zu definieren.

Dazu wurde die folgende These formuliert:

Produktionsbezogene Unternehmenskooperation trägt zur nachhaltigen Entwicklung bei, indem sie durch die Vereinbarung gemeinsamer ökologischer und/oder sozialer Produktionsstandards, zu einer Internalisierung von externen Effekten führt. Durch die Kooperation können die Rahmenbedingungen von (Teil-) Märkten verändert werden.

In der durchgeführten Untersuchung konnten Ansätze einer regionalen Unternehmenskooperation ausgemacht werden, die diese These stützen. Auch wenn sie nicht die Mehrheit der betrachteten Initiativen darstellen, konnte bei einem Drittel der betrachteten Projekte festgestellt werden, dass die betreffenden Unternehmen kooperieren, um externe Effekte zu internalisieren. Dazu werden für die verschiedenen Stationen der Wertschöpfungskette Kriterien oder Standards für die Produktion formuliert, die die beteiligten Betriebe einhalten müssen. Diese freiwillige Standardsetzung wirkt letztendlich genauso wie ein staatliches Gesetz auf alle beteiligten Unternehmen gleichermaßen mit dem Unterschied, dass es bei Abweichungen nur zum Ausschluss aus der Kooperation, nicht aber zu staatlichen Sanktionierungen kommen kann. Entscheidend ist dabei, dass die neuen Produktstandards transparent gemacht werden und auf diese Weise ein Spielraum für höhere Preise geschaffen wird. Es entsteht durch die freiwillige Rahmensetzung letztendlich ein neuer Markt für ein qualitativ anderes Produkt. Keine der betrachteten Initiativen schaffte es allerdings, wirklich alle in Frage kommenden Unternehmen in einer Region auf diese neuen Standards einzuschwören. Vielmehr wurde jeweils ein Teil des in Frage kommenden (regionalen) Marktes mit neuen Rahmenbedingungen versehen.

Die Vorgehensweise ist in der Regel die folgende. Eine Gruppe von Unternehmen, die an einer gemeinsamen Wertschöpfungskette angesiedelt sind, einigt sich auf gemeinsame Produktqualitätskriterien. Diese müssen eingehalten werden, um das Produkt unter einem gemeinsamen Label zu vermarkten. Die Einhaltung dieser Kriterien kann auch einen eventuell höheren Preis nach außen, d.h. gegenüber den Verbrauchern rechtfertigen. Als Beispiel sollen hier die Kriterien der Initiative BRUCKER LAND Holz dargestellt werden.

BRUCKER LAND Holz

Richtlinien
(Fassung vom 15.06.1999)

1. Wald

Als BRUCKER LAND Holz gekennzeichnetes Holz
- stammt von einer Einschlagfläche Im Landkreis Fürstenfeldbruck sowie unmittelbar angrenzend,
- ist vorwiegend im Winter geschlagen.

Es stammt aus einem Betrieb, der folgende Kriterien erfüllt:

a) Der Betrieb gehört der Organisation „Fürstenfeldbrucker Waldbesitzervereinigung" an.
Er unterstützt aktiv die BRUCKER LAND Solidargemeinschaft. Eine Ausnahmeregelung hiervon wird für das Bayer. Forstamt Fürstenfeldbruck im Bereich des Laubholzes für die BRUCKER LAND Schreinereien gewährt, weil für das Forstamt eine Mitgliedschaft bei den Waldbauern sowie der BRUCKER LAND Solidargemeinschaft nicht möglich ist.

b) BRUCKER LAND Holz wird bereits beim Einschlag als solches gekennzeichnet.

c) Beim BRUCKER LAND Holz werden Insektizide nur bei Bedarf eingesetzt. Die Verwendung von Mitteln gegen Borkenkäfer und Nutzholz-Schädlinge bedarf der vorherigen Absprache mit den Beteiligten und der Genehmigung durch BRUCKER LAND.

d) Bei der Holzernte werden generell Geräte mit umweltfreundlichen Schmierstoffen verwendet.

e) Größere Kahlschläge werden vermieden.

f) Der Holzeinschlag des ganzen Betriebs findet vornehmlich im Winter statt.

g) Durch Naturverjüngung oder Aufforstung soll ein stabiler Mischwald entstehen.

h) Die Waldbesitzer streben an, den gesamten Wintereinschlag nach den BRUCKER LAND Richtlinien vorzunehmen, um das gesamte Holz als BRUCKER LAND Holz kennzeichnen und vermarkten zu können. Mondphasenholz wird zusätzlich gekennzeichnet.

Die Waldbesitzervereinigung erfaßt die Verkaufsmengen und die Abnehmer von BRUCKER LAND Holz. Dies ist die Grundlage für die Kontrolle und die Abrechnung der Marketingabgabe an die BRUCKER LAND GmbH.

2. Sägewerk

Als BRUCKER LAND Holz gekennzeichnete Ware wird aus Holz hergestellt, das den in Abteilung „1. Wald" festgelegten Kriterien genügt und folgende Punkte erfüllt:

a) Der Betrieb liegt im Landkreis Fürstenfeldbruck und unterstützt aktiv die BRUCKER LAND Solidargemeinschaft.

b) Im Sägewerk wird zu mehr als 70% Holz aus dem Landkreis Fürstenfeldbruck verarbeitet.

c) Holz in BRUCKER LAND Qualität wird separat gelagert und trägt zu jedem Zeitpunkt sichtbar die Kennzeichnung als BRUCKER LAND Holz bzw. den Zusatz Mondphasenholz.

d) Die neben dem Hauptprodukt (Schnittholz) entstehenden Nebenprodukte (Rinde, Hackschnitzel, Sägespäne) werden weiterverwendet.

e) Für die Verpackung und den Versand setzt der Betrieb keine Folien ein.

f) Zu Kontrollzwecken wird jährlich eine Auflistung der verkauften cbm BRUCKER LAND Holz der BRUCKER LAND Solidargemeinschaft zur Verfügung gestellt.

3. Rundholzverarbeiter

Für BRUCKER LAND Rundholz (Pfähle, Palisaden Rundholzstangen und Holzzäune) gelten sinngemäß dieselben Richtlinien wie für Sägewerke. BRUCKER LAND Rundholzprodukte werden aus Schwachholz, das bei der Waldpflege anfällt, hergestellt.

Sofern Rundholz mit Erdkontakt verbaut wird, kann es zum Schutz vor Pilzbefall und Fäulnis mit vom Umwelt-Bundesamt zugelassenen chromfreien Imprägniersalzen nach DIN 68800 Kesseldruck imprägniert werden.

Zu Kontrollzwecken wird jährlich eine Auflistung der verkauften cbm BRUCKER LAND Holz der BRUCKER LAND Solidargemeinschaft zur Verfügung gestellt.

4. Zimmerei

Als BRUCKER LAND Holz gekennzeichnete Zimmereierzeugnisse sind in ihren wesentlichen Teilen aus Holz hergestellt, das den in Abteilung „1. Wald" und „2. Sägewerk" festgelegten Kriterien genügt. Sie sind

– grundsätzlich nicht imprägniert, soweit nicht speziell gefordert
– umweltfreundlich verleimt und
– die Oberflächen sind soweit notwendig nach ökologischen Grundsätzen behandelt.

Die Erzeugnisse stammen aus einer Zimmerei, die folgende Kriterien erfüllt:

a) Der Betrieb liegt im Landkreis Fürstenfeldbruck und unterstützt aktiv die BRUCKER LAND Solidargemeinschaft.

b) Der Betrieb verwendet zu mehr als 70% Holz aus dem Landkreis Fürstenfeldbruck

c) BRUCKER LAND Holz ist im Betrieb in speziell gekennzeichneten Stapeln gelagert.

d) Zu Kontrollzwecken wird jährlich eine Auflistung der verkauften cbm BRUCKER LAND Holz der BRUCKER LAND Solidargemeinschaft zur Verfügung gestellt.

5. Schreinerei
Als BRUCKER LAND Holz gekennzeichnete Möbel, Fenster, Türen etc. sind In ihren wesentlichen Teilen aus Massivholz hergestellt. Verwendet wird dafür Holz, das den in Abteilung „1. Wald" und „2. Sägewerk" festgelegten Kriterien genügt. BRUCKER LAND Schreinereiprodukte
– enthalten keine Spanplatten und Kunststoffe,
– sind umweltfreundlich verleimt und
– haben eine nach ökologischen Grundsätzen behandelte Oberfläche.

Die Produkte stammen aus einer Schreinerei, die folgende Kriterien erfüllt:
a) Der Betrieb liegt im Landkreis Fürstenfeldbruck und unterstützt aktiv die BRUCKER LAND Solidargemeinschaft.
b) Der Betrieb verwendet vornehmlich Holz aus dem Landkreis Fürstenfeldbruck und aus der Region.
c) BRUCKER LAND Holz ist im Betrieb in speziell gekennzeichneten Stapeln gelagert.
d) Im Betrieb findet eine umweltgerechte Bearbeitung nach neuesten Erkenntnissen statt.
e) Zu Kontrollzwecken wird jährlich eine Auflistung der verkauften cbm BRUCKER LAND Holz der BRUCKER LAND Solidargemeinschaft zur Verfügung gestellt.

Alle an der Initiative Beteiligten ermöglichen und unterstützen unabhängige Kontrollen. Die Überprüfungen sollen den Erzeugungs- und Verarbeitungsweg von BRUCKER LAND Holz Produkten lückenlos nachvollziehen lassen.

Quelle: Faltblatt der Initiative Brucker Land Holz

Ähnlich wie bei der Unternehmenskooperation zur Verminderung von Informations- und Glaubwürdigkeitsproblemen gibt es Initiativen, die die Einhaltung der Kriterien durch eine neutrale Stelle kontrollieren lassen (BRUCKER LAND Ernährung und Holz, Eichsfeld Pur) und solche, die eine gegenseitige Kontrolle durch die beteiligten Unternehmen vorsehen (Rottaler Holzhaus, Agenda 21 Haus).

Als eine Art Vorstufe zu einer verbindlichen Vereinbarung von Standards kann etwa die Initiative Käsestrasse Bregenzerwald gesehen werden, die in eine umfassendere Regionalentwicklungsinitiative eingebunden ist. Hier sind Ziele einer nachhaltigen Regionalentwicklung definiert und das Projekt Käsestrasse orientiert sich an diesen. Das Projektmanagement geht jedoch nicht den Weg, diese Ziele in Form von Produktionsstandards für die einzelnen Wertschöpfungsstufen zu operationalisieren und festzulegen. Die beteiligten Produzenten werden vielmehr durch eine entsprechende Bewusstseinsarbeit stetig an solche Standards herangeführt.

Die Kooperation zur Einigung auf nachhaltige Produktionsstandards stellt hohe Anforderungen an die Beteiligten. Sie erfordert im Vorfeld eine explizite Auseinandersetzung mit den bestehenden Produktionsbedingungen und ihren Auswirkungen auf Mensch und Natur. Danach wird gezielt diskutiert und entschieden, wie Änderungen vorgenommen werden können. Im Ergebnis lassen sich die beteiligten Unternehmen auf explizit festgelegte Produktionsstandards festlegen.

Auffällig sind ferner die Parallelitäten zur Vorgehensweise von Unternehmenskooperationen zur Verringerung von Informations- und Glaubwürdigkeitsdefiziten. In beiden Fällen spielen kooperativ erarbeitete Produktqualitätsstandards als Instrument eine wichtige Rolle. Auch das Ausgangsproblem wird in beiden Fällen ähnlich wahrgenommen: Die konventionell wirtschaftende Konkurrenz kann ihre Produkte billiger anbieten. Nachhaltige Produkte haben einen zu geringen Marktanteil. Im ersten Fall wird davon ausgegangen, dass ein wesentlicher Grund dafür in der mangelnden Information über Produkteigenschaften oder in fehlender Glaubwürdigkeit liegt. Im zweiten Fall wird der Blick auf die aus der Sicht der nachhaltigen Regionalentwicklung unbefriedigenden Produktionsweisen der Konkurrenz gelegt. Daraus resultieren folgerichtig die entsprechenden Ansatzpunkte für eine Lösung: Verstärkung der Informationsarbeit im ersten, Absprachen über Produktionsbedingungen im zweiten Fall. Für beides scheint produktionsbezogene Unternehmenskooperation ein geeigneter Weg zu sein. In der Praxis ist nicht immer deutlich zu ermitteln, welche der beiden Sichtweisen in der einzelnen Kooperation nun den Anstoss zur Zusammenarbeit gab, da viele Initiativen Elemente beider Überlegungen beinhalten. Dies verwundert bei genauerem Hinsehen auch nicht. Denn, wenn die Lasten einer Informationskampagne auf viele Schultern verteilt werden sollen, ist die Einigung auf ein Mindestmaß an gemeinsamen Produkteigenschaften Voraussetzung. Andersherum macht eine kooperative Einigung auf neue Rahmenbedingungen wenig Sinn, wenn die entsprechend produzierten Güter nicht offensiv vermarktet werden.

Kooperationen, die die Aussagen der These 3 stützen, existieren also. Auf Grund der hohen Anforderungen, die sie an die Beteiligten stellen, sind sie jedoch noch nicht allzu weit verbreitet. Wie im Hinblick auf These 2 gilt also, dass die Vereinbarung von ökologischen oder sozialen Produktionsstandards nur eine mögliche Wirkungsweise produktionsbezogener regionaler Unternehmenskooperation auf nachhaltige Entwicklung ist.

11.3 Unternehmenskooperation zur Vermeidung von Fehlinvestitionen

Die Entwicklung innovativer Produkte und Produktionsweisen ist mit hohen Risiken verbunden. Dies gilt auch für die Entwicklung von Produkten und Produktionsweisen, die einer nachhaltigen Entwicklung gerecht werden. Risiken entstehen insbesondere, wenn die (künftige) Produktion des innovativen Gutes mit Investitionen verbunden sind, die nicht oder nur in geringem Maße für alternative Zwecke nutzbar sind. Nach der Transaktionskostentheorie[511] können in solchen Fällen längerfristige Kooperationen mit vor- und nachgelagerten Betrieben die Risiken verringern.

In Kapitel 6.5 wurde deshalb die These formuliert:

Produktionsbezogene Unternehmenskooperation trägt zu einer nachhaltigen Entwicklung bei, indem sie die Umsetzung von Innovationen im Sinne einer nachhaltigen Entwicklung ermöglicht, bei denen das Risiko für ein einzelnes Unternehmen aufgrund notwendiger partnerspezifischer Investitionen zu hoch wäre.

Bei einem Fünftel der in der Untersuchung betrachteten Kooperationsinitiativen ist die Verringerung von Risiken, die durch partnerspezifische Investitionen entstehen, offensichtlich der wichtigste Beweggrund zum Eingehen von Kooperationsverbindungen. Zur Zeit der Durchführung der Untersuchung war es beispielsweise vorrangige Aufgabe des Vereins Regionale Landwirtschaft Münster durch die Vermittlung verlässlicher Partner Großküchen und Gaststätten zur Verwendung regionaler (ökologischer) Vorprodukte zu bewegen. Entsprechende Investitionen bei der Einführung einer solchen neuen Produktlinie (Umgestaltung der Speisekarte, Fortbildung des Personals) sind für den Gastwirt nur auf

---

[511] Vgl. dazu genauer Kapitel 6.5.

der Basis regelmäßiger Zulieferung entsprechender Vorprodukte möglich. Umgekehrt können auch Landwirte bewogen werden, ihre Produktion auf ökologische Nahrungsmittel umzustellen, wenn verlässliche Abnehmer gewonnen sind. Eine ähnliche Denkweise trifft auf das Kooperationsprojekt zwischen famila und Naturland zu. Für die Supermarktkette macht es erst Sinn in entsprechende Werbemittel usw. zu investieren, wenn die beworbenen Produkte auch regelmäßig geliefert werden können. Für das Projekt Elektronikschrottverwertung in Aachen kann vergleichbar argumentiert werden. Bevor in Ausbildungsplätze und Maschinen zur Demontage von Altgeräten investiert wird, muss sichergestellt sein, dass entsorgte Altgeräte nicht einfach verschrottet oder nach Übersee verkauft werden. Die Kooperation mit den zuständigen Gebietskörperschaften als zuständige Instanzen für die Sammlung von Sperrmüll ist deshalb unerlässlich, um das Projekt überhaupt erst starten zu können.

Bei einer größeren Zahl von Projekten ist die Verringerung von Unsicherheiten durch partnerspezifische Investitionen zumindest ein Zusatznutzen der Kooperation. Werden etwa, wie bei Eichsfeld Pur oder BRUCKER LAND Ernährung Investitionen in die Wiederbelebung regionaler Infrastrukturen (wie z.B. Schlachthäuser) geplant, muss eine entsprechende Zulieferung bzw. Nutzung von vorne herein sichergestellt sein. Auch beim Aufbau neuer Marken (Rottaler Holzhaus, Agenda 21 Haus) ist die langfristige Mitarbeit von Unternehmen zu sichern, die eine Erfüllung der angegebenen Qualitätsmerkmale (z.B. Verwendung regionalen Holzes) auch garantieren können.

Die Aussage der These wird außerdem bei der Betrachtung einiger weiterer Kooperationsprojekte, die in dieser Untersuchung nicht im Einzelnen ausgewertet wurden, gestützt. Bei der Sicherung einer nachhaltigen Energieversorgung spielen in zunehmenden Maße Biomasseheizkraftwerke, die auf regionaler und regenerativer Ressourcenbasis arbeiten[512], eine Rolle. Auch hier wird sehr oft mit kooperativen Strukturen gearbeitet. In einigen Fällen sind die Brennstofflieferanten in kooperativer Trägerschaft selbst die Betreiber der Heizanlagen. In anderen Fällen werden von den Betreibern[513] langfristige Lieferverträge abgeschlos-

---

[512] Holzhackschnitzel, Raps und andere regenerative Energieträger.
[513] Wie z.B. Energieversorgungsunternehmen, private Firmen, Kommunen.

sen.[514] Hintergrund scheint in allen Fällen eine Absicherung der partnerspezifischen Investitionen, die wiederum für die beteiligten Forst- und
Landwirte (Umstellung des Anbaus, Maschinen zur Weiterverarbeitung)
und die Anlagenbetreiber (Sachinvestition) gleichermaßen bedeutsam
sind.

Auch hier ist also das Ergebnis festzuhalten, dass es produktionsbezogene regionale Unternehmenskooperationen gibt, die die oben angeführte
These stützen. Im Gegensatz zu den anderen Thesen betrifft sie
ausschließlich vertikale Kooperationen. Interessant ist ferner die auftretende Vielfalt der Investitionsarten in diesem Zusammenhang. Investitionen in Anlagen und Humankapital spielen ebenso eine Rolle wie die Investition in die Etablierung neuer Marken oder Produktlinien, die in der
Regel umfassend beworben werden. Die These kann jedoch ebenfalls
nicht die Wirkungsweise aller untersuchten regionalen Unternehmenskooperationen auf nachhaltige Entwicklung erklären.

11.4 Unternehmenskooperation zur Stärkung der Marktposition

Unternehmenskooperation kann auch bei einer rein ökonomischen Zielsetzung Vorteile bringen. Ansätze der Produktionskostentheorie, der Industrieökonomie sowie der strategischen Kooperation liefern hierfür Begründungen. Sie wurden in Kapitel 6.2 dargestellt. Das Eingehen von
Unternehmenskooperationen lässt sich nach diesen Ansätzen im wesentlichen durch die Ausnutzung von Größenvorteilen, Komplementaritäten sowie die Verringerung unternehmerischer Risiken erklären. Die
Argumente gelten in gleicher Weise für Hersteller umwelt- oder sozial-
verträglicher Produkte, wenn sie damit ökonomisch erfolgreich sein wollen. Im Gegensatz zu den vorgenannten Thesen geht es dabei allerdings
nicht um eine Reaktion auf ein Versagen des Marktes im Zusammenhang

---

[514] Vgl. zu diesen Aussagen genauer eine Vielfalt von Faltblättern des Centralen
Agrar-Rohstoff-Marketing- und Entwicklungs-Netzwerk (C.A.R.M.E.N.) über
einzelne Projekte.

mit der Umsetzung nachhaltiger Regionalentwicklung, sondern um eine Anpassung an vorgefundene Marktgegebenheiten. Aus diesen Überlegungen ergab sich die folgende These:

Produktionsbezogene Unternehmenskooperation trägt zur nachhaltigen Entwicklung bei, indem sie durch die Ausnutzung von Größenvorteilen und Komplementaritätseffekten sowie die Verringerung von Risiken die Marktposition der beteiligten Unternehmen stärkt und somit Spielräume für eine nachhaltige Produktionsweise schafft, jedoch nicht zu einer marktbeherrschenden Position der Unternehmenskooperation führt.

Zunächst ist festzustellen, dass die Stärkung der Marktposition in fast allen untersuchten Unternehmenskooperationen eine Rolle spielt. Der Versuch, die eigene Marktposition zu stärken, kann dabei auf die unmittelbare Konkurrenz, aber auch auf die Marktgegenseite zielen. Bei einer Reihe von Initiativen führt die Kooperation beispielsweise dazu, dass sie im Vergleich zu größeren Konkurrenten stärker am Markt auftreten können. Dies zielt zunächst einmal auf die Vermarktung der Produkte, die durch eine Zusammenarbeit mit schlagkräftigeren Instrumenten durchgeführt werden kann. Bei anderen betrifft dies aber auch bereits die Konzeption des gemeinsamen Produktes. So sieht sich beispielsweise die Kooperation frontalBau gezwungen ein schlüsselfertiges Ökohaus gemeinsam anzubieten, weil dies von größeren Konkurrenten so vorgegeben wird. Bei anderen Kooperationen ergibt sich durch die Zusammenarbeit, dass ihr Angebot oder ihre Aufträge für eine bestimmte Kundengruppe oder Weiterverarbeiter erst interessant werden. Durch eine gemeinsame Buchungsstelle kann das Dorfhotel Buch ökologische Gruppenreisen akquirieren und koordinieren. Innerhalb der Initiative BRUCKER LAND Ernährung wurde es für eine regionale Mühle erst ab einer gewissen Menge an Getreide (d.h. zusammenarbeitenden Bäckern und Landwirten) interessant, eine getrennte ökologische Charge zu mahlen. Kooperiert wird aber auch, um Investitionen beispielsweise in notwendige Infrastrukturen zu ermöglichen. Dies nicht nur, wie im Kapitel 11.3 dargestellt, um Zulieferung und Abnahmen zu sichern, sondern auch wie im Falle von ALTERNET oder des Musterhauses für das Rottaler Holzhaus, um die Investitionssumme aufbringen zu können.

Keine der untersuchten Kooperationen verschafft sich allerdings durch die Zusammenarbeit eine marktbeherrschende Stellung. Die Situation ist vielmehr umgekehrt. Durch die Kooperation gelingt es den beteiligten

Unternehmen (meist KMU) in vielen Fällen wieder besser mit einer oft starken überregionalen Konkurrenz mitzuhalten. Diese Beobachtung gilt für Initiativen im Ernährungsbereich, wo sich regionale KMU oft mit der Konkurrenz großer überregionaler Lebensmittelkonzerne auseinanderzusetzen haben, genauso wie für regionale Kooperationen im Bau-[515], Energie-[516] oder im Holzbereich.

Insgesamt überwiegt dabei die Ausnutzung von Größenvorteilen vor der Nutzung von Komplementaritätseffekten (Netzwerk ökologisch-ökonomisches Bauen, Bitterfeld und frontalBau). Eine Reduzierung einzelwirtschaftlicher Risiken trifft im Grunde in allen Fällen zu, wo die Projektfinanzierung gemeinsam getragen wird.

In der Untersuchung wurde aber auch deutlich, dass zwar in fast allen betrachteten Fällen die Kooperation zu einer Stärkung der Marktposition der beteiligten Unternehmen führt. Ein Blick auf Tabelle 16[517] zeigt jedoch, dass die Ausnutzung von Größenvorteilen und Komplementaritätseffekten oder die Verringerung von Risiken nur in zwei Fällen (Netzwerk ökologisch-ökonomisches Bauen, Bitterfeld, ALTERNET) als alleinige Wirkungsweise der jeweiligen Unternehmenskooperation im Hinblick auf nachhaltige Entwicklung identifiziert wurde. Bei genauerem Hinsehen ist festzustellen, dass es sich bei der Stärkung der Marktposition in vielen Fällen eher um eine Neben- oder Folgewirkung der Zusammenarbeit handelt. Die ausschließliche Erklärung des Nachhaltigkeitsbeitrags mit der Stärkung der Marktposition der beteiligten Unternehmen würde der Mehrheit der untersuchten Unternehmenskooperationen keineswegs gerecht. Eine Reihe von Kooperationen verfolgen beispielsweise als Hauptzweck die Reduzierung von Informations- und Glaubwürdigkeitsdefiziten. Gerade bei gemeinsamen Informationskampagnen spielt die Ausnutzung von Größeneffekten eine wesentliche Rolle. Ausschlaggebend für den Beitrag zur nachhaltigen Entwicklung ist jedoch die Reduzierung der Informationsprobleme und nicht allein die Tatsache, dass durch Unternehmenskooperation Größeneffekte entstehen.

---

[515] Beispielsweise als Reaktion auf Komplettangebote großer Bauträger (schlüsselfertiges Bauen).

[516] Ein wesentlicher Grund für die Gründung der Energiekooperation ALTERNET war die große Marktmacht des regionalen Energieversorgungsunternehmens.

[517] Vgl. Kapitel 11.6.

Auch wenn also eine breite Mehrheit der untersuchten Kooperationen die Aussagen der These stützt, scheint auch die Stärkung der Marktposition nur eine der möglichen Wirkungsweisen für den Beitrag der Unternehmenskooperationen zur nachhaltigen Entwicklung zu sein.

Dieses Ergebnis wird zusätzlich durch eine genauere Betrachtung der beiden Fälle, in denen die Stärkung der Marktposition als alleinige Wirkungsweise identifiziert wurde, untermauert. In beiden Fällen erweist sich, dass die Stärkung der Marktposition der beteiligten Unternehmen nur ein erster Schritt in Richtung eines Beitrags zur nachhaltigen Entwicklung ist. Beide Initiativen können noch erheblich weiterentwickelt werden, wobei dann auch weitere Wirkungsweisen von Unternehmenskooperation eine Rolle spielen können. So ist beispielsweise beim Projekt ALTERNET die gemeinsame Finanzierung des Umbaus einer Transformationsanlage durch verschiedene Produzenten regenerativer Energien der Hauptzweck der Kooperation. Eine Vermarktung des produzierten Stromes als ‚grüner Strom' ist jedoch geplant. Hierzu wird eine entsprechende Informationsarbeit und der Einsatz von Instrumenten zur Schaffung von Glaubwürdigkeit unumgänglich sein. Im Netzwerk ökologisch-ökonomisches Bauen steht die Nutzung komplementären Knowhows bei der Entwicklung von Systemlösungen für ökologisches Bauen im Vordergrund. Auch hier wäre der Einsatz von kooperativen Vermarktungsinstrumenten durchaus sinnvoll.

11.5 Unternehmenskooperation zur Schaffung von Spielräumen für ein verständiges und verantwortungsvolles Handeln von Unternehmen

In den bisherigen Ausführungen dieses Kapitels wurden die Ziele und Motive der betrachteten Initiativen für Unternehmenskooperation jeweils als Einheit betrachtet. Die Aussagen beruhen auf der Auswertung vorliegender über die Initiativen Dokumente (Verträge, Selbstdarstellungen etc.) und auf Gesprächen mit den Initiatoren- und Trägerorganisationen. Die Motivationen, Ziele und Verhaltensweisen einzelner beteiligter Unternehmen kamen dabei nicht zur Sprache. Diese müssen jedoch untersucht werden, wenn man Aussagen darüber treffen will, ob Unternehmenskooperation Spielräume für ein stärker verständiges und verantwortungsvolles Verhalten schaffen können und ob diese genutzt werden. Diese Fragestellung ergibt sich aus These 5, die hier zur Erinnerung auch nochmals aufgeführt wird:

Produktionsbezogene Unternehmenskooperation trägt zu einer nachhaltigen Regionalentwicklung bei, indem sie den beteiligten Unternehmen Spielräume verschafft, ihr Verhalten nicht mehr zuerst an einzelwirtschaftlich ökonomischen Zielen auszurichten, sondern am (ökonomischen, ökologischen und sozialen) Gemeinwohl.

Diese These impliziert, wie in Kapitel 6.7 dargestellt, eine ganz andere Wirkungsweise von produktionsbezogener Unternehmenskooperation als die ersten vier Thesen. Bei letzteren wird davon ausgegangen, dass Unternehmen trotz des Eingehens von Kooperationen und des zusätzlichen Verfolgens ökologischer und/oder sozialer Ziele weiterhin unter dem Zwang stehen, sich einzelwirtschaftlich rational zu verhalten. In der Sichtweise, die der fünften These zugrunde liegt, dient Unternehmenskooperation gerade zur Auflösung dieses Zwanges und zur Schaffung von Spielräumen für ein gemeinwohlorientiertes Handeln für Unternehmen. Entstehen derartige Spielräume für Unternehmen, müsste sich dies in ihren Zielen (Relativierung der einzelwirtschaftlichen Sicht) und vor allem in ihrem Verhalten niederschlagen. Für die Auswertung im Hinblick auf diese These bietet sich deshalb an, die Ziele der befragten Unternehmen auf der einen und das Verhalten derselben auf der anderen Seite getrennt darzustellen.

Hinsichtlich der genannten Ziele der Unternehmen für das Eingehen der Kooperationen bzw. die Teilnahme an den Initiativen ist ein fast eindeutiges Ergebnis festzustellen. Im Gegensatz zu den jeweiligen Trägern oder Initiatoren[518] der Kooperationsprojekte wurden von den Unternehmern fast keine ökologischen, sozialen oder auf das regionale Gemeinwohl bezogenen Motive genannt. Im Vordergrund standen dagegen in fast allen Fällen[519] einzelwirtschaftliche Argumente wie:

• Die Aussicht auf die Besetzung eines neuen Marktfeldes. So wird die Definition regionaler Produktqualitätskriterien etwa in den Initiativen BRUCKER LAND Ernährung, Eichsfeld pur oder Rottaler Holzhaus aus Sicht der Unternehmen als gemeinsame Herausarbeitung eines Alleinstellungsmerkmals gesehen.

---

[518] Vgl. zu deren Motivationen und Zielen Kapitel 12 und weiter unten in diesem Kapitel.
[519] Zur einzigen Ausnahme siehe weiter unten.

• Die Möglichkeit durch ein konzertiertes Auftreten Marktanteile zurückzuerobern. Dies spielt insbesondere für die an verschiedenen Initiativen beteiligten Forstbetriebe eine wichtige Rolle. Aber auch im Ernährungsbereich wurde dieses Argument mehrfach genannt.

• Die Möglichkeit durch Kooperation auftretende Synergien etwa durch den Austausch von Know-How oder die gemeinsame Verwendung von Maschinen zu nutzen und damit die Effizienz zu erhöhen, Kosten zu reduzieren oder Risiken zu verteilen.

• Die Fähigkeit durch eine langfristige Zusammenarbeit die Produktqualität zu sichern. Hier ist interessant, dass – wie im Falle der Kooperation zwischen famila und Naturland – eine ökologische Produktionsweise oftmals nicht so sehr aufgrund ihrer Umweltfreundlichkeit sondern wegen der Sicherung der Produktqualität geschätzt wird.

Alle hier genannten Kooperationsziele der Unternehmen beziehen sich letztendlich auf eine Stabilisierung der jeweiligen Unternehmensentwicklung.

In wenigen Ausnahmefällen, immer jedoch erst als zweitrangige Argumente, wurden für das Eingehen der Kooperationen, auch ökologische Ziele genannt. Diese wurden oft mit persönlichen Erlebnissen und Überzeugungen der Interviewpartner in Beziehung gebracht. Eine Ausnahme stellt allerdings das Projekt Elektronikschrottverwertung in Aachen dar. Hier werden als Motive soziale mit ökologischen Argumenten verbunden und als prioritär genannt. Für die Demontagebetriebe steht die Schaffung von Qualifikationsmöglichkeiten in einem ökologisch sinnvollen Bereich im Vordergrund. Die Gebietskörperschaften vermeiden mit der Kooperation Abfälle und übernehmen für die Verwertung des anfallenden Restmülls eine regionale Verantwortung. Diese ist allerdings insofern auch wieder wirtschaftlich motiviert, als sie durch das Projekt Ausgaben für Sozialhilfe einsparen. Wichtig ist in diesem Zusammenhang allerdings herauszustellen, dass sich in beiden Fällen nicht um Unternehmen im eigentlichen Sinne, sondern um kirchliche bzw. staatliche und somit eher gemeinwohlorientierte Institutionen handelt.

In einem weiteren Schritt der Befragung wurden die an den Kooperationsinitiativen beteiligten Unternehmer nach Verhaltensweisen bzw. Bereitschaften für bestimmtes Verhalten gefragt. Dadurch sollten Anhaltspunkte dafür gewonnen werden, ob und inwieweit sie innerhalb der

Kooperationen über ihre einzelwirtschaftlichen Sichtweisen hinaus gelangen und verständig bzw. verantwortlich handeln können. Dabei trat zunächst das Problem der Operationalisierung der Begriffe verständiges bzw. verantwortliches Handeln auf. Verständiges Handeln wurde mit den Kriterien

• Bereitschaft zu und Ausübung von Solidarität gegenüber den Partnern in der Kooperation sowie

• Bereitschaft zu und Ausübung von Unterstützungsmaßnahmen für Partner in der Kooperation unter eventueller Inkaufnahme (materieller) Abstriche

eingegrenzt. Für verantwortliches Handeln steht

• die Bereitschaft zu und die Ausübung von Aktivitäten, die die Interessen der natürlichen Umwelt, außenstehender Schwächerer sowie zukünftiger Generationen berücksichtigen, auch wenn dabei selbst (materielle) Abstriche gemacht werden müssen.

Die Ergebnisse weisen eher darauf hin, dass Spielräume für ein verständiges bzw. verantwortliches Handeln durch die Kooperationen entweder nicht geschaffen oder von den Beteiligten nicht erkannt bzw. genutzt werden. Die befragten Unternehmen konnten sich beispielsweise nicht vorstellen, über die festgelegten Kooperationsinhalte hinaus Partner in wirtschaftlich schlechten Zeiten zu (unter-)stützen. Bei Fragen zu Ansätzen eines solidarischen Miteinanders innerhalb der Kooperationen kamen in der Regel eher Negativbeispiele, wie Versuche zur Umgehung vereinbarter höherer Preise (etwa für regionales Holz) oder Versuche, aus der Kooperation einseitig Vorteile zu ziehen, zur Sprache.

Ansätze, durch die Kooperationen über das Symmetrieprinzip der Gleichwertigkeit von Geben und Nehmen hinaus zu gelangen, gibt es durchaus. Darunter können beispielsweise die Zahlung von über dem Weltmarktpreis liegenden Preisen für bestimmte Güter oder auch die Verpflichtung innerhalb des Projektes Agenda 21 Haus, für jedes gebaute Haus eine Unterkunft für sozial schwache Menschen in Südafrika zu finanzieren, gezählt werden. Dies verweist jedoch weniger auf die besondere Verständigungsorientierung oder das Verantwortungsbewusstsein der einzelnen Unternehmen (deren wesentliche Motive für das Kooperieren ja, wie oben dargestellt, in ökonomischen Gründen zu finden sind), sondern auf Vorstellungen und Vorgaben der Träger und Initiatoren der Kooperationsinitiativen.

Fälle, die die Aussage von These 5 bestätigen, konnten also in dieser Untersuchung nicht identifiziert werden.

Wenn die einzelnen Unternehmen in der Hauptsache einzelwirtschaftliche Ziele verfolgen und ein demgemäßes Verhalten zeigen, die Kooperationen als ganzes aber dennoch positive Effekte im Sinne einer nachhaltigen Regionalentwicklung erzielen, kann daraus geschlossen werden, dass in den betrachteten Fällen die Unternehmensziele und die Ziele einer nachhaltigen Regionalentwicklung miteinander kompatibel sind. In den untersuchten Initiativen gibt es zwei Wege wie diese Kompatibilitäten zustande kommen.

Bei einer Minderheit (1/5 der Projekte) kommen sie sozusagen per Zufall oder von selbst zustande. Eine Geschäftsidee mehrerer regionaler Unternehmen, die innerhalb einer Kooperation gemeinsam angegangen wird, hat – in den meisten Fällen wohl eher unbeabsichtigt – positive Effekte auf die Nachhaltigkeit der regionalen Entwicklung. Sehr schön ist das am Beispiel der Kooperation zwischen famila und Naturland zu dokumentieren. Als Geschäftsidee wollte famila hochwertige Nahrungsmittel mit einer vertrauenswürdigen Qualität anbieten können. Was dabei herauskam war eine Unterstützung einer großen Anzahl regionaler ökologisch wirtschaftender Agrarbetriebe, die zu weiteren Umstellungen von Betrieben führte. Ein eindeutig positiver Effekt im Sinne einer nachhaltigen Regionalentwicklung. Ähnlich können die Kooperationen frontalBau und ALTERNET eingeordnet werden. Aufgrund der Arbeit von ALTERNET könnte es in Kürze möglich sein, in der Region Trier nachhaltig produzierte Energie zu beziehen. frontalBau ist ein Modellprojekt für die Sicherung und den Ausbau von regionalen Handwerksbetrieben mit Hilfe ökologisch sinnvoller Produkte.

In der Mehrheit der Fälle kommen die Kompatibilitäten allerdings durch ein gezieltes und geschicktes Agieren einer Initiatoren- und Trägerorganisation[520] zustande. Diese Organisationen verfolgen explizit Ziele einer nachhaltigen Regionalentwicklung und gehen in der Regel gezielt auf Unternehmen zu, die zur Umsetzung einer entsprechenden Strategie beitragen können. Sie leisten in der Anfangsphase die Initiierungsarbeit (Zusammenbringen der relevanten Akteure für die Koopera-

---

[520] Zu den Charakteristika dieser Organisationen vgl. Kapitel 10.

tion) und Überzeugungsarbeit, später übernehmen sie oft Moderations-Prozessbegleitungs- und Schlichtungsaufgaben. Steht die Kooperation, ist die Rolle der Träger oft die des ,Hüters der Kriterien'. Entscheidend für das Erreichen positiver Effekte im Sinne einer nachhaltigen Regionalentwicklung ist in diesen Fällen also die Kombination eines Trägers des inhaltlichen Überbaus (Ziele einer nachhaltigen Regionalentwicklung) auf der einen Seite und Unternehmen auf der anderen Seite, die davon überzeugt werden können, dass ihre Unternehmensziele auch oder gar besser durch eine Teilnahme an einem Projekt nachhaltiger Regionalentwicklung zu erreichen sind. Als am weitesten elaboriertes Modell in diesem Sinne sei hier die Initiative BRUCKER LAND Ernährung aufgegriffen. Ausgangspunkt und gleichzeitig Quelle des inhaltlichen Überbaus (Bewahrung der Schöpfung) waren hier Veranstaltungen der kirchlichen Erwachsenenbildung. Zunächst konnte eine regionale Kooperation entlang der Produktlinie Brot in Gang gebracht werden, der viele weitere Produktlinien folgten. Ein Verein ,Solidargemeinschaft BRUCKER LAND e.V.' wurde als Träger der Initiative gegründet und ist heute sozusagen Träger der inhaltlichen Weiterentwicklung von BRUCKER LAND. Er überwacht u.a. die Einhaltung der Produktionsrichtlinien für die verschiedenen Produktlinien und vergibt das Gütesiegel. Für geschäftliche und logistische Aufgaben wurde inzwischen eine GmbH gegründet. Die Initiative hat großen Erfolg. Sie konnte inzwischen für eine große Anzahl an Produktlinien Qualitätskriterien etablieren. Es ist in diesem Zusammenhang jedoch darauf hinzuweisen, dass für jede einzelne Produktlinie viel Überzeugungsarbeit geleistet werden musste und aufwendige Verhandlungen über Kriterien, Produktgestaltung usw. geführt wurden. Dies kann wohl auf Dauer nur eine solche Trägerorganisation leisten. Gerade bei BRUCKER LAND Ernährung fiel zudem das gewaltige ehrenamtliche Engagement einiger weniger Schlüsselakteure auf.

Insgesamt scheinen also die Trägerorganisationen eine Schlüsselrolle für die Umsetzung einer nachhaltigen Wirtschaftsentwicklung in Regionen zu spielen. Ein persönliches und ehrenamtliches Engagement, wie beispielsweise bei BRUCKER LAND Ernährung ist eher die Ausnahme und wohl auch nicht in vielen Regionen zu erwarten. Dies wäre ein Ansatzpunkt für eine an Nachhaltigkeit orientierte regionale Wirtschaftsförderung. Sie könnte Anreize dafür setzen, Ansätze produktionsbezogener regionaler Unternehmenskooperationen, die Beiträge zur Umsetzung einer nachhaltigen Regionalentwicklung leisten, zu verbreitern und den Aufbau sowie die Arbeit derartiger regionaler Trägerorganisationen unterstützen. Institutionen wie TWiSt (Büro für Tourismus, Wirtschaft, Struktur und Kultur, Initiator des Projektes Rottaler Holzhaus) oder die Regionalentwicklung Bregenzerwald GmbH (Initiator der Käsestraße Bregenzerwald), die von staatlichen Instanzen getragen und mit öffentlichen Geldern finanziert werden, können dafür durchaus als Vorbilder gesehen werden. Förderwürdig ist jedoch auch die Vielzahl anderer Träger mit kirchlichem oder NGO-Hintergrund.

11.6 Zusammenfassung

Zusammenfassend kann an dieser Stelle festgehalten werden, dass durch produktionsorientierte regionale Unternehmenskooperationen Effekte im Sinne einer nachhaltigen Regionalentwicklung entstehen, die auch auf das regionale Gemeinwohl positiv wirken. Dabei kann diese Art von Unternehmenskooperation auf verschiedene Art und Weise auf die Umsetzung einer nachhaltigen Regionalentwicklung wirken. Betrachtet man die Ergebnisse der Überprüfung der einzelnen Thesen im Zusammenhang, fällt folgendes auf. Keine der Thesen kann die Wirkungsweise produktionsbezogener regionaler Unternehmenskooperationen auf nachhaltige Entwicklung vollständig erklären. Während es für die Aussage der These 5 in der Stichprobe kein positives Beispiel gibt, stützen die Thesen 1 – 4 jeweils mehrere Fälle. Tabelle 16 zeigt, dass jede der Thesen 1 – 4 Wirkungsweisen von produktionsbezogener regionaler Unternehmenskooperation auf nachhaltige Entwicklung benennt, die in jeweils mehreren Fällen der Untersuchung als Hauptwirkung der jeweiligen Kooperationen identifiziert werden konnten.

Tab. 16: Wirkungsweisen der Unternehmenskooperationen auf nachhaltige Entwicklung

Projekt	These 1 (Markt- position)	These 2 (Infor- mation)	These 3 (Externe Effekte)	These 4 (sunk costs)
Elektroschrott Aachen				■
Agenda 21 Haus	■	■	▦	■
ALTERNET	▦	■		
Bregenzerwald Käsestraße	▦	■	▦	
Bregenzerwald Natur & Leben	▦	■		
BRUCKER LAND Ernährung	■	■		■
BRUCKER LAND Holz	■	■		
Heimisches Holz, BUND	■		■	
Dorfhotel Buch	■		■	
Eichsfeld Pur	▦			▦
frontalBau	■			■
Münster RLM	■			
Rottaler Holzhaus	■		▦	▦
famila – Naturland Soest	■			■
Netzw. Ökolog. Ökonom. Bauen	■			

■ Hauptwirkung der Kooperation   ▦ Nebenwirkung der Kooperation

Anmerkung: Die Tabelle ist folgendermaßen zu lesen: In vier Fällen trägt die Unternehmenskooperation hauptsächlich dadurch zur nachhaltigen Entwicklung bei, dass sie die Marktposition der beteiligten Unternehmen stärkt. In 11 Fällen ist dies nur eine Nebenwirkung. In sieben Fällen wirkt die Kooperation hauptsächlich durch die Verminderung der Informations- und Glaubwürdigkeitsprobleme auf nachhaltige Entwicklung usw.

Ob etwas als Haupt- oder Nebenwirkung der Kooperation einzuschätzen ist, wurde nach den Zielen der einzelnen Kooperationen entschieden. So ist beispielsweise die Stärkung der Marktposition in einigen Fällen kein explizit geäußertes Ziel, tritt als Nebenwirkung der Kooperation aber dennoch auf. Anders beispielsweise bei frontalBau: hier ist die Stärkung der Position gegenüber großen Bauträgern explizit als Ziel vorhanden.

Im Anschluss an die Untersuchung können die in den vier Thesen benannten Wirkungsweisen produktionsbezogener Unternehmenskooperation noch etwas differenzierter formuliert werden als auf Basis der theoretischen Überlegungen. Die folgenden Thesen scheinen somit für weitere Forschungen zu diesem Thema brauchbar:

Produktionsbezogene Unternehmenskooperation trägt zu einer nachhaltigen Regionalentwicklung bei,

*   *indem sie durch gemeinsame Vermarktungsaktionen für nachhaltige Produkte, die in der Regel auf gemeinsam definierten Produktqualitätskriterien basieren, zum Abbau von Informationsdefiziten im Hinblick auf diese Produkte bei den Verbrauchern führt,*

*   *indem sie durch eine Zusammenarbeit mit neutralen Kontrollinstanzen oder etablierten Glaubwürdigkeitsträgern die Glaubwürdigkeit hinsichtlich der Einhaltung selbstgesteckter sozialer und/oder ökologischer Produktqualitätskriterien erhöht,*

*   *indem sie durch die Ausnutzung von Größenvorteilen und Komplementaritätseffekten sowie die Verringerung von Risiken die Marktposition der beteiligten Unternehmen stärkt und somit Spielräume für eine nachhaltige Produktionsweise schafft, jedoch nicht zu einer marktbeherrschenden Position der Unternehmenskooperation führt,*

*   *indem sie durch die Vereinbarung gemeinsamer ökologischer und/oder sozialer Produktionsstandards, zu einer Internalisierung von externen Effekten führt. Durch die Kooperation können die Rahmenbedingungen von (Teil-) Märkten verändert werden.*

*   *indem sie durch eine längerfristige Sicherung von Zulieferung bzw. Abnahme die Umsetzung von Innovationen im Sinne einer nachhaltigen Entwicklung ermöglicht, bei denen das Risiko für ein einzelnes Unternehmen aufgrund notwendiger partnerspezifischer Investitionen zu hoch wäre.*

Damit sich diese Wirkungsweisen produktionsbezogener Unternehmenskooperation entfalten können, müssen sich nicht alle beteiligten Unternehmen gemeinwohlorientiert verhalten bzw. selbst explizit Ziele einer nachhaltigen Regionalentwicklung verfolgen. Auch eine geschickte Kombination von ‚Egoisten' kann durch die Arbeit entsprechender Initiatoren und Träger zu gemeinwohlsteigernden Ergebnissen im Sinne einer nachhaltigen Regionalentwicklung führen. Aus der Untersuchung geht hervor, dass diejenigen Unternehmenskooperation, die mit Initiator- und Trägerorganisationen arbeiten, im Hinblick auf eine nachhaltige Regionalentwicklung die weitreichenderen Ergebnisse erzielen. Die Minderheit ohne eine solche Struktur trägt in der Regel eher durch Zufall – und nicht durch explizite Zielsetzung – zu einer nachhaltigen Regionalentwicklung bei.

Die Tatsache, dass in der Stichprobe für die Aussage der These 5 keine bestätigenden Beispiele gefunden wurden, lässt allenfalls darauf schließen, dass bei vielen existierenden produktionsbezogenen regionalen Unternehmenskooperationen Spielräume für ein verständiges und verantwortliches Verhalten von Unternehmen nicht geschaffen werden. Sollten sie dennoch bestehen, werden sie zumindest nicht genutzt. Daraus zu schließen, dass es eine solche Wirkungsweise von produktionsbezogenen regionalen Unternehmenskooperationen gar nicht gibt oder niemals geben wird, wäre allerdings verfehlt. Für eine solche Einstellungs- und Verhaltensänderung bei Unternehmen gibt es im Prinzip zwei Ansatzpunkte. Elsner weist darauf hin, dass „im Zuge einer *dauerhaften* Kooperation auch das Eigeninteresse der individuellen Akteure zunehmend reflektiert werden kann."[521] Mit zunehmendem Vertrauen in den Koordinationsmechanismus einerseits und die Partner andererseits könnten sich, so Elsner, „nicht nur die individualistischen Dilemmata auflösen, sondern auch die neoklassischen Attribute der Akteure."[522] Neben der Dauer einzelner Kooperationen dürfte auch eine breitere Anwendung des Koordinationsmechanismus in der ökonomischen Praxis ein Ansatzpunkt für veränderte unternehmerische Einstellungen und ein anderes Verhalten sein. Wenn sich Kooperation beispielsweise zum vorherrschenden Koordinationsmechanismus für wirtschaftliche Austauschprozesse entwickeln würde und sich der Einzelne bei Aufgabe eigennütziger Positionen auf ein ‚Auffangen' durch die Partner verlassen könnte, wären sie eher in der Lage einen geschützten Rahmen für solche Verhaltensänderungen bieten. Bislang überwiegen jedoch marktliche Austauschbeziehungen mit den entsprechenden Risiken für Akteure, die sich nicht eigennützig verhalten.

Freimuth und Elfers zeigen in einem Beitrag über „Logik und Ethik von Kooperation"[523], dass es auch Positionen zwischen den von Bie-

---

[521] Elsner 1998, 114 (Hervorhebung M.T.).
[522] Elsner 1998, 114.
[523] Vgl. Freimuth/ Elfers 1992.

secker[524] dargestellten Polen strategischer und verständiger bzw. verantwortlicher Kooperation gibt. Sie weisen darauf hin, dass Unternehmenskooperation (aber auch Zusammenarbeit innerhalb von Unternehmen)
dann erfolgreich ist, wenn die Teilnehmer nicht auf Kosten der Gesamtheit bzw. einzelner Teilnehmer ihren individuellen Nutzen erhöhen.
Dennoch muss sie als Voraussetzung des Zustandekommens auch individuellen Nutzen erhöhen. „Die Stabilität kooperativer Beziehungen beruht
somit auch auf dem Interesse an der Wohlfahrt des Gegenüber."[525] Die
Situation der anderen Teilnehmer ist dem einzelnen Beteiligten somit
nicht einerlei. Kooperationen kommen demnach immer dann zustande,
wenn Interdependenzen dergestalt bestehen, dass bestimmte Ziele, die
beiden/ allen Beteiligten nutzen, nur gemeinsam erreicht werden können.
Die Autoren beziehen ihre Argumentation ausdrücklich auf den Status
quo kooperativer Aktivitäten von Unternehmen, halten aber eine Evolution in die mit These 5 implizierte Richtung durchaus für denkbar. Diese
im Hinblick auf moralische Kategorien eher nüchterne Einschätzung der
Kooperationsmotivationen von Unternehmen dürfte wohl in erster Linie
darauf beruhen, dass sich Unternehmen in der Hauptsache in marktlichen
Strukturen bewähren müssen, auch wenn sie vereinzelt kooperative Beziehungen aufbauen und pflegen. Abstriche von einzelwirtschaftlichen
Zielen dürften jedoch erst auf der Basis einer gewissen Sicherheit interessant bzw. tragfähig werden. Die wenigsten unter gegebenen Rahmenbedingungen existierenden Unternehmenskooperationen dürften in der
Lage sein, eine derartige Sicherheit zu garantieren, da sie in der Regel
nur Teilaspekte der Aktivitäten eines Unternehmens betreffen.

---

[524] Vgl. Biesecker 1996. Vgl. dazu genauer Kap. 6.6.
[525] Vgl. Freimuth/ Elfers 1992, 40.

Kapitel 12
Regionales Handeln

In Kapitel 11 wurde gezeigt, dass und auf welche Weise produktionsbezogene Unternehmenskooperationen Beiträge zur Umsetzung nachhaltiger Regionalentwicklung leisten, wie mit Hilfe dieses Koordinationsmechanismus bestehende Barrieren überwunden werden. Aufgabe
dieses Kapitels ist es nun, die in Kapitel 7 erarbeiteten Erkenntnisse über
die Rolle der Region als Handlungsebene für nachhaltiges Handeln und
die Kooperation von Unternehmen empirisch zu überprüfen. Wie dargestellt geht es dabei nicht so sehr um die *Ergebnisse* von regionalen Unternehmenskooperationen im Sinne einer besseren Wirkung auf eine
nachhaltige Regionalentwicklung im Vergleich zu einer Kooperation auf
überregionaler Ebene, sondern mehr um das Zustandekommen derselben
und die Rolle der Handlungsebene Region dabei. Fünf Thesen wurden
dazu entwickelt.

12.1 Region und nachhaltige Entwicklung

Die ersten vier Thesen[526] lieferten dabei die folgenden Argumente dafür,
dass die Handlungsebene Region ein nachhaltiges Verhalten begünstigt.
*Die Zugehörigkeit der Beteiligten zu einer gemeinsamen Region begün-
stigt das Zustandekommen von produktionsbezogenen Unternehmenskooperationen, die zur nachhaltigen Entwicklung beitragen,*

- *weil bei den Beteiligten ein erhöhtes Bewusstsein für die jeweiligen
  ökologischen Probleme der Region sowie ein verbessertes Verständnis
  für die Zusammenhänge und Erkenntnis von Lösungsmöglichkeiten
  derselben vorliegt* (These 6),

---

[526] Im Gesamtzusammenhang der Arbeit Thesen 6-9.

- *weil die positiven Effekte des eigenen (nachhaltigen) Handelns besser internalisierbar sind* (These 7),

- *weil bei den Beteiligten eine erhöhte Bereitschaft zur Verantwortungsübernahme aufgrund der besseren Erfassbarkeit und Bewertbarkeit von Entwicklungsalternativen und der Überzeugung, mit dem eigenen Handeln merkbare Wirkungen erzielen zu können, vorliegt* (These 8),

- *weil bei den Beteiligten eine emotionalen Bindung zum betreffenden Raum als Ursache für die Bereitschaft, denselben mit zu gestalten und zu erhalten, vorliegt* (These 9).

Eine systematische Ermittlung derjenigen Variablen, die ein Verhalten im Sinne der nachhaltigen Regionalentwicklung am stärksten determinieren, wie dies etwa in umweltpsychologischen Arbeiten geschieht, erforderte eine eigene sehr umfangreiche Untersuchung. Dies kann hier nicht geleistet werden.

In dieser Auswertung der empirischen Untersuchung wird ausschließlich der Frage nachgegangen werden, welche der vorgetragenen Argumente für eine Begünstigung nachhaltigen Handelns auf regionaler Ebene von Akteuren im hier vorliegenden Untersuchungsbereich (regionales Wirtschaften/Produzieren) überhaupt benannt werden oder ob gegebenenfalls noch weitere hinzukommen. Bei dem vorliegenden Untersuchungsdesign ist nur eine Prüfung von Plausibilitäten möglich, weil eine entsprechende überregional kooperierende Kontrollgruppe fehlt. Dieses Vorgehen erscheint jedoch als angemessener Weg, um differenziertere Hypothesen für folgende Untersuchungen zu gewinnen.

Die so konzipierte Untersuchung ist außerdem dazu geeignet, die in Kapitel 11 gewonnenen Erkenntnisse zu den Spielräumen für ein verständiges bzw. verantwortungsvolles Verhalten der beteiligten Akteure (insbesondere der Unternehmen) aus dem speziellen Blickwinkel der Region nochmals zu hinterfragen. Bei der Befragung wurde deshalb zunächst nach den Motiven gefragt, überhaupt zu kooperieren[527] und danach nach den Beweggründen, speziell auf regionaler Ebene zusammenzuarbeiten. Demnach gilt es also zu klären, ob durch den Regionalbezug die Befunde des Kapitel 11 hinsichtlich der überwiegend einzelwirt-

---

[527] Die Ergebnisse dieses Abschnittes der Befragung sind in Kapitel 11.5 dargestellt.

schaftlichen Motive der Unternehmen für die Teilnahme an den Kooperationen relativiert oder bestätigt werden.

Dazu ist eine getrennte Darstellung der Sicht- und Argumentationsweisen der Unternehmen auf der einen und der Initiatoren- und Trägerorganisationen der Kooperationen auf der anderen Seite erforderlich. Die getrennte Befragung von Initiatoren- und Trägerorganisationen und Unternehmen erwies sich auch für diesen Abschnitt der Untersuchung als sehr brauchbarer Ansatz, da im Hinblick auf die Determinanten der Thesen 6 – 9 von den beiden Seiten sehr unterschiedliche Gewichte gelegt wurden.

Alle *Initiatoren und Träger* stellten die Verantwortung für die regionale Entwicklung in den Vordergrund ihrer Argumentation. Einige sind überhaupt erst aufgrund solcher Überlegungen gegründet worden[528]. Zielformulierungen, die auf eine erhöhte Bereitschaft zur Verantwortungsübernahme für die regionale Entwicklung schließen lassen, waren Aussagen, wie:

• Förderung der regionalen Wirtschaft,

• Stärkung regionaler Wirtschaftskreisläufe (z.B. „dem überregionalen Angebot in Baumärkten etwas entgegensetzen"),

• Verbesserung der Lebensbedingungen in der Region,

• Verbesserung der Einkommenssituation in der Region,

• Steigerung der regionalen Wertschöpfung,

• Sicherung von Arbeitsplätzen und Schaffung neuer Arbeitsplätze,

• Wiederbelebung regionaler Stoffkreisläufe,

• Gewährung kurzer Transportwege,

• Auf- und Ausbau regionaler Vermarktungs- und Verarbeitungsstrukturen,

• Stärkung der infrastrukturellen Basisangebote,

• Bündelung der lokalen Potenziale,

---

[528] Beispielsweise die Solidargemeinschaft BRUCKER LAND e.V., der Verein für regionale Landwirtschaft Münster e.V., der Förderverein Landerlebnis Elbtalauen e.V. als Träger des Projektes Dorfhotel Buch, das Forum der Arbeit, Aachen als Träger des Projektes Elektronikschrottverwertung Aachen.

- Sicherung eines innovativen und ökologischen Zukunftsmarktes durch die Nutzung endogener regionaler Potenziale,

- Beitrag zum regionalen Strukturwandel,

- zukunftsorientierte Qualifizierung von Langzeitarbeitslosen,

- Aufbau einer regionalen ökologischen Kreislaufwirtschaft,

- Reduzierung von Abfällen und Schadstoffen,

- nachhaltige Nutzung regionaler Ressourcen (Holz, Boden usw.),

- Erhaltung des Lebensraumes.

- Steigerung des Umweltbewusstseins,

- umweltschonende Produktion,

- Erhalt der Kulturlandschaft.

Während auf die Frage, warum gerade auf regionaler Ebene agiert werde, somit die Verantwortung für die regionale Entwicklung bei den Trägern geradezu eine Standardantwort war, kamen kognitive und emotionale Aspekte nur selten zur Sprache. Nutzenaspekte im Sinne der besseren Internalisierbarkeit der positiven Effekte des eigenen Handelns wurden gar nicht genannt. Das Ergebnis hinsichtlich der kognitiven Aspekte ist nach Ansicht des Autors allerdings mit Vorsicht zu genießen, da einer Übernahme von Verantwortung das Bewusstsein für die Situation bzw. die bestehenden Probleme vorausgehen muss[529]. Es ist zu vermuten, dass Argumente, wie ‚besseres Verständnis für die komplexen Zusammenhänge' oder ‚erhöhtes Bewusstsein für die regionale Problemlage' vor allem deshalb nur selten zur Sprache kamen, weil die Befragten sozusagen schon einen Schritt weiter von der Erkenntnis zur Verantwortungsübernahme bzw. zur Handlung übergegangen sind.

Immerhin bei ca. einem Drittel der befragten Träger kamen auch emotionale Aspekte wie Zugehörigkeit zur oder Identifikation mit der Region oder regionale Identität zur Sprache. Diese Motivation wurde teilweise auf Vorgänge in der Region zurückgeführt, mit denen sich die jeweiligen Akteure identifizieren[530]. Teilweise wurde auch auf eine so

---

[529] Vgl. dazu Kapitel 7.

[530] So z.B. im Falle von frontalBau, wo man sich als Teil einer größeren ‚Nachhaltigkeitsbewegung' im Biosphärenreservat Rhön sieht.

wahrgenommene Sonderrolle innerhalb des weiteren räumlichen Umfeldes verwiesen[531].

Aus der Befragung der *Unternehmen* ergibt sich ein vollkommen anderes Bild über die Beweggründe, gerade auf regionaler Ebene zu agieren und zu kooperieren. Hier stehen eindeutig Nutzenaspekte im Vordergrund. Dabei ist der Nutzenbegriff jedoch weniger im Sinne der These 7 als Internalisierbarkeit von Umweltverbesserungen, sondern rein ökonomisch zu verstehen. Im Ergebnis der Befragung sind ökologische Motivationen (wie der Nutzen aus sauberer Luft oder weniger kontaminierten Böden) im Gegensatz zu ökonomischen Aspekten fast zu vernachlässigen. Die häufigsten Aussagen in diesem Zusammenhang waren:

• Etablierung eines neuen Marktes für die eigenen Produkte,

• Sicherung der Einkaufswege für Qualitätsprodukte,

• Schaffung einer stärkeren Position am überregionalen Markt.

Der am häufigsten angeführte Grund für das Handeln gerade auf regionaler Ebene war die Tatsache, dass durch die gemeinsame Vermarktung eines regionalen Qualitätsproduktes für die eigenen Produkte ein neuer Absatzweg etabliert werden kann, eine Marktnische geschaffen wird. Dies wirft die Frage auf, wie die regionalen Verbraucher von den Unternehmen wahrgenommen werden. Von vielen Interviewpartnern wurde das Verbraucherinteresse an regionalen Produkten als sehr hoch und das entsprechende Vermarktungspotenzial als noch nicht ausgeschöpft betrachtet. Dies bestätigen zumindest für den Lebensmittelbereich auch eine Reihe von Studien[532]. So stellt z.B. Hausladen in einer Befragung in der Region Freising fest, dass 70% der Verbraucher Obst und Gemüse aus der Region kaufen würden, wenn es ein entsprechend gekennzeichnetes Angebot gäbe[533]. Entsprechendes konnte er für Fleisch (62%), Milch (37%) und andere Agrarprodukte ermitteln. Zusätzlich stellte er bei 80% der Verbraucher eine Bereitschaft fest, für Produkte regionalen Ursprungs höhere Preise zu zahlen. Die genannten Werte lagen zwischen 15 und 25% Aufpreis. Hauser versucht in einer Befragung in Nordrhein-

---

[531] Beispielsweise Eichsfeld als katholische Enklave, Sonderrolle des Bregenzer Waldes innerhalb Vorarlbergs.

[532] Vgl. Hausladen 1998, Heiss 1996, Hauser 1994.

[533] Vgl. Hausladen 1998, 10.

Westfalen auch die Motive der Verbraucher für ihr Interesse an regionalen Produkten zu eruieren, bezieht sich aber mit Kategorien wie „Naturbelassenheit, Gesundheit, Frische" ausschließlich auf nutzenbezogene Motive und fragt nicht nach Aspekten wie der regionalen Verantwortung[534]. Somit bleibt offen, ob das zunehmende Interesse von Verbrauchern an regionalen Produkten auf die höhere Internalisierbarkeit des damit einhergehenden Nutzens, auf besseres Verständnis der Zusammenhänge in der Region oder auf verantwortungsbezogene bzw. emotionale Aspekte zurückzuführen ist. Dies könnte Gegenstand weiterer Forschungen sein.

In Kapitel 11 wurde dargestellt, dass die befragten Unternehmen als Motive für das Eingehen der Kooperationen in erster Linie ökonomische Gründe benannten. Erst als zweitrangige Argumente kamen in einigen Fällen ökologische bzw. soziale Aspekte zum Ausdruck. Ähnlich verhält es sich im Hinblick auf die Motive für das Handeln oder Kooperieren auf regionaler Ebene. Argumente, die auf ein vorhandenes Verantwortungsbewusstsein der Unternehmen für die regionale Entwicklung schließen lassen, wurden, wenn überhaupt, fast immer erst auf gezieltes Nachfragen durch die Interviewer, nachdem die oben dargestellten Nutzenaspekte bereits benannt waren, zum Ausdruck gebracht. In diesen Fällen wurden dann sehr ähnliche Ziele benannt wie bei den Trägern:

- Erhalt des Lebensraums,

- Erhalt der natürlichen Umwelt,

- Förderung regionaler Arbeits- und Ausbildungsplätze,

- Erhöhung der regionalen Kaufkraft,

- Unterstützung einer regionalen Kreislaufwirtschaft.

Somit sind auch in diesem Teil der Untersuchung deutliche Unterschiede zwischen den Motivationen von Trägern und Unternehmen erkennbar. Die Ergebnisse korrespondieren mit denen des Kapitels 11, wo bereits festgestellt wurde, dass die eher gemeinwohlorientierten und regionalentwicklungsbezogenen Ziele von den Initiatoren- und Trägerorganisationen verfolgt werden und die Unternehmen eher einzelwirtschaftliche Motive in den Vordergrund stellen. Das entscheidende Beschleuni-

---

[534] Vgl. Hauser 1994, 152ff.

gungspotenzial für das Zustandekommen von produktionsbezogenen Unternehmenskooperationen mit Nachhaltigkeitszielen auf der regionalen Handlungsebene scheint jedoch zu sein, dass genau diese beiden Konstellationen zusammenpassen und für die Umsetzung einer nachhaltigen Entwicklung nutzbar gemacht werden können. Auf regionaler Ebene finden sich Akteure, die die notwendigen Initiatoren- und Trägerorganisationen gründen und gleichzeitig in der Lage sind, Unternehmen von einer Teilnahme zu überzeugen. Dies wiederum wird erleichtert dadurch, dass die Unternehmen Perspektiven für die Umsetzung ihrer einzelwirtschaftlichen Ziele sehen.

Im Hinblick auf die Thesen 6 – 9 ergibt sich somit ein nach Akteuren zu differenzierendes Bild. Während insbesondere die Thesen 8 und 9[535] das Verhalten der Initiatoren und Träger der regionalen Unternehmenskooperationen recht gut erklären können, trifft auf die Unternehmen allenfalls – jedoch mit großen Abstrichen – These 9 zu. Um ihre Mitwirkung an den regionalen Unternehmenskooperationen zu erklären, wäre folgende zusätzliche These zu formulieren:

Die Zugehörigkeit der Unternehmen zu einer gemeinsamen Region begünstigt das Zustandekommen von produktionsbezogenen Unternehmenskooperationen, weil sie im Markt für regionale Produkte ein neues Marktsegment erkennen, das für sie eine günstige Unternehmensentwicklung verspricht.

12.2 Region und Kooperation

Der zweite Argumentationsstrang im Hinblick auf die Handlungsebene Region und die daraus abgeleitete These 10 beziehen sich auf die günstigen Bedingungen auf regionaler Ebene, um Vertrauen zwischen den (potenziellen) Kooperationspartnern als wesentlichem Faktor für das Zustandekommen und den Erfolg von Unternehmenskooperationen zu generieren. Dies wurde begründet mit gemeinsamen Werthaltungen, den gemeinsamen institutionellen Ordnungsstrukturen sowie den besseren

---

[535] These 6 trifft nur durch die oben beschriebene indirekte Wirkung zu.

Möglichkeiten für Face-to-Face Kontakte und identitätsstiftende Aktionen zwischen den jeweiligen Akteuren.

Aus diesen Überlegungen war als These abgeleitet worden, dass *die Zugehörigkeit der Beteiligten zu einer gemeinsamen Region das Zustandekommen von produktionsbezogenen Unternehmenskooperationen, die zur nachhaltigen Entwicklung beitragen, begünstigt, weil der Aufbau des notwendigen Vertrauens zwischen den Kooperationspartnern auf regionaler Ebene leichter möglich ist* (These 10).

Die Untersuchung der Kooperationsinitiativen konnte die Plausibiltät der These in mehrfacher Hinsicht bekräftigen. Das Eingehen bzw. Vermitteln von Unternehmenskooperationen wird vor allem dadurch erleichtert, dass sich ein Großteil der (potenziellen) Partner bereits bekannt ist. Die Unternehmen sind insbesondere auf horizontaler Ebene oft durch Verbands- oder Vermarktungsaktivitäten (Innungen, Handwerkskammern, Genossenschaften) miteinander bekannt. Bei vertikalen Kooperationen kennen sich die Beteiligten beispielsweise von früheren Geschäftskontakten[536]. Die Träger und Initiatoren sind in vielen Fällen (z.B. Rottaler Holzhaus, Käsestrasse Bregenzer Wald) genaue Kenner der jeweiligen regionalen Branchen, wissen sehr gut welche Schlüsselpersonen im Vorfeld der Kooperationsgründung anzusprechen und mit ins Boot zu holen sind. Von fast allen Befragten wurde diese Kenntnis der ‚regionalen Szene' und die bereits bestehenden persönlichen Kontakte zwischen vielen Beteiligten als wesentliche Faktoren für das Zustandekommen der Kooperationen eingestuft. Dies korrespondiert mit dem in Kapitel 7 dargestellten Argument, dass es aufgrund eines gemeinsamen regionalen und vor allem institutionellen Hintergrunds weniger wahrscheinlich ist, dass Kooperationspartner unerwartete Praktiken an den Tag legen und gewährtes Vertrauen missbrauchen.

Diese bestehenden Vorteile für das Zustandekommen von regionalen Kooperationen werden in vielen Fällen durch gemeinsame identitätsstiftende Aktionen wie Feste, große Produktpräsentationen mit Präsenz wesentlicher regionaler und überregionaler Funktionsträger noch untermauert. Die hohe Bedeutung derartiger Aktionen für das Gelingen der Zusammenarbeit und den Aufbau von Vertrauen wurde von mehreren

[536] So z.B. im Falle von frontalBau, wo die späteren Kooperationspartner teilweise auf den gleichen Baustellen arbeiteten.

Gesprächspartnern (z.B. Käsestraße Bregenzerwald, BRUCKER LAND Ernährung, Agenda 21 Haus) besonders betont. Darüberhinaus wurden von vielen Initiativen auch ganz praktische Argumente als Vorzüge der regionalen Handlungsebene genannt. So sei die Kontaktpflege zwischen den Partnern und eine schnelle Absprache im Falle von Problemen oder Unstimmigkeiten wesentlich leichter möglich. Je enger die Kooperationsbeziehungen und je komplexer deren Struktur, je mehr Personen an wichtigen Entscheidungen mitwirken müssen, desto höher scheint die Notwendigkeit häufiger Face-to-face Kontakte zu sein. Die hier dargestellten Argumente führen nicht zwangsweise zu einer Notwendigkeit eines Handelns auf regionaler Ebene. Dennoch scheinen auf regionaler Ebene günstige Bedingungen für einen raschen Aufbau von Vertrauen und persönlichen Beziehungen als Grundlage für das Zustandekommen und das Gelingen von Unternehmenskooperationen gegeben zu sein.

12.3 Zusammenfassung

Die Region ist eine von mehreren räumlichen Handlungsebenen, auf denen die Umsetzung einer nachhaltigen Entwicklung angegangen werden kann. Während es theoretisch und empirisch sehr schwierig erscheint die ökonomischen, ökologischen und sozialen Wohlfahrtseffekte einer Regionalisierung des Wirtschaftens mit denen einer überregionalen Orientierung zu vergleichen und zu vertrauenswürdigen Ergebnissen zu kommen[537], konnten im Hinblick auf die Realisierbarkeit, d.h. das tatsächliche Angehen von Projekten einer nachhaltigen Entwicklung, Argumente erarbeitet und empirisch auf ihre Plausibilität geprüft werden, die die Bedeutung der regionalen Handlungsebene unterstreichen. Es deutet einiges darauf hin, dass die Zugehörigkeit der Beteiligten zu einer Region das Zustandekommen von produktionsbezogenen Unternehmenskooperationen, die zur nachhaltigen Entwicklung beitragen, begünstigt. Dies geschieht unter folgenden Bedingungen:

• *wenn die Region durch schon bestehende persönliche Kontakte, bereits gemeinsam genutzte institutionelle settings und die Möglichkeit*

---

[537] Vgl. dazu Kapitel 7.1.

häufiger Face-to-face Kontakte ein Umfeld bietet, das den Aufbau von Vertrauen zwischen den (potenziellen) Kooperationspartnern erleichtert,

• *wenn Unternehmen im Markt für regionale Produkte ein neues Marktsegment erkennen, das für sie eine günstige Unternehmensentwicklung verspricht,*

• *wenn sich in der Region Träger und Initiatoren für Unternehmenskooperationen finden, die auf Grund von Verantwortungsgefühl für die Entwicklung ihrer Region sowie emotionaler Nähe zu ihrer Heimat ein solches Engagement entwickeln.*

Ein Verantwortungsgefühl für die regionale Entwicklung bei den Unternehmen kann das Zustandekommen zusätzlich begünstigen, ist jedoch keine notwendige Bedingung. Nach der vorliegenden empirischen Untersuchung scheint dies als Motivation für unternehmerisches Handeln ohnehin eher die Ausnahme zu sein.

Die Plausibilität der These 10 wurde somit durch die Untersuchung gestützt. Im Hinblick auf These 6 – 9 zeigt sich ein differenziertes Bild: Die Initiatoren- und Trägerorganisationen gehen die Kooperationsbemühungen in der Regel auf Grund eines Verantwortungsgefühls für die regionale Entwicklung und in einigen Fällen emotionalen Gründen (Identifikation mit der Region als Heimat) an. Damit haben sich im Hinblick auf die Träger die Thesen 8 und 9 bestätigt. Für die Thesen 6 und 7 fanden sich dagegen eher weniger Anhaltspunkte. Für die Unternehmen bestätigte sich keine der Thesen 6 – 9. Statt dessen wurde eine neue These eingeführt. Denn die Unternehmen führten als Hauptargument für die regionale Kooperation die Möglichkeit an, auf diese Weise für ihre Produkte einen neuen Absatzweg, ein neues Marktsegment erschließen zu können. Dieses Ergebnis bestätigt den Befund aus Kapitel 11, dass Unternehmen in den untersuchten Projekten trotz des Eingehens von Kooperationen – die insgesamt einen Beitrag zu einer nachhaltigen Regionalentwicklung leisten – selbst weiterhin unter dem Zwang stehen, zunächst ihre einzelwirtschaftlichen Ziele im Blick zu haben. Auch wenn mit Unternehmen aus der gleichen Region kooperiert wird, bleiben gemeinwohlorientierte Ziele und Handlungen zweitrangig. Der Beitrag der Unternehmenskooperationen zu einer nachhaltigen Regionalentwicklung kommt in erster Linie durch die Arbeit der Initiatoren- und Trägerorganisationen zustande, die es durch eine geschickte Kombination der geeigneten Akteure schaffen, mit der Gesamtinitiative einen Beitrag zu einer nachhaltigen Regionalentwicklung zu realisieren.

Zusammenfassung und Ausblick

Ausgangspunkt dieser Arbeit waren die folgenden Überlegungen: Es gibt eine Fülle von Handlungsoptionen für Unternehmen, die zu einer nachhaltigen Regionalentwicklung beitragen wollen. Dennoch ist die Umsetzung nachhaltiger Regionalentwicklung gerade unter Mitwirkung von Unternehmen noch nicht sehr weit fortgeschritten. Dafür gibt es zwei denkbare Begründungen: Zum einen ist es möglich, dass Unternehmen an einer Umsetzung nachhaltiger Regionalentwicklung schlichtweg kein Interesse haben. Zum anderen kann es sein, dass sie auf Grund bestimmter bestehender Rahmenbedingungen nicht in der Lage sind, die Handlungsoptionen zu nutzen. In der vorliegenden Untersuchung interessierten solche Unternehmen, die dennoch versuchen, Beiträge zur Umsetzung einer nachhaltiger Regionalentwicklung zu leisten. Dabei wurde von der Beobachtung ausgegangen, dass in solchen Fällen sehr oft die Kooperation zwischen Unternehmen einer Region eine Rolle spielt. In diesem Zusammenhang wird die erste der eben genannten Begründungen für die schleppende Umsetzung nachhaltiger Entwicklung obsolet[538]. Die zweite tritt in den Vordergrund. Im Focus der vorliegenden Untersuchung stand deshalb die Frage nach dem Zusammenhang zwischen regionaler Unternehmenskooperation und nachhaltiger Regionalentwicklung. Offensichtlich ist regionale Unternehmenskooperation in der Lage, auf die bestehenden ungünstigen Rahmenbedingungen bzw. Barrieren für die Umsetzung nachhaltiger Regionalentwicklung positiv einzuwirken. Vor diesem Hintergrund wurden 15 produktionsbezogene[539] regionale Unternehmenskooperationen im Hinblick auf die folgenden Fragestellungen untersucht:

---

[538] Das heisst nicht, dass sie falsch ist, sondern dass sie für die hier untersuchten Unternehmen keine Gültigkeit besitzt.

[539] Zur Frage der Eingrenzung auf produktionsbezogene Unternehmenskooperationen vgl. Kapitel 3 und 5.

- Leisten existierende produktionsbezogene regionale Unternehmenskooperationen tatsächlich einen Beitrag zur nachhaltigen Regionalentwicklung?

- Ist die Tatsache, dass in existierenden Projekten, die einen Beitrag zur
  nachhaltigen Regionalentwicklung leisten, von den beteiligten Unternehmen regional kooperiert wird, eine Ursache dafür, dass Ziele der
  Nachhaltigkeit erreicht werden?

- Welches sind die Bedingungen dafür, dass diese Kooperationen auf
  regionaler Ebene zustande kommen bzw. zur nachhaltigen Regionalentwicklung beitragen?

Will man das Ergebnis zusammenfassen, lässt sich die folgende Aussage
treffen:
  Produktionsbezogene Unternehmenskooperation kann Barrieren gegen
die Umsetzung einer nachhaltigen Regionalentwicklung überwinden. Ein
Agieren auf regionaler Ebene begünstigt das Zustandekommen der Kooperation und ihren Beitrag zur nachhaltigen Entwicklung.
  Um zu diesem Ergebnis zu gelangen, konnte als erster wichtiger Zwi-
schenschritt gezeigt werden, dass es produktionsbezogene regionale
Unternehmenskooperationen gibt, die einen Beitrag zu nachhaltiger
Regionalentwicklung leisten. Die Unternehmenskooperation wirkt dabei
auf unterschiedliche Art und Weise auf bestehende Barrieren für die Umsetzung einer nachhaltigen Regionalentwicklung. Sie trägt zu einer
nachhaltigen Regionalentwicklung bei,

- indem sie durch gemeinsame Vermarktungsaktionen für nachhaltige
  Produkte, die in der Regel auf gemeinsam definierten Produktqualitätskriterien basieren, zum Abbau von Informationsdefiziten im Hinblick auf diese Produkte bei den Verbrauchern führt,
oder

- indem sie durch eine Zusammenarbeit mit neutralen Kontrollinstanzen
  oder etablierten Glaubwürdigkeitsträgern die Glaubwürdigkeit
  hinsichtlich der Einhaltung selbstgesteckter sozialer und/oder ökologischer Produktqualitätskriterien erhöht,
oder

- indem sie durch die Ausnutzung von Größenvorteilen und Komplementaritätseffekten sowie die Verringerung von Risiken die Markt-

position der beteiligten Unternehmen stärkt und somit Spielräume für eine nachhaltige Produktionsweise schafft, jedoch nicht zu einer marktbeherrschenden Position der Unternehmenskooperation führt, oder

• indem sie durch die Vereinbarung gemeinsamer ökologischer und/oder sozialer Produktionsstandards, zu einer Internalisierung von externen Effekten führt. Durch die Kooperation können die Rahmenbedingungen von (Teil-) Märkten verändert werden, oder

• indem sie durch eine längerfristige Sicherung von Zulieferung bzw. Abnahme die Umsetzung von Innovationen im Sinne einer nachhaltigen Entwicklung ermöglicht, bei denen das Risiko für ein einzelnes Unternehmen aufgrund notwendiger partnerspezifischer Investitionen zu hoch wäre.

Ferner ist festzuhalten, dass auf regionaler Ebene günstige Voraussetzungen für ein Zustandekommen produktionsbezogener Unternehmenskooperationen bestehen. Auch für einen Beitrag zu einer nachhaltigen Regionalentwicklung existieren auf dieser Handlungsebene gute Bedingungen. Die Zugehörigkeit der Beteiligten zu einer gemeinsamen Region begünstigt das Zustandekommen von produktionsbezogenen Unternehmenskooperationen, die zur nachhaltigen Entwicklung beitragen,

• wenn die Region durch schon bestehende persönliche Kontakte, bereits gemeinsam genutzte institutionelle settings und die Möglichkeit häufiger Face-to-face Kontakte ein Umfeld bietet, das den Aufbau von Vertrauen zwischen den (potenziellen) Kooperationspartnern erleichtert,

• wenn regionale Unternehmen im Markt für regionale Produkte ein neues Marktsegment erkennen, das für sie eine günstige Unternehmensentwicklung verspricht,

• wenn sich in der Region Träger und Initiatoren für Unternehmenskooperationen finden, die auf Grund von Verantwortungsgefühl für die Entwicklung ihrer Region sowie emotionaler Nähe zu ihrer Heimat ein solches Engagement entwickeln.

Ein Verantwortungsgefühl für die regionale Entwicklung bei den Unternehmen kann das Zustandekommen zusätzlich begünstigen, ist jedoch

keine notwendige Bedingung. Nach der vorliegenden empirischen Untersuchung scheint dies als Motivation für unternehmerisches Handeln
ohnehin eher die Ausnahme zu sein.

Den Initiatoren- und Trägerorganisationen[540] kommt somit in zwei-
facher Hinsicht eine Schlüsselrolle zu: Sie übernehmen in der Mehrzahl
der untersuchten Unternehmenskooperationen einerseits die Rolle der
Initiatoren, Vermittler und Antreiber für die Kooperation. Dies spiegelt
sich wider in ihrer tragenden Rolle bei der Partnersuche und -auswahl,
bei der Moderation und der Begleitung des Prozesses. Zum anderen sind
sie in der Regel entscheidend dafür verantwortlich, dass mit den
Unternehmenskooperationen ein Beitrag zu einer nachhaltigen Regionalentwicklung geleistet wird. In der Mehrheit der Fälle sind es die Ini-
tiatoren- und Trägerorganisationen, die sicherstellen, dass mit der Kooperation dieses Ziel angestrebt und realisiert wird. Es gelingt ihnen, regionale Unternehmen so miteinander zu kombinieren, dass diese einerseits ihre einzelwirtschaftlichen Ziele verwirklichen können und gleichzeitig im jeweiligen Gesamtprojekt ein Beitrag der Kooperation zu einer
nachhaltigen Regionalentwicklung erreicht wird.

Die These, dass produktionsbezogene Unternehmenskooperation zu
nachhaltiger Regionalentwicklung beiträgt, indem sie für die beteiligten
Unternehmen Spielräume schafft, ihr Verhalten nicht mehr zuerst an
einzelwirtschaftlich ökonomischen Zielen auszurichten, sondern am
(ökonomischen, ökologischen und sozialen) Gemeinwohl, konnte in dieser Untersuchung nicht bestätigt werden. Vielmehr überwiegen bei den
befragten Unternehmen weiter einzelwirtschaftliche Zielsetzungen.
Aussagen, die auf ein Verantwortungsbewusstsein für die (nachhaltige)
Entwicklung der Region schließen lassen, wurden, wenn überhaupt, erst
in zweiter Linie gemacht. Dennoch konnte bei den untersuchten Unternehmenskooperationen ein Beitrag zu einer nachhaltigen Regionalentwicklung festgestellt werden. Entscheidend für diesen Beitrag scheint
bei den untersuchten Unternehmenskooperationen deshalb weniger, dass
Unternehmen von ‚Egoisten' zu ‚Altruisten' werden, sondern, dass es in

---

[540] Als Initiatoren- und Trägerorganisationen fungieren in den untersuchten Kooperationen sehr unterschiedliche, zum Teil bereits seit längerem existierende, zum
Teil für diesen Zweck neu gegründete Organisationen mit staatlichem, kirchlichem,
wissenschaftlichem oder NGO- Hintergrund. Auch die Strukturen, Aufgabenspektren und die Einbindungen in die Gesamtinitiative sind sehr unterschiedlich
(vgl. dazu genauer Kapitel 10).

der Region überhaupt Personen oder Organisationen gibt, die aus einer verantwortlichen Haltung heraus Engagement in Form der Initiierung und Begleitung von Unternehmenskooperationen entwickeln.

Welche Bedeutung haben diese Befunde für die Regionalpolitik?

Im Laufe der Arbeit wurde mehrmals deutlich, wie schwer sich die Politik im allgemeinen[541] und die Regionalpolitik im besonderen[542] mit der Förderung einer nachhaltigen Entwicklung tut. Dies beruht zum einen auf der Befürchtung, im internationalen Standortwettbewerb die Bedingungen für Unternehmen in der eigenen Nation oder Region zu verschlechtern. Für die Regionalpolitik wurde darüber hinaus gezeigt, dass viele Programmverantwortliche davor zurückschrecken, durch zusätzliche Nachhaltigkeitskriterien die ohnehin bereits hohen Ansprüche an die Antragsteller in der regionalen Strukturförderung noch zu verschärfen. Andererseits haben Unternehmen, die sich in ihren jeweiligen Märkten behaupten müssen, oftmals kaum Spielräume, ihre Produktion in Richtung Nachhaltigkeit zu verändern. Spielräume existieren nur dort, wo sich die Mengen ökonomisch, ökologisch und sozial rationaler Handlungen überschneiden[543]. Aufgabe einer Wirtschafts- und Regionalpolitik im Sinne einer nachhaltigen Entwicklung ist es, diese Schnittmenge zu erweitern. Wenn aber die Unternehmen auf staatliche Maßnahmen zur Förderung einer nachhaltigen Entwicklung beispielsweise in Form von Ökosteuern oder einer Subvention nachhaltiger Produkte und Produktionsweisen warten, die Verantwortlichen jedoch vor derartigen Maßnahmen zurückschrecken, ergibt sich eine Pattsituation. Ins Blickfeld rücken damit Überlegungen, wie diese aufzulösen ist.

Produktionsbezogene regionale Unternehmenskooperationen scheinen ein Weg zu sein, solche Blockaden aufzubrechen. Sie tragen dazu bei, wesentliche Barrieren für eine Umsetzung von nachhaltiger Regionalentwicklung zu überwinden. Auf regionaler Ebene sind zudem einige günstige Konditionen für das Zustandekommen solcher Initiativen vorzufinden. Die wesentliche Rolle spielt dabei zunächst einmal nicht der

---

[541] Insbesondere bei der Einführung einer wirksamen Umweltpolitik im Sinne von Ökosteuern, Umweltzertifikaten etc. (vgl. dazu Kapitel 6.4).

[542] Vgl. dazu v.a. Kapitel 2.2.3.

[543] Vgl. dazu die Ausführungen zum Schnittmengenmanagement in Kapitel 2.3.2.

Staat, sondern verantwortungsbewusste regionale Akteure mit verschiedensten Hintergründen, die solche Unternehmenskooperationen initiieren und vorantreiben[544].

Dennoch kann die Regionalpolitik hier nicht aus der Verantwortung entlassen werden. Produktionsbezogene regionale Unternehmenskooperationen mit Nachhaltigkeitsanspruch stellen trotz einer Reihe vorfindbarer Beispiele immer noch Pilotprojekte dar. Wo sie verwirklicht werden, ist oft ein überdurchschnittliches Maß an ehrenamtlichem Engagement damit verbunden. Die Regionalpolitik kann an einer festen Etablierung und Verbreitung derartiger Ansätze mitwirken. Die herausragende Rolle der Initiatoren- und Trägerorganisationen für die Initiierung und Durchführung von produktionsbezogenen regionalen Unternehmenskooperationen legt dabei eine Konzentration der Förderpolitik auf diese Organisationen nahe.

Dazu müsste zunächst der Blickwinkel regionaler Strukturförderung im Hinblick auf die geförderten Akteursgruppen erweitert werden. Derzeit werden in der Regel Unternehmen und (kommunale) Gebietskörperschaften gefördert. Im Zusammenhang mit der Förderung regionaler Unternehmenskooperationen müssten auch Organisationen wie Umweltverbände oder kirchliche Träger förderfähig werden. Als Fördertatbestände könnte dabei an die folgenden Aspekte gedacht werden:

- Initiierung produktionsbezogener regionaler Unternehmenskooperationen: Die Suche, Auswahl und vor allem Überzeugung der Unternehmen ist oft eine aufwendige Angelegenheit. Hierbei könnten Träger, die ein überzeugendes Konzept[545] vorlegen können, unterstützt werden.

- Gerade in der Anfangsphase könnte eine professionelle externe Moderation und Begleitung die Träger entlasten und zu einer gesteigerten

---

[544] Dies ist kein Widerspruch zu der Tatsache, dass es auch bei den Initiatoren- und Trägerorganisationen verwaltungsinterne oder verwaltungsnahe Organisationen gibt. Diese arbeiten nicht mit typisch staatlichen Instrumenten, sondern initiieren, moderieren und begleiten die Unternehmenskooperationen wie die anderen Initiatoren- und Trägerorganisationen auch.

[545] Dabei könnte beispielsweise insbesondere darauf geachtet werden, ob sich das jeweilige Konzept inhaltlich auf die hier identifizierten Barrieren für die stärkere Umsetzung einer nachhaltigen Regionalentwicklung bezieht.

Effektivität im Hinblick auf die oftmals zeitraubenden Einigungsprozesse führen.

- Bei der Auswertung der Untersuchung im Hinblick auf die Strukturen und Organisationsformen der Kooperationen zeigte sich, dass es in der Praxis eine Vielfalt unterschiedlicher Konstruktionen produktionsbezogener regionaler Unternehmenskooperationen gibt. Ein Muster im Sinne der Nutzung bestimmter Strukturen für bestimmte Aufgaben war nicht zu erkennen. Je nach Zweck, Bindungsgrad und Teilnehmerzahl werden zum Teil aufwendige Rechtskonstruktionen implementiert. Wichtig erscheint in diesem Zusammenhang eine Rechts- und Organisationsberatung, die auf die speziellen Probleme derartiger Unternehmenskooperationen eingehen kann. Auch diese könnte als Fördertatbestand definiert werden.

Mit der vorliegenden Arbeit konnte ein Beitrag zum besseren Verständnis des Zusammenhangs zwischen produktionsbezogener regionaler Unternehmenskooperation und nachhaltiger Regionalentwicklung geleistet werden. Insbesondere die Identifikation der Initiatoren- und Trägerorgansationen als zentrale Akteure in solchen Kooperationen ist ein wichtiger Schritt zur Ausgestaltung einer entsprechenden Regionalpolitik. Dennoch ist diese Arbeit nur ein Einstieg in dieses Forschungsfeld.

Die Ergebnisse können in mehrerer Hinsicht vertieft und ergänzt werden.
Auf Grundlage der hier erarbeiteten Typisierung regionaler Unternehmenskooperationen in produktionsbezogene und umfeldorientierte Ansätze sowie der an einer kleinen Stichprobe überprüften und weiterentwickelten Thesen zum Zusammenhang zwischen produktionsbezogener regionaler Unternehmenskooperation und nachhaltiger Regionalentwicklung könnte eine ähnlich gelagerte Untersuchung mit einer wesentlich größeren Fallzahl die Befunde dieser Arbeit auf eine breitere empirische Basis stellen. Dabei könnte auch nochmals versucht werden, den Untersuchungsbereich um weitere Branchen insbesondere aus Industrie und Dienstleistung zu erweitern[546]. Ein Vergleich mit solchen Unternehmenskooperationen, deren Zielsetzungen nicht auf eine nachhaltige

---

[546] In Kapitel 8.2 wurde dazu bereits dargestellt, dass die Entwicklung produktionsbezogener regionaler Unternehmenskooperationen rasch fortschreitet und Anlass zu der Vermutung besteht, dass sich eine Auswahl solcher Kooperationen inzwischen auch auf diese Wirtschaftsbereiche ausdehnen lassen dürfte.

Regionalentwicklung ausgerichtet sind, könnte zusätzlich dazu beitragen, die speziellen Charakteristika von Unternehmenskooperation mit Beitrag zur nachhaltigen Regionalentwicklung schärfer herauszuarbeiten.

Im Vordergrund der vorliegenden Arbeit standen die Möglichkeiten, mit Hilfe regionaler Unternehmenskooperation einen Beitrag zu nachhaltiger Regionalentwicklung zu leisten. Für einen Einstieg in das Forschungsfeld war dieses Vorgehen legitim. Denn hätte sich ergeben, dass regionale Unternehmenskooperation keinen Beitrag zur Umsetzung einer nachhaltigen Regionalentwicklung zu leisten vermag, wäre auch eine Betrachtung ihrer Grenzen überflüssig. Ist eine Verbreiterung derartiger Ansätze jedoch gewünscht – und die Ergebnisse dieser Arbeit legen das nahe – sollten in einem nächsten Schritt die Grenzen beider Aspekte – Unternehmenskooperation und Regionalisierung des Wirtschaftens – vertieft behandelt werden. Sie wurden in der Arbeit aus Kapazitätsgründen nur kurz angesprochen[547]. Dennoch wurde für beide Aspekte bereits klar, dass es jeweils Punkte gibt, an denen die positiven Wirkungen auf eine nachhaltige Entwicklung in negative umschlagen können. Bei der Frage nach einer ‚optimalen Regionalisierung‘ mangelt es bislang an einem operationalen Konzept. Forschungsbedarf besteht insbesondere auch hinsichtlich der ökologischen Wirkungen einer verstärkten Unternehmenskooperation und der Regionalisierung des Wirtschaftens[548].

In Kapitel 5 wurde bereits auf mehrere Fragen im Zusammenhang mit produktionsbezogener regionaler Unternehmenskooperation und nachhaltiger Regionalentwicklung hingewiesen, die im Rahmen dieser Arbeit nicht vertieft wurden und somit als Forschungsbereiche für weitere Untersuchungen in Frage kommen. Dabei ging es um einen Vergleich von Strukturen und Organisationsformen produktionsbezogener regionaler Unternehmenskooperationen sowie die Untersuchung von Stabilitätsbedingungen und Erfolgsfaktoren derselben. Insbesondere die Dringlichkeit des Themas ‚Strukturen und Organisationsformen‘ hat sich in Kapitel 10 bestätigt, in dem eine Vielfalt an zum Teil höchstkomplizierten Konstruktionen für die Organisation produktionsbezogener re-

---

[547] Zu den Grenzen von Unternehmenskooperation vgl. Kapitel 6.2, zu denen der Regionalisierung des Wirtschaftens vgl. Kapitel 7.1.

[548] Bei beiden besteht im Falle einer Verbreiterung regionaler Unternehmenskooperation zumindest die Gefahr der Verschwendung (ökologischer) Ressourcen (vgl. Kapitel 7.1).

gionaler Unternehmenskooperationen festgestellt wurde. Die offensichtlich in der Praxis bestehende Unsicherheit über geeignete Strukturen und Organisations- sowie Rechtsformen scheint in erster Linie aus der Kombination eher gemeinwohlorientierter Ziele (der Träger) mit einzelwirtschaftlichen Zielen und Handlungen (der Unternehmen) zu entstehen.

Hier könnte auf der Basis organisationstheoretischer, betriebswirtschaftlicher sowie rechtswissenschaftlicher Erkenntnisse sicherlich eine Auswertung der Erfahrungen mit verschiedenen Lösungswegen weiterhelfen.

Ein weiteres Forschungsfeld entsteht aus dem Ergebnis der vorliegenden Arbeit, dass bei den untersuchten Kooperationen für die beteiligten Unternehmen ein Spielraum für ein stärker gemeinwohlorientiertes Verhalten und eine entsprechende Zielsetzung offensichtlich nicht entsteht oder dieser zumindest kaum genutzt wird. In der Literatur werden Bedingungen genannt, unter denen ein solcher Spielraum dennoch entstehen könnte[549]. Dabei werden zum einen eine bestimmte Dauer der Kooperationsbeziehungen und zum anderen eine stärkere Verbreitung der Kooperation als durchgängiges Prinzip des Wirtschaftens als förderlich gesehen. Eine Untersuchung dieser Thesen wäre beispielsweise möglich, wenn Kooperationen mit unterschiedlicher Existenzdauer systematisch miteinander verglichen würden und Unternehmen, die einen Großteil ihrer Transaktionen innerhalb von Kooperationen abwickeln, im Hinblick auf diese Fragestellung untersucht würden.

Die vorliegende Arbeit konzentrierte sich auf produktionsbezogene Unternehmenskooperation. Umfeldorientierte Ansätze wurden bei der Entwicklung der Thesen und bei der empirischen Untersuchung ausgeklammert. Dies wurde damit begründet, dass der Stand der Forschung in diesem Bereich bereits weiter entwickelt ist. Andererseits sind gerade im Hinblick auf die Teilnahme von Unternehmen an kooperativen regionalen Entwicklungsprozessen noch einige Fragen offen[550]. Mit dem Nutzen, aber vor allem auch der moralischen Verpflichtung, sich an gesellschaftspolitischen Diskursen[551] zu beteiligen, beschäftigen sich in erster Linie sogenannte stakeholder-Ansätze[552]. Lohnenswert erscheint der Ver-

---

[549] Vgl. dazu auch Kapitel 11.6, insbesondere die Ausführungen von Elsner 1998, Freimuth/Elfers 1992.

[550] Vgl. dazu Kapitel 4.

[551] Zunächst ohne räumlichen Bezug.

[552] Vgl. Kapitel 2.3 und 4.

such einer Anwendung dieser Ansätze auch auf kooperative regionale
Entwicklungsprozesse.

Verzeichnis der Abbildungen und Tabellen

Abbildungen

Tabellen

Literaturverzeichnis

Adam, B. 1997: Wege zu einer nachhaltigen Regionalentwicklung. Raumplanerische Handlungsspielräume durch regionale Kommunikations- und Kooperationsprozesse. In: Raumforschung und Raumordnung, 55, S. 137-141.

Adam, B. 1998: Regionen der Zukunft: Ein raumordnerischer Wettbewerb zur Unterstützung einer nachhaltigen Entwicklung. In: BBR (Hg.) 1998, S. 5-18.

Adam, B./ Wiechmann, T. (Hg.) 1999: Neue Formen regionaler Kooperation für eine nachhaltige Entwicklung – diskutiert am Beispiel des Bundeswettbewerbs ,Regionen der Zukunft' (=IÖR Texte 121). Institut für ökologische Raumentwicklung, Dresden.

Aijzen, I. 1985: From intentions to actions: a theory of planned behaviour. In: Kuhl, J./ Beckmann, J. (Hg.) 1985, S. 11-39.

Aijzen, I. 1991: The theory of planned behaviour. In: Organizational Behaviour and Human Decision Processes, 50, S. 179-211.

Ajzen, I./ Fishbein, M. (1980): Understanding attitudes and predicting social behaviour. Englewood Cliffs, New York.

Albrecht, W. 1997: Regionalinitiative der Landkreise Torgau-Oschatz und Döbeln. In: ARL (Hg.) 1997a, S. 137-141.

Altvater, E. 1987: Sachzwang Weltmarkt. Verschuldungskrise, blockierte Industrialisierung, ökologische Gefährdung – der Fall Brasilien. Hamburg.

Ammon, U./ Becke, G./ Peter, G. 1997: Unternehmenskooperation und Mitarbeiterbeteiligung. Eine Chance für ökologische und soziale Innovationen. Münster.

Ankele, K. 1998: Vom einzelbetrieblichen Umweltmanagement zum Stoffstrommanagement. In: Fichter/Clausen (Hg.) 1998, S. 245-254.

Arbeitsgemeinschaft bäuerliche Landwirtschaft (Hg.) 1997: Leitfaden zur Regionalentwicklung. Rheda-Wiedenbrück.

ARL (Akademie für Raumforschung und Landesplanung) (Hrsg.) 1994: Dauerhafte, umweltgerechte Raumentwicklung (= ARL-Arbeitsmaterialien, 212). Hannover.

ARL (Hg.) 1996: Zukunftsaufgabe Regionalplanung. Wissenschaftliche Plenarsitzung 1995 in Chemnitz (= ARL-Arbeitsmaterialien, 221). Hannover.

ARL (Hg.) 1997a: Regionale Entwicklungskonzepte und Städtenetze. Von der Regionalplanung zur Regionalentwicklung (= ARL-Arbeitsmaterialien, 235). Hannover.

ARL (Hg.) 1997b: Stand, Probleme und Entwicklungen der Regionalplanung und der regionalen Kooperation (= ARL-Arbeitsmaterialen, 240). Hannover.

ARL (Hg.) 1998: Nachhaltige Raumentwicklung. Szenarien und Perspektiven für Berlin-Brandenburg. Hannover.

Aronsson, T./ Johansson, P.-O./ Löfgren, K.-G. 1997: Welfare measurement, sustainability and green national accounting. A growth theoretical approach. Cheltenham, UK.

Aulinger, A. 1996: (Ko-)Operation Ökologie: Kooperationen im Rahmen ökologischer Unternehmenspolitik (= Diss.). Marburg.

Aulinger, A. 1998: Kooperationen. Vereinbarungen mit Vertrauen und Selbstbindung. In: Mayer-Ries (Hg.) 1998b, S. 83-95.

Ax, Ch. 1997: Das Handwerk der Zukunft. Leitbilder für ein nachhaltiges Wirtschaften. Basel.

Axelrod, R. 1987: Die Evolution der Kooperation. München.

Bachmann, R. 1997: Kooperation und Vertrauen in zwischenbetrieblichen Beziehungen. In: Hradil (Hg.) 1997, S. 255-270.

Balling, R. 1997: Kooperation. Strategische Allianzen, Netzwerke, Joint-Ventures und andere Organisationsformen zwischenbetrieblicher Zusammenarbeit in Theorie und Praxis. Frankfurt am Main.

Bamberg, S. 1999: Umweltschonendes Verhalten. Eine Frage der Moral oder der richtigen Anreize? In: Zeitschift für Sozialpsychologie, 30, S. 57-76.

Bartel, R. 1994a: Allgemeine Grundlagen der Umweltpolitik. In: Bartel/ Hackl (Hg.) 1994, S. 3-32.

Bartel, R. 1994b: Hauptinstrumente der Umweltpolitik und ihre Wirkungen. In: Bartel/ Hackl (Hg.) 1994, S. 33-60.

Bartel, R./ Hackl, F. (Hg.) 1994: Einführung in die Umweltpolitik. München.

Bartmann, H. 1996: Umweltökonmie - ökologische Ökonomie. Stuttgart, Berlin, Köln.

Baumgarten, C. 1998: Unternehmenskooperation. Eine Betrachtung aus der Perspektive der Führung. München.

Baumgartner, C./Röhrer, C. 1998: Nachhaltigkeit im Tourismus. Umsetzungsperspektiven auf regionaler Ebene. Wien.

Bayerisches Staatsministerium für Landesentwicklung und Umweltfragen (Hg.) 1998: Der zukunftsbewußte Landkreis. Leitfaden für eine nachhaltige Entwicklung. München.

 BBR (Bundesamt für Bauwesen und Raumordnung) (Hg.) 1998: Regionen der Zukunft regionale Agenden für eine nachhaltige Raum- und Siedlungsentwicklung. Wettbewerbszeitung Nr. 1 (= Werkstatt: Praxis, 7). Bonn.

BBR (Hg.) 1999: Modellvorhaben „Städtenetze". Neue Konzeptionen der interkommunalen Kooperation. Bonn.

Beckenbach, F. (Hg.) 1992: Die ökologische Herausforderung für die ökonomische Theorie. Marburg.

Becker, C./ Job, H./ Witzel, A. 1996: Tourismus und nachhaltige Entwicklung. Grundlagen und praktische Ansätze für den mitteleuropäischen Raum. Darmstadt.

Beckerman, W. 1994: Sustainable Development: is it a useful concept? In: Environmental Values, 4, S. 191-209.

Beckerman, W. 1995: How would you like your „Sustainability", Sir? Weak or Strong? A Reply to my Critics. In: Environmental Values, 4, S. 169-179.

Beuermann, G./ Halfmann, M. 1998: Zwischenbetriebliche Entsorgungskooperationen aus transaktionskostentheoretischer Sicht. In: UmweltWirtschaftsForum, 6, S. 72-77.

Bhagwati, J. 1994: Ein Plädoyer für den freien Handel, in: Spektrum der Wissenschaft, Januar 94, S. 34-39.

Biesecker, A. 1996: Kooperation, Netzwerk, Selbstorganisation Prinzpien für eine faire und vorsorgende Ökonomie In: Biesecker/ Grenzdörffer (Hg.) 1996, S. 9-21.

Biesecker, A. 1998: Shareholder, stakeholder and beyond. Auf dem Weg zu einer Vorsorgenden Wirtschaftsweise. In: Biesecker/ Elsner/ Grenzdörffer, (Hg.) 1998, S. 58-91.

Biesecker, A./ Grenzdörffer, K. (Hg.) 1996: Kooperation, Netzwerk, Selbsorganisation. Elemente demokratischen Wirtschaftens (= Ökonomie und soziales Handeln, 2). Pfaffenweiler.

Biesecker, A./ Elsner, W./ Grenzdörffer, K. (Hg.) 1998: Ökonomie der Betroffenen und Mitwirkenden: Erweiterte Stakeholder-Prozesse. Pfaffenweiler.

Birnstiel, D. 1994: Public Private Partnership als Kooperationsstrategie In: Zeitschrift für Gemeinwirtschaft, H. 4, S. 41-51.

Bischoff, A./ Selle, K./ Sinning, H. 1995: Informieren, Beteiligen, Kooperieren. Kommunikation in Planungsprozessen Eine Übersicht zu Formen, Verfahren, Methoden und Techniken (= kip Kommunikation im Planungsprozeß, 1). Dortmund.

Blaffert, S./ Claussen, W./ Kneisel, E./ Kneisel, R. 1994: Strategien lokaler und regionaler Ökonomien. Beispiele und Perspektiven. In: RaumPlanung 65, S. 101-104.

Bleischwitz, R. 1998: Ressourcenproduktivität. Innovationen für Umwelt und Beschäftigung. Berlin, Heidelberg, New York.

Bleischwitz, R./ Schütze, H. 1993: Unser trügerischer Wohlstand. Wuppertal-Institut. Wuppertal

Blotevogel, H. H. 1996: Auf dem Wege zu einer ‚Theorie der Regionalität': Die Region als Forschungsobjekt der Geographie. In: Brunn (Hg.) 1996, S. 44-68.

BMU   Bundesministerium für Umwelt, Naturschutz und Reaktorsicherheit (Hg.) 1992: Umweltpolitik. Konferenz der Vereinten Nationen für Umwelt und Entwicklung im Juni in Rio de Janeiro. Agenda 21. Bonn.

Böning, J. 1995: Ökobilanzierung – ein neues Werkzeug für Controller's Tool-Bag? In: controller magazin 4/95, S. 215-218.

Borchert, M. 1987: Außenwirtschaftslehre. Theorie und Praxis. Wiesbaden.

Born, M. 1997: Indikatoren zur nachhaltigen Entwicklung. Konzepte, Prizipien, Kriterien (=econtur-Positionen 1). Bremen.

Brent, R.J. (1990): Project Appraisal for Developing Countries. Washington Square, New York.

Bringezu, S. 1997: Umweltpolitik. Grundlagen, Strategien und Ansätze ökologisch zukunftsfähigen Wirtschaftens. München.

Brink, Ben ten 1991: The AMOEBA approach as a useful tool for establishing sustainable development? In: Kuik/ Verbruggen (Hg.) 1991, S. 71-87.

Brockhaus, M. 1996: Gesellschaftsorientierte Kooperationen im ökologischen Kontext: Perspektiven für eine dynamisches Umweltlmanagement. Wiesbaden.

Brösse, U. 1994: Dauerhafte, umweltgerechte Entwicklung. In: ARL (Hg.) 1994, S. 24-68.

Bronder, C. 1993a: Kooperationsmanagement. Unternehmensdynamik durch Strategische Allianzen. Frankfurt, New York.

Bronder, C. 1993b: Was einer Kooperation den Erfolg sichert. In: Harvard Business Manager, H. 1, S. 20-27.

Bronder, C./ Pritzl, R. (Hg.) 1992: Wegweiser für strategische Allianzen. Meilen- und Stolpersteine bei Kooperationen. Frankfurt/M.

Brown, L.R. (Hg.) 1992: World Watch Istitute Report. Zur Lage der Welt – 1992. Frankfurt/M.

Bruch-Krumbein, W./ Gutberger, J./ Kollros, H. 1995: Wirtschaftsnahe Kooperationen zur Erschließung von Innovationspotentialen in den Regionen Lüneburg und Südostniedersachsen (= Schriftenreihe des Instituts für Regionalforschung e.V., H. 10/1995). Göttingen.

Brückmann, T./ Kell, T./ Kremberg, B./ Totzke, R. 1998: Nachhaltige Entwicklung im ländlichen Raum. Herausgegeben von GRÜNE LIGA e.V. Berlin.

Brugger, E. A. 1984: ‚Endogene Entwicklung'. Ein Konzept zwischen Utopie und Realität. In: Informationen zur Raumentwicklung 1-2, 1984, S. 1-19.

Brunn, G. (Hg.) 1996: Region und Regionsbildung in Europa. Konzeptionen der Forschung und empirische Befunde. Baden-Baden.

Bruns, H. 1995: Neoklassische Ökonomie auf Irrwegen. Eine exemplarische Untersuchung der neoklassischen Methode und ihrer geistesgeschichtlichen Hintergründe. Marburg.

Bruns, H. 1998: Das Konzept der nachhaltigen Entwicklung. Begriff und Indikatorfrage. In: ARL (Hg.) 1998, S. 51-68.

BUND/ Misereor (Hg.) 1996: Zukunftsfähiges Deutschland. Ein Beitrag zu einer global nachhaltigen Entwicklung. Basel, Boston, Berlin.

Busch-Lüty, C. 1992: Nachhaltigkeit als Leitbild des Wirtschaftens. In: Politische Ökologie, Sonderheft 4, S. 6-12.

Busch-Lüty, C. 1994: Ökonomie als Lebenswissenschaft. Der Paradigmenwechsel zum Nachhaltigkeitsprinzip als wissenschaftstheoretische Herausforderung. In: Busch-Lüty/ Jochimsen/ Knobloch/ Seidl (Hg.) 1994, S. 12-17.

Busch-Lüty, C. 1995: Welche politische Kultur braucht nachhaltiges Wirtschaften? „Vater Staat" in der Umweltverträglichkeitsprüfung. In: Dürr/ Gottwald, (Hg.) 1995, S. 177-201.

Busch-Lüty, C./ Jochimsen, M./ Knobloch, U./ Seidl, I. (Hg.) 1994: Vorsorgendes Wirtschaften. Frauen auf dem Weg zu einer Ökonomie der Nachhaltigkeit (=Politische Ökologie. Sonderheft 6). München.

Carroll, A.B. 1989: Business and society, ethics and stakeholder management. Boston, Toronto.

Caspari, A./ Dörhage, W. (Hg.) 1990: Beschäftigung für die Region. Arbeitsmärkte im Strukturwandel. Berlin.

Chahoud, T./ Massarat, M./ Mayer, J. (Hg.) 1994: Internationaler Handel im Zeichen nachhaltiger Entwicklung. Die Politik Deutschlands und der Europäischen Union auf dem Prüfstand. (= Loccumer Protokolle 30/94). Loccum.

Clausen, J./ Mathes, M. 1998: Ziele für das nachhaltige Unternehmen. In: Fichter/ Clausen (Hg.) 1998, S. 27-44.

Cobb, C. 1991: Der ,Index of Sustainable Economic Welfare' oder: Hat die Wohlfahrt in der Gesellschaft wirklich zugenommen? In: Diefenbacher/ Habicht-Erenler (Hg.) 1991, S. 61-72.

Colletis, G./ Pecqueur, B. 1994: Die französische Diskussion über die Industriediestrikte. In: Krumbein, W. (Hg.) 1994, S. 5-22.

Coote, B. 1994: Der UnFaire Handel. Die Dritte Welt in der Handelsfalle und mögliche Auswege. Stuttgart.

Costanza, R./ Cumberland, J./ Daly, H./ Goodland, R./ Norgaard, R. 1997: An introduction to Ecological Economics. Boca Raton, Florida.

Cuny, R.C./ Stauder, J. 1993: Lokale und regionale Netzwerke. In: Wirtschaftsdienst, H. III, S. 150-157.

Daly, H.E. 1992: Allocation, Distribution and Scale. Towards an Economics that is efficient, just and sustainable. In: Ecological Economics 1992, Vol. 6. S. 185-193.

Daly, H.E. 1994: Die Gefahren des freien Handels. In: Spektrum der Wissenschaft 1/1994, S. 40-46.

Daly, H.E. 1995a: Ökologische Ökonomie: Konzepte, Fragen, Folgerungen. In: Jahrbuch Ökologie 1995, S. 147-160.

Daly, H.E. 1995b: On Wilfried Beckerman's critique of Sustainable Development. In: Environmental Values, 4, S. 49-55.

Daly, H./ Cobb, J. 1989: For the common good. Redirecting the economy toward community, the environment, and a sustainable future. Boston.

Daly, H.E./ Goodland, R. 1994: An Ecological-Economic Assessment of Deregulation of International Commerce under Gatt. In: Ecological Economics 1994, Vol. 9, S. 73-92.

Danielzcyk, T./ Deppe, H. C./ Mose, I. (Hg.) 1998: Von der eigenständigen zur nachhaltigen Regionalentwicklung (= Econtur-Positionen, 5). Bremen.

Demmler, H. 1992: Grundlagen der Mikroökonomie. München.

Dicks, U./ Gaitsch, R./ Sauerborn, K./ Tischer, M./ Witzel, A. 1997: Projekte und Initiativen Nachhaltiger Regionalentwicklung in Rheinland Pfalz (= TAURUS-Materialien, 2). Trier.

Diefenbacher, H./ Habicht-Ernler, S. (Hg.) 1991: Wachstum und Wohlstand. Neuere Konzepte zur Erfassung der Sozial- und Umweltverträglichkeit. (=Ökologie und Wirtschaftsforschung. 3). Marburg.

Diefenbacher, H./ Karcher, H./ Stahmer, C./ Teichert, V. 1997: Nachhaltige Wirtschaftsentwicklung im regionalen Bereich. Ein System von ökologischen, ökonomischen und sozialen Indikatoren. (= Texte und Materialien der Forschungsstätte der Evangelischen Studiengemeinschaft. Reihe A. 42) Heidelberg.

Diekmann, A./ Franzen, A. (Hg.) 1995: Kooperatives Umwelthandeln. Modelle, Erfahrungen, Massnahmen. Chur.

Dörsam, P./ Icks, A. 1997: Vom Einzelunternehmen zum regionalen Netzwerk: Eine Option für mittelständische Unternehmen (= Schriften zur Mittelstandsforschung, 75). Stuttgart.

Dreher, P. 1998: Abfallwirtschaft und Umwelt. Bonn.

Dürr, H.P./ Gottwald, F.-T. (Hg.) 1995: Umweltverträgliches Wirtschaften. Denkanstöße und Strategien für eine ökologisch nachhaltige Zukunftsgestaltung. Münster.

DVL (Deutscher Verband für Landschaftspflege) 1998: Verzeichnis der Regionalinitiativen. 230 Beispiele zur nachhaltigen Entwicklung. Ansbach.

Dyllick, T. 1989: Management der Umweltbeziehungen Öffentliche Auseinandersetzung als Herausforderung. Wiesbaden.

Dyllick, T./ Belz, F./ Schneidewind, U. 1997: Ökologie und Wettbewerbsfähigkeit. München, Wien.

Eastern Scotland European Partnership 1998: Consultative report. The sustainable developement project. Halbeath Dunfermline.

Eblinghaus, H./ Stickler, A. 1996: Nachhaltigkeit und Macht. Zur Kritik von Sustainable Development. Frankfurt/M.

Eckey, H.-F. 1978: Grundlagen der regionalen Strukturpolitik: Eine problemorientierte Einführung. Köln.

ECOTEC 1997: Encouraging sustainable development through objective 2 programmes: Guidance for programme managers. Birmingham, Brussels.

Eisele, J. 1995: Erfolgsfaktoren des Joint Venture-Management. Wiesbaden.

Ekins, P. 1991: A Strategy for Global Environmental Development. In: Development, No. 2/91, S. 65-72.

El-Serafy, S. 1996: In Defence of Weak Sustainability: a Response to Beckerman. In: Environmental Values, 5, S. 75-81.

Elsner, W. 1998: Kooperative Strukturentwicklung als Stakeholder-Modell. Mit Schlußfolgerungen für ein Konzept regionaler Strukturpolitik. In: Biesekker, A./ Elsner, W./ Grenzdörffer, K. (Hg.) 1998, S. 92-117.

Endres, A. 1994: Umweltökonomie. Eine Einführung. Darmstadt.

Endres, A./ Radke, V. 1998: Indikatoren einer nachhaltigen Entwicklung. Elemente ihrer wirtschaftstheoretischen Fundierung (= Volkswirtschaftliche Schriften, 479). Berlin.

Enquête-Kommission ‚Schutz des Menschen und der Umwelt' des Deutschen
    Bundestages (Hg.) 1994: Die Industriegesellschaft gestalten – Perspekti-
    ven für einen nachhaltigen Umgang mit Stoff- und Materialströmen.
    Bonn.

Enquête-Kommission ‚Schutz des Menschen und der Umwelt' des Deutschen
    Bundestages (Hg.) 1998: Konzept Nachhaltigkeit – Vom Leitbild zur
    Umsetzung. Bonn.

Ertel, M. 1997: Volkswirtschaftliche Analyse der Potentiale und Probleme des
    Instrumentes Umweltzeichen für eine Steigerung des Absatzes ökolo-
    gisch orientierter Textilien (= Diplomarbeit). Trier.

Eser, T.W. 1996: Ökonomische Theorie der Subsidarität und Evaluation der
    Regionalpolitik. Ableitung eines Beurteilungskonzeptes und dessen An-
    wendung auf die institutionellen Strukturen Englands und Deutschlands
    von der EU bis zur kommunalen Ebene. Baden-Baden.

Europäische Kommission 1992: Fünftes Umweltaktionsprogramm. Für eine
    dauerhafte und umweltgerechte Entwicklung. Brüssel.

Europäische Kommission 1996: Bericht über die Konferenz über die Evaluie-
    rung der europäischen Regionalpolitik am 16. November 1996 in Brüssel.
    Brüssel.

Falk, R. 1994: Globale Apartheid oder neue soziale Strategie. Marburg.

Fichter, K. 1998: Schritte zum nachhaltigen Unternehmen Anforderungen und
    strategische Ansatzpunkte. In: Fichter/ Clausen (Hg.) 1998, S. 3-26.

Fichter, K./ Clausen, J. (Hg.) 1998: Schritte zum nachhaltigen Unternehmen.
    Zukunftsweisende Praxiskonzepte des Umweltmanagements. Berlin.

Fischer, D. 1997: Eine Methode zum Sparen – Ökologisches Stoffstrommana-
    gement. In: UnternehmensGrün (Hg.) 1997, S. 95 – 100.

Fontanari, M.L. 1996: Kooperationsgestaltungsprozesse in Theorie und Praxis.
    Modelltheoretische Implikationen (= Diss.). Berlin.

Franz, H. 1997: Städteverbund Saalebogen. Konflikte oder Konsens. In: ARL
    (Hg.) 1997b, S. 58-70.

Franzen, A. 1997: Umweltsoziologie und Rational Choice. Das Beispiel Ver-
    kehrsmittelwahl. In: Zeitschrift für Umweltpsychologie, 1, S. 40-51.

Freeman, R.E. 1983: Stategic management the stakeholder approach. In:
    Advances in Strategic Management, H. 1, S. 31-60.

Freimann, J. 1990: Ökologische Unternehmenspolitik. Orientierungen, Mög-
    lichkeiten, Instrumente (= Diskussionsschrift, 38 der Gesamthochschule
    Kassel, FB Wirtschaftswissenschaften). Kassel.

Freimuth, J./ Elfers, L. 1992: Warum sollte man zusammenarbeiten? Zur Logik und Ethik von Kooperation. In: Organisationsentwicklung, H. 2, S. 35-43.

Frey, B. 1990: Ökonomie ist Sozialwissenschaft. München.

Friebel, M. 1997: Wege zum nachhaltig wirtschaftenden Unternehmen. In: UnternehmensGrün (Hg.) 1997, S. 75-94.

Fritsch, M./ Wein, T./ Ewers, H.-J. 1996: Marktversagen und Wirtschaftspolitik. Mikroökonomische Grundlagen staatlichen Handelns. München.

Fritz, P./ Huber, J./ Levi, H.W. (Hg.) 1995: Nachhaltigkeit in naturwissenschaftlicher und sozialwissenschaftlicher Perspektive. Stuttgart.

Führ, M. 1994: Proaktives unternehmerisches Handeln Unverzichtbarer Beitrag zum präventiven Stoffstrommanagement. In: Zeitschrift für Umweltpolitik und Umweltrecht, H. 4, S. 445-472.

Fürst, D. 1994: Regionalkonferenzen zwischen offenen Netzwerken und fester Institutionalisierung. In: Raumforschung und Raumordnung, 52, S. 184-192.

Fürst, D. 1998: Herausforderungen für zukunftsfähige Regionen nachhaltige Entwicklung und Kooperation. In: Mayer-Ries (Hg.) 1998a, S. 161-167.

Fürst, D./ Kilper, H. (Hg.) 1993: Effektivität intermediärer Organisation für den regionalen Strukturwandel. Dokumentation der Tagung am 18.06.1993 im Institut Arbeit und Technik in Gelsenkirchen. Gelsenkirchen.

Fürst, D./ Schubert, H. 1998: Regionale Akteursnetzwerke. Zur Rolle von Netzwerken in regionalen Umstrukturierungsprozessen. In: Raumforschung und Raumordnung, H. 5/6, S. 352-361.

Gahl, A. 1991: Die Konzeption strategischer Allianzen. Berlin.

Ganser, K. 1991: Die Strategie der IBA Emscher Park. In: Garten und Landschaft, H. 10, S. 13-15.

Ganser, K./ Siebel, W./ Sieverts, T. 1993: Die Planungsstrategie der IBA Emscher Park. Eine Annäherung. In: RaumPlanung, H. 61, S. 112-118.

Genosko, J. 1996: Netzwerke, innovative Milieus und Globalisierung einige Anmerkungen zu einer regionalökonomischen Diskussion. Ingolstadt.

Gerken, L./ Renner, A. 1996: Nachhaltigkeit durch Wettbewerb (= Wirtschaftswissenschaftliche und wirtschaftsrechtliche Untersuchungen , 35). Tübingen.

Götzelmann, F. 1992: Umweltschutzinduzierte Kooperation der Unternehmung. Anlässe, Typen und Gestaltungsmerkmale. Frankfurt am Main.

Gornig, M./Toepel, K. 1998: Evaluierung wettbewerbsorientierter Fördermo-
delle. Das Regionalprogramm für strukturschwache ländliche Räume in
Schleswig-Holstein. (=DIW, Sonderheft 166). Berlin

Grabher, G. (Hg.) 1993: The embedded firm. On the socioeconomics of industrial networks. London, New York.

Granovetter, M. 1985: Economic action and social structures: The problem of
embeddedness. In: American Journal of Sociology, 91, S. 481-510.

Grießhammer, R. (Hg.) 1992: Produktlinienanalysen und Ökobilanzen. Öko-Institut. Freiburg.

Grießhammer, R./ Eberle, U./ Gensch, C.-O./ Strubel, V. 1995: Ökologische
Produktentwicklung und Produkteinführung mit Ökobilanzen und Ak-
teurskooperationen. Öko-Institut. Freiburg.

GSF 1999: Innovative Ansätze zur Stärkung der regionalen Ökonomie. Abstract
Band zum Kick-Off-Meeting. München.

Haber, W. 1992: Ansätze einer Umorientierung. In: Politische Ökologie 1992,
Sonderheft 4, S. 13-20.

Hagemeister, S. 1988: Innovation und innovatorische Kooperation von Unternehmen als Instrumente der regionalen Entwicklung (= Diss). München.

Hahne, U. 1984: Ökologische Regionalentwicklung. Anmerkungen zu einer endogenen Entwicklung aus regionalökonomischer Sicht. In: Informationen
zur Raumentwicklung, H. 1/2, S. 53-62.

Hahne, U. 1991: Ökonomie und Eigenständige Regionalentwicklung. In: Con-
traste, 1/91, S. 1.

Hahne, U./ Stackelberg, K. von 1994: Regionale Entwicklungstheorien. Konkurrierende Ansätze zur Erklärung der wirtschaftlichen Entwicklung in
Regionen (= EURES discussion paper, 39). Freiburg.

Hakansson, H. 1989: Corporate technological behaviour – co-operation and
networks. London.

Hamm, B. 1996: Struktur moderner Gesellschaften. Ökologische Soziologie 1.
Opladen.

Hamm, B. 1999: Ökologie und die Zukunft der Stadt. In: Jahrbuch Ökologie
1999, S. 37-47. München.

Hamm, B./ Neumann, I. 1996: Siedlungs-, Umwelt- und Planungssoziologie.
Ökologische Soziologie 2. Opladen.

Hansen, U./ Raabe, T./ Dombrowsky, B 1995: Die Gestaltung des Konsum-
güter-Recycling als strategische Netzwerke. In: UmweltWirtschafts-
Forum, H. 3, S. 62-69.

Hansjürgens, B. 1994: Erfolgsbedingungen für Kooperationslösungen in der Umweltpolitik. In: Wirtschaftsdienst, H. I, S. 35-42.

Harrison, K.R. 1988: Strategic alliances and partner asymmetries. In: Management International Review, Special Issue, S. 53-73.

Hartmann, P. 1994: Beziehungen zwischen Staat und Wirtschaft: unter besonderer Berücksichtigung neuartiger Kooperationsformen im Bereich der regionalen und kommunalen Wirtschaftspolitik (=Diss.). Baden-Baden.

Hatzfeld, U./ Kahnert, R. 1993: Kooperation ist schwieriger als Konkurrenz. In: RaumPlanung, H. 63, S. 257-262.

Hauff, V. (Hg.) 1987: Unsere gemeinsame Zukunft. Bericht der Weltkommisson für Umwelt und Entwicklung. Greven.

Haury, S. 1989: Grundzüge einer ökonomischen Theorie lateraler Kooperation (= Diss.). St. Gallen.

Hauser, A. 1994: Verbraucherpräferenzen für Nahrungsmittel aus der näheren Umgebung. Analyse einer Repräsentativbefragung bei nordrhein-westfälischen Verbrauchern. Pinneberg-Waldenau.

Hausladen, H. 1998: Verbraucherpräferenzen für Nahrungsmittel aus der Region. Ergebnisse einer Verbraucherbefragung im Landkreis Freising. Freising.

Heinze, R.G./ Voelzkow, H. (Hg.) 1997: Regionalisierung der Strukturpolitik in Nordrhein-Westfalen. Opladen.

Heiss, C. 1996: Verbraucherakzeptanz regional vermarkteter Nahrungsmittel eine empirische Untersuchung am Beispiel BRUCKER LAND. München.

Hellenbrandt, S./ Rubik, F. (Hg.) 1994: Produkt und Umwelt: Anforderungen, Instrumente und Ziele einer ökologischen Produktpolitik. Marburg.

Hellstern, G.-M./ Wollmann, H. 1983: Evaluierungsforschung. Ansätze und Methoden dargestellt am Beispiel des Städtebaus. (= Stadtforschung aktuell. 7) Basel, Boston, Stuttgart

Hellstern, G.-M./ Wollmann, H. 1984: Evaluierung und Evaluierungsforschung ein Entwicklungsbericht. In: Hellstern/ Wollmann (Hg.) 1984a, S. 17-93.

Hellstern, G.-M./ Wollmann, H. (Hg.) 1984a: Handbuch zur Evaluierungsforschung. Band 1. (= Schriften des Zentralinstituts für sozialwissenschaftliche Forschung der FU Berlin. 35) Opladen.

Henckel, H./ Knieling, J. 1994: Neue Akteure regionaler Selbstorganisation in ländlichen Räumen am Beispiel des Verdener Vereins für Eigenständige Regionalentwicklung. Hannover.

Hessische Akademie der Forschung und Planung im ländlichen Raum (Hg.) 1996: Ländliche Regionalentwicklung. Herausforderung an die Politik für die ländlichen Räume (= Schriften der Hessischen Akademie der Forschung und Planung im ländlichen Raum, 14). Bad Karlshafen.

Hey, C./ Schleicher-Tappeser, R. 1998: Nachhaltigkeit trotz Globalisierung. Handlungsspielräume auf regionaler, nationaler und europäischer Ebene. Berlin, Heidelberg, New York.

Hilbert, J./ Kleinaltenkamp, M./ Nordhause-Janz, J./ Widmaier, B. (Hg.) 1991: Neue Kooperationsformen in der Wirtschaft. Können Konkurrenten Partner werden? Opladen.

Hildyard, N. 1993: Foxes in Charge of the Chickens. In: Sachs (Hg.) 1993, S. 22-35.

Hinterberger, F./ Luks, F./ Stewen, M. 1996: Ökologische Wirtschaftspolitik. Zwischen Ökodiktatur und Umweltkatastrophe. Berlin, Basel, Boston.

Hofer, K./ Stalder, U. 1998: Regionale Produktorganisationen in der Schweiz: Situationsanalyse und Typisierung. Bern.

Hofmeister, S. 1998: Von der Abfallwirtschaft zur ökologischen Stoffwirtschaft. Wege zu einer Ökonomie der Reproduktion. Opladen.

Höll, O. (Hg.) 1994: Environmental cooperation in Europe. The political dimension. Wien.

Horsch, H./ Ring, I. 1999: Naturressourcenschutz und wirtschaftliche Entwicklung. Nachhaltige Wasserbewirtschaftung und Landnutzung im Elbeeinzugsgebiet. Leipzig.

Houldin, M. 1998: Neue Konzepte im Umwelt-Auditing. In: Fichter/ Clausen (Hg.) 1998, S. 127-140.

Hradil, S. (Hg.) 1997: Differenz und Integration. Die Zukunft moderner Gesellschaften. Frankfurt am Main.

HSFK (Hessische Stiftung für Friedens- und Konfliktforschung) 1977: Aus dem Dag Hammerskjöld-Bericht 1975. Teil II: Plädoyer für eine neue internationale Ordnung. In: HSFK (Hg.) 1977a, S. 161-200.

HSFK (Hessische Stiftung für Friedens- und Konfliktforschung) (Hg.) 1977a: Friedensanalysen für Theorie und Praxis 4. Schwerpunkt: Friedensbewegung. Frankfurt am Main.

 Hübler, K.-H. 1999: F+E Vorhaben: Weiterentwicklung und Präzisierung des Leitbildes der nachhaltigen Entwicklung in der Regionalplabnung und regionalen Entwicklungskonzepten. Zusammenfassung. Institut für Management in der Umweltplanung der TU Berlin. Berlin

Hunecke, M./ Blöbaum, A./ Matthies, E./ Höger, R. 1996: Verantwortung und Umweltverhalten. (=Bericht Nr. 47/1996 Fakultät für Psychologie, Ruhr-Universität Bochum). Bochum.

I.C.L.E.I. (Internationale Council for Local Environmental Initiatives) 1995: European local agenda 21 planning guide. How to engage in long-term environmental action planning towards sustainability. Brussels.

Jacobs, M. 1995: Sustainable Development, Capital Substitution and Economic Humility: A Response to Beckerman. In: Environmental Values, 4, S. 57-68.

Jänicke, M. 1986: Staatsversagen. Die Ohnmacht der Politik in der Industriegesellschaft. München, Zürich.

Jänicke, M. 1994: Ökologisch tragfähige Entwicklung. Kriterien und Steuerungsansätze ökologischer Ressourcenpolitik.(= Schriftenreihe des Zentrums für Europäische Studien der Uni Trier, Band 15). Trier.

Jänicke, M. 1998: Umweltpolitik: vom reaktiven zum strategischen Ansatz. In: Politische Bildung, 31, S. 7-23.

Janssen, D./ Schubert, K. (Hg.) 1995: Netzwerke und Politikproduktion. Konzepte, Methoden, Perspektiven. Marburg.

Janssen, D./ Schubert, K. 1995: Netzwerkanalyse, Netzwerkforschung und Politikproduktion: Ansätze zur ,cross-fertilization'. In: Janssen, D./ Schubert, K. (Hg.) 1995, S. 9-23.

Jasper, U. 1997a: BRUCKER LAND Solidargemeinschaft. Alle in einem Boot und es fährt. In: Arbeitsgemeinschaft bäuerliche Landwirtschaft (Hg.) 1997, S. 43-67.

Jasper, U. 1997b: BRUCKER LAND. Mit Getreide fing es an. In: Arbeitsgemeinschaft bäuerliche Landwirtschaft (Hg.) 1997, S. 255-268.

Jasper, U. 1997c: BRUCKER LAND und die Supermärkte. In: Arbeitsgemeinschaft bäuerliche Landwirtschaft (Hg.) 1997, S. 316-322.

Kaas, K.P. 1991: Marktinformationen: Screening und Signaling unter Partnern und Rivalen. In: Zeitschrift für Betriebswirtschaft, 61, S. 357-370.

Kaas, K.P. 1992: Marketing für umweltfreundliche Produkte. Ein Ausweg aus den Dilemmata der Umweltpolitik? In: Die Betriebswirtschaft, 52, S. 473-487.

Kals, E./ Montada, L./ Becker, R./ Ittner, H. 1998: Verantwortung für den Schutz von Allmenden. In: GAIA 7, No. 4, S. 296-303.

Kals, E./ Schumacher, D./ Montada, L. 1999: Emotional affinity toward nature as a motivational basis to protect nature. In: Environment and Behaviour, H. 31, S. 178-202.

Kanatschnig, D./ Fischbacher, C./ Schmutz, P. 1999: Regionalisierte Raumentwicklung Möglichkeiten zur Umsetzung einer nachhaltigen Raumentwicklung auf regionaler Ebene. Wien.

Karg, L./ Schindelmann, P. 1998: Die BRUCKER LAND Solidargemeinschaft. In: Mayer-Ries (Hg.) 1998a, S. 247-255.

Karrasch, P. 1996: Nachhaltige Regionalentwicklung die Landkreise Torgau-Oschatz und Döbeln im Aufbruch. In: Raumforschung und Raumordnung, 54, S. 154-158.

Kaufmann, F. 1993: Internationalisierung durch Kooperation. Strategien für mittelständische Unternehmen. Wiesbaden.

Kieser, K. et al. (Hg.) 1995: Handwörterbuch der Führung. Stuttgart.

Kilper, H. 1993: Verfahrensinnovation in der Politikgestaltung: IBA Emscher Park Modell? In: Fürst, D./ Kilper, H. (Hg.) 1993, S. 52-62.

Klanke, B. 1995: Kooperation als Instrument der strategischen Unternehmensführung. Analyse und Gestaltung dargestellt am Beispiel von Kooperationen zwischen Wettbewerbern (= Diss.). Münster.

Klee, G./ Kirchmann, A. 1998: Stärkung regionaler Wirtschaftspotentiale. Bestandsaufnahme und Analyse innovativer Kooperationsprojekte. Tübingen.

Kleine-Limberg, W./ Trescher, U. 1993: Theorie und Praxis eigenständiger Regionalentwicklung. Hannover.

Klemmer, P. 1994: Sustainable Development. Die wirtschafts- und gesellschaftspolitische Perspektive. Ressourcen- und Umweltschutz um jeden Preis? In: ARL 1994 (Hg.), S. 188-213.

Klemmer, P. 1995: Ecological Economics – Ökonomieverträglichkeit einer Stoffpolitik. In: IÖW/VÖW Informationsdienst 5-6/95, S. 7-9.

Klostermann, J.E.M./ Tukker, A. (Hg.) 1998: Product innovation and eco-efficiency. Twenty-three industry efforts to reach the factor 4. Dordrecht, Boston, London.

Knaus, A./ Renn, O. (Hg.) 1998: Den Gipfel vor Augen. Unterwegs in eine nachhaltige Zukunft. Marburg.

Knieling, J. 1994: Intermediäre Organisationen und kooperative Regionalentwicklung. Am Beispiel des FORUMs für den ländlichen Raum e.V. Initiative zur Förderung der regionalen Entwicklung in Nordhessen. In: Raumforschung und Raumordnung, 52, S. 116-126.

Knoke, D./ Kuklinski, J. 1982: Network analysis. Beverly Hills, London.

Köhn, J./ Welfens, M.J. (Hg.) 1996: Neue Ansätze in der Umweltökonomie (=Ökologie und Wirtschaftsforschung, 22). Marburg.

Kohn, A. 1989: Mit vereinten Kräften. Warum Kooperation der Konkurrenz überlegen ist. Weinheim.

König, W./ Müller, K./ Lüttgens, A. 1994: Grenzüberschreitende Handwerkskooperationen. Fallstudien im Kontext des Europäischen Binnenmarktes. Göttingen.

Krähling, H. 1994: Die Bedeutung von Produkt-Ökobilanzen in betrieblichen Entscheidungsprozessen. In: Hellenbrandt/ Rubik (Hg.) 1994, S. 137-150.

Krebs, C./ Reiche, D. 1998: Vier Typen, drei Optionen. Die ökologische Steuerreform im gesellschaftlichen Diskurs der Bundesrepublik ein historischer Abriß. In: Politische Ökologie, H. 54, S. 24-27.

Krolwijk, J. v./ Wieken-Mayser, M. (Hg.) 1975: Techniken der empirischen Sozialforschung. München.

Kromrey, H. 1991: Empirische Sozialforschung. Modelle und Methoden der Datenerhebung und Datenauswertung. Opladen.

Krotscheck, C./ Narodoslawsky, M. 1996: The Sustainable Process Index. A new dimension in ecological evaluation. Ecological Engineering, 6, S. 241-258.

Krumbein, W. (Hg.) 1994: Ökonomische und politische Netzwerke in der Region. Beiträge aus der internationalen Debatte. Hamburg, Münster.

Krumbein, W./ Friese, C./ Hellmer, F./ Kollros, H. 1994: Industrial districts und „Normalregionen". Überlegungen zu den Ausgangspunkten einer zeitgemäßen Wirtschaftsförderpolitik. In: Krumbein, W. (Hg.) 1994, S. 153-186.

Kruse, K 1992: Wer ist zuviel auf der Erde? In: ZEIT-Schriften 1/ 1992. Ein Gipfel für die Erde. Nach Rio: Die Zukunft des Planeten. S. 23-29.

Kuhn, S./ Zimmermann, M. 1996: Lokale Agenda 21 für zukunftsbeständige Stadtentwicklung. In: Informationen zur Raumentwicklung, H. 2/3, S. 153-172.

Kuhn, T. 1993: Ethik der gestaltbaren Zahlen. Leitideen für eine moderne unternehmerische Verantwortung in der ökologischen Krise. Stuttgart.

Kuik, O./ Verbruggen, H. (Hg.) 1991: In search of indicators for sustainable development. (=Environment & Management. 1) Dordrecht.

Laufs, P. 1998: Umweltpolitik. Konzeption und Umsetzung. Berlin.

Lautenbach, S./ Steger, U./ Weihrauch, P. 1992: Freiwillige Kooperationslösungen im Umweltschutz. Ergebnisse eines Gutachtens und Workshops. Köln.

Leitschuh-Fecht, H. 1998: Zukunftsfähige Unternehmenspolitik in Hessen. Fallstudien in 10 hessischen Unternehmen. Endbericht an das Hessische Ministerium für Wirtschaft, Verkehr und Landesentwicklung Wiesbaden.

LfU (Landesanstalt für Umweltschutz Baden-Württemberg) 1995: Handbuch Abfall 1. Allgemeine Kreislauf- und Rückstandswirtschaft, Intelligente Produktionsweisen und Nutzungskonzepte. Karlsruhe.

Loibl, M.C./ Egger-Rolling, E./ Bertsch, E. 1996: PRO-net. Datenbank interdisziplinärer Kommunal- und Regionalprojekte. Wien.

Lowey, S. 1998: Organisation und regionale Wirkungen von Unternehmenskooperationen. Eine empirische Untersuchung im Maschinenbau Unter- und Mittelfrankens (= Diss.). Würzburg.

Lucas, R. 1996: Netzwerk der Akteure. In: Politische Ökologie 44, Jan./Feb. 1996, S. 45-48.

Lucas, R. 1998: Nachhaltige Regionalentwicklung zwischen Globalisierung und Regionalisierung In: Danielzcyk/ Deppe/ Mose (Hg.) 1998, S. 11-18.

Luckenbach, H. 1986: Theoretische Grundlagen der Wirtschaftspolitik. München.

Maier, G./ Tödtling, F. 1992: Regional- und Stadtökonomik. Standorttheorie und Raumstruktur. Wien, New York.

Maier-Rigaud, G. 1992: Die Herausbildung der Umweltökonomie. Zwischen axiomatischem Modell und normativer Theorie. In: Beckenbach (Hg.) 1992, S. 27-43.

Majer, H./ Bauer, J./ Leipert, Ch./ Lison, U./ Seydel, F./ Stahmer, C. 1996: Regionale Nachhaltigkeitslücken. Ökologische Berichterstattung für die Ulmer Region. (= Schriftenreihe des Ulmer Initiativkreises nachhaltige Wirtschaftsentwicklung 2). Berlin.

Massarrat, M. 1994: Internationaler Handel und nachhaltige Entwicklung. Beispiel Energie. In: Chahoud/ Massarrat/ Mayer (Hg.) 1994, S. 211-226.

Mayer-Ries, J.F. (Hg.) 1998a: Kooperation in der Region Ein Ansatz für nachhaltige Entwicklung. Dokumentation einer Tagung vom 26. bis 28. November 1997. Loccum.

Mayer-Ries, J.F. (Hg.) 1998b: Zwischen globalen und lokalen Interessen. Stand und Perspektiven nachhaltig gestalteter Wirtschaftskreisläufe und kooperativen Handelns (= Loccumer Protokolle 16/98). Loccum.

Mayer-Tasch, P.C. 1994: Europe and the Atlantic Community in the Context of an Ecological World Order. In: Höll (Hg.) 1994, S. 13-32.

Meffert, H./ Kirchgeorg, M. 1993: Marktorientiertes Umweltmanagement. Grundlagen und Fallstudie. Stuttgart.

Meier-Ploeger, A./ Fuchs, M. 1996: Produktlinienananalyse eines Lebensmittels. Beispiel Joghurt aus ökologischer Erzeugung. In: Ökologie & Landbau, 24, S. 32-35.

Meyer-Engelke, E./ Schubert, H./ Heuwinkel, D. 1998: Beispiele nachhaltiger Regionalentwicklung. Empfehlungen für den ländlichen Raum. Hannover.

Mieg, H.A. 1994: Verantwortung. Moralische Motivation und die Bewältigung sozialer Komplexität. Opladen.

Milieudefensie (Friends of the Earth Netherlands)/ Institut für sozial-ökologische Forschung 1994 (Hg.). 1994: Sustainable Netherlands. Aktionsplan für eine nachhaltige Entwicklung der Niederlande. Frankfurt/M.

Minsch, J. 1994: Ökologische Grobsteuerung. Konzeptionelle Grundlagen und Konkretisierungsschritte (= IWÖ Diskussionsbeitrag 17). St. Gallen.

Minsch, J./ Eberle, A./ Meier, B./ Schneidewind, U. 1996: Mut zum ökologischen Umbau: Innovationsstrategien für Unternehmen, Politik und Akteurnetze. Basel.

Minsch, J./ Feindt, P.-H./ Meister, H.-P. 1999: Institutionelle Reformen für eine Politik der Nachhaltigkeit. Berlin.

Modellregion Märkischer Kreis 1999: Arbeit, Umwelt, Innovation. Eine Initiative des Märkischen Kreises in Nordrhein-Westfalen. Herausgegeben vom Landrat des Märkischen Kreises. Lüdenscheid.

Molitor, R. 1998a: Typen, Ebenen und Elemente nachhaltiger Regionalentwicklung. In: Ökologisches Wirtschaften, 5/98, 12-13.

Molitor, R. 1998b: Regionalisierung und Ökologisierung der Landwirtschaft in der StadtRegion Münsterland. In: Mayer-Ries (Hg.) 1998a, S. 67-72.

Mose, I. 1993: Eigenständige Regionalentwicklung neue Chancen für die ländliche Peripherie? (= Vechtaer Studien zur Angewandten Geographie und Regionalwissenschaft (VSAG), 8). Vechta.

Müller, B. 1997: Städteverbünde und Regionale Entwicklungskonzepte in Sachsen: Impulse für eine handlungs- und umsetzungsorientierte Weiterentwicklung der Regionalplanung? In: ARL (Hg.) 1997a, S. 34-50.

Müller, K. 1987: Zwischenbetriebliche Zusammenarbeit steigert die Leistungsfähigkeit. Bessere Nutzung der Möglichkeiten durch Klein- und Mittelbetriebe. In: io Management Zeitschrift, 56, S. 217-219.

Müller, K./ Goldberger, E. 1986: Unternehmenskooperation bringt Wettbewerbsvorteile (= Nationales Forschungsprogramm, 9). Zürich.

Müller, M./ Hennicke, P. 1994: Wohlstand durch Vermeiden. Mit der Ökologie aus der Krise. Darmstadt.

Müller-Stewens, G. 1995: Unternehmenskooperation und Führung (Fusion, Allianz, Joint Ventures). In: Kieser et al. (Hg.): Handwörterbuch der Führung. Stuttgart, S. 2063-2074.

Nationaler Aktionsplan zur nachhaltigen Siedlungsentwicklung 1996. Beschlossen vom Deutschen Nationalkomitee Habitat II am 5. März 1996. In: Raumforschung und Raumordnung, 54, S. 159-171.

Nozick, M. 1992: No Place like Home. Building Sustainable Communities. Ottawa.

ökom (Hg.) 1998: Zukunftsfähiges München. Ein gemeinsames Projekt Münchner Bürgerinnen und Bürger. München.

Oesterdiekhoff, P. (1993): Projektbewertung auf der Grundlage von Multikriterienverfahren. Methodische Grundlagen zur Evaluierung kleiner Energieprojekte in Entwicklungsländern. (= Energie + Entwicklung Diskussionsbeiträge. 3) Bremen.

Opschoor, H. 1992: Environment, Economics and Sustainable Development. Groningen.

Opschoor, H./ Straaten, J. v. d. 1993: Sustainable Development. An institutional approach. In: Ecological Economics 7, S. 203-222.

Ott, C. / Schäfer, H. B. (Hg.) 1989: Allokationseffizienz in der Rechtsordnung. Berlin.

Pearce, D.W./ Turner, R.K. 1990: Economics of Natural Resources and the Environment. New York.

Pearce, D.W./ Atkinson, G.D. 1993: Capital theory and the measurement of sustainable development: an indicator of „weak" sustainability. In: Ecological Economics, 8, S. 103-108.

Peitzger, S. 1998: Regionale Agenda 21 Umsetzung der Agenda 21 durch Kooperation auf der regionalen Ebenen (= Diplomarbeit). Augsburg.

Peters, U./ Sauerborn, K./ Spehl, H./ Tischer, M./ Witzel, A. 1996: Nachhaltige Regionalentwicklung - ein neues Leitbild für eine veränderte Struktur- und Regionalpolitik. Eine exemplarische Untersuchung an zwei Handlungsfeldern der Region Trier. Trier.

Pfister, G. 1998: Ein Konzept zur Messung einer nachhaltigen Entwicklung. In: Knaus/ Renn (Hg.) 1998, S. 235-255.

Pfister, G./ Knaus, A./ Renn, O. 1997: Nachhaltige Entwicklung in Baden-Württemberg. Statusbericht. Stuttgart.

Pfriem, R. 1989: Ökologische Unternehmensführung (= Schriftenreihe des IÖW, 13). Berlin.

Pfriem, R. 1995: Unternehmenspolitik in sozialökologischen Perspektiven. Marburg.

Piore, M./ Sabel, C.F. 1984: The second industrial divide. New York.

Plant, Ch./ Plant, J. (Hg.) 1992: Putting Power in its Place. Create Community Control! Gabriola Island.

Porter, M.E. 1992: Wettbewerbsstrategie. Methoden zur Analyse von Branchen und Konkurrenten. Frankfurt am Main.

Poschmann, C./ Riebenstahl, C./ Schmidt-Kallert, E. 1998: Umweltplanung und -bewertung. Gotha.

Postel, S. 1992: Die Verleugung im entscheidenden Jahrzehnt. In: Brown (Hg.) 1992, S. 9-17.

Priebs, A. 1997: Möglichkeiten des Einsatzes informeller Instrumente zur Anregung und Koordinierung regionaler Entwicklungsprozesse. In: ARL (Hg.) 1997a, S. 27- 33.

Prittwitz, V. von 1994: Affluence and Scarceness: The Effect of Economic and Sociocultural Capacities on Environmental Cooperation. In: Höll (Hg.) 1994, S. 71-84.

Pütz, M. 1998: Bewertungsansätze für Projekte im Rahmen nachhaltiger Regionalentwicklung. (=Diplomarbeit, Fachbereich VI), Universität Trier. Trier.

Pyke, F./ Becattini, G./ Sengenberger, W. (Hg.) 1990: Industrial districts and inter-firm co-operation in Italy. Genf.

Rat der europäischen Union (1999): Verordnung (EG) Nr. 1260/1999 des Rates vom 21. Juni 1999 mit allgemeinen Bestimmungen über Strukturfonds.

Rees, W.E. 1990: Athmospheric Change: Human Ecology in Disequilibrium. In: International Journal of Environmental Studies, 36, S. 18-23.

Rees, W.E. 1992: Understanding sustainable development: natural capital and the new world order. Vancouver.

Renn, O. 1997: Nachhaltigkeit aus der Perspektive des Unternehmens. In: UnternehmensGrün (Hg.) 1997, S. 9-26.

Renn, O./ Gobel, R./ Kastenholz, H. 1998: How to apply the concept of sustainability to a region. In: Technological Forecasting and Social Change, 58, S. 63-81.

Rennings, K. 1994: Indikatoren für eine dauerhaft-umweltgerechte Entwicklung (= Materialien zur Umweltforschung, 24). Stuttgart.

Rennings, K./ Wiggering, H. 1997: Steps towards indicators of sustainable development: Linking economic and ecological concepts. In: Ecological Economics, 20, S. 25-36.

Richter, F.-J. 1995: Erfolg durch Kooperation: Dynamik von Allianznetzwerken als Herausforderung der 90er Jahre. In: Beiträge zur theoretischen BWL, 95, S. 523-539.

362 Literatur

Roch, I. 1999: Chancen und Risiken unserer Lebens- und Wirtschaftsräume. Ansätze umweltgerechter Regionalentwicklung auf dem Weg zur Nachhaltigkeit. Herausgegeben von Institut für ökologische Raumentwicklung. Berlin.

Rösler, C. (Hg.) 1996: Lokale Agenda 21. Dokumentation eines Erfahrungsaustausches beim Deutschen Städtetag am 29. April 1996 in Köln. Deutsches Institut für Urbanistik. Berlin.

Roggencamp, S. 1999: Public Private Partnership. Entstehung und Funktionsweise kooperativer Arrangements zwischen öffentlichem Sektor und Privatwirtschaft. Frankfurt am Main.

Rose, K. 1989: Theorie der Außenwirtschaft. München.

Rumpf, S. 1997: Die Vorzüge der Nähe. Das Handwerk in einem Prozeß nachhaltiger Regionalentwicklung. In: Politische Ökologie, Sonderheft 9. S. 10-15.

Sachs, W. 1993: Global Ecology and the Shadow of ‚Development‘. In: Sachs (Hg.) 1993, S. 3-21.

Sachs, W. (Hg.) 1993: Global Ecology. A New Arena of Political Conflict. London.

Sahlberg, M. 1995: Unternehmen im Überlebensparadox. Zum Beziehungsgeflecht zwischen Ökologie und Wettbewerbsfähigkeit. Stuttgart.

Sahm, J. 1986: Erfolg von Kooperationen im Handwerk. Göttingen.

Sauerborn, K./ Tischer, M. 1999: Untersuchung des Nachhaltigkeitsaspekts beim NRW EU-Programm Ziel 2 für die Jahre 1997-1999. Endbericht an das Ministerium für Wirtschaft, Mittelstand, Technologie und Verkehr Nordrhein-Westfalen. Trier.

Sauerborn, K./ Tischer, M./ Gaitsch, R. 1998: Wege zur Nachhaltigkeit in Forst- und Holzwirtschaft. Umweltgerechte Wirtschaftsentwicklung durch Nutzung der Schlüsselressource Holz (= TAURUS-Diskussionspapier, 2). Trier.

Schade, D./ Weimer-Jehle, W. 1998: Klimaverträgliche Energieversorgung und Nachhaltigkeit. In: Knaus, A./ Renn, O. (Hg.), S. 293-307.

Schaefer, H./ Geiger, B./ Rudolph, M. 1995: Energiewirtschaft und Umwelt. Bonn.

Schätzl, L. 1993: Wirtschaftsgeographie 1. Paderborn.

Scheurer, C. 1997: Regionalkonferenz der Wirtschaftsregion Chemnitz-Zwickau als Beitrag zur Selbstfindung einer Region. In: ARL (Hg.) 1997a, S. 132-136.

Schleicher-Tappeser, R./Rosenberger-Balz, Ch./ Hey, Ch. 1992: Perspektiven ökologischer Regionalentwicklung in Südbaden. Pfaffenweiler.

Schleicher-Tappeser, R. (Hg.) 1998: Instrumente für eine nachhaltige Regional-entwicklung das INSURED Projekt. Schlussbericht. Freiburg.

Schmid, U. 1997: Produzieren im Zeichen Ökologischer Nachhaltigkeit. In: UmweltWirtschaftsForum, 5, S. 21-28.

Schmid, U. 1999: Ökologisch nachhaltiges Management. In: Wirtschaftswis-senschaftliches Studium, H. 6, S. 285-291.

Schmidheiny, S. 1992: Kurswechsel. Globale unternehmerische Perspektiven für Umwelt und Entwicklung. München.

Schmidt-Bleek, F. 1994: Wieviel Umwelt braucht der Mensch? MIPS Das Maß für ökologisches Wirtschaften. Berlin, Basel, Boston.

Schnabel, U. 1997: Das Industriegebiet als Ökosystem. In: Die Zeit, Nr. 14 vom 28.03.1997.

Schneidewind, U. 1995: Ökologisch orientierte Kooperationen aus betriebswirt-schaftlicher Sicht. In: UmweltWirtschaftsForum, 3, S. 16-21.

Schneidewind, U. 1998: Die Unternehmung als strukturpolitischer Akteur. Marburg.

Schneidewind, U./ Feindt, P.H./ Meister, H.-P./ Minsch,J./ Schulz, T./ Tscheu-lin, J. 1997: Institutionelle Reformen für eine Politik der Nachhaltigkeit: Vom Was zum Wie in der Nachhaltigkeitsdebatte. In: GAIA 1997, No. 3, S. 182-196.

Schnell, R./ Hill, P.B./ Esser, E. 1995: Methoden der empirischen Sozialfor-schung. München.

Scholz, R.W./ Mieg, H.A./ Weber, O. et al. 1998: Sozio-psychologische Deter-minanten nachhaltigen Handelns. In: DISP, H. 133, S. 14-21.

Schreck, P./ Weber, A. 1999: Dialog- und Kooperationsstrukturen der Wettbe-werbsteilnehmer. In: Adam/ Wiechmann (Hg.) 1999, S. 19-30.

Selle, K. 1994: Was ist bloß mit der Planung los? Erkundungen auf dem Weg zum kooperativen Handeln. Dortmund.

Shiva, V. 1993: The Greening of the Global Reach. In: Sachs (Hg.) 1993, S. 149-156.

Sibum, D./ Hunecke, M./ Hoffmann, A. et al. 1996: Nachhaltige Konsummuster und postmaterielle Lebensstile. Schwerpunkt 1: Bestandsaufnahme von Initiativen und Aktionen. Paderborn.

Siebert, H. 1967: Zur Theorie des regionalen Wirtschaftswachstums. Tübingen.

Sinning, H. 1995: Verfahrensinnovation kooperativer Stadt- und Regionalent-wicklung. In: Raumforschung und Raumordnung, 53, S. 169-177.

Spangenberg, J.H. 1996: Welche Indikatoren braucht eine nachhaltige Ent-wicklung? In: Köhn/ Welfens (Hg.) 1996, S. 203-225.

Spehl, H. 1984: Zur Bedeutung der Wirtschaftsstruktur für die Regionalpolitik. In: Jahrbuch für Regionalwissenschaft 1984, S. 75-93.

Spehl, H. 1993: Eigenverantwortliche Regionalentwicklung, selbstverwaltete Wirtschaft Ein anderes Paradigma. In: Seminarberichte der Gesellschaft für Regionalforschung, H. 33, S. 159-176.

Spehl, H. 1994: Nachhaltige Regionalentwicklung. In: ARL (Hg.) 1994, S. 69-98.

Spehl, H. 1998: Nachhaltige Entwicklung als Herausforderung für Raumordnung, Landes- und Regionalplanung. In: ARL (Hg.) 1998. S. 19-33.

Spehl, H./ Hembach, K./ Bach, W./ Brosi, W. 1981: Regionale Wirtschaftspolitik und regionale Entwicklungsplanung in strukturschwachen Regionen. Erfolgskontrolle   und   alternative   Entwicklungskonzeptionen (= Schriftenreihe der Gesellschaft für Regionale Strukturentwicklung, 4). Bonn.

Spehl. H./ Tischer, M. 1994: Regionale Ansätze und Projekte nachhaltiger Regionalentwicklung. Forschungsbericht für die Akademie für Raumforschung und Landesplanung, Hannover (= NARET-Diskussionspapier Nr. 4). Universität Trier.

Spehr, Ch. 1994: Effektivierter Industrialismus: Eine Kritik der Nachhaltigkeits-Ideologie. In: Forum Wissenschaft. H. 3/94. S. 11-15.

SRU (Rat von Sachverständigen für Umweltfragen) 1994: Umweltgutachten 1994. Für eine dauerhaft umweltgerechte Entwicklung. Stuttgart.

SRU (Rat von Sachverständigen für Umweltfragen) 1996: Umweltgutachten 1996.Bundestagsdrucksache 13/ 4108. Bonn.

Stachowitz, J. 1995: Kooperative Planungsverfahren. Aufgabe und Rolle einer Moderation. In: RaumPlanung, H. 68, S. 35-40.

Stahel, W.R. 1997a: Umweltverträgliche Produktkonzepte. In: UmweltWirtschaftsForum, 5, S. 4-10.

Stahel, W.R. 1997b: Sichern Sollbruchstellen den Unternehmenserfolg? Auswirkungen der Strategien der Nachhaltigkeit. In: UnternehmensGrün (Hg.) 1998, S. 55-74.

Staudt, E./ Toberg, M./ Linné, H./ Bock, J./ Thielemann, F. 1992: Kooperationshandbuch. Ein Leitfaden für die Unternehmenspraxis. Düsseldorf.

Sterr, T. 1997: Potentiale zwischenbetrieblicher Stoffkreislaufwirtschaft bei kleinen und mittelständischen Unternehmen. In: UmweltWirtschafts-Forum, 5, S. 68-72.

Steven, M./ Schwarz, E.J./ Letmathe, P. 1997: Umweltberichterstattung und Umwelterklärung nach der EG-Öko-Audit-Verordnung. Grundlagen, Methoden, Anwendung. Berlin.

Strebel, H. 1995: Regionale Stoffverwertungsnetze am Beispiel der Steiermark. In: UmweltWirtschaftsForum, 3, S. 48-55.

Strebel, H./ Schwarz, E. (Hg.) 1998: Kreislauforientierte Unternehmenskooperationen. Stoffstrommanagement durch innovative Verwertungsnetze. München, Wien.

Sydow, J. 1992: Strategische Netzwerke. Evolution und Organisation. Wiesbaden.

TAURUS (Trierer Arbeitsgemeinschaft für Regional-, Umwelt- und Strukturforschung) (Hg.) 1997: Nachhaltige Regionalentwicklung. Herausforderungen und Perspektiven aus Sicht des TAURUS-Instituts. Trier.

Telljohann, V. 1994: Die italienische Debatte um industrial districts. Das Beispiel der Emilia-Romagna. In: Krumbein (Hg.) 1994, S. 45-75.

The Ecologist 1993: Whose Common Future. Reclaiming the Commons. Gabriola Island.

Thelen, E.M. 1993: Die zwischenbetriebliche Kooperation. Ein Weg zur Internationalisierung von Klein- und Mittelbetrieben? Frankfurt am Main.

Thierstein, A. 1996: Auf der Suche nach der regionalen Wettbewerbsfähigkeit – Schlüsselfaktoren und Einflußmöglichkeiten. In: Raumforschung und Raumordnung, H, 2/3, S. 193-201.

Thommen, J.-P. 1996: Glaubwürdigkeit. Die Grundlage unternehmerischen Denkens und Handelns. Zürich.

Tietzel, M. 1989: Probleme der asymmetrischen Informationsverteilung beim Güter- und Leistungsaustausch. In: Ott/ Schäfer (Hg.) 1989, S. 52-63.

Tischer, M. 1995: Nachhaltige Regionalentwicklung und interregionaler Handel. Institutionen und Strategien für die Wirtschaftsbeziehungen zwischen eigenständigen Regionen (= NARET-Diskussionpapier, VI). Trier.

Tischer, M./ Witzel, A. 1996: Grundsätze nachhaltiger Regionalentwicklung. In: Hessische Akademie der Forschung und Planung im ländlichen Raum (Hg.) 1996, S. 13-37.

Tischer, M., Witzel, A. 2000: Vom Korn zum Brot in der Region – oder wie regionale Kooperation eine nachhaltige Wirtschaftsweise fördert, in: Ökologisch Wirtschaften 2/2000, S 21-22.

Tischer, M., Witzel, A. 2000: Wie kooperieren Unternehmen in einer Region, in: RegionalPost, 5/2000 S. 6-8.

Toblacher Thesen 1995. Ökologischer Wohlstand in der Region. In: Frankfurter Rundschau 14.9.1995.

Ullrich, O 1990: Mythos Weltmarkt. In: Caspari,/ Dörhage (Hg.) 1990, S. 79-92.

Ulrich, P. 1998: Wofür sind Unternehmen verantwortlich? St. Gallen.

Ulrich, P./ Fluri, E. 1986: Management. Eine konzentrierte Einführung. Bern, Stuttgart.

Umweltbundesamt (Hg.) 1997: Nachhaltiges Deutschland. Wege zu einer dauerhaft, umweltgerechten Entwicklung. Berlin.

Universität Trier (Hg.) 1998: Antrag zur Errichtung eines Sonderforschungsbereiches 1650 Umwelt und Region – Umweltanalyse- und Umweltmanagementstrategien für eine nachhaltige Entwicklung im ländlichen Raum. Trier.

UnternehmensGrün (Hg.) 1997: Von der Vision zur Praxis. Nachhaltiges Wirtschaften als Perspektive für Unternehmen. Stuttgart.

Volery, T. 1996: Kritische Erfolgsfaktoren der Unternehmenskooperation. Am Beispiel schweizerischer Klein- und Mittelunternehmen. In: Internationales Gewerbearchiv. Zeitschrift für Klein- und Mittelunternehmen, H. 4, S. 217-234.

Vonkeman, G. (Hg.) 2000: Sustainable Development of Cities and Cities and Regions. Unveröffentlichtes Manuskript. Erscheint demnächst.

Wackernagel, M./ Rees, W. E. 1996: Our ecological footprint. Reducing human impact on the earth. (= The New Catalyst Bioregional Series. 9) Gabriola Island, BC.

Wallner, H.P. 1998: Industrielle Ökologie mit Netzwerken zur nachhaltigen Entwicklung? In: Strebel/ Schwarz (Hg.) 1998, S. 81-121.

Walz, R. 1997: Grundlagen für ein nationales Umweltindikatorensystem. Weiterentwicklung von Indikatorensystemen für die Umweltberichterstattung (= UBA-Texte, 37/97). Berlin.

Weck-Hannemann, H. 1994: Die politische Ökonomie der Umweltpolitik. In: Bartel/ Hackl (Hg.) 1994, S. 101-118.

Weissner, B. 1998: Nachhaltige Stadt- und Regionalentwicklung als Netzwerkansatz. (= Schriftenreihe Lehrstuhl für Allgemeine Betriebswirtschaftslehre, Unternehmensführung und betriebliche Umweltpolitik, Universität Oldenburg 21) Oldenburg.

Weizsäcker, E.U. von/ Lovins, A.B./ Lovins, L.H. 1995: Faktor Vier. Doppelter Wohlstand halbierter Naturverbrauch. München.

Weterings, R./ Opschoor, J.B. 1992: The ecocapacity as a challenge to technical development. Nr. 74 a, Rijswijk.

Wiechmann, T. 1999: Die Rolle der Regionalplanung in regionalen Agenda-Prozessen. In: Adam/ Wiechmann (Hg.) 1999, S. 31-54.

Williamson, O.E. 1985: The Economic Institutions of Capitalism. London

Williamson, O.E. 1990: Die ökonomischen Institutionen des Kapitalismus – Unternehmen, Märkte und Kooperationen. Tübingen

Williamson, O.E. 1991: Comparative Economic Organization. The Analysis of Discrete Structural Alternatives. In: Administrative Science Quarterly, 36, S. 269-296.

Wolf, J. 1996: Nachhaltige Raumentwicklung Ein Beitrag zu einem neuen Leitbild der Raumordnung. Berlin.

Wurche, S. 1994: Strategische Kooperation. Theoretische Grundlagen und praktische Erfahrungen am Beispiel mittelständischer Pharmaunternehmen. Wiesbaden.

Zeck, H. 1998: Auswertung der Erfahrungen zu Kooperation in Regionen. In: Mayer-Ries (Hg.) 1998a, S. 40-51.

Ziegler, A. 1994: Regionalisierungsprozesse in den deutschen Bundesländern. Eine Bestandsaufnahme der bundesweiten Konzepte sowie Ansatzpunkte, Beteiligungen und Handlungsmöglichkeiten der regionalen Akteure. Düsseldorf.

Zöller, K. 1998: Nachhaltige Entwicklung durch Kooperationen. Das Beispiel Printmedien (= Arbeitsbericht der Akademie für Technikfolgenabschätzung Baden Württemberg, 103). Stuttgart.